TÜBINGER GEOGRAPHISCHE STUDIEN

Herausgegeben von

D. Eberle * H. Förster * G. Kohlhepp * K.-H. Pfeffer

Schriftleitung: H. Eck

Heft 126

zugleich

TÜBINGER BEITRÄGE ZUR GEOGRAPHISCHEN LATEINAMERIKA-FORSCHUNG

Herausgegeben von Gerd Kohlhepp

Heft 18

Martin Friedrich

Stadtentwicklung und Planungsprobleme von Regionalzentren in Brasilien

Cáceres und Rondonópolis / Mato Grosso: ein Vergleich

Mit 14 Abbildungen, 46 Karten und 13 Tabellen

1999

Im Selbstverlag des Geographischen Instituts der Universität Tübingen

ISBN 3-88121-042-3
ISSN 0932-1438

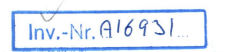

Die Deutsche Bibliothek – CIP-Einheitsaufnahme

Friedrich, Martin:
Stadtentwicklung und Planungsprobleme von Regionalzentren in Brasilien; Cáceres und Rondonópolis/Mato Grosso: ein Vergleich; mit 13 Tab. / Martin Friedrich. Geographisches Institut der Universität Tübingen. – Tübingen: Geographisches Inst., 1999
  (Tübinger Geographische Studien; H. 126)
  (Tübinger Beiträge zur geographischen Lateinamerika-Forschung; H. 18)
  ISBN 3-88121-042-3

Zeeb-Druck, 72070 Tübingen

VORWORT

Die vorliegende Arbeit entstand im Rahmen des deutsch-brasilianischen Forschungsvorhabens „Sozio-ökonomische Struktur und ihre umweltbeeinflussende Dynamik im
Einzugsbereich des Oberen Rio Paraguai (Mato Grosso, Brasilien)", unter Leitung von
Herrn Prof. Dr. Gerd Kohlhepp. Ihm möchte ich dafür danken, daß er mich, nach meinem
„Ausflug in die freie Wirtschaft", erneut in seinen Forschungsschwerpunkt aufgenommen
hat. Ich möchte Herrn Prof. Kohlhepp für das mir entgegengebrachte Vertrauen, für die
zahlreichen Ratschläge und für die Freiheit, die er mir bei der Erstellung dieser Arbeit
gelassen hat, danken.

Bei Herrn Prof. Dr. Horst Förster bedanke ich mich für die spontane und vor-
behaltlose Übernahme des Zweitgutachtens zu dieser Arbeit.

Den Herausgebern der Tübinger Geographischen Studien (Tübinger Beiträge zur
Geographischen Lateinamerika-Forschung) danke ich für die Aufnahme meiner Arbeit in
diese Reihe.

Während der Feldarbeiten in Brasilien verhalf mir die Zusammenarbeit mit den
Kollegen des *Núcleo de Estudos Rurais e Urbanos* (*NERU*) der *Universidade Federal de
Mato Grosso* (*UFMT*) in Cuiabá zu einem „sanften" Einstieg in die portugiesische Sprache
und das Untersuchungsgebiet. Für die selbstlose Unterstützung bei meinen Feldarbeiten
möchte ich, stellvertretend für viele andere hilfreiche Menschen, Edna André Soares de
Mello in Cáceres und Carmem Cardoso de Sá in Rondonópolis danken.

Meinen zahlreichen Kollegen am Forschungsschwerpunkt Lateinamerika möchte
ich für die Offenheit und Freundschaft danken, im Rahmen derer diese Arbeit entstehen
konnte. In vielen, teils turbulenten Diskussionen erhielt ich immer wieder konstruktive
Ratschläge und vor allem in den letzten Monaten viel guten Zuspruch.

Ganz besonders möchte ich Herrn PD Dr. Martin Coy für sein unermüdliches
Interesse an meiner Arbeit, stundenlange Gespräche und immer neue Ideen danken.
Martina Neuburger sei für die Hilfe bei der Zeichnung der letzten Karten gedankt. Herrn
Günter Koch danke ich für die akribische Erstellung der Kartennegative. Für die geduldige
und zuverlässige sprachliche Überarbeitung des gesamten Textes möchte ich mich bei
Heike Howind bedanken.

Meiner Frau Claudia, meiner Tochter Carolin und meinem Sohn Julius danke ich
für all die Unterstützung, die sich nicht in kurze Worte fassen läßt, ganz herzlich.

Tübingen, im September 1999   Martin Friedrich

INHALTSVERZEICHNIS

Seite

Verzeichnis der Abbildungen Seite

Verzeichnis der Karten

Verzeichnis der Tabellen

I THEORETISCH-METHODISCHER RAHMEN

I.1 Einleitung

Das Pantanal und sein Einzugsgebiet im Bundesstaat Mato Grosso / Brasilien bilden den räumlichen Bezugsrahmen für die vorliegende Arbeit. Es handelt sich dabei um eine Fallstudie, die im Rahmen des deutsch-brasilianischen bilateralen Forschungsvorhabens „Sozio-ökonomische Struktur und ihre umweltbeeinflussende Dynamik im Einzugsgebiet des Oberen Rio Paraguai, Mato Grosso / Brasilien" entstanden ist (siehe Karte 1)[1].

Die Entwicklung der Untersuchungsregion steht in engem Zusammenhang mit den Maßnahmen der brasilianischen Regierung zur Förderung der wirtschaftlichen Inkorporation West-Amazoniens und des brasilianischen Mittelwestens in die Nationalökonomie Brasiliens. Programme zum Ausbau von Fernstraßen sowie zur Umsetzung von Agrarkolonisationsprojekten und die verstärkte Kreditvergabe an Großgrundbesitzer führten seit den 60er Jahren des 20. Jahrhunderts zu einem enormen Entwicklungsboom in der Region. Der Ausbau der Verbindungsstraßen zwischen Cuiabá (Mato Grosso) und Porto Velho (Rondônia) sowie Cuiabá und Santarém (Pará) wie auch die rapide landwirtschaftliche Erschließung des Cerrado sind wesentliche Bestandteile dieser Entwicklung. Die Folge war die massive Zuwanderung von Landkäufern aus Südbrasilien, die seit den 70er und vor allem in den 80er Jahren den Prozeß der Modernisierung der Landwirtschaft in Gang setzten. Zahlreiche staatliche und internationale Entwicklungsmaßnahmen leiteten eine Dynamik ein, die sich heute auf den gesamten brasilianischen Mittelwesten ausgebreitet hat. Heute überschreiten brasilianische Akteure bereits die Grenze nach Bolivien, um dort die „Erfolge" modernisierter Sojamonokulturen fortzuführen.

Die mit der Modernisierung und Technisierung einhergehende Landbesitzkonzentration löste einen Verdrängungsprozeß aus, in dessen Folge eine große Zahl von Land- und Besitzlosen in die Städte der näheren Umgebung abwanderten. Damit vergrößerte sich das Heer der Zuwanderer sowohl in der Hauptstadt des Bundesstaates Mato Grosso, Cuiabá, wie auch in den Städten mittlerer Größe des Untersuchungsgebiets, zu denen die Regionalzentren Cáceres und Rondonópolis zu zählen sind.

---

[1] Die Forschungsarbeiten sind im Rahmen des SHIFT-Programms unter dem deutsch-brasilianischen Regierungsabkommen über die wissenschaftlich-technologische Zusammenarbeit und mit finanzieller Förderung des deutschen Bundesministeriums für Bildung, Wissenschaft, Forschung und Technologie (BMBF-0339371A/B) sowie mit finanzieller Förderung durch den brasilianischen *Conselho Nacional de Desenvolvimento Científico e Tecnológico*, CNPq durchgeführt worden. Die Verantwortung für die wissenschaftlichen Inhalte liegt ausschließlich beim Autor.

Karte 1   **Die Untersuchungsregion**

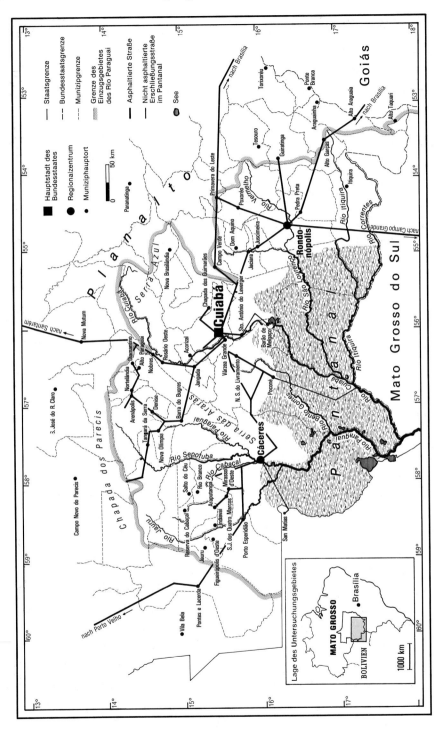

Im Zuge ihres exponentiellen Wachstums kommen auch auf die Städte in dieser peripheren Region Brasiliens unzählige Schwierigkeiten zu, die von Versorgungsengpässen über Marginalisierungsprozesse bis hin zur ernsthaften Beeinträchtigung der Regierbarkeit (*governability*) reichen. Die Basisinfrastruktur ist häufig völlig überlastet oder aber nicht einmal vorhanden. Arbeitsplätze finden sich meistens nur im Bereich des informellen Sektors, der im Laufe der Zeit zu einem bedeutenden Faktor in der regionalen Wirtschaft wurde.

Am Beispiel der Städte Cáceres und Rondonópolis soll der Frage nachgegangen werden, wie sich Siedlungen kleiner und mittlerer Größe vor dem Hintergrund tiefgreifender regionaler wirtschaftlicher und struktureller Transformationsprozesse entwickelt und verändert haben, und welche Zukunftsperspektiven sich für diese Städte eröffnen. Der Bedeutungswandel von Städten in Abhängigkeit von wirtschaftlichen und geopolitischen sowie geostrategischen Determinanten läßt sich an den ausgewählten Beispielen besonders deutlich zeigen, weil sie für zwei wichtige Erschließungsphasen der Untersuchungsregion kennzeichnend sind. Während Cáceres zur Sicherung der portugiesischen Territorien in Südamerika Ende des 18. Jahrhunderts gegründet wurde, entstand Rondonópolis erst in der ersten Hälfte des 20. Jahrhunderts und gewann insbesondere im Zusammenhang mit der Modernisierung der Landwirtschaft in Mato Grosso seit den 70er Jahren an funktionaler Bedeutung.

Verzeichnet die Hauptstadt des Bundesstaates Mato Grosso, Cuiabá, mit ihrer Konzentration wesentlicher politischer, administrativer, wirtschaftlicher und vieler anderer zentraler Funktionen eine wenn auch nicht gleichmäßige, so doch tendenziell kontinuierliche Entwicklungsdynamik, so lassen sich bei der Untersuchung von Cáceres und Rondonópolis deutliche Anzeichen zyklischer Entwicklungsphasen feststellen. Diese zyklische Entwicklung soll in den beiden genannten Regionalzentren untersucht werden.

Dabei wird dem Vergleich der Struktur und Entwicklung der beiden Städte in dieser Arbeit eine besondere Bedeutung beigemessen. Obwohl beide Städte im regionalen Städtenetz eine vergleichbare Position einnehmen und als Regionalzentren im direkten Einflußbereich der Regionalmetropole Cuiabá liegen, verkörpern sie doch zwei völlig unterschiedliche Städtetypen. Sowohl in bezug auf die Genese und Entwicklungsdynamik, als auch unter Berücksichtigung ihrer heutigen Struktur zeigen sich in den beiden Städten Charakteristika, die kennzeichnend für den sozio-ökonomischen Kontext und Wandel ihres jeweiligen direkten Einflußbereiches sind. Es soll versucht werden, Konvergenzen und Divergenzen der Stadtentwicklung darzustellen. Der Städtevergleich soll dazu beitragen, die Bedeutung des Wandels regionaler sozio-ökonomischer Konstellationen für den Prozeß der Stadtentwicklung zu verdeutlichen.

Welches sind die entscheidenden entwicklungsfördernden bzw. entwicklungshemmenden Faktoren? Wie groß ist der Entscheidungsspielraum der Kommunen im Bereich lokaler Entwicklungsplanung? Welche Funktion und Position nehmen Regionalzentren an der Peripherie im regionalen Städtenetz ein? Wie gehen die örtlichen Behörden mit den zahlreichen Entwicklungsproblemen in Städten kleiner und mittlerer Größe um? Wo liegen Probleme und Potentiale in der Entwicklung dieser Städte? Wie drücken sich die genannten Entwicklungen und Probleme im räumlichen und sozialen Gefüge dieser Städte aus? Diesen Fragen soll in der vorliegenden Arbeit, unter Heranziehung der Fallbeispiele Cáceres und Rondonópolis im Bundesstaat Mato Grosso / Brasilien, nachgegangen werden.

Den theoretischen Rahmen (Kapitel I) für die Untersuchung der Fallbeispiele bildet zum einen die Einordnung der Fragestellung in den Kontext der stadtgeographischen Forschung über Lateinamerika allgemein sowie zum anderen der Versuch der Klärung der Stellung von Klein- und Mittelstädten im Städtesystem und ihrer Bedeutung für die Regionalentwicklung peripherer Räume. Um den stadtgeographischen Stellenwert der Untersuchungsregion im Kontext der brasilianischen Verstädterung und Stadtentwicklung zu verdeutlichen, wird in Kapitel II.1 auf wesentliche Indikatoren dieses Prozesses eingegangen. Die Herausbildung des brasilianischen Städtesystems und des Subsystems Mittelwesten werden analysiert, um zu zeigen, in welchen Gesamtkontext die Entwicklung des regionalen Städtesystems der Untersuchungsregion eingebettet ist.

Vergleichsweise ausführlich wird der Bereich Stadtplanung in Brasilien behandelt (Kapitel II.2). In dieser Ausführlichkeit deshalb, weil rechtliche, institutionelle und entwicklungspolitische Veränderungen in der Geschichte Brasiliens insbesondere für die Entwicklung der brasilianischen Peripherie von zentraler Bedeutung waren und weiterhin sind. Mit zunehmender Entfernung von den wirtschaftlichen und politischen Entscheidungszentralen verringert sich das Potential der Mitwirkung an der Entwicklung von Leitzielen der Raumplanung und Stadtentwicklung. Veränderungen im nationalen politischen System und in der Autonomie auf lokaler Ebene können dieses Potential stärken oder aber schwächen. Der Wandel der Autonomie der Munizipien, Konzepte und Instrumente der Stadtplanung, Stadtentwicklungsplanung früher und heute, der *Plano Diretor,* wie auch Konzepte von Dezentralisierung, Partizipation etc. sind entscheidende Determinanten für die Regierbarkeit von Städten in Brasilien, die die Entwicklung nicht nur des Städtenetzes als Gesamtheit, sondern insbesondere einzelner Städte prägen. Planungsprobleme auf der

4

lokalen Ebene stehen in direkter Verbindung zu den unter dem Titel Stadtplanung in Brasilien behandelten Aspekten.

Die Behandlung der Fallbeispiele (Kapitel III) gliedert sich grob in zwei Teile. Der erste Teil (Kapitel III.1) befaßt sich mit der Gegenüberstellung von Cáceres und Rondonópolis auf der Grundlage genetischer, struktureller und funktionaler Aspekte. Des weiteren werden die spezifischen Prozesse und Strukturen der Stadtplanung sowie deren Probleme auf der lokalen Ebene aufgegriffen. Diese Untersuchungen führen zur Erstellung eines Struktur- und eines Entwicklungsschemas für Cáceres und Rondonópolis, anhand derer der Vergleich beider Städte und die Ursachen der Entwicklung synthetisiert werden. Der zweite Teil (Kapitel III.2) beinhaltet eine Analyse des Entwicklungsstandes von Cáceres und Rondonópolis und geht der Frage der Zukunftsperspektiven und Entwicklungs- potentiale beider Städte nach. Dabei spielen sozio-ökonomische, ökologische und geo- politische Faktoren eine wichtige Rolle. Großprojekte, Visionen, politische Strategien, soziale Anpassungsprozesse und -probleme sowie deren Instrumentalisierung und Reali- sierungschancen sind für die Geschicke nicht nur der beiden untersuchten Städte von besonderer Relevanz.

I.2 Methoden

Unter der Prämisse, daß im Zentrum geographischer Forschung die Erklärung von Raum- strukturen steht, die jedoch erst erfolgen kann, nachdem die Strukturen erfaßt und danach systematisiert wurden, liegen dieser Arbeit umfangreiche Untersuchungen sozial-räumli- cher Strukturen und Prozesse zugrunde, die Relevanz für die Stadtentwicklung der Städte im Untersuchungsgebiet haben. Im Zusammenhang mit den Arbeiten zur Erstellung einer sozioökonomischen Strukturanalyse zu diesem Untersuchungsgebiet, an der der Autor dieser Arbeit von Anfang an beteiligt war, und die als Ergebnis einer umfangreichen Teamarbeit unter Mitwirkung zahlreicher brasilianischer und deutscher Kolleginnen und Kollegen aus unterschiedlichen Disziplinen entstand, konnten unter anderem wertvolle Erkenntnisse über die Genese und Strukturprobleme aller Städte des Untersuchungs- gebietes gesammelt werden. Eine in diesem Rahmen entstandene Datenbank zu Indikato- ren der wirtschaftlichen und sozialen Struktur und Entwicklung der Städte des Einzugs- gebiets des Oberen Rio Paraguai, bildet das Fundament für die Analyse des regionalen Städtenetzes.

Aufgrund der Tatsache, daß sich die Untersuchungsregion und insbesondere die beiden zu untersuchenden Städte auch dadurch als „peripher" auszeichnen, daß es kaum Primärliteratur und nur in sehr begrenztem Umfang Sekundärliteratur gibt, die sich explizit mit Cáceres oder Rondonópolis beschäftigt, standen umfangreiche Recherchen in Archiven und anderen Quellen „grauer" Literatur am Anfang der empirischen Arbeiten. Das Datenmaterial aus den bis heute veröffentlichten Ergebnissen der Volkszählungen der Jahre 1970, 1980 und 1991 konnte zur überblicksartigen Beschreibung der Wirtschafts- und Sozialstruktur bis auf Munizipebene verwendet werden. Aus dem Zensus von 1991 wurden bis heute lediglich die Daten zur demographischen Struktur publiziert. Der für 1990 geplante Wirtschaftszensus wurde aufgrund fehlender Finanzmittel bis heute nicht realisiert, die letzten Daten seitens des IBGE stammen von 1985. Diese Datengrundlage wurde durch die Auswertung der bundesstaatlichen Statistiken für den Bundesstaat Mato Grosso ergänzt.

Mit verhältnismäßig großem Aufwand wurden für die untersuchten Städte Cáceres und Rondonópolis die Originalfragebögen des Zensus von 1991 ausgewertet. Dies wurde notwendig, weil in den publizierten Ergebnissen der Volkszählungen alle Daten auf der räumlichen Ebene von Munizipien und Distrikten aggregiert werden. Intraurbane Differenzierungen sind auf dieser Datengrundlage nicht möglich. Der Vorteil der Auswertung der Zensusfragebögen gegenüber eigenen Befragungen lag darin, daß mit einem vertretbaren Aufwand flächendeckende und vor allem direkt vergleichbare Informationen für die beiden untersuchten Städte gewonnen werden konnten. Ein großer Teil der aus den Fragebögen gewonnenen Indikatoren konnte zur Veranschaulichung und räumlichen Verortung sowie zum Vergleich unterschiedlicher Ausprägungen in thematische Karten umgesetzt werden. Der allgemeine Fragebogen, der in allen Haushalten eingesetzt wurde, beinhaltete insgesamt 27 Fragen zur „Wohnqualität" (*condição do domicílio*). Darin beinhaltet waren Informationen zur Bausubstanz, zur Anzahl der in jedem Haushalt lebenden Personen, zur infrastrukturellen und sanitären Ausstattung, sowie zur technischen Ausstattung eines jeden Haushalts. Der „10 % Fragebogen" (*Questionário da Amostra*) wurde in jedem zehnten Haushalt angewendet und beinhaltete zahlreiche Fragen zur persönlichen Situation aller Haushaltsmitglieder. Hier wurden stellvertretend für den Haushalt die Informationen der Haushaltsvorstände (*chefes de domicílio*) berücksichtigt. Aus diesen Fragebögen wurden Informationen zur Herkunft und zum Beruf der Haushaltsvorstände entnommen. Anhand dieser Informationen konnte eine Charakterisierung der Gesamtheit beider Städte nach den genannten Indikatoren vorgenommen werden. Die Details zur Auswertung der Originalfragebögen des IBGE finden sich in den Kapiteln zur Struktur und Entwicklung von Cáceres und Rondonópolis.

Neben der Auswertung offizieller und grauer Primär- und Sekundärliteratur sowie der amtlichen Statistik bilden umfangreiche empirische Untersuchungen ein weiteres Standbein der in dieser Arbeit getroffenen Aussagen und formulierten Ergebnisse. Dazu gehören ausführliche Gespräche mit Vertretern der bundesstaatlichen und lokalen Regierungs- und Verwaltungseinrichtungen, Gewerkschaften, Handels- und Dienstleistungsvereinigungen, Universitäten, sozialer Bewegungen und Nicht-Regierungs-Organisationen. Zu Gesprächen mit Experten in den genannten Institutionen kam die Recherche in Bibliotheken und Archiven derselben nach internen Papieren, Plänen, Projektbeschreibungen etc.

In zahlreichen Interviews mit Bewohnern der beiden untersuchten Städte konnten Informationen zur konkreten Lebenssituation in unterschiedlichen Stadtteilen eingeholt werden. Dabei war von besonderem Interesse zu ergründen, wer die Bewohner bestimmter Stadtteile sind, woher sie stammen, wie sie ihre persönliche und familiäre Situation einschätzen und welche Erfahrungen sie im Umgang mit bzw. Kontakt zu den für sie zuständigen Behörden haben. Diese Informationen waren insbesondere wichtig, um Aussagen von Vertretern der staatlichen Behörden bezüglich ihres „Wirkens" in unterschiedlichen Stadtteilen zu relativieren, bzw. die Akzeptanz von öffentlichen Maßnahmen zur Befriedigung der *basic needs* zu überprüfen. Diese Interviews wurden in offener und halbstandardisierter Form durchgeführt.

Funktions- und sozialräumliche Stadtkartierungen sowie Detailkartierungen besonders relevanter Strukturen im Bereich der Stadtzentren, Kartierungen zur Lokalisierung besonderer sozialer und umweltrelevanter Konflikt- bzw. Gefahrenpotentiale und nicht zuletzt die Umsetzung von Informationen zur Infrastrukturausstattung und ihrer räumlichen Differenzierung in den Städten tragen zum besseren Verständnis sowie zur Visualisierung räumlicher Strukturen in ihrer unterschiedlichen Relevanz bei.

Während des Verlaufs der empirischen Arbeiten vor Ort waren zahlreiche Diskussionen mit den Kolleginnen und Kollegen der Partneruniversität in Cuiabá und mit Kolleginnen und Kollegen an den Universitäten in Cáceres und Rondonópolis hilfreich. In öffentlichen Veranstaltungen in Cuiabá, Cáceres und Rondonópolis wurden mehrfach Teilergebnisse der Arbeiten vorgestellt und diskutiert.

I.3 Klein- und Mittelstädte in Lateinamerika: Stand der Forschung

Seit den 60er Jahren hat in Lateinamerika, regional differenziert und phasenverschoben, die Trendwende von einer dominant ländlich strukturierten hin zu einer vorwiegend in Städten lebenden und arbeitenden Gesellschaft stattgefunden. Tab. 1 zeigt den Verlauf dieses Verstädterungsprozesses für ausgewählte Länder Lateinamerikas.

Tab. 1 Verstädterungsrate ausgewählter Länder Lateinamerikas

Länder	Jahr			
	1960	**1970**	**1980**	**1990**
Argentinien	73,8	*80,7 (1975)*	83,0	87,2 (1991)
Bolivien	33,9 (1950)	41,7 (1976)	*44,4*	57,5 (1992)
Brasilien	46,3	56,1	67,6	75,6 (1991)
Chile	68,2	75,1	*81,1*	83,5 (1992)
Kolumbien	52,8 (1964)	*59,5 (1973)*	65,4 (1983)	67,2 (1985)
Ekuador	36,0 (1962)	*38,3*	43,6	55,4
Paraguay	35,8 (1962)	*35,7*	*38,6*	50,3 (1992)
Peru	47,4 (1961)	*57,3*	*64,2*	70,1 (1992)
Uruguay	80,8 (1963)	83,0	*83,8*	*88,8*
Venezuela	67,4 (1961)	*75,7*	*76,1*	84,1
Costa Rica	34,5 (1963)	40,6 (1973)	*43,8 (1979)*	44,2
Kuba	*53,1 (1962)*	60,3	*68,4*	*74,0 (1991)*
Dominikanische Republik	30,3	39,8	*51,2*	58,7
El Salvador	38,5 (1961)	39,5 (1971)	*39,0*	*44,9 (1989)*
Guatemala	34,0 (1964)	*33,8*	38,2	*38,0*
Haiti	12,2 (1950)	20,3	*23,9*	*29,6*
Honduras	23,2 (1961)	*27,9 (1992)*	*35,9*	*43,8*
Jamaika	23,4	37,1	*47,8 (1982)*	*52,0*
Mexiko	50,7	58,7	*66,0 (1979)*	*73,0*
Nicaragua	40,9 (1963)	47,7 (1971)	*53,4*	*60,4*
Panama	41,5	47,6	49,3	49,4

Kursiv geschriebene Werte sind geschätzt

Quelle: United Nations: Demographic Yearbook 1970 - 1994, New York

Die Wissenschaft reagierte auf diese Veränderungen mit zahlreichen Untersuchungen zu den unterschiedlichsten Problemstellungen aus der Sicht vieler Fachdisziplinen und vor allem mit einer unüberschaubaren Zahl von Publikationen. Das folgende Zitat unterstreicht diesen Prozeß besonders anschaulich:

> „By the end of the sixties it was as if historians, sociologists, economists,
> geographers, architects and planners had joined forces to understand fully
> the urbanization process in Latin America and the forces behind it."
> (CZERNY, VAN LINDERT, VERKOREN 1997: 1)

Stadtforschung war und ist bis heute in erster Linie Großstadtforschung, weil Großstädte in ganz besonderer Weise nicht nur Innovationszentren sondern auch Brennpunkte sozialer und ökologischer Probleme sind (LICHTENBERGER 1986; MERTINS 1995). Diese Aussage läßt sich ohne Einschränkungen auch auf Lateinamerika übertragen (CARRIÓN 1989; MERTINS 1995, 1996; BÄHR, MERTINS 1995; VAN LINDERT, VERKOREN 1997 unter anderen). Wesentlich weniger Aufmerksamkeit wurde bisher den Klein- und Mittelstädten gewidmet (VAN LINDERT, VERKOREN 1997). Weiterhin läßt sich feststellen, daß die Bereiche, die durch umfangreiche Publikationen dokumentiert sind, sich in besonderem Maße mit Stadtentwicklung und / oder Stadt - Land - Verflechtung in den Zentrums-regionen einzelner Länder beschäftigen, während sich wesentlich weniger Studien mit strukturschwachen, peripheren und stagnierenden Regionen befassen (VAN LINDERT, VERKOREN 1997: 2). Daraus ergibt sich unter anderem, daß sich fast alle Versuche, die gemeinsamen strukturellen Eigenschaften in funktionalen und sozialräumlichen Modellen abzubilden, mehr oder weniger ausschließlich auf Großstädte beziehen (MERTINS 1995: 55).

Die Publikationen, die sich mit Klein- und Mittelstädten in Lateinamerika befassen, heben die besondere Funktion dieser Siedlungen als Entlastungszentren im Zusammenhang mit dem überdimensionalen Wachstum der Metropolen hervor. Hierzu gehören eine Reihe von Untersuchungen über die Rolle der *ciudades medianas / intermedias, secondary cities* etc., die im Zusammenhang mit Konzepten bzw. Strategien zur Dezentralisierung des Metro-polisierungsprozesses und zum Abbau interregionaler Disparitäten stehen, wie die Arbei-ten von BORSDORF (1986) und MERTINS (1991, 1995) unter anderem zeigen (MERTINS 1996). Immer wieder haben Forscher, Planer und Politiker auf den extrem ungleich-gewichtigen Regionalentwicklungsprozeß in Lateinamerika hingewiesen, um gleichzeitig das enorme Potential der Klein- und Mittelstädte als „Entlastungsorte" hochzuhalten.

> „*Indeed, one 'only' had to fully exploit the potential of the smaller and medium-sized towns to succesfully alter the course of Latin American (regional) development.*" (VAN LINDERT, VERKOREN 1997: 2)

Auch wenn sie zahlenmäßig noch von geringerer Bedeutung sind, gibt es doch inzwischen einige Arbeiten, die sich in detaillierterer Form mit Funktion, Struktur und Entwicklung, sowie dem Entwicklungspotential kleiner und mittlerer Städte in Lateinamerika befassen (CARRIÓN 1989). In Fortsetzung seiner Arbeiten zur lateinamerikanischen Großstadt und den dazu entwickelten Funktions- und Strukturmodellen (BÄHR, MERTINS 1981 u.a.) machte MERTINS in den vergangenen Jahren den Versuch der Übertragung dieser Modelle auf lateinamerikanische Mittelstädte, was an Beispielen aus Kolumbien und Argentinien exemplifiziert wird (vergleiche dazu MERTINS 1991, 1995).

NUHN (1978, 1987) sowie NUHN, OSSENBRÜGGE (1988) beschäftigten sich mit Stellung und Aufgaben von Kleinzentren innerhalb der staatlichen Regionalisierungs- und Entwicklungskonzepte bzw. -strategien, verbunden mit der Dekonzentration staatlicher Dienstleistungen. KOHLHEPP (1978, 1987) sowie auch COY (1988, 1990, 1993) arbeiteten zur Rolle der Kleinstädte als Versorgungszentren im Rahmen des spontanen Kolonisationsprozesses, wie auch zur Funktion von Städten in den großen staatlichen Kolonisationsprojekten, vor allem im brasilianischen Amazonasgebiet. Über die Funktion von Kleinzentren als Marktstandorte bis hin zur Ausbildung unterer zentralörtlicher Systeme publizierten GORMSEN (1971), BROMLEY (1985) und in jüngerer Zeit SEELE (1994). Hinzu kommen Arbeiten mit stärker physiognomisch-morphologischem Charakter und funktional orientierte Studien, von denen die von ROTHER (1977) über Gruppensiedlungen in Mittelchile und von STRUCK (1992) über Mittelpunktsiedlungen in Espirito Santo in Brasilien sowie die von BORCHERDT et al. (1985) über Typen von ländlichen Kleinzentren in den Llanos Venezuelas hier erwähnt seien (vergleiche zu diesem Überblick MERTINS 1996). Dieses Spektrum wird durch die Arbeit von ROMEIN (1995) zur Frage von Arbeitsmärkten und der Absorptionsfähigkeit von Migranten in Kleinstädten Lateinamerikas ergänzt. Die genannten Studien beziehen sich vor allem auf die Untersuchung von Problemen in lateinamerikanischen Kleinstädten (zur Definition und Abgrenzung von Klein-, Mittel-, Intermediär- und Großstädten siehe Kapitel I.3.1). Diese werden ergänzt durch verschiedene Arbeiten, die sich mit Städten mittlerer Größe beschäftigen, zu denen zum Beispiel die Arbeiten von BORSDORF (1976) zu Valdivia und Osorno in Chile, SCHOOP (1980) zur Rolle der Departementszentren im bolivianischen Verstädterungsprozeß, MÜLLER (1994) über San Miguel de Tucumán, Argentinien, BISCHOFF (1996) über Manizales, Kolumbien, ALBERS (1996) zur kommunalen Planung im Alto Valle de Rio Negro y Neuquén, Argentinien und SCHENCK (1997) zu Strukturveränderungen in Cuenca, Ecuador gehören.

Mit dem Anspruch, den Blick auf Siedlungen im untersten Abschnitt der Städtehierarchie in Lateinamerika zu richten, haben VAN LINDERT, VERKOREN (1997) einen Band mit dem Titel „Small Towns and Beyond - Rural Transformation and Small Urban Centres in Latin America" herausgegeben, in dem in einer Reihe von Fallstudien aus Bolivien, Brasilien, Costa Rica, Ecuador, Mexiko und Peru der Versuch unternommen wird, die Rolle von Klein- und Mittelstädten (*small and intermediate towns*) im Rahmen der lateinamerikanischen ländlichen und regionalen Entwicklung zu verstehen. Besondere Beachtung findet die räumliche Dimension von Land-Stadt-Verflechtungen (*rural-urban interaction*).

Auch am Forschungsschwerpunkt Lateinamerika, Geographisches Institut der Eberhard-Karls-Universität Tübingen, haben sich mehrere Wissenschaftler in den vergangenen Jahren mit Fragestellungen zu kleineren und mittleren Städten befaßt. In einem speziellen Forschungsprojekt zur Mittelstadtproblematik in Brasilien wurde anhand mehrerer ausgewählter Fallbeispiele in unterschiedlichem sozio-ökonomischem Kontext und in räumlichen Zusammenhängen unterschiedlichen Maßstabs der Frage nachgegangen, welche Bedeutung den Mittelstädten im Rahmen von Dezentralisierungsmaßnahmen zukommt. Möglichkeiten der Nutzung „endogener Potentiale" und wirtschaftliche Verflechtungen von Mittelstädten stellen einen weiteren Themenschwerpunkt in diesem Projekt dar (KOHLHEPP, KAISER, SAHR 1993).

Im Rahmen eines Projektes zur „Sozio-ökonomischen Struktur und ihrer umweltbeeinflussenden Dynamik im Einzugsgebiet des Oberen Rio Paraguai, Mato Grosso / Brasilien" wurden weitere Arbeiten zur Frage der entwicklungsbedingenden Faktoren für die Stadtentwicklung an der Peripherie mit Fallbeispielen von Städten unterschiedlichster Größenordnung durchgeführt. Auch die vorliegende Arbeit ist, wie weiter oben bereits erwähnt, in diesem Zusammenhang entstanden. COY (1990), u.a., hat im Laufe der 90er Jahre bereits mehrfach zur Problematik der Stadtentwicklung an der Peripherie Stellung genommen und nun jüngst seine Habilitationsarbeit zum Thema „Stadtentwicklung an der Peripherie Brasiliens - Wandel lokaler Lebenswelten und Möglichkeiten nachhaltiger Entwicklung in Cuiabá (Mato Grosso)" vorgelegt. Mit der Kleinstadt Mirassol d'Oeste beschäftigte sich RITTGEROTT (1997) im Rahmen dieses Projektes.

Ziel der Untersuchung von kleinen und mittleren Städten kann es sein, zum besseren Verständnis der Bedeutung wirtschaftlicher, sozialer und politischer Kräfte bei der Ausbildung von Städtesystemen und der Entwicklung einzelner Städte dieser Systeme beizutragen. Notwendig erscheint es weiter, ein klareres Bild davon zu schaffen, wie die *performance* regionaler Wirtschaftssysteme derart verbessert werden kann, daß es zu einer gerechteren Verteilung und Verbreitung des „Nutzens" von Entwicklung kommt. In anderen Worten: wie ein größerer Anteil der Bevölkerung einer Region zumindest so weit am Fortschritt partizipieren kann, daß der Zugang zu Basisinfrastruktur, kommunalen Dienstleistungen etc. gesichert wird und damit zumutbare Lebensbedingungen für alle geschaffen werden (vergleiche zu diesem Absatz v.a. HARDOY, SATTERTHWAITE 1986).

All dies sind Fragen, deren Beantwortung zur Beschreibung und Erklärung der Entwicklungsprozesse von kleinen und mittleren Städten beitragen können. Selbst zehn Jahre nach der Publikation der o.g. Forschungsfragen durch HARDOY, SATTERTHWAITE weist MERTINS (1996: 282) immer noch darauf hin, daß weiterhin Untersuchungen über die Parameter, die den Entwicklungsprozeß lateinamerikanischer Klein- (und Mittel-) städte beeinflussen und steuern , also systematisch-klassifizierende Arbeiten fehlen.

In diesem Sinne erscheint es gerechtfertigt, hiermit eine weitere Arbeit vorzulegen, die sich mit der Entwicklung und den entsprechenden steuernden Faktoren zweier Klein- bzw. Mittelstädte (siehe zur Definition Kapitel I.3.1) im brasilianischen Bundesstaat Mato Grosso beschäftigt. Die Tatsache, daß heute neben der Tendenz zur Metropolisierung in den Ländern der Dritten Welt ein deutlicher Wachstumstrend im Bereich kleiner und mittlerer Städte zu verzeichnen ist, zeigt, daß es von besonderem Interesse sein muß, das Augenmerk wissenschaftlicher Untersuchungen auch auf diesen Stadttyp zu richten. Dabei stellt sich die Frage, inwieweit der Verstädterungsprozeß in den Peripherregionen und der interne Strukturwandel der ehemaligen Provinzstädte eigenen Gesetzmäßigkeiten unterliegt, oder ob sich hier lediglich die aus den Metropolen bekannten Prozesse wiederholen (COY 1996: 300).

I.3.1   Zur Definition von Klein- und Mittelstädten

Es gibt bis heute keine allgemein anerkannte Definition für Klein- und Mittelstädte, wie es auch keinen Konsens darüber gibt, welche grundlegenden Kriterien verwendet werden sollen, um eine klare, allgemeingültige Abgrenzung zwischen Klein-, Mittel-, Intermediär- und Großstädten zu ermöglichen (vergleiche u.a. MERTINS 1991, 1995). Ausdruck dieser „Unklarheit" ist auch die Vielzahl von Begriffen, mit denen verschiedene Autoren Städte gleicher Größe zum Teil synonym bezeichnen. *Secondary cities, intermediate urban centres, medium-size cities, middle-level cities,* um nur einige zu nennen, sind Begriffe, die häufig in der Literatur auftauchen. Gleichzeitig sollte man beachten, daß diese Begriffe stark normativ sind, was dazu führt, daß sie im Kontext unterschiedlicher regionaler Verhältnisse sehr unterschiedliche Bedeutungen erhalten können. Mit der Stellung von Klein- und Mittelstädten im Rahmen regionaler Entwicklungskonzepte in den 60er, 70er und 80er Jahren beschäftigten sich unter anderem VAN LINDERT, VERKOREN (1991).

Eine Form der Klassifikation ergibt sich aus der Einteilung nach Größenklassen, bei der die Zahl der Einwohner zugrundegelegt wird. Diese Form der Klassifikation hat den Vorteil, unmittelbar meßbar zu sein. Schwierig bleibt grundsätzlich aber die Klassenbildung zur Abgrenzung von kleinen, mittleren und großen Städten. Das Hauptproblem, das gerade in lateinamerikanischen Städten bei dieser Vorgehensweise immer wieder zu Schwierigkeiten führt, ist die geringe Verläßlichkeit der Zensusergebnisse und die in vielen Fällen aufgrund unterschiedlicher Erhebungsmethoden nicht gegebene Vergleichbarkeit der Daten. Von Land zu Land gibt es unterschiedliche Klassifikationskriterien und Erhebungsmethoden, die in vielen Fällen auch zu sehr unterschiedlichen Aggregierungs-formeln führen. Selbst in ein und demselben Land kommt es vielfach zum Einsatz neuer Erhebungsmethoden mit dem Ergebnis neuartiger Rohdaten, die bei der Publikation zu Daten aggregiert werden, die später nicht mit den Daten des vorhergehenden Zensus vergleichbar sind.

BORSDORF (1986) schlägt eine Einteilung der Städte Lateinamerikas nach dem deutschen Vorbild vor, wonach, jeweils unter Zugrundelegung von Obergrenzen der Einwohnerzahl, alle Städte bis zu 20.000 Einwohnern als Kleinstädte, von 20.000 bis 100.000 Einwohnern als Mittelstädte und über 100.000 Einwohnern als Großstädte eingestuft werden. Auch HARDOY, SATTERTHWAITE (1986) nehmen eine ähnliche Klassifikation vor, bei der Siedlungen mit 5.000 bis 20.000 Einwohner als Kleinstädte solche mit mehr als 20.000 Einwohner als Mittelstädte eingestuft werden. Hier wird allerdings betont, daß die Ober-grenze der Einwohnerzahl für Mittelstädte relativ unpräzise ist und daher nicht genau zahlenmäßig definiert wird. RONDINELLI (1983) ist hier wesentlich großzügiger und legt Obergrenzen für die Einwohnerzahl von Mittelstädten bei 100.000, in Einzelfällen bis zu 2.500.000 Einwohnern fest (vergleiche MERTINS 1991, 1995). Dabei scheint Rondinelli davon auszugehen, daß Klein- und Mittelstädte nach standardisierten, allgemein anwend-baren Kriterien abgegrenzt werden können, die er aus dem nordamerikanischen Städte-system ableitet (CZERNY, VAN LINDERT, VERKOREN 1997). Ein Blick in Publikationen zu Kleinstädten zeigt, daß es eine gewisse Anzahl von Autoren gibt, die Kleinstädte als Siedlungen mit 1.000 bis 2.500 Einwohnern bezeichnen (MANZANAL, VAPÑARSKY 1986; MORRIS 1991), während Städte über dieser Einwohnergrenze als Mittelstädte eingestuft werden (VERDUZCO 1984; EVANS 1989; GIERHAKE 1991) (vergleiche hierzu CZERNY, VAN LINDERT, VERKOREN 1997).

Bei der Frage nach Kriterien der Abgrenzung unterschiedlicher Stadttypen sollte das Problem der Unterscheidung zwischen städtischen und ländlichen Siedlungen nicht außer acht gelassen werden.

> *„Die Stadt läßt sich weder im Rahmen der Stadtgeographie noch inter-*
> *disziplinär eindeutig definieren, da die Übergänge zwischen städtischen*
> *und ländlichen Siedlungen fließend sind (Stadt-Land-Kontinuum) und*
> *verschiedene Bestimmungskriterien zugrunde gelegt werden können."*
> (HEINEBERG 1989:3)

Hier werden ebenfalls vielfach rein statistische Kriterien zugrundegelegt. Allerdings ist eine internationale Vergleichbarkeit der Kriterien aufgrund unterschiedlicher statistischer Stadtdefinitionen in verschiedenen Ländern nicht ohne weiteres möglich. Auch der geographische Stadtbegriff wirft aufgrund seiner Komplexität, mit vielen Einzelkriterien (Größe, Geschlossenheit sowie funktionale, wirtschaftliche und sozialräumliche Struktur der Siedlung, Zentralität etc.) , die nach Raum und Zeit unter Berücksichtigung unterschiedlicher Schwellenwerte angewendet werden müssen, Probleme auf (HEINEBERG 1989).

Die Differenzierung zwischen ländlichen und städtischen Siedlungen ist einerseits sinnvoll, weil sie dazu beitragen kann, zwischen den Wohnorten der in der Landwirtschaft arbeitenden Bevölkerung und denen der im nicht-landwirtschaftlichen Bereich Tätigen zu unterscheiden. Andererseits gibt es weder von wissenschaftlicher noch von administrativer Seite eine befriedigende Definition zur eindeutigen Trennung zwischen ländlichen und städtischen Siedlungen (HARDOY, SATTERTHWAITE 1986: 10).

Es zeigt sich also deutlich, daß eine reine Größendefinition von Städten nach ihrer Einwohnerzahl eher problematisch ist. Bei der Abgrenzung von Mittelstädten zu definieren, was als mittlere Größe bezeichnet werden soll, hängt in starkem Maße vom zu betrachtenden Städtesystem ab. Gerade in Brasilien, das ausgeprägte Disparitäten in der Siedlungsstruktur aufweist, erscheint es sinnvoll, regional differenzierte Schwellenwerte zu benutzen. So liegt es nahe, für Mittelstädte in strukturschwachen, peripheren Regionen niedrigere Unter- und Obergrenzen anzusetzen als für Mittelstädte in Verdichtungsräumen. Aussagen über die tatsächliche Bedeutung unterschiedlicher Städte sollten deshalb unter Berücksichtigung weiterer Merkmale wie Physiognomie, Wirtschaftsstruktur, funktionale Struktur und sozialräumliche Struktur getroffen werden (KOHLHEPP, KAISER, SAHR 1993).

Als Fazit der Diskussion zur Abgrenzung von Städtetypen nach Größenklassen entsprechend ihrer Einwohnerzahl läßt sich festhalten, daß diese Form der Klassifizierung eine Reihe von Problemen aufwirft, gleichzeitig aber als erste Annäherung zur Einordnung einzelner Städte in ein regionales oder nationales Städtesystem geeignet ist. Entsprechend der Maßstabsebene, auf die man sich für eine genauere Behandlung städtischer Fragestellungen begibt, lassen sich die Differenzierungskriterien, vor allem bei kleineren Maßstäben und mit zunehmendem Detaillierungsgrad der statistischen Informationen, graduell verfeinern. Je nach Untersuchungsregion ergeben sich immer wieder neue Grenzwerte für die Abgrenzung von kleinen und mittleren sowie von mittleren und großen Städten. So wird sich auch die Klassifikation der Städte in dieser Arbeit an den Bedingungen und Größenverhältnissen des Untersuchungsgebietes orientieren. Des weiteren werden aufgrund der Problematik der Abgrenzung unterschiedlicher Stadttypen ausschließlich nach dem Größenkriterium auch funktionale und strukturelle Kriterien hinzugezogen.

Um zuverlässigere und genauere Aussagen machen zu können, kommt es in erster Linie darauf an anzuerkennen, daß es wenig sinnvoll ist, Definitionen für unterschiedliche Kategorien von städtischen Siedlungen zu formulieren, mit dem Ziel universell gültige Ergebnisse zu finden. Im Rahmen detaillierterer Fallstudien zu spezifischen Regionen reichen Grenzwerte von Einwohnerzahlen aber bei weitem nicht aus, um aussagekräftige Antworten auf die Frage nach Struktur, Funktion und Genese, sowie deren bestimmende Einflußfaktoren im Rahmen der Entwicklung kleiner und mittlerer Städte zu finden (HARDOY, SATTERTHWAITE 1986; MERTINS 1991, 1995; CZERNY, VAN LINDERT, VERKOREN 1997). Erst die Untersuchung dieser Strukturen, Indikatoren und Wechselbeziehungen aus wirtschafts- und sozialräumlicher Perspektive an konkreten Beispielen kann dazu beitragen, derlei Fragestellungen zu beantworten.

Im Rahmen dieser Arbeit ist bezüglich der Definition unterschiedlicher Städtetypen innerhalb des Untersuchungsgebietes zunächst das Problem der Abgrenzung zwischen Klein- und Mittelstädten von Bedeutung. Die Relevanz dieser Frage ergibt sich, weil Kriterien zu finden sind, nach denen Cáceres und Rondonópolis innerhalb des regionalen Städtesystems als Regionalzentren bezeichnet werden können. Induktiv wurden bei einer Grobstrukturierung des Städtesystems im Untersuchungsgebiet die Regionalmetropole Cuiabá, die Regionalzentren Cáceres und Rondonópolis und weitere Kleinstädte ausgewiesen (siehe Karte 2). Als Abgrenzungskriterien wurden hier auch die Einwohnerzahlen, gleichzeitig aber funktionale Parameter mit Bezug auf die Stellung der Städte im Verhältnis zu ihrem direkten Hinterland angewendet.

Auf der Grundlage einer Reihe von Fallstudien kommen HARDOY, SATTERTHWAITE (1986: 320 ff.) zu der folgenden Charakterisierung und Abgrenzung von Klein- und Mittelstädten:

1.   Kleinstädte (5.000 bis 20.000 Einwohner) kennzeichnen sich dadurch, daß:

   a.   ein bereits bedeutender Anteil der Arbeitskraft im nichtlandwirtschaftlichen Sektor beschäftigt ist;

   b.   die Verwaltungsfunktion eine untergeordnete Rolle spielt; es einfache öffentliche Dienstleistungen wie Einrichtungen zur medizinischen Versorgung und kleine Schulen gibt;

c.   der Anteil der lokalen Produktion an der regionalen und nationalen Produktion gering ist, aber die Funktion als Versorgungszentrum für das direkte Hinterland und als Knotenpunkt innerhalb des regionalen und überregionalen Verkehrssystems bereits von gewisser Bedeutung ist;

d.   es sich um den Typ Stadt handelt, zu dem die intensivsten Beziehungen der umliegenden ländlichen Bevölkerung bestehen.

2.   Mittelstädte (über 20.000 Einwohner nach oben undefiniert) kennzeichnen sich dadurch, daß:

a.   ein geringer Anteil der Arbeitskraft im landwirtschaftlichen Sektor tätig ist;

b.   höhere Verwaltungsfunktionen vorhanden sind, allgemein eine höhere Dichte öffentlicher Dienstleistungen v.a. solcher, die in Kleinstädten fehlen, existiert; es häufig bereits ein innerstädtisches Bussystem gibt, ein breiteres Spektrum von Berufstätigen und von Dienstleistungen wie Banken, höhere Schulen etc. vorhanden ist;

c.   sich der Einzugsbereich der Stadt auf ein größeres Gebiet erstreckt, aus dem ein beträchtlicher Bevölkerungsanteil kommt, um sich in der Stadt zu versorgen;

d.   sie eine bessere Lage im regionalen und nationalen Transport- und Verkehrssystem einnehmen und häufig die Städte sind, durch die die kleineren Siedlungen Zugang zu den überregionalen Verkehrsverbindungen haben.

Diese Charakterisierungen treffen selbstverständlich lediglich auf Mittelstädte im Vergleich zu kleineren Städten innerhalb derselben oder direkt benachbarten Region zu und sind keinesfalls im Rahmen anderer Zusammenhänge zu verallgemeinern (HARDOY, SATTERTHWAITE 1986: 321).

Die Problematik, die sich bei dem Versuch der Feststellung des Bedeutungsgrades unterschiedlicher Mittelstädte und ihrer Abgrenzung von Klein- und Großstädten durch unvollständige, begrenzt repräsentative und oft nicht vergleichbare Datengrundlagen ergibt, besteht natürlich genauso, wenn nicht in noch problematischerer Form, für die „Bemessung" funktionaler und physiognomischer Parameter. Die stark variierenden Kombinationsmöglichkeiten funktionaler, sozio-ökonomischer und physischer Faktoren, die eine Mittelstadt ausmachen können, führen zu zahlreichen möglichen Mittelstadttypen. Der Verflechtungsgrad mit anderen Städten des zugehörigen regionalen Städtesystems sowie mit dem Umland wird somit zu einem wichtigen Faktor für die Differenzierung unterschiedlicher Mittelstadttypen.

16

Karte 2   Städtetypen im Untersuchungsgebiet

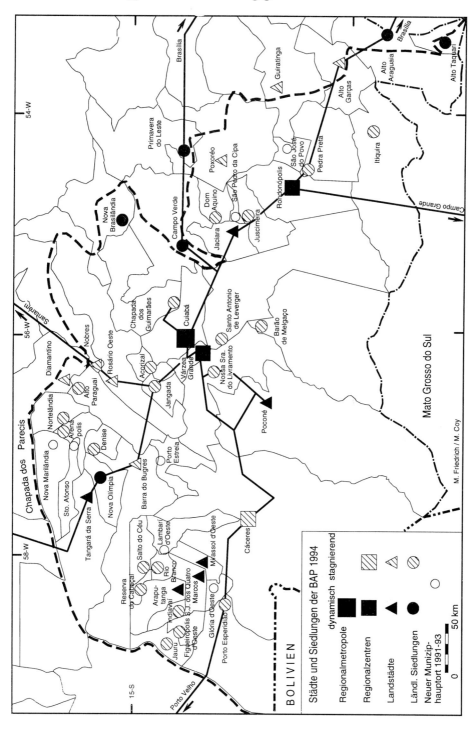

I.3.2 Das Bähr-Mertins-Modell der lateinamerikanischen Stadt zur Charakterisierung des funktionalen und sozialräumlichen Entwicklungsstandes kleiner und mittlerer Städte[1]

Um die gegenwärtige Stadtstruktur der beiden zu untersuchenden Städte Cáceres und Rondonópolis später in funktionaler und sozialräumlicher Hinsicht charakterisieren und vergleichen zu können, soll auf das Modell von BÄHR, MERTINS (1981) zur Differenzierung lateinamerikanischer Großstädte zurückgegriffen werden, mit dessen Anwendung auf Städte mittlerer Größe sich v.a. MERTINS (1991, 1995) an Beispielen aus Kolumbien und Argentinien beschäftigt hat. Dabei kommt er zu dem Schluß, daß sich das Modell auch auf „moderne" Mittelstädte anwenden läßt, insofern als diese bereits Tendenzen der Auflösung zentral-peripherer Ringstrukturen, ein stärkeres Flächenwachstum sowie wirtschafts- und sozialräumliche Differenzierungsmuster aufweisen (MERTINS 1995: 67).

Zuallererst sei darauf hingewiesen, daß sich das Strukturschema der lateinamerikanischen Stadt als „empirisches Modell" versteht. Weiterhin erscheint es wichtig zu berücksichtigen, daß die Abgrenzung der ausgewiesenen Zonen und Sektoren ausschließlich auf qualitativen Gesichtspunkten und damit bis zu einem gewissen Grade auf subjektiven Einschätzungen beruht.

Die Differenzierung der Wohngebiete orientiert sich an Merkmalen zur baulichen Gestaltung, zur Qualität der Bausubstanz, zur technischen und sozialen Infrastruktur sowie an solchen, die den sozioökonomischen Status der Bevölkerung charakterisieren. Bauliche und rechtliche Kriterien fanden vorwiegend Verwendung zur Abgrenzung unterschiedlicher Wohngebiete. Bei der Ausweisung der Flächenanteile für die verschiedenen Viertel bemühte man sich darum, einen „mittleren Zustand" zu erfassen, was den Modellcharakter dieser Arbeiten ja auch gerade ausmacht. Bei der Anwendung auf spezifische Fallbeispiele lassen sich hier natürlich wesentlich genauere Angaben machen, ohne die modellhafte Darstellung einzelner Stadtstrukturen damit völlig zu verwischen.

Bähr und Mertins sehen in ihrem Modell die Grundprinzipien der inneren Differenzierung der lateinamerikanischen Großstadt in der Überlagerung von drei verschiedenen Ordnungsmustern, auch wenn diese sich weder in allen Fällen gleichzeitig ausbildeten, noch immer identische Strukturen aufweisen. Diese Elemente des Modells beziehen sich auf die Erfassung der gegenwärtigen Stadtstruktur in funktionaler und sozialräumlicher Hinsicht

---

[1]   Die folgenden Ausführungen orientieren sich stark an BÄHR, MERTINS (1995: 85 ff.).

(zur detaillierteren Betrachtung siehe BÄHR, MERTINS 1995: 100 ff.) Die drei Ordnungs-
muster und ihre wichtigsten Merkmale sind:

1. Ein älteres, vielfach schon in der Kolonialzeit angelegtes, jedoch mehr oder weni-
    ger abgewandeltes ringförmiges Muster im Stadtkern. Hier konzentrierten sich
    ursprünglich die wichtigsten öffentlichen Repräsentationsbauten. In Richtung
    Stadtrand konnte ein Gefälle des Sozialgradienten festgestellt werden. In kleineren
    Städten ist das traditionelle sozialräumliche Muster noch erhalten, zumal wenn es
    sich um sehr junge Gründungen handelt. In vielen Mittelstädten und kleineren
    Großstädten befindet es sich in einem mehr oder weniger weit fortgeschrittenen
    Auflösungsprozeß.

2. Sektorenförmige Wachstumsachsen, die sich in allen großen Städten seit den 30er
    und 40er Jahren, vereinzelt auch schon früher, herausbildeten. Hier waren häufig
    Industrieansiedlungen samt Arbeiterkomplexen entlang von Eisenbahnlinien und
    Ausfallstraßen ausschlaggebende Faktoren für die Erweiterung des Stadtgebietes.
    Eine andere Ursache für die sektorenförmige Erweiterung ist in der Abwanderung
    großer Teile der Oberschicht und später auch der Mittelschicht aus den einst
    hochbewerteten Stadtteilen im Stadtkern zu sehen. Industriezonen und Wohn-
    gebiete der Oberschicht können sich auf jeweils einen Sektor konzentrieren oder
    auch auf mehrere Sektoren verteilen. In mittleren und kleinen Städten sind diese
    Entwicklungen häufig nur in Ansätzen vorhanden oder fehlen auch ganz. Nur in
    seltenen Fällen ist es in diesen Städten zur Ausbildung expliziter Industrieachsen
    gekommen. Meistens siedeln sich kleinere Industrie- und Handwerksbetriebe
    entlang der Ausfallstraßen an. Die Wohngebiete der Oberschicht liegen in vielen
    Fällen weiterhin im altstädtischen Kern.

3. Eine zellenförmige Gliederung an den Stadträndern, als Folge einer flächenhaften,
    häufig explosionsartigen Stadtexpansion, die in starkem Maße durch hohen Zu-
    wanderungsdruck ausgelöst wurde. Semilegale und illegale Hüttenviertel, Viertel
    des sozialen Wohnungsbaus und in geringerem Umfang informell entstandene
    Wohnviertel der Oberschicht sind die wesentlichen Siedlungstypen an der Stadtpe-
    ripherie. *Shopping Centres* sind neuerdings immer häufiger Ausgangspunkte für
    die Entstehung neuer Oberschichtviertel auch in Stadtrandlagen. Sofern deren
    Bevölkerung in letzter Zeit stark gewachsen ist, kommt es auch in Mittel- und
    Kleinstädten zur Ausbildung dieser zellenartigen Struktur an der Peripherie.

Besonders in Großstädten spielen Bevölkerungsverlagerungen eine wichtige Rolle im Rahmen der Veränderung verschiedener Viertel. Das Bähr-Mertins-Modell wird durch die Berücksichtigung intraurbaner Migrationsbewegungen durch eine dynamische Komponente erweitert, die sich mit Prozessen und Kräften beschäftigt, die hinter den beobachteten Erscheinungen und ihrer räumlichen Anordnung stehen. Aus den entsprechenden Erkenntnissen lassen sich in gewissem Maße zukünftige Entwicklungstendenzen ableiten (zur intraurbanen bzw. intrametropolitanen Wanderung siehe BÄHR, MERTINS 1995: 91 ff.).

An den Beispielen von Manizales und Popayán in Kolumbien hat MERTINS (1991) gezeigt, inwiefern das Modell der sozialräumlichen Differenzierung lateinamerikanischer Großstädte auch für Städte geringerer Größe Aussagekraft besitzt. Er kommt dabei zu dem Schluß, daß Struktur und Entwicklung der beiden Fallbeispiele zwar keinen Modellcharakter beanspruchen können, sie aber trotzdem einige typische Merkmale vorzuweisen haben, die denen von lateinamerikanischen Mittelstädten entsprechen. Als solche Merkmale nennt MERTINS (1991: 189 ff.):

1. den bereits fortgeschrittenen Wandel von einer eher ringförmigen, für Kleinstädte typischen, hin zu einer deutlichen sektorenförmigen Differenzierung;

2. die Auswanderung von Oberschichtsgruppen aus dem Zentrum. Dieser Prozeß ist häufig noch nicht abgeschlossen und gekennzeichnet durch die Entstehung neuer Oberschichtviertel in ganz bestimmten „Sektoren";

3. die Entstehung eines neuen Einkaufszentrums mit Ausrichtung auf Wohnviertel der Oberschicht;

4. eine noch nicht vollständig entwickelte Mischzone um das Zentrum herum;

5. noch in geringem Umfang ausgebildete Marginalviertel im Zentrum in den ehemaligen Vierteln der Mittel- und Oberschicht;

6. lediglich rudimentär ausgebildete Industriezonen entlang der Ausfallstraßen;

7. den geringen Umfang zellenartiger Wohnviertel der Unterschicht an den Stadträndern.

Die oben genannten Gesichtspunkte zeigen deutlich, daß funktionale Kriterien, Zentralitätskriterien, die Qualität der städtischen und privaten Dienstleistungen, die Ausprägung von Handel und Dienstleistungen sowie der Entwicklungsstand der Industrie die wesentlichen Indikatoren für die Bestimmung des intraurbanen Differenzierungsgrades und das Entwicklungsstadium von Mittelstädten sind (MERTINS 1991: 190).

Die hinter dem Bähr-Mertins-Modell stehenden Ideen sollen später, bei der Untersuchung der Fallbeispiele, übernommen werden. Dabei kommt es nicht in erster Linie darauf an, die beiden Mittelstädte Cáceres und Rondonópolis am Modell oder das Modell an den Städten zu „messen". Im Vordergrund steht das Bestreben, die aktuelle Struktur und den Stand der städtischen Entwicklung anhand der dem Modell zugrundeliegenden Parameter zu beschreiben, zu erklären und Prognosen bzw. Perspektiven für die zukünftige Stadtentwicklung herauszuarbeiten.

Da allerdings Stadt und Stadtentwicklung nicht losgelöst von Region und Regionalentwicklung gesehen werden kann, sondern Stadt Mittelpunkt und Bezugspunkt ihrer Region ist und Region sogar selbst stadtbestimmend ist (WOLF 1989), soll im Rahmen der Untersuchung der beiden Fallbeispiele Cáceres und Rondonópolis auch der Bedeutung der Regionalentwicklung für die Struktur und Differenzierung von Städten nachgegangen werden.

Betrachtet man Mittelstädte in ihrer Funktion als Regionalzentren, wird obiger Gedanke deutlich. Die Vermittlungsfunktion im wirtschaftlichen, administrativen und politischen Bereich zwischen dem regionalen Hinterland der Peripherie und den regionalen Schaltzentralen (Regionalmetropolen), vor allem in Entwicklungsländern, und insbesondere in einem Land mit den räumlichen Dimensionen und Disparitäten Brasiliens, ist ein entscheidender Faktor für die Stadtentwicklung von Regionalzentren. Dieser Aspekt wird bei der Analyse der Stadtentwicklung von Cáceres und Rondonópolis besonders berücksichtigt werden.

II DIE RAHMENSZENARIEN IN BRASILIEN

II.1 Verstädterung und Stadtentwicklung in Brasilien

In den folgenden Ausführungen sollen in stark zusammenfassender Form einige wichtige Komponenten des Verstädterungsprozesses in Brasilien aufgenommen werden. Es handelt sich hierbei nicht um die vollständige Darstellung einer Ursachen-Folgen-Analyse, sondern vielmehr um die Präsentation einiger Indikatoren und Prozeßabläufe, die für das bessere Verständnis der weiteren Fragestellungen dieser Arbeit von Bedeutung sein werden.

> *„Die Verstädterung ist eine der umwälzendsten Strukturveränderungen, die sich seit 1950 in Brasilien vollzogen haben. Der Verstädterungsprozeß hat an Umfang, Intensität und in seinen Folgewirkungen sowie in der Schnelligkeit des Ablaufs in den 70er und 80er Jahren noch erheblich zugenommen. Heute leben bei großen regionalen Unterschieden über 75% der brasilianischen Bevölkerung in Städten"* (KOHLHEPP 1994: 49).

Betrachtet man den Ursprung der Urbanisierung in Brasilien, stellt man fest, daß dieses Land während Jahrhunderten ein ausgesprochener Agrarstaat war (vgl. SANTOS 1993) und sich bis in die 1960er Jahre der Großteil der brasilianischen Bevölkerung im ländlichen Bereich konzentrierte.

> *„No começo a „cidade" era bem mais uma emanação do poder longínquo, uma vontade de marcar presença num país distante"* (SANTOS 1993: 17)[1].

Erst im 18. Jahrhundert begann der Prozeß der Verstädterung damit, daß das Stadthaus zur wichtigsten Residenz der Fazendeiros und Zuckerbarone wurde, die nun lediglich in der Erntezeit auf ihre Landsitze zurückkehrten (vgl. BASTIDE 1978, in SANTOS 1993). Allerdings war für diese Zeit eher die Schaffung von Städten als ein echter Urbanisierungsprozeß charakteristisch (vgl. SANTOS 1993).

Berücksichtigt man die Bevölkerungsentwicklung Brasiliens unter Zugrundelegung der Verteilung der Einwohner auf städtische und ländliche Gebiete, stellt man fest, daß die Mehrheit der Bevölkerung bis in die 60er Jahre des 20. Jahrhunderts auf dem Land lebte. Erst im Zeitraum zwischen den Zensen von 1960 und 1970 kehrte sich dieses Verhältnis

---

[1] Zu Beginn war die Stadt vielmehr ein Symbol der entfernten Macht, der Wille in einem fernen Land Präsenz zu zeigen.

für Brasilien insgesamt zugunsten des Anteils städtischer Bevölkerung um. Betrachtet man die Entwicklung nun noch differenzierter nach den Makroregionen, stellt sich heraus, daß der hochentwickelte und am stärksten verstädterte Südosten Brasiliens bereits 1960 einen Bevölkerungsanteil von 57% in den Städten aufwies, alle anderen Regionen die 50%-Marke städtischer Bevölkerung allerdings erst zwischen 1970 und 1980 übersprungen haben[1]. Einzig der extreme Verstädterungsgrad des Südostens (73% 1970) war für den gesamtbrasilianischen Wert von 56% 1970 verantwortlich (vgl. Tabelle 2).

Tab. 2 Verstädterungsgrad in Brasilien und seinen Makroregionen 1940 - 1996 (%)

	1940	1950	1960	1970	1980	1991	1996
Norden	28	31	37	**45**	**52**	58	62
Nordosten	23	26	34	**42**	**51**	61	65
Südosten	39	**48**	**57**	73	83	88	89
Süden	28	30	37	**44**	**62**	74	77
Mittelwesten	22	24	34	**48**	**68**	81	84
Brasilien	31	36	**45**	**56**	68	76	78

Quelle: IBGE (1993): Anuário Estatistico do Brasil 1992, Rio de Janeiro
　　　　　IBGE (1997): Contagem da População 1996

Diese Entwicklung, die vor dem Hintergrund eines rapiden allgemeinen Bevölkerungswachstums stattfand hatte zwei wesentliche Gründe: 1. der in den großen Städten stattfindende Industrialisierungsprozeß mit der Folge außerordentlich großer Migrationsströme in Richtung der neuen und expandierenden Industriestandorte und 2. die Gründung neuer Munizipien in Folge der Zersplitterung der politischen Grundeinheiten in bereits konsolidierteren Landesteilen sowie im Rahmen der Erschließung neuer, bisher nicht in die Nationalökonomie integrierter Regionen im Inneren Brasiliens.

Einen weiteren Beitrag zur Zunahme des Verstädterungsgrades sowie zum Wachstum einzelner Städte leisteten Veränderungen im sozialen Gefüge Brasiliens, die mit der wirtschaftlichen Entwicklung und umfangreichen politischen Umwälzungen in Verbindung zu bringen sind. Hierzu gehören die Bemühungen um die nationale Integration ebenso, wie die Erschließung neuer nationaler und internationaler Märkte. Es bildete sich eine starke Mittelschicht aus Industriellen, Bürokraten, Freiberuflern und höheren Militärs heraus, die zusammen mit einem wachsenden Heer von Arbeitern die Städte zu ihrem Aktions- und Lebensraum machten.

---

[1]　　In Tab. 2 sind die Zensusjahre zwischen denen der Verstädterungsgrad die 50%-Marke übersprungen hat durch Fettschrift gekennzeichnet.

Gleichzeitig führten Maßnahmen des Staates mit dem Ziel der Förderung und Steuerung wirtschaftlicher Aktivitäten zum zahlen- wie auch größenmäßigen Wachstum der Städte. Ausbau und Konsolidierung vor allem der Transportinfrastruktur sowie des Energieversorgungssystems waren in den 70er und 80er Jahren entscheidend für die Ausweitung des brasilianischen Städtesystems.

Die offizielle brasilianische Statistik, in der es kein Kriterium einer Mindestgröße für Städte gibt, führt **alle** Siedlungen, die als Muniziphauptorte fungieren, als Städte (IBGE 1995: 17). Das heißt, daß aus rein formal-statistischer Sicht Städte wie São Paulo und Salto do Céu (Mato Grosso) gleichberechtigt nebeneinander stehen. Aussagen zur unterschiedlichen Urbanität und der funktionalen Differenzierung der Städte untereinander lassen diese statistischen Werte natürlich nicht zu.

Aber auch wenn man sich auf die Zahl der Städte mit 20.000 Einwohnern und mehr bezieht (dies entspricht der international üblichen Klassifikation von Städten), kann man den rasanten Verstädterungsprozeß Brasiliens deutlich nachvollziehen (vgl. Tab. 3). 1920 betrug der Anteil der Bevölkerung in Städten über 20.000 Einwohner noch 13%, bis 1980 stieg derselbe auf 46% an und beträgt heute bereits ca. 55%. Auch unter Berücksichtigung dieser engeren Kriterien hat die städtische Bevölkerung Brasiliens also inzwischen den größten Anteil an der Gesamtbevölkerung.

Tab. 3 Zahl der Städte in Brasilien nach Größenklassen in den Makroregionen, 1970, '80, '90

	Norden			Nordosten			Südosten			Süden			Mittelwesten		
Einwohner	'70	'80	'90	'70	'80	'90	'70	'80	'90	'70	'80	'90	'70	'80	'91*
-20000	136	134	-	1310	1265	-	1249	1175	-	660	620	-	294	301	337
20001 - 50000	3	12	-	42	74	-	104	131	-	34	58	-	7	23	30
50001 - 100000	2	3	5	11	18	27	25	53	71	15	24	29	2	5	8
100001 - 500000	1	2	5	10	15	23	30	46	61	8	15	24	3	4	5
500001 - 1000000	1	2	0	1	1	1	0	2	8	1	1	0	0	1	0
> 1000000	0	0	2	2	2	3	3	3	4	0	1	2	0	0	1
Total	143	153	12	1376	1375	54	1411	1410	144	718	719	55	306	334	14

Quellen: Eigene Berechnungen nach KOHLHEPP 1994: 54 und IBGE 1995;

* berechnet nach: IBGE: Censo Demográfico de Mato Grosso 1991

- Daten nicht verfügbar

Trotz der zunehmenden Erschließung auch der periphersten Regionen Brasiliens bleibt darauf hinzuweisen, daß sich bis heute deutliche regionale Disparitäten auch in Bezug auf die Verteilung der Städte auf das gesamte Staatsterritorium feststellen lassen. Dabei gibt es weiterhin deutliche Unterschiede sowohl bezüglich der Zahl, Größe und dem Bevölkerungsanteil der Städte, als auch bezogen auf die Größe und Struktur der regionalen Städtenetze bzw. Städtesysteme.

Während in den Wirtschaftszentren die Industrialisierung und die damit in Verbindung stehenden Prozesse für die Zunahme der Verstädterung verantwortlich sind, spielen gerade in den peripheren Regionen Brasiliens tiefgreifende Veränderungen im agrarischen Sektor[1] eine entscheidende Rolle für das Wachstum der Städte. Mechanisierung und Landkonzentration zusammen mit dem Ausbau des Transportsystems führten in den letzten Jahrzehnten zu einer zunehmenden Konzentration der Bevölkerung in den Städten der entsprechenden Regionen.

Vor allem die 70er und 80er Jahre waren gekennzeichnet einerseits durch den Prozeß der Vergroßstädterung auf der Grundlage umfangreicher Industrialisierungsmaßnahmen mit der Folge der Bevölkerungskonzentration in begrenzten Räumen, und andererseits durch einen Verstädterungsprozeß im Landesinneren, der zur Neugründung von Städten wie zum Wachstum existierender Regionalzentren an der Peripherie führte.

Generell sind zwei Faktoren ausschlaggebend für den Verstädterungsprozeß: das natürliche Bevölkerungswachstum, das heißt der Geburtenüberschuß der städtischen Bevölkerung, sowie die Wanderungsbewegungen vom Land in die Städte bzw. von Stadt zu Stadt (KOHLHEPP 1994). Hierbei spielt die Verjüngung der Bevölkerung in den großen Städten eine wesentliche Rolle und führt dazu, daß seit Ende der 80er Jahre das natürliche Bevölkerungswachstum der Metropolen die Migrationsgewinne übersteigt.

Die Ursachen der Migration liegen einerseits in den Verdrängungsprozessen, den sogenannten *push effects,* durch die ländliche Bevölkerungsgruppen aufgrund existentieller sozialer und wirtschaftlicher Probleme vom Land in die Städte abgedrängt werden, und andererseits in den *pull effects*, die die Städte mit ihrer Attraktivität durch Arbeitsmarkt, Infrastruktur etc. auf die Landbevölkerung ausüben.

In Folge der oben beschriebenen Prozesse kam es in Brasilien in den letzten Jahrzehnten zu einer ganz erheblichen Zunahme der Städteverdichtung, sowie in weiten Teilen des

---

[1]   vergleiche KOHLHEPP 1994: 277 ff.

Landes zur Ausbildung eines hierarchisch gegliederten Städtenetzes (KOHLHEPP 1994: 53, KAISER 1995).

II.1.1 Siedlungsstrukturen, Siedlungsmuster: definitorischer Exkurs

Die räumliche Siedlungsverteilung eines ganzen Landes oder einzelner Regionen und ihr Organisationszusammenhang erweist sich in vieler Hinsicht als prozessualer Korrespondenzausdruck der Evolution des entsprechenden nationalen oder regionalen Wirtschafts- und Gesellschaftssystems (vergleiche BARTELS 1979: 110 - 111). Daraus ergibt sich, daß die Siedlungsverteilung einem stetigen Wandel unterliegt.

> *„Settlements are not stationary entities, but continually changing"*
> (CHADWICK 1987: 79).

Aus dieser Fesstellung kann man eine Reihe interessanter Fragen mit Bezug zur Entwicklung von Siedlungssystemen ableiten. BARTELS (1979) führt hierzu unter anderem die Frage nach den Veränderungen der Struktur des Siedlungssystems im Verlauf sozioökonomischer Entwicklungen wie zum Beispiel dem Industrialisierungsprozeß oder der postindustriellen Urbanisierung an. Des weiteren fragt er nach den Beziehungen zwischen dem Siedlungssystem und der Dekonzentration demokratischer Willensbildung oder zur Einkommenskonzentration im Produktionsmittelbereich. Ebenfalls von Interesse könnte nach BARTELS (1979) die Frage nach Umbrüchen in der Siedlungsentwicklung aufgrund rascher Veränderungen in gesellschaftlichen Bedingungskonstellationen sein.

Aus den genannten Fragestellungen leitet BARTELS (1979: 111) folgende Implikationen ab:

> 1. *„Das räumliche Siedlungssystem ist in seinem jeweiligen Zustand nicht nur Resultante des Gesellschaftsprozesses, [...] sondern zugleich auch dessen viele potentielle Entwicklungen fördernde oder hemmende Bedingung."*

> 2, *„In vielen Ländern [...] [...] hat staatliche Entwicklungspolitik begonnen, sich des räumlichen Siedlungssystems als einer Ziel- oder Instrumentenvariablen zu bemächtigen. Seit längerem gilt dies in bezug auf partielle Bemühungen: dort etwa, wo versucht wird, das Wachstum der Metropolen zu bremsen, oder wo man trachtet, ländliche Peripherräume mit neuen Zentralorten auszustatten."*

„Dementsprechend hat sich im Übergangsbereich zwischen Regionalwis-
senschaften und praktischer Raumordnungspolitik in vielen Industrie-,
aber auch Entwicklungsländern eine lebhafte Diskussion um Konzeptionen
und gesellschaftliche Rahmenvorstellungen einer konsistenten
Siedlungssystem-Gesamtpolitik entwickelt; ..." (BARTELS 1979: 112).

Wie in Kapitel II.2 zu zeigen sein wird, trifft dies für Brasilien wenn überhaupt, dann nur im Rahmen zaghaftester Ansätze am grünen Tisch, mit Ergebnissen ausschließlich „für die Schublade" zu.

Unabhängig davon, wie sie entstanden sind, entwickeln sich im Laufe der Zeit, in Abhängigkeit unterschiedlicher Faktoren, Siedlungssysteme, die sich im Grad ihrer Komplexität stark voneinander unterscheiden können. Zur Beschreibung, Analyse, sowie zur Abgrenzung von Siedlungssystemen sind einige definitorische Aspekte sinnvoll.

In seinem Aufsatz zu „Theorien nationaler Siedlungssysteme und Raumordnugspolitik" weist BARTELS zwar zunächst darauf hin, daß unter einem nationalen Siedlungssystem in jedem Falle ein räumliches dynamisches System im Sinne eines formalen Modells der allgemeinen Systemtheorie verstanden werden sollte (BARTELS 1979: 112). Wenig später wird diese Aussage aus Sicht der Anwendungspraxis damit relativiert, daß BARTELS feststellt, daß es keine allgemeingültige Definition von Siedlungssystem gibt, sondern nur Spezialdefinitionen aus dem jeweils zugrundegelegten Theoriehorizont, von dessen größerer oder beschränkterer Tragweite der Wert der jeweiligen begrifflichen Siedlungssystem-Konzeption abhängt (BARTELS 1979: 113).

Aus definitorischer Sicht kommt es darauf an zu klären, was Siedlungen, das heißt Systemelemente im Sinne des Systems, sind, wie die Systembeziehungen ausgestaltet sind, welches systemische Verhaltensfunktionen sind und wie sich die Systemdynamik gestaltet. Diese Frage nimmt unter anderem Bezug auf die empirische Definitions- und Abgrenzungsbasis (z.B. Arbeitsstätten, kommunalrechtliche Einheiten etc.). Weiter muß die räumliche Aggregationsebene berücksichtigt werden (z.B. Häuser, Baumassenkomplexe, Gemeinden, Ballungsregionen). Ein weiteres Kriterium stellt die Auswahl von Elementen dar (alle Elemente des Siedlungssystems, nur solche einer Mindestgröße etc.). Nach welchen Kriterien werden das Siedlungssystem und seine Elemente untersucht (Einwohnerzahlen, Infrastrukturausstattung etc.)? Hierbei handelt es sich um Fragen, die zur Einordnung der Bedeutung und Komplexität eines Siedlungssystems wichtig sind. Weiterhin wird durch diese Angaben der Bezugsrahmen und damit auch die Aussagekraft der Beschreibung klargestellt. (Vergleiche hierzu im Detail BARTELS 1979: 113 ff.).

Eine Reihe von theoretischen Ansätzen zu Siedlungssystemen arbeitet zusätzlich mit der definitorischen Kategorie sogenannter Subsysteme als einer Teilaggregation bestimmter Systemelemente und / oder Systembeziehungen. Diese Teilgesamtheiten werden meist vorgestellt als je für sich in vergleichsweise engerem Zusammenhang stehend und gegenüber Einflüssen aus dem übrigen System als Komplex reagierend. Eine solche Konzeption kennzeichnet beispielsweise das Modell des Siedlungssystems in bestimmten Ausgestaltungen der zentralörtlichen Theorie, wenn ein zentraler Ort bestimmter Stufe mit den ihm hierarchisch untergeordneten (zentralen oder nicht zentralen) Siedlungen als Subsystem verstanden wird, das sich unter Umständen als räumlich geschlossener und abgrenzbarer Einzugsbereich darstellen läßt. Andere Vorstellungen von Subsystemen liegen vor, wo etwa größere, oft mehrkernige Ballungsräume jeder für sich als kontingentes Subsystem des nationalen Siedlungssystems aufgefaßt werden (BARTELS 1979: 117 - 118).

Während in diesen genannten Fällen räumliche oder lagebezogene Subsysteme definiert werden, liegen andere Aufspaltungen des Siedlungsgesamtsystems vor, wo entweder eine bestimmte Klasse von Siedlungselementen als Subsystem verstanden wird, oder wo eine bestimmte Art der Systembeziehungen als Subsystem erscheint (funktionale Subsysteme) (BARTELS 1979: 118).

Für die Erfassung der Interaktionen zwischen Städten sind, über die oben bereits genannten hinaus, eine Reihe von Indikatoren hilfreich, wie z.B. Bevölkerungs-migrations- und Verkehrsstromdaten (GRIMM 1985), Ausprägungen des Straßen- und Schienenverkehrsnetzes oder das Fluggastaufkommen der Verkehrsflughäfen (BLOTEVOGEL, HOMMEL 1980) sowie Zeitungsverbreitungsdaten zur Abschätzung von Informationsflüssen („Räume gleicher selektiver Informationsverbreitung") (BLOTEVOGEL 1980). Zu beachten ist hier, daß diese Indikatoren vorwiegend aus Untersuchungen zu Städtesystemen in mitteleuropäischen Industriestaaten abgeleitet wurden und nur zum Teil, beziehungsweise nur bedingt, für die Erfassung von Städtesystemen in peripheren, weniger entwickelten Regionen außerhalb Europas anwendbar sind.

Zur Erfassung von Städtesystemen an der Peripherie von weniger entwickelten Ländern fehlt häufig die verläßliche Datenbasis für die oben genannten Indikatoren. Da die funktionalen Ausstattungsunterschiede sowie die hierdurch bedingten Interaktionen zwischen den Städten eines Städtesystems mehr oder weniger eng mit der unterschiedlichen Größe der systemzugehörigen Städte korrelieren, läßt sich die Struktur von Städtesystemen auch nach der vorliegenden Größenverteilung und dem mit dieser korrespondierenden Polarisierungsgrad beschreiben (BLOTEVOGEL, MÖLLER 1992: 120).

Über die reine Erfassung von Städtesystemen hinaus, geht die Untersuchung dieser in Bezug auf ihre Entstehung und Entwicklung[1]. Dabei sind die entwicklungsbedingenden Faktoren von besonderem Interesse. Untersuchungen zur Entwicklung von Städtesystemen in peripheren Regionen (*frontier settings*) gibt es bis heute noch nicht viele (vergleiche BROWN, SIERRA, DIGIACINTO 1994). Für das brasilianische Amazonien[2] arbeiteten BROWDER, GODFREY (1990) verschiedene Entwicklungsstadien von Städten in Abhängigkeit des Inkorporationsprozesses peripherer Regionen in die Nationalökonomie heraus. Hier werden sozio-ökonomische und landschaftliche Reifungsprozesse (*socioeconomic and landscape maturation*) mit Stadtformen in Verbindung gebracht. Als wesentliche Wirtschaftszyklen und damit in Zusammenhang stehende Siedlungsformen werden aufgeführt:

1.   Subsistenzwirtschaft (*native subsistence economy*) mit prä-urbanen Siedlungen,
2.   Ressourcenextraktion mit Expeditionscamps als dominierender Siedlungsform,
3.   landwirtschaftliche Kolonisation mit Pionierstädten (vergleiche auch das Modell der Pionierfront von COY 1991)
4.   konsolidierte Pionierfronten mit lokalen Servicezentren und
5.   ländlicher Exodus mit der Ausbildung einer Primatstadt als regionaler Metropole.

Aus einer theoretischen Perspektive betrachten BROWDER, GODFREY (1997) die Verstädterung an der brasilianischen Peripherie in Amazonien und versuchen im Rahmen der Untersuchung zur Urbanisierung in dieser Region einen Ansatz zur Charakterisierung der Entwicklung des Städtesystems. Ein Zwischenergebnis formulieren sie wie folgt:

> *„The organizing master principle of the spatial economic tradition, the 'marketing principle' of spatial organization, has enduring value for our understanding of the contemporary process of frontier settlement expansion. The powerful draw of metropolitan centres on the frontier contrasts with the local tugs and booms of frontier boomtowns, each one receding in importance as the settlement frontier expands. But [...] the physical manifestations of the marketing principle in the morphology of Amazonian settlement systems are strewn with contradictions and irregularities. Market forces may provide an underlying logic for the location of settlements,*

---

[1]   Zum brasilianischen Städtesystem siehe Kap. II.1.2

[2]   hier sei auch auf die Arbeiten von BECKER 1985, 1987, 1990 verwiesen; zu Pionierstädten im Bundesstaat São Paulo siehe MONBEIG 1952

but distorting forces everywhere intrude [...]. It is in the disarticulated
nature of frontier urbanization, rather than in some idealized field of
centrifugal market forces, that we must search for the structure of irregula-
rity in the frontier urbanization experience of Brazilian Amazon."
(BROWDER, GODFREY 1997: 27).

Die Ausbildung und Entwicklung von Städtesystemen in Industrie- und Entwicklungsländern kann, regional differenziert, recht unterschiedlich verlaufen. Der Grad der Komplexität eines Städtesystems wächst mit der Zunahme der Zahl und Größe von Städten in
einem System. CORRÊA (1988) stellt klar, daß es absolut unhaltbar sei, zu behaupten, nur
in den entwickelten Ländern gebe es Städtesysteme, während dies in unterentwickelten
Ländern nicht der Fall sei (CORRÊA 1988: 107). Als eines der wichtigsten Kennzeichen
von Städtesystemen in unterentwickelten Ländern nennt er die fingerförmige Ausprägung
mit der Ausbildung einer Primatstadt. Diese Struktur führt dazu, daß aus dem zugehörigen
Hinterland in starkem Maße Ressourcen absorbiert werden. Es kommt zu einem Aus-
beutungsverhältnis zwischen „Stadt" und „Land" und damit zu zunehmenden sozioökonomischen Disparitäten, wobei die Primatstadt die größeren Vorteile besitzt (vergleiche dazu
im Detail CORRÊA 1988).

Die Ausführungen in diesem Kapitel zeigen, daß die Betrachtung von Städtesystemen der
Berücksichtigung zahlreicher sozioökonomischer Indikatoren unterliegt. Je nach Verfügbarkeit und Gewichtung dieser Indikatoren lassen sich allgemeingültigere oder auch
detailliertere Aussagen zur Struktur und Entwicklung von Städtesystemen auf unterschiedlicher Maßstabsebene und unter verschiedenen Rahmenbedingungen machen.

II.1.2 Das brasilianische Städtesystem

Zur Einordnung der Stellung der später zu behandelnden Untersuchungsregion in den
Kontext des gesamtbrasilianischen Siedlungssystems sollen hier einige einführende
Darstellungen zum brasilianischen Städtesystem sowie zu seiner Struktur und Entwicklung
aufgenommen werden.[1]

---

[1]   Einen sehr guten allgemeinen Überblick zur wissenschaftlichen Beschäftigung mit dem
        Thema Städtenetze und Städtesysteme in Brasilien gibt der Beitrag von CORRÊA(1994).

II.1.2.1   Die Siedlungsstruktur

Die Siedlungsstruktur Brasiliens ist seit den letzten Jahrzehnten durch eine starke Städte-verdichtung und einen enormen Bevölkerungszuwachs in den Städten aller Größenklassen gekennzeichnet (vergleiche Tab. 3, in Kapitel II.1). Zwischen 1980 und 1991 kam es zur Neugründung von 500 Munizipien in Brasilien. All diejenigen Munizip- hauptorte, die bis dahin noch nicht als städtische Siedlungen geführt wurden, erhielten durch ihre Erhebung zum Verwaltungssitz der neuen Munizipien statistisch betrachtet den Status von Städten.

Auf die Händler- und Pflanzertradition der portugiesischen Stadtgründer in Brasilien läßt sich die Tatsache zurückführen, daß eine zahlenmäßige Konzentration von Städten entlang der brasilianischen Ostküste festzustellen ist. Als Hafen- und Handelsstandorte waren sie von Beginn an wirtschafts- und verkehrsgeographisch besonders gut geeignet, um den Kontakt zum Mutterland Portugal aufrechtzuerhalten (WILHELMY, BORSDORF 1984: 101, SCHMIEDER, O. 1968). Die traditionelle Capitania-Struktur trug mit dazu bei, daß diese Konzentration bis heute erhalten geblieben ist. Die Verteilung der Städte auf die Groß-regionen Brasiliens spiegelt diesen Sachverhalt sehr deutlich wieder. Allein die Groß-regionen Nordosten, Südosten und Süden vereinigen auf ihrem Gebiet 253 von 279 Städten über 50.000 Einwohner in Brasilien vergleiche Tab. 3 in Kapitel II.1). Die weni-gen im Landesinneren liegenden größeren Städte sind heute im wesentlichen die Haupt-städte der entsprechenden Bundesstaaten.

Einen wichtigen Anstoß für die Entstehung eines dichteren Siedlungsnetzes im Binnenland gaben die Gold- und Diamantenfunde zunächst in Minas Gerais im 18. Jahrhundert und wenig später auch in Mato Grosso. Die Entstehung erster regelmäßig benutzter Überlands-wege war eine wichtige Folge für die Entwicklung des brasilianischen Städtewesens. An Kreuzungen und Rastplätzen entstanden eine Reihe binnenländischer Siedlungen, die sich im Laufe der Zeit zu ansehnlichen Ortschaften entwickelten. Oft waren diese Rastplätze an den Überlandstraßen noch vor dem Einsetzen der Agrarkolonisation die ersten kleinen Bevölkerungszentren inmitten eines weiten unbesiedelten Landes (WILHELMY 1952, WILHELMY, BORSDORF 1984: 103). Kolonialzeitliche Stadtgründungen tief im Binnenland sind u.a. auch Cuiabá (1727) und Cáceres (1778) (WILHELMY 1952, WILHELMY, BORS-DORF 1984: 104).

II.1.2.2　　Die Entwicklung des Städtesystems

Die erste umfassende Studie zum Städtesystem Brasiliens legte GEIGER mit seiner Arbeit "Evolução da rede urbana brasileira" vor (GEIGER 1963). Er differenzierte die Städte Brasiliens zunächst nach ihren wirtschaftlichen Aktivitäten und unterschied dabei (vergleiche KOHLHEPP et al. 1993: 39):

1.　moderne Großstädte und Metropolen mit ausgewogenen Industrie- und Handelsfunktionen,
2.　Industriezentren unterschiedlicher Größe,
3.　große Handelszentren und Häfen,
4.　mittlere und kleine Handels- und Agrarstädte,
5.　administrative Zentren und
6.　Orte stagnierender Entwicklung.

Des weiteren gliederte GEIGER Brasilien räumlich in vier sogenannte *agrupamentos* von Städten, Verdichtungen von Mittel- und Großstädten:

1.　*Agrupamento Sul*: Rio Grande do Sul, Santa Catarina und Teile von Paraná
2.　*Agrupamento Paulista*: São Paulo, Nordwest-Paraná, Triângulo Mineiro, Teile von Mato Grosso
3.　*Agrupamento Fluminense-Mineiro*: Rio de Janeiro, Süd-Minas und Espírito Santo
4.　*Agrupamento Nordeste*: die küstennahen Bereiche des Nordostens und Nordens

Die Zonen im *Interior*, in denen es zur isolierten Entstehung von Städten gekommen ist, wurden als Restkategorien definiert. Die *agrupamentos* sind das räumliche Ergebnis von Diskontinuitäten im Entwicklungsprozeß Brasiliens und lassen sich in ihrer Zusammensetzung aus den historischen Rahmenbedingungen erklären (KOHLHEPP et al. 1993: 40).

Zur Berücksichtigung der Verflechtungsbeziehungen zwischen den Städten Brasiliens nimmt GEIGER weiter eine Strukturierung in sogenannte *redes urbanas* (Städtenetze) vor. Diese werden in der Regel von nationalen oder regionalen Metropolen dominiert. Dabei kommt es durchaus zu Überschneidungen zwischen den einzelnen Einflußbereichen. GEIGER grenzt folgende *redes urbanas* in Brasilien ab (KOHLHEPP et al. 1993):

1.　Porto Alegre mit dem Einflußgebiet von Rio Grande do Sul und dem südlichen Santa Catarina,

2.	São Paulo mit Einfluß auf Teile von Santa Catarina, Paraná, den Staat São Paulo, Mato Grosso, Goiás und Teile von Minas Gerais,

3.	Rio de Janeiro als Zentrum für die Städte in Minas Gerais, dem Staat Rio de Janeiro, und Espírito Santo,

4.	Salvador mit Einfluß auf Bahia, Sergipe und Nord-Goiás,

5.	Recife mit einem begrenzten, nicht kontinuierlichen Einzugsbereich in den Nordstaaten bis zur Amazonasmündung einschließlich der Regionalmetropolen Fortaleza und São Luis (ohne Bahia und Sergipe) und

6.	Belém mit Einfluß auf das amazonische Städtenetz.

Abschließend sei darauf hingewiesen, daß GEIGER den Regionalzentren besondere Aufmerksamkeit widmet. Dabei zeigt er innerhalb der einzelnen Städtenetze auf, wie vielfältig und unterschiedlich die Funktionen solcher Zentren sein können. Dieser Umstand trägt gleichzeitig dazu bei, daß es verhältnismäßig schwierig ist, diese Regionalzentren mit unterschiedlichsten historischen Ausgangsbedingungen und wirtschaftlichen Schwerpunkten systematisch zu typisieren.

Betrachtet man das brasilianische Städtesystem als Ganzes, stellt man fest, daß es kein in sich kohärentes System ist. Vielmehr kontrollieren einzelne Metropolen regionale Städtenetze in ihrem Einzugsbereich. Die einzelnen Subsysteme sind häufig das Ergebnis außenorientierter Wirtschaftszyklen, wobei veränderte Weltmarktbedingungen zu mehr oder minder tiefgreifenden Veränderungen dieser Subsysteme führen können. Fragmentierte, funktional spezialisierte und nicht konsequent hierarchisch organisierte Strukturen sind kennzeichnend für diese Subsysteme (KOHLHEPP et al. 1993: 43, 46 ff.).

Analog zu den *agrupamentos* von GEIGER lassen sich heute in Brasilien vier Städte-Subsysteme erkennen, die sich aus den Einflußbereichen verschiedener Metropolen zusammenfügen. Überschneidungen, aber auch ergänzende Beziehungen sind kennzeichnend für diese Subsysteme. Im Laufe der Zeit läßt sich eine Tendenz des Zusammenwachsens feststellen. Dieser Umstand hängt mit der zahlenmäßigen Zunahme der Städte und dem damit zwangsläufig sich räumlich verdichtenden Städtenetz zusammen.

Die vier Subsysteme Brasiliens sind (KOHLHEPP et al. 1993: 52):

1. Subsystem Südbrasilien: es umfaßt die beiden Metropolen Porto Alegre und Curitiba, zahlreiche industrielle Mittelstädte im küstennahen Hinterland sowie zahlreiche Mittelstädte in modernisierten Agrarlandschaften. Sein Einflußbereich erstreckt sich über die drei Südstaaten Rio Grande do Sul, Santa Catarina und Paraná.

2. Subsystem Südost- und Zentralbrasilien: der Kernbereich ist das Metropolendreieck São Paulo, Rio de Janeiro und Belo Horizonte. Entlang der Eisenbahn- und Straßenverbindungen in São Paulo und zwischen den drei Metropolen finden sich zahlreiche Industrie- und Agroindustriestädte. Der nördliche Bereich des Subsystems reicht bis an das südliche Amazonasgebiet heran. Im *Interior* dieses Subsystems finden sich weitere regionale Städtesysteme, wie z. B. die von Goiânia / Brasília oder Cuiabá angeführten.

3. Subsystem Nordostbrasilien: es umfaßt die drei Metropolen Recife, Fortaleza und Salvador mit einem dünnen Netz von Mittelstädten in ihrem Hinterland. Die zwischenstädtischen Verflechtungen sind hier wesentlich weniger ausgeprägt als in den südlichen Subsystemen.

4. Subsystem Nord: Mit Manaus und Belém hat dieses Subsystem zwei isolierte Metropolen mit wenigen Mittelstädten entlang der Flußläufe. Hier führen die Einflüsse der von Osten und Süden vordringenden Pionierfront zu erheblichen Veränderungen im Städtesystem (vergleiche hierzu unter anderen auch BROWDER, GODFREY 1997) (zu weiteren Details über die Subsysteme siehe KOHLHEPP et al. 1993: 56 ff.).

Veränderungen im Städtenetz führen erst mit teilweise erheblicher Verzögerung zu erkennbaren Wandlungen innerhalb von Siedlungssystemen und auch veränderte Rahmenbedingungen schlagen sich oft nur zögerlich in sichtbaren räumlichen Beziehungsmustern nieder. Trotzdem lassen sich unter Berücksichtigung einiger aktueller Entwicklungsprozesse Tendenzen des Wandels im brasilianischen Städtesystem feststellen.

São Paulo konsolidiert auch in jüngster Zeit seine Position als wichtigste Stadt innerhalb des brasilianischen Städtesystems. Die internationalen Verflechtungen nehmen an Umfang weiter zu und festigen damit auch die Bedeutung São Paulos auf der Weltmaßstabsebene. Demgegenüber stagniert die Bedeutung von Rio de Janeiro vor allem in bezug auf seine internationale Attraktivität. Im brasilianischen Kontext macht sich die Verlagerung der Hauptstadt nach Brasília sowie der zu geringe Ausbau des wirtschaftlichen Sektors durch einen Bedeutungsverlust bemerkbar.

Dies wäre zunächst weniger ein Beleg für den oben angedeuteten Wandel als vielmehr ein Zeichen der Konsolidierung von seit langer Zeit angelegten Strukturen. Dieser Wandel drückt sich jedoch sehr stark in der Entwicklung der einzelnen Städte und ihrer Beziehungen zu den dazugehörigen Regionen aus. Dabei kommt es zu einer fortschreitenden Differenzierung des gesamten Städtesystems mit der Tendenz zu einem immer höheren Komplexitätsgrad. Die einzelnen Städte unterscheiden sich dabei immer mehr voneinander. Entwicklungsbestimmend sind die aus der Region stammenden Ansprüche an die Städte, die sich wiederum in starkem Maße aus den Herausforderungen an die Regionen im globalen Wettstreit der Regionen untereinander ableiten (SANTOS 1994).

Nach SANTOS kommt es aufgrund der Tatsache, daß Herausforderungen und die entsprechenden Strategien von Ort zu Ort, von Produkt zu Produkt und in Abhängigkeit des Technisierungs- und Kapitalisierungsgrades unterschiedlich sind zu einer zunehmenden Differenzierung. Der Grad der Komplexität ergibt sich aus der Tatsache, daß heutzutage selbst in der Landwirtschaft ein hohes Maß an Know how, intelektuellen Fähigkeiten und Informationsflüssen notwendig ist, was zur Folge hat, daß die interne Struktur der Städte dazu tendiert, immer dichter, diversifizierter und sozial differenzierter zu werden (SANTOS 1994: 24).

II.1.2.3 Faktoren, die die Struktur des Städtesystems prägen

Der Grad der Differenzierung und vor allem die Gesamtstruktur des Städtenetzes kann als Ergebnis der allgemeinen brasilianischen Raumordnungspolitik betrachtet werden. Die ausgeprägte räumliche Polarisierung der Urbanisierung ist als direkte Konsequenz der Machtkonzentration vor dem Hintergrund eines kapitalistischen Entwicklungsmodells zu interpretieren. Wirtschaftswachstum und Effizienzsteigerung auf der Grundlage von Industrialisierung und Modernisierung des institutionellen Apparates waren vorrangige Ziele. Staatliche Interventionen dominierten über Jahrzehnte jegliche Entwicklung (IBGE 1995: 22). Wechselnde politische und wirtschaftliche Verhältnisse spiegeln sich dabei häufig in konkreten räumlichen Mustern und / oder in hierarchischen Systemen unterschiedlichster Ausprägung. Im Falle Brasiliens zerfällt das nationale Städtesystem in eine Reihe regionaler Subsysteme, wie oben bereits angesprochen. Neben den Determinanten, die sich mehr oder weniger direkt aus der offiziellen Stadtentwicklungsplanung ableiten lassen (siehe dazu ausführlich Kapitel II.2), spielen eine Reihe anderer Faktoren eine teilweise entscheidende Rolle für die Ausgestaltung und Konsolidierung des Siedlungssystems, die man nicht in erster Linie als stadtplanerische Maßnahmen bezeichnen kann. Regionen auf dem Weg zu ihrem Platz im Gesamtsystem suchen ihre Identität durch eigene Kreativität und durch eine Reaktion auf die an sie herangetragenen Herausforderungen.

Insgesamt stellt man fest, daß traditionelle Muster und Strukturen, die auf der Grundlage von Zentralitätsindikatoren beschrieben wurden, immer mehr durch die Ausbreitung neuer Kommunikationsmedien und regionale Spezialisierungsprozesse beeinflußt werden. Dadurch kommt es zu qualitativ neu gestalteten Interrelationen innerhalb des Städtesystems (GEIGER 1995). CASTELLS (1985) spricht von Beziehungsströmen, die die Beziehungen zwischen Plätzen überlagern. Die Heranziehung von Städtenetzen mit Kategorien von Städten unterschiedlicher Hierarchiestufen zur Interpretation ihrer Interrelationen wertet SANTOS (1994: 24) in Anbetracht gewandelter Realitäten als völlig überholt.

DAVIDOVICH (1992) untersucht regionale Zusammenhänge der Urbanisierung (*contextos regionais*) als neuen Ansatz zur Herausarbeitung der Struktur des brasilianischen Städtesystems. Dabei richtet sie ihr Augenmerk auf eine Reihe beispielhafter Entwicklungsprozesse mit Einfluß auf die Um- bzw. Neugestaltung des Städtesystems Brasiliens. Erstens weist sie auf Veränderungen im Bereich der Exportdynamik in Zusammenhang mit den Entwicklungen in der Agroindustrie, mit der Ausweisung von sogenannten Exportkorridoren (*corredores de exportação*), sowie der Einrichtung von Exportproduktionszonen (*Zonas de Processamento para Exportação, ZPE*) hin. Zweitens nennt sie die Bedeutung des *MERCOSUL*, der sich in einer ersten Konsolidierungsphase befindet. Drittens führt sie Veränderungen in Amazonien an, die sich aufgrund der Entwicklungen im Zusammenhang mit Drogenhandel (vergleiche MACHADO 1996) und anderen Schmuggelaktivitäten ergeben. Und viertens kommt eine Entwicklung hinzu, die sich aus ersten Ansätzen überkommunaler Entwicklungsplanung mit dem Ziel der Dekonzentration und Dezentralisierung ergeben könnte. In Verbindung mit den oben bereits angesprochenen Tendenzen zu zunehmender Mobilität von Waren, Dienstleistungen und Personen und den verbesserten Kommunikationsstrukturen entstehen Rahmenbedingungen, die teilweise direkt oder auch indirekt auf die Entwicklung des brasilianischen Städtesystems wirken (vergleiche GEIGER 1995).

Insbesondere in Entwicklungsländern stellt sich das Städtesystem zumindest teilweise so dar, daß die Städte als Aktionszentren fungieren, deren Aktivitäten allerdings von außerhalb des nationalen Städtenetzes gesteuert werden (CORRÊA 1988). Im übertragenen

Sinne könnte diese Darstellung auch für das Verhältnis zwischen nationalen Städtesystemen und deren regionalen Subsystemen zutreffen. Entscheidend an diesem Prozeß ist die Tatsache, daß die Entwicklung des Städtesystems und damit zumindest teilweise auch die seiner Elemente, sekundär und nur als Reflex ganz anderer primärer Interessen zu verstehen ist. Das heißt, daß nicht der Ausbau und die Konsolidierung eines Siedlungssystems zur Grundlage der sozio-ökonomischen Entwicklung einer Region gemacht wird, sondern daß wirtschaftliche Ziele im Vordergrund der Entwicklung stehen, an deren vorgegebenen Notwendigkeiten sich die Siedlungen in Entstehung und Genese orientieren. Dieser Vorgang ist weder per se schlecht oder unerwünscht, seine Berücksichtigung für die Erklärung vorhandener regionaler Strukturen und Probleme aber von großer Bedeutung.

Speziell in peripheren Regionen spielt die Ursache des Prozesses der Besiedlung und damit die Entstehung und Veränderung eines Siedlungssystems eine wichtige Rolle. Gerade im Bereich von Pionierfronten gibt es eine Anzahl von Faktoren, die sich prägend auf das Siedlungssystem auswirken. BROWN et al. sprechen hier von sogenannten „Nischen-Plätzen", an denen sich bevorzugt Siedlungen ausbilden. Dazu gehört zum Beispiel der Ausbau des Transportsystems als maßgebender Faktor für die Ausgestaltung des Siedlungsmusters. Mineralvorkommen, neue wirtschaftliche Aktivitäten, technische Innovationen, nationale Politiken, weltwirtschaftliche und weltpolitische Rahmenbedingungen, sowie die Aktivitäten von Geberländern stellen weitere das Siedlungsmuster bestimmende Faktoren dar (BROWN et al. 1994). Auch hier ist vor allem der Umstand von Bedeutung, daß die primären Entscheidungen für gewisse Entwicklungen, welche sich wiederum auf das Städtesystem auswirken, in großem Umfang von regionsexternen Kräften, nicht mit Blick auf die Stadtentwicklung, getroffen werden. Je nach Konjunktur auf nationaler oder internationaler Ebene kann so das „Schicksal" regionaler Siedlungsnetze bzw. ihrer Elemente viel stärker davon abhängen, für welche Ausbaumaßnahmen im Bereich der Infrastruktur, Finanzierungspakete in der Landwirtschaft etc. man sich in den Schaltzentralen der Macht entscheidet, als von möglicherweise gut formulierten planerischen Leitzielvorstellungen.

Die Auswirkungen solcher Entscheidungen fern der Planungsämter werden an den beiden Regionalzentren, die als Fallbeispiele herangezogen wurden, weiter unten zu zeigen sein.

II.1.3 Das Subsystem des brasilianischen Mittelwestens[1]

Die Großregion des Mittelwestens erstreckt sich auf insgesamt 1,9 Mio. km² und umfaßt damit ca. 22% der Fläche Brasiliens. Ihre Bevölkerung betrug 1991 9,4 Mio. Einwohner, was einem Anteil von 6,4 % der Gesamtbevölkerung Brasiliens entspricht. Mit einer durchschnittlichen Einwohnerdichte von 4,9 Einwohnern pro km² gehört der Mittelwesten zu den dünnbesiedeltesten Räumen des Landes. Gleichzeitig ist der Mittelwesten heute einer der dynamischsten Räume Brasiliens, sowohl bezüglich der wirtschaftsräumlichen, als auch hinsichtlich der sozialräumlichen Prozesse, die dort in den letzten Jahrzehnten abgelaufen sind. Die Modernisierung der Landwirtschaft und eine zaghafte Industrialisierung neben noch stark extraktionsorientierten Wirtschaftsformen sowie intensive inter- und intraregionale Migrationsprozesse sind prägende Elemente der Entwicklung des brasilianischen Mittelwestens (vergleiche COY, LÜCKER 1993: 49 ff.).

Bis vor wenigen Jahren war der Mittelwesten in weiten Teilen fast unerschlossen. Die ersten Siedlungsgründungen stehen im Zusammenhang mit den Erschließungsvorstößen der Paulistaner *bandeirantes*. Von strategischer Bedeutung waren Teile der Region als Grenzsaum gegenüber dem ehemals spanischen Einflußbereich (vergleiche COY, LÜCKER 1993).

Bezüglich der Entwicklung des Städtenetzes ist darauf hinzuweisen, daß es sich beim Mittelwesten als Makroregion in gewisser Weise um eine „Restgröße" handelt, die bei der räumlichen Aufteilung Brasiliens 1941 übrigblieb (MUELLER 1992: 90). Es handelte sich um den Teil des Landes, der damals weitgehend „unerschlossen" gewesen war. Bis zum Beginn der 50er Jahre des 20. Jahrhunderts kam es im Bereich des Mittelwestens lediglich zu isolierten Aktivitäten wirtschaftlicher Erschließung, was zur Ausbildung von mehreren, nicht miteinander in Verbindung stehenden Subregionen führte. Die wichtigsten dieser Subregionen werden im Anschluß kurz vorgestellt (vergleiche dazu MUELLER 1992: 90 ff.) (siehe Karte 3).

Die Region Cuiabá - Corumbá mit Teilen des Südens des heutigen Mato Grosso sowie des Nordens des heutigen Mato Grosso do Sul[2], war eines der Gebiete, die als erste durch weiße Siedler erschlossen wurden. Goldfunde im 18. Jahrhundert führten zu bedeutenden

---

[1]   Die Großregion Mittelwesten besteht heute aus den Bundesstaaten Mato Grosso, Mato Grosso do Sul, Goiás und dem Distrito Federal mit der Hauptstadt Brasília.

[2]   Der Bundesstaat Mato Grosso wurde 1979 in die beiden Bundesstaaten Mato Grosso und Mato Grosso do Sul aufgeteilt.

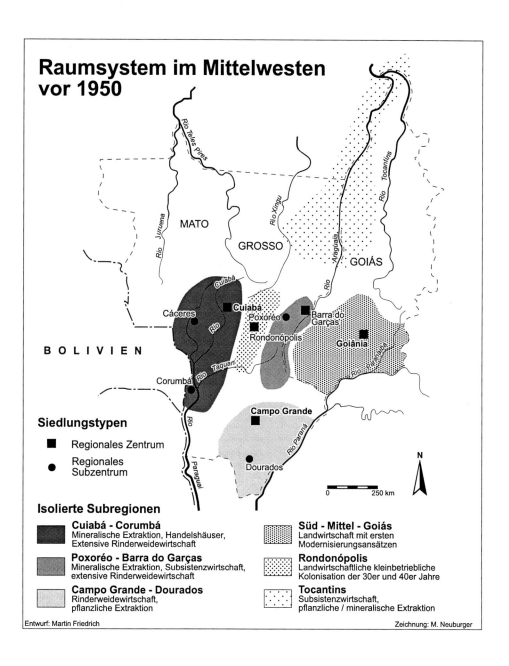

Raumsystem im Mittelwesten vor 1950

MATO

GROSSO

GOIÁS

BOLIVIEN

Cáceres

Cuiabá

Poxoréo

Barra do Garças

Rondonópolis

Goiânia

Corumbá

Campo Grande

Dourados

Siedlungstypen

■ Regionales Zentrum

● Regionales Subzentrum

N

0   250 km

Isolierte Subregionen

Cuiabá - Corumbá
Mineralische Extraktion, Handelshäuser,
Extensive Rinderweidewirtschaft

Poxoréo - Barra do Garças
Mineralische Extraktion, Subsistenzwirtschaft,
extensive Rinderweidewirtschaft

Campo Grande - Dourados
Rinderweidewirtschaft,
pflanzliche Extraktion

Süd - Mittel - Goiás
Landwirtschaft mit ersten
Modernisierungsansätzen

Rondonópolis
Landwirtschaftliche kleinbetriebliche
Kolonisation der 30er und 40er Jahre

Tocantins
Subsistenzwirtschaft,
pflanzliche / mineralische Extraktion

Entwurf: Martin Friedrich   Zeichnung: M. Neuburger

Zuwanderungsströmen, und Cuiabá entwickelte sich schnell zum Verwaltungs- und Versorgungszentrum. Die Flußschiffahrt war einer der wichtigsten Transportwege, wodurch an den Flüssen eine Reihe größerer und kleinerer Hafen- und Handelsstädte entstanden (Corumbá, Cáceres, Porto Murtinho etc.), über die Kontakte bis nach Asunción, Montevideo und Buenos Aires zustande kamen. Anfänglich bildete sich eine rudimentäre Landwirtschaft aus, die aber mit dem Erschöpfen der Goldlagerstätten zum Erliegen kam. Danach entstanden ein Reihe größerer und kleinerer extensiver Weidewirtschaftsbetriebe (vergleiche zur Rinderweidewirtschaft im Pantanal REMPPIS 1995).

In der Region Cuiabá - Corumbá waren im 19. Jahrhundert große Handelshäuser (*casas comerciais*) von besonderer Bedeutung. Sie verdankten ihren Erfolg in erster Linie dem Haupttransport- und Kommunikationsmedium, den Flüssen. Aus Buenos Aires, Montevideo etc. konnten über die Flüsse Paraná und Paraguai Waren angeliefert werden, die selbst aus Nordamerika oder aus Europa stammten. Corumbá hatte um die Jahrhundertwende Drehscheibenfunktion. Es wurden Waren für die Handelshäuser der Stadt angeliefert. Nach dem Umladen auf kleinere Schiffe und Boote konnten diese Waren aber auf den zahlreichen Nebenflüssen des Rio Paraguai nach Cuiabá, Cáceres, Miranda, Aquidauana und sogar bis nach Rosario und Diamantino weitergeliefert werden. Auf diese Weise erklärt sich die Gründung zahlreicher Handelshäuser und deren Filialen in den flußnahen Städten Mato Grossos bereits im 19. Jahrhundert (siehe Karte 4).

Die Veränderungen, die infolge des Ausbaus der Eisenbahn von São Paulo bis nach Campo Grande sowie aufgrund des Baus von Überlandstraßen von Campo Grande nach Cuiabá und weiter nach Norden und Nordwesten bis nach Amazonien abgelaufen sind, zeigen deutlich die Bedeutung des Verkehrs- und Transportsystems für die Gestaltung des Siedlungsmusters und der zentralen Funktionen einzelner Städte. Mit der besagten Infrastrukturerweiterung stellte sich schnell der Niedergang Corumbás zugunsten von Campo Grande als neuer Drehscheibe in Mato Grosso ein.

Um den Bedeutungsverlust, den Corumbá in der ersten Hälfte des 20. Jahrhunderts in diesem Zusammenhang erlitten hat, abschätzen zu können, sei nur in Kürze auf die „zentralen Funktionen" eingegangen, die eine Stadt über die vorhandenen Handelshäuser innehatte.

> *Die Handelshäuser hatten in der Regel auch das Monopol über die Schiff-*
> *fahrt sowie Import und Export von Waren inne. Über die Vergabe von*
> *Krediten nahmen die Handelshäuser fast an sämtlichen wirtschaftlichen*

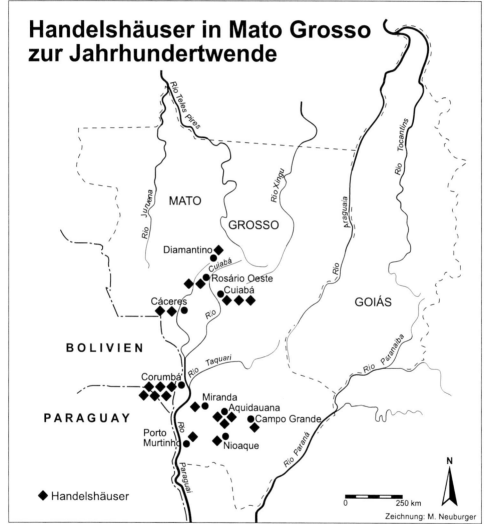

Handelshäuser in Mato Grosso zur Jahrhundertwende

MATO

GROSSO

GOIÁS

BOLIVIEN

PARAGUAY

Rio Teles Pires

Rio Xingu

Rio Tocantins

Rio Juruena

Araguaia

Rio

Diamantino

Cuiabá

Rosário Oeste

Cuiabá

Cáceres

Rio

Rio Paranaíba

Rio Taquari

Corumbá

Miranda

Aquidauana

Campo Grande

Porto Murtinho

Nioaque

Rio Paraná

Paraguai

◆ Handelshäuser

N

0   250 km

Zeichnung: M. Neuburger

Quelle: nach CARDOSO (1989: 198)

Aktivitäten in Mato Grosso teil und hatten eigentlich Banken ähnliche Funktionen (ALVES 1984, nach CARDOSO 1989: 196).

Die Region Rondonópolis im Südosten des Bundesstaates Mato Grosso wurde bereits im 18. Jahrhundert von Cuiabá aus in geringem Umfang ausgebeutet. Einen ersten kleinen Entwicklungsschub bewirkte die Expedition des Marschalls Rondôn zur Einrichtung einer Telegraphenlinie nach Amazonien Anfang des 20. Jahrhunderts. Eine intensivere Besiedlung der Region setzte Ende der 30er Jahre mit der Ankunft neuer Migranten auf der Suche nach landwirtschaftlich nutzbaren Flächen ein. Damals kam es zur Gründung von landwirtschaftlichen Betrieben, die im Vergleich mit anderen in Mato Grosso bereits existierenden größenmäßig eher bescheiden waren.

Das Gebiet Poxoréo - Barra do Garças im Osten Mato Grossos und Nordosten von Mato Grosso do Sul wurde aufgrund früher Diamantenfunde besiedelt. Nachdem diese aber erschöpft waren, entleerte sich der Raum schnell wieder; es blieben einige Bauern auf Subsistenzbasis oder extensive Rinderweidewirtschaft. Erst in jüngster Zeit kommt es zu einer neuen Dynamik im Bereich der Landwirtschaft durch private Kolonisationsprojekte.

Bis 1970 bildeten die Subregionen Cuiabá - Corumbá, Rondonópolis und Poxoréo - Barra do Garças die nördliche Grenze der Erschließung in Mato Grosso. Bis auf wenige Einzelprojekte wurde Nord-Mato Grosso erst nach 1970 kontinuierlich erschlossen (vergleiche hierzu auch COY, LÜCKER 1993 sowie COY 1989, 1990, 1991, 1992).

Die Region Campo Grande - Dourados in der Mitte und im Süden von Mato Grosso do Sul wurde zwar bereits im 17. Jahrhundert u.a. durch die Expedition von Raposo Tavares erkundet. Erst der Bau der Eisenbahn (*Estrada de Ferro Noroeste do Brasil*) bis nach Campo Grande in den 20er Jahren führte zu einer intensiveren Besiedelung der Region. Aufgrund der natürlichen Verhältnisse begann man schnell mit Aktivitäten der Rinderweidewirtschaft. Campo Grande wurde bald zum Viehmarkt mit Handelsbeziehungen über das *Triângulo Mineiro* bis nach São Paulo. Die Gegend um Dourados im Süden von Campo Grande war mit dichtem Wald bestanden und wurde dadurch nur langsamer erschlossen. Zunächst kam es zum Kaffeeanbau durch Migranten aus Süd-Brasilien und zur Ansiedlung kleiner Subsistenzbetriebe sowie zur Sammlung von *erva-mate* (Ilex paraguariensis). Später kam es zur weiteren Ausbreitung von Rinderweidebetrieben und in jüngster Zeit macht sich auch hier die Technifizierung in landwirtschaftlichen Betrieben bemerkbar (vergleiche zur Entwicklung von Dourados LÜCKER 1993 sowie COY, FRIEDRICH, LÜCKER 1997).

Die Region Süd-Goiás, die Mitte und der Süden des Bundesstaates Goiás, profitierten aufgrund wesentlich geringerer Goldvorkommen nicht in dem Maße vom Goldzyklus des 18. Jahrhunderts wie Cuiabá. Erst mit der Ausbreitung der modernisierten Landwirtschaft im Mittelwesten kam es zur Entstehung von regionalen Marktorten wie Anápolis und Goiânia. Seit den 40er und vor allem 50er Jahren entwickelte sich die Region zum wichtigsten landwirtschaftlichen Schwerpunkt des zentralen Hochlands Brasiliens (*Planalto Central*). Die Goiás-Eisenbahn (*Estrada de Ferro Goiás*), die bereits 1935 bis Anápolis reichte, trug zu einen enormen Entwicklungsschub in der Region bei. Goiânia wurde zur gleichen Zeit neu gegründet, entwickelte sich schnell und wurde bald zur wichtigsten Siedlung der Subregion. Es entwickelte sich eine weniger extensive Rinderweidewirtschaft, die mit Rinderexporten ins *Triângulo Mineiro* und nach São Paulo zu ihrem wichtigsten wirtschaftlichen Standbein wurde.

Die Region Tocantins[1] wurde erst Ende des 19. Jahrhunderts besiedelt. Die ersten Siedler kamen aus Nordostbrasilien sowie aus den Bundesstaaten Pará und Maranhão. Wirtschaftlich dominierten hier lange Zeit die äußerst extensive Rinderweidewirtschaft, Subsistenzwirtschaft und in geringem Maße pflanzliche und mineralische Extraktion. Der Norden von Tocantins hatte als ersten Bezugspunkt Belém, wohin die Verbindung über die Flüsse Tocantins und Araguaia gesichert war. Das Fehlen eines effizienten Transportsystems verhindert weiterhin eine bessere Entwicklung in diesem Gebiet, das heute selbständiger brasilianischer Bundesstaat ist und administrativ der Großregion Norden zugeschlagen wurde.

Zusammenfassend kann man feststellen, daß dem Mittelwesten bis zum Beginn der 50er Jahre in erster Linie die Aufgabe zukam, das übrige Land mit Vieh zu versorgen, das dann zum größten Teil um die Konsumzentren im brasilianischen Südosten gemästet wurde. Erst langsam setzte die Erschließung über vereinzelte Kolonisationsprojekte ein. Die oben beschriebenen Subregionen waren daher untereinander weitgehend isoliert und hatten wenig Austausch mit den Zentren der brasilianischen Wirtschaft. Die wenigen kleinen Städte waren meistens nur schlecht ausgestattet, und es gab keinerlei industrielle Produktion. Die Prozesse der Landbesitznahme vor der Mitte des 20. Jahrhunderts führten schon früh zu einem hohen Grad der Landkonzentration. Dieser Tatsache konnten auch die bis dahin existierenden Kolonisationsprojekte nur wenig entgegensetzen.

In den 50er Jahren dehnte sich die Kolonisationstätigkeit auch in die nördlichen Gebiete des Mittelwestens aus, so vor allem in die Region Rondonópolis und Cáceres, zum Teil

---

[1]   Bis 1988 gehörte der heutige Bundesstaat Tocantins zum Bundesstaat Goiás.

bereits nach Nord-Mato Grosso (COY, LÜCKER 1993: 50). Von besonderer Bedeutung war hier der Ausbau des Verkehrssystems zur Anbindung der Region an die Zentren Brasiliens, sowie auch zur Verbindung der einzelnen Subregionen untereinander. Im Rahmen der Erschließungstätigkeit der *Fundação Brasil Central* (BORGES 1987) entwickelten oder konsolidierten sich kleine städtische Siedlungen wie Xavantina, Aragarças, Barra do Garças etc. als administrative Vorposten (COY, LÜCKER 1993).

Wichtige Entwicklungsimpulse für den Mittelwesten gingen von der Hauptstadtverlagerung von Rio de Janeiro nach Brasília im Jahre 1960 aus. Die verbesserte Anbindung des Mittelwestens war eine wesentliche Voraussetzung für die Zunahme der Migrantenströme, die sich zunächst auf die südlichen Bereiche der Großregion richteten (COY, LÜCKER 1993; IBGE 1989).

Von großer Bedeutung für die Entwicklung des Mittelwestens waren in den darauffolgenden Jahrzehnten eine Reihe von politischen Maßnahmen und regionalen Entwicklungsprogrammen. Die Ausbreitung der sogenannten modernisierten Landwirtschaft zunächst in Süd-Goiás und deren Auswirkungen auf den regionalen Handel waren die Grundlage für die sukzessive Urbanisierung dieses Gebietes[1]. Mit Goiânia bildete sich das dynamischste industrielle Zentrum des Mittelwestens heraus. Bis heute hat sich Goiânia zur Millionenstadt entwickelt, und sein Einzugsbereich erstreckt sich auf Städte wie Anápolis, Ceres, Rio Verde und Jataí in Goiás, Rondonópolis in Mato Grosso, Araguaína in Tocantins und Imperatriz in Maranhão (MUELLER 1992: 94; vergleiche auch WAIBEL 1958).

Nicht zuletzt aufgrund der oben geschilderten Entwicklung des brasilianischen Mittelwestens bis in die 50er Jahre des 20. Jahrhunderts betont LÜCKER (1990), daß von einem Städtenetz im Mittelwesten Brasiliens erst seit Beginn der 80er Jahre unseres Jahrhunderts die Rede sein kann (LÜCKER 1990: 399).

Betrachtet man die Bevölkerungsentwicklung der letzten Jahrzehnte im Mittelwesten, läßt sich folgendes feststellen:

1. Der Anteil der städtischen Bevölkerung an der Gesamtbevölkerung der Großregion nimmt stetig zu. Dieser Trend entspricht der Entwicklung auf nationaler Ebene (vergleiche Tab. 4).

---

[1]   Zur sozio-ökonomischen Entwicklung von Goiás siehe LÜCKER 1993: 65 ff.

44

2. Der Anteil der städtischen Bevölkerung des Mittelwestens an der städtischen Bevölkerung Brasiliens ist vergleichsweise gering, nimmt aber ebenfalls stark zu (vergleiche Tab. 4).

3. Der Anteil städtischer Bevölkerung, die in den Muniziphauptorten der Munizipien leben, liegt deutlich über dem brasilianischen Durchschnitt und hat in den letzten Jahrzehnten stark zugenommen (vergleiche Tab. 4)

4. Die absolute Zahl der Städte steigt rapide an (vergleiche Tab. 4).

Tab. 4 Städte und Entwicklung städtischer Bevölkerung im Mittelwesten

	Jahr				
	1950	**1960**	**1970**	**1980**	**1991**
	B R A S I L I E N				
Städte	1.889	2.764	3.952	3.994	4.833
Einwohner	51.944.397	70.992.343	94.508.583	121.150.573	146.825.475
Stadtbevölkerung	18.782.891	32.004.817	52.904.744	82.013.375	110.990.990
Anteil in %	36	45	56	68	76
Bev. Hauptorte	16.283.109	28.540.152	47.540.790	72.066.334	-
Anteil in %	87	89	90	88	-
	M I T T E L W E S T E N				
Städte	112	244	306	337	379
Einwohner	1.736.965	3.006.866	5.167.203	7.742.203	9.427.601
Stadtbevölkerung	423.497	1.053.106	2.493.011	5.246.441	7.663.122
Anteil in %	24	35	48	68	81
Bev. Hauptorte	348.942	981.589	2.374.237	4.905.607	-
Anteil in %	82	93	95	94	-
Anteil an Stadtbevölkerung BR in %	2	3	5	6	7

Quellen: CARDOSO 1989: 190; IBGE (1994): Censo Demográfico 1991, Número 1, Brasil
- Daten nicht verfügbar

Eine weitere generelle Tendenz der Verstädterung zeigt sich in einer Verstädterungsrate, die tendenziell über der Bevölkerungswachstumsrate lag. Seit 1970 kann man im Mittelwesten einen absoluten Rückgang der ländlichen Bevölkerung wie auf der nationalen Ebene feststellen.

Bezüglich Zahl und Größe der Städte zeichnet sich der Mittelwesten durch eine relativ große Zahl von Städten in den Kategorien kleiner und mittlerer Einwohnerzahlen aus. Die Zahl der kleinsten Städte (bis 2000 Einwohner) nimmt seit 1970 tendenziell ab. Demgegenüber läßt sich in allen darüber liegenden Größenklassen ein zahlenmäßiger Zuwachs feststellen (vergleiche Tab. 5).

Tab. 5 Zahl der Städte nach Größenklassen im Mittelwesten

Größenklassen (Einwohner)	Jahr		
	1970	**1980**	**1991**
- 1000	82	34	16
1001 - 2000	75	67	67
2001 - 5000	85	98	131
5001 - 10000	32	70	69
10001 - 20000	20	34	54
20001 - 50000	7	20	30
50001 - 100000	2	6	6
> 100000	3	5	8
Gesamt	306	334	381

Quellen: CARDOSO 1989: 213, 218; IBGE (1996): Censo Demográfico Mato Grosso, Mato Grosso do Sul, Goiás 1991

Die dominierenden Städte des Städtesystems des Mittelwestens sind heute Brasília mit dem Sonderstatus der Bundeshauptstadt, Goiânia (Hauptstadt von Goiás), das Zentrum mit dem diversifiziertesten städtischen Einzugsbereich sowie Campo Grande (Hauptstadt von Mato Grosso do Sul) und Cuiabá (Hauptstadt von Mato Grosso).

Zur Frage der Entwicklung und Differenzierung des Städtesystems Brasiliens und seiner Subsysteme gibt es eine Reihe von Studien des IBGE (Instituto Brasileiro de Geografia e Estatística) aus den 60er und 70er Jahren (IBGE 1972, IBGE 1987), in denen der Versuch unternommen wurde, die Städte auf der Grundlage des Vorhandenseins zentraler Funktionen unterschiedlichen Hierarchiestufen zuzuordnen (vergleiche hierzu auch CARDOSO 1989: 221 ff.). Es kam zur Ausweisung der Kategorien Nationalmetropole (*metrópole nacional*), Regionalmetropole (*metrópole regional*), submetropolitanes Zentrum (*centro submetropolitano*), Regionalhauptstadt (*capital regional*), Subregionalzentrum (*centro subregional*) und Gebietszentrum (*centro de zona*). Die erste IBGE - Studie (IBGE 1972) klassifizierte für den Mittelwesten Goiânia als Regionalmetropole, die Städte Anápolis und Brasília sowie Cuiabá und Campo Grande als Regionalzentren. Die darauffolgende Studie des IBGE (1987), listete mit Anápolis, Brasília, Dourados, Rondonópolis und Imperatriz bereits deutlich mehr Regionalzentren auf. Cuiabá und Campo Grande wurden als Regionalmetropolen eingestuft. Die Zuordnung Brasílias zu den Regionalzentren läßt sich dadurch erklären, daß die Stadt zum Zeitpunkt der genannten Untersuchungen noch extrem jung war und ihre primäre Funktion im rein politisch-administrativen Bereich lag.

Seit der Zeit der ersten Siedlungsgründungen gilt São Paulo als die Nationalmetropole, deren Einflußbereich der brasilianische Mittelwesten zugerechnet wird. Während seit der planmäßigen Gründung von Goiânia (30er Jahre) und Brasília (Anfang der 60er Jahre) der Einfluß São Paulos auf die zu den beiden schnell wachsenden Städten gehörenden Regionen sukzessive abnahm, steht vor allem Mato Grosso do Sul und das südliche Mato Grosso bis heute unter einem spürbaren Einfluß São Paulos[1].

Unter besonderer Berücksichtigung der Entwicklung der Regionalzentren betrachtet LÜCKER den Urbanisierungsprozeß im brasilianischen Mittelwesten (LÜCKER 1990). Vor dem Hintergrund der IBGE - Studien (IBGE 1972, 1978) unternimmt er auf der Grundlage der Daten von 1985 eine weitergehende Klassifikation von Regionalzentren im Mittelwesten. Grundlage für die Klassifikation sind folgende Indikatoren (LÜCKER 1990: 410):

1.   Umlandindikator 1: Zahl der Bankhäuser (nicht Anzahl der Filialen). Bei der Auswahl dieses Indikators wird von der Hypothese ausgegangen, daß Regionalzentren ihre Nachfrageimpulse aus dem landwirtschaftlichen Umland erhalten. Weiterhin geht LÜCKER von der Erfahrung aus, daß alle Banken im Mittelwesten einen großen Teil ihres Umsatzes aus dem Agrarkreditgeschäft beziehen.
2.   Umlandindikator 2: Zahl der Krankenhausbetten pro 10.000 Stadtbewohner.
3.   Wachstumsindikator: Wertschöpfung pro Stadtbewohner.
4.   Verflechtungsindikator 1: Zahl der nichtlandwirtschaftlichen Betriebe.
5.   Verflechtungsindikator 2: Anteil der in der Industrie Beschäftigten.

Aus der Analyse der entsprechenden Daten leitete LÜCKER die folgenden drei Typen von Regionalzentren ab (LÜCKER 1990: 410):

---

[1]   Die teilweise problematische Beziehung zwischen Mato Grosso und São Paulo wird ganz anschaulich in einer Fallstudie zur Obst- und Gemüseversorgung Cuiabás (GALLUS 1995) und in Arbeiten des Autors zur Hidrovia Paraguai-Paraná (FRIEDRICH 1995, 1996) aufgezeigt.

I.   Große Regionalzentren mit gehobener Ausstattung und großer Reichweite. Dazu zählen die Städte Anápolis, Dourados, Rondonópolis, Itumbiara, Rio Verde und Jataí.

II.   Regionalzentren mit defizitärer Ausstattung und großem Bevölkerungswachstum. Dies sind die Städte Corumbá, Araguaína, Gurupi, Catalão und Barra do Garças.

III.   Subregionalzentren mit partieller Ausstattung und großer Reichweite. Darunter lassen sich die Städte Mineiros, Ceres, Tres Lagoas, Gioanêsia, Inhumas, Amambai und Cáceres zusammenfassen.

Die Gebiete, die von Regionalzentren des Typs I dominiert werden, können als kapitalistische, ackerbauliche Frontier bezeichnet werden. Die Regionalzentren vom Typ II liegen in Gebieten junger Pionierfrontentwicklung, in denen kleinbäuerliche Kolonisation und spekulationsorientierte großbetriebliche Landnahme aufeinandertreffen. Städte vom Typ III werden als Subregionalzentren bezeichnet, weil sie nicht gleichwertig mit Typ I und II sind. Geringes Bevölkerungswachstum bei ausreichender Basisinfrastrukturausstattung ist kennzeichnend für diese Städte. Sie liegen in traditionellen Viehwirtschaftsgebieten, die aber durch die jüngste Entwicklung in Grenzlagen zwischen Viehwirtschaft und Ackerbau geraten sind (LÜCKER 1990: 411, 413) (vergleiche zu den Typen von Regionalzentren und ihrer Lage im sozialräumlichen Gefüge des Mittelwestens Karte 5).

Aufgrund seiner dynamischen Regionalentwicklung im Zusammenhang mit der Expansion der modernisierten Landwirtschaft seit den 70er Jahren hat der brasilianische Mittelwesten zunehmend an Interesse gewonnen. Der sozio-ökonomische Wandel drückt sich deutlich in einer kleinen Zahl von „Gewinnern" des Modernisierungsprozesses und einer immer größer werdenden Gruppe von marginalisierten Bevölkerungsteilen aus, mit der Folge der Entstehung neuer Unterschichten nicht nur im ländlichen, sondern in zunehmendem Maße auch im städtischen Raum (COY, LÜCKER 1993: 277 ff.). Kurz gesagt:

> *„der Mittelwesten wurde in seinen gesellschaftlichen und wirtschaftlichen Grundmustern sowie in seinen räumlichen Verflechtungen zunehmend funktional auf das Zentrum ausgerichtet, er wurde inkorporiert"* (COY, LÜCKER 1993: 278).

Die Verkehrserschließung war von zentraler Bedeutung für diesen Inkorporationsprozeß. Unter starker Beeinträchtigung der regionalen Wirtschaftskreisläufe konnten durch die bessere Anbindung die wirtschaftlichen Verflechtungen mit den nationalen Absatzmärkten

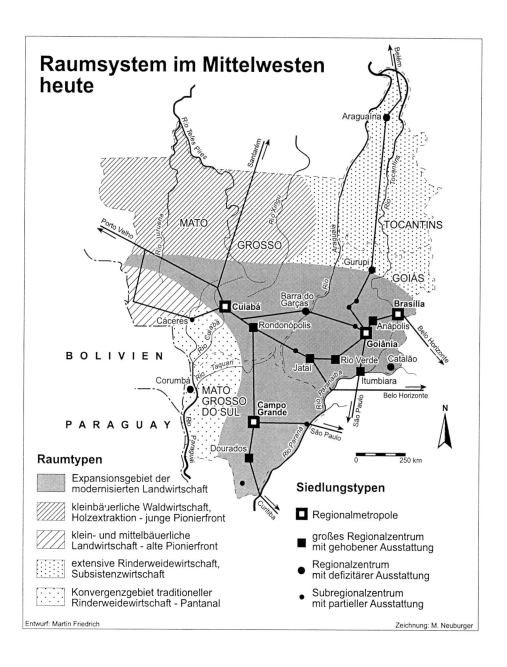

Raumsystem im Mittelwesten heute

Raumtypen

- Expansionsgebiet der modernisierten Landwirtschaft
- kleinbäuerliche Waldwirtschaft, Holzextraktion - junge Pionierfront
- klein- und mittelbäuerliche Landwirtschaft - alte Pionierfront
- extensive Rinderweidewirtschaft, Subsistenzwirtschaft
- Konvergenzgebiet traditioneller Rinderweidewirtschaft - Pantanal

Siedlungstypen

- Regionalmetropole
- großes Regionalzentrum mit gehobener Ausstattung
- Regionalzentrum mit defizitärer Ausstattung
- Subregionalzentrum mit partieller Ausstattung

Entwurf: Martin Friedrich

Zeichnung: M. Neuburger

49

intensiviert werden. Die Zunahme der Migration führte zur explosionsartigen Vergrößerung der regionalen Bevölkerung und brachte neue Akteure mit den unterschiedlichsten Interessen in die Region.

Die dynamischen, oft neu entstandenen Städte spielen eine wichtige Rolle als Schaltzentralen und *Service-Centres* im Rahmen der regionalen Modernisierung und bilden die Brückenköpfe im Rahmen des Erschließungsprozesses. Das regionale Städtenetz erfährt hierdurch eine Verdichtung durch die zahlenmäßige Zunahme der Städte. Gleichzeitig kommt es zu einer immer stärkeren Differenzierung nach dynamischen und stagnierenden städtischen Siedlungen. Häufig verhindern traditionelle Denkmuster und Gesellschaftsstrukturen den Anschluß alter, traditioneller, kulturerfüllter Städte an die immer schneller ablaufenden wirtschaftlichen Entwicklungsprozesse. Dies geschieht nicht selten zugunsten aus dem Boden gestampfter, gesichtsloser Siedlungen, mit einem oft boomartigen Wachstum, das ausschließlich auf den wirtschaftlichen Profit der Erfolgreichen ausgerichtet ist.

Der weitgehend regionsextern verursachte sozialräumliche Wandel im Mittelwesten zeichnet sich weniger durch Charakteristika einer regionalen Integration als vielmehr der Inkorporation einer Peripherie in die wirtschaftlichen und gesellschaftlichen Entwicklungsleitlinien des Zentrums aus (COY, LÜCKER 1993). Auch das Städtesubsystem des Mittelwestens zeigt heute noch oder gerade aufgrund dieses Inkorporationsprozesses deutliche Zeichen der Abhängigkeit von den Schaltzentralen vor allem in São Paulo. Gleichzeitig richten sich die Bewertungsmaßstäbe für das, was Erfolg bedeutet und lebenswert ist, nach den Vorgaben vor allem südbrasilianischer Bevölkerungsgruppen, die sich nicht selten an den Erfahrungen und Kenntnissen ihrer Herkunftsgebiete orientieren.

Auch zwischen den Städten des Mittelwestens und dem Zentrum Brasiliens im Südosten des Landes entstehen bislang kaum gleichberechtigte Verflechtungen, was zur Persistenz der verschiedenen Städtesubsysteme beiträgt und die Entstehung eines homogeneren brasilianischen Städtenetzes noch weitgehend verhindert.

II.1.4 Mato Grosso und seine Städte

Der Bundesstaat Mato Grosso[1] ist mit einer Fläche von ca. 900.000 km² der flächengrößte Bundesstaat der brasilianischen Großregion Mittelwesten. Bis in die 70er Jahre konnte der Bundesstaat als weitgehend unerschlossen und ausgesprochen bevölkerungsarm bezeichnet werden (vergleiche Tab. 6).

Tab. 6 Entwicklung und Verteilung der Bevölkerung in Mato Grosso

Jahr	Bevölkerung	Ländlich	%	Städtisch	%	Bevölkerungsdichte
1940	181.736	135.464	75	46.272	25	0,2 E./km²
1950	212.649	166.081	78	46.568	22	0,2 E./km²
1960	330.609	208.693	63	121.916	37	0,4 E./km²
1970	598.879	366.807	61	232.072	39	0,7 E./km²
1980	1.138.691	483.739	42	654.952	58	1,3 E./km²
1991	2.022.524	542.036	27	1.480.488	73	2,2 E./km²
1996	2.235.832	540.284	24	1.695.548	76	2,4 E./km²

Quelle: IBGE (1994); FCR (1985): 69; IBGE (1997): Contagem da População 1996

Das Hinterland Mato Grossos war bis zur Mitte des 20. Jahrhunderts Lebensraum zahlreicher indianischer Gruppen. Diese Tatsache wird im Rahmen vieler Dokumentationen zum Gang der Besiedlung dieser Region häufig negiert bzw. in den Hintergrund gedrängt (vergleiche COSTA 1991). Bis in die ersten Jahrzehnte dieses Jahrhunderts hinein stand Mato Grosso vor allem im Zeichen von Entdeckungen, Expeditionen, Kontaktierung indigener Gruppen sowie mineralischer und pflanzlicher Extraktionsaktivitäten.

Während im südlichen Teil des Bundesstaates Mato Grosso im Rahmen der oben genannten Aktivitäten des 18. und 19. Jahrhunderts bereits eine größere Anzahl von Siedlungen gegründet wurden, kam es im nördlichen Teil, der heutigen Mikroregion *Norte Mato-Grossense,* lediglich im Zusammenhang mit dem Kautschukboom Ende des 19. Jahrhunderts zu vereinzelten, sehr kleinen Ansiedlungen (COY 1993).

Seit Beginn der 40er Jahre kam es mit der Verkündung des sogenannten *Marcha para Oeste* (Marsch nach Westen) durch die Regierung unter Getúlio Vargas zur Implementierung zahlreicher staatlicher Regionalentwicklungsprogramme. Im Rahmen dieser Maß-

---

[1] Der Bundesstaat Mato Grosso wurde 1979 in die beiden Bundesstaaten Mato Grosso und Mato Grosso do Sul aufgeteilt. Sofern nicht explizit gekennzeichnet, beziehen sich die folgenden Aussagen und Daten lediglich auf den heutigen Bundesstaat Mato Grosso.

nahmen sind vor allem umfangreiche Straßenbauprojekte hervorzuheben, die die wirtschaftliche Erschließung der weiträumigen *cerrado* - Gebiete sowie den Anschluß West - Amazoniens an die zentralen Regionen Brasiliens gewährleisten sollten (siehe Karte 6). Mit dem Ausbau des Straßennetzes kam es zu vorläufig noch geringen Zuwanderungsbewegungen nach Mato Grosso. Das Interesse von Landkäufern und Spekulanten an den immensen Landreserven Mato Grossos erhöhte sich allerdings schnell. In den 50er und 60er Jahren kam es dadurch zu zahlreichen Landverkäufen durch das *Departamento de Terras e Colonização* (vergleiche Pfeifer 1966). Dieses Land wurde vor allem in Nord-Mato Grosso zunächst keinerlei Nutzung zugeführt, sondern fast ausschließlich als Kapitalanlage 'in Wert gesetzt' oder als Spekulationsmasse verwendet. Auf diese Weise kam es zur sukzessiven Privatisierung der Landreserven, was sich wiederum auf die spätere Form der Erschließung durch Einführung großbetrieblicher Rinderweidewirtschaft und Privatkolonisation auswirkte (vergleiche COY 1993).

Im südlichen Teil Mato Grossos waren viel eher staatliche Kolonisationsprojekte, landwirtschaftliche Finanzierungsprogramme etc. in den 50er und 60er, sowie insbesondere in den 70er Jahren ausschlaggebend für den Beginn einer ersten landwirtschaftlichen Erschließung durch Klein- und Mittelbetriebe.

Die durch die verschiedenen Erschließungsmaßnahmen ausgelöste Dynamik läßt sich in ihrem zeitlichen Ablauf recht differenziert an der Bevölkerungsentwicklung in den Mikroregionen in Mato Grosso ablesen (vergleiche Tab. 7).

Im Zeitraum 1960 - 1970 fällt vor allem das enorme Bevölkerungswachstum in der Mikroregion Alto Guaporé-Jauru auf (209 %). Dieses überdurchschnittliche Wachstum läßt sich auf den Bau überregionaler Straßen zurückführen (BR-070 Brasília - Cuiabá - Bolivien; BR-364 Cuiabá - Cáceres - Porto Velho u.a.). In den 60er Jahren kam es entlang dieser Straßen zur landwirtschaftlichen Erschließung der Region mit der Gründung zahlreicher Siedlungen. Ausschlaggebend für diese Erschließungsphase sind in erster Linie staatliche Kolonisationsprogramme. In den 70er Jahren kam es dann zu einem exponentiellen Anstieg der Verstädterungsrate (301 % zwischen 1970 und 1980). Dieser Anstieg ist auf die Neugründung zahlreicher Munizipien zurückzuführen, wodurch die neuen Muniziphauptorte automatisch zu den Städten und ihre Bevölkerung zu der städtischen Bevölkerung gezählt wurden. Bei diesen neugegründeten Munizipien handelt es sich um Mirassol d'Oeste, São Jose dos Quatro Marcos, Araputanga, Jauru, Pontes e Lacerda, Rio Branco und Salto do Céu. All diese Städte haben die Funktion von Vermarktungsorten der landwirtschaftlichen Produktion, sowie der Versorgung der regionalen Bevölkerung (zu

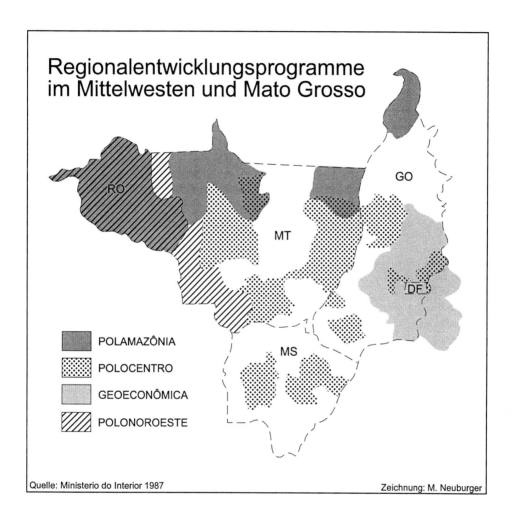

Mirassol d'Oeste siehe RITTGEROTT 1997; mit der Entwicklung und heutigen Struktur dieser „alten" Pionierfront beschäftigt sich NEUBURGER in ihrer Dissertation).

Tab. 7 Bevölkerungsentwicklung nach Mikroregionen in Mato Grosso

Mikroregion	Bevölkerung				Wachstum in %		
	Jahr				60-70	70-80	80-91
	1960	1970	1980	1991*			
Baixada Cuiabana	149.275	200.639	371.632	643.234	34	85	73
Rondonópolis	40.386	114.222	139.663	267.177	183	22	91
Alto Guaporé-Jauru	30.838	95.275	181.823	311.908	209	91	72
Alto Paraguai	21.731	50.027	89.564	74.124	130	79	-17
Garças	52.881	76.577	80.184	22.090	45	5	-73
Norte-Matogrossense	35.498	62.139	275.825	708.698	75	344	157
MATO GROSSO	330.609	598.879	1.138.691	2027231	81	90	78

* Im Zensus von 1991 wurden die Mikroregionen neu aggregiert; hier wurden die Werte annähernd an die Einteilung von 1980 angepaßt

Quellen: IBGE Censo Demográfico de Mato Grosso 1970, 80, 91

Das Bevölkerungswachstum der 60er Jahre der Mikroregion Rondonópolis (182,8 %) ist Ausdruck der Zuwanderung von Bevölkerungsgruppen aus den südlichen Landesteilen Brasiliens seit dem Ausbau der Straße von Campo Grande über Rondonópolis nach Cuiabá. Dieser Prozeß ist Teil der Verlagerung der Pionierfront von Süden mit der Erschließung der Region durch kleine und mittlere landwirtschaftliche Betriebe.

In der Mikroregion *Norte Matogrossense* fand das größte Bevölkerungswachstum in den 70er Jahren statt (1970 - 1980 343 %). Dieses stand in direktem Zusammenhang mit der nun beginnenden landwirtschaftlichen Inwertsetzung durch Ackerbau vor allem in den *cerrado*-Gebieten und extensiver Rinderweidewirtschaft (Rodungsweiden) sowie Holzextraktion in den Waldgebieten (vergleiche COY 1993).

Im Zusammenhang mit der fortschreitenden Erschließung kam es in Mato Grosso zur Verdichtung des Städtenetzes durch die zahlenmäßige Zunahme städtischer Siedlungen vor allem infolge von Munizipneugründungen. Dabei wurden bereits existierende Siedlungskerne zu Muniziphauptorten erhoben (so vor allem in den Gebieten staatlicher Kolonisationsprojekte im südlichen Mato Grosso) oder aber völlig neu gegründet (dies geschah in umfangreichem Maße in der Mikroregion *Norte Matogrossense* im Zusammenhang mit den vorwiegend privaten Kolonisationsmaßnahmen). An der Verteilung der Städte nach Größenklassen läßt sich ablesen, daß in den 60er und 70er Jahren die Städte mit bis zu 5.000 Einwohnern deutlich dominieren. Auch hier sei nochmals darauf hingewiesen, daß in dieser Zeit zahlreiche Siedlungen neu gegründet wurden und als Munizihauptorte sofort als Städte registriert wurden. Auch im Zensusjahr 1980 beträgt der Anteil der Städte bis 5.000 Einwohner noch knapp 55 %. Allerdings läßt sich zu diesem Zeitpunkt bereits ein deutlich angestiegener Anteil von Städten in der Größenklasse bis 10.000 Einwohner feststellen, was unter anderem auf den Anfang der intraregionalen Zuwanderung aus ländlichen Bereichen in die Städte schließen läßt (vergleiche Tab. 8) (siehe zu aktuellen Migrationstendenzen in Mato Grosso u.a. COY, FRIEDRICH 1998). Die Bevölkerungszahlen aus dem Zensus von 1991[1] zeigen für die 80er Jahre ein regional deutlich differenziertes Bevölkerungswachstum. Danach nahm die Wachstumsrate in fast allen Mikroregionen tendenziell ab. Einzig in der Mikroregion Rondonópolis nahm die Bevölkerung im Zeitraum 1980 - 1991 mit 91,3% mehr zu als in der davorliegenden Dekade (22,3%). Vermutlich hängt dies mit der zweiten Erschließungswelle dieser Region zusammen, im Rahmen derer die Hauptphase der Modernisierung in der Landwirtschaft stattgefunden hat. In dieser Zeit kam es zum erneuten Zuzug südbrasilianischer „Agrarunternehmer" einerseits und andererseits bereits wieder zu einem Migrationsprozeß, im Rahmen dessen eine wachsende Zahl erfolgloser Bauern von den Pionierfronten Nord-Mato Grossos, Rondônias und anderer amazonischer Bundesstaaten zurückkehrten.

Die Mikroregion *Norte Matogrossense* behält weiter die höchste Wachstumsrate, was als Hinweis dafür gewertet werden kann, daß die Pionierfront im nördlichen Bundesstaat Mato Grosso attraktiv geblieben ist, auch wenn die Wachstumsrate der eigentlichen Boomphase der 70er Jahre bei weitem nicht mehr erreicht wird.

Der Grad der Verstädterung nahm in den Mikroregionen in Mato Grosso überall tendenziell zu, dies allerdings regional stark differenziert. Während 1970 ausschließlich die Mikroregion *Baixada Cuiabana* einen über 50% liegenden Verstädterungsgrad aufwies, hatten 1980 auch die Mikroregionen *Rondonópolis* und *Garças* diesen Wert überschritten. Bis 1991 hatte der Verstädterungsgrad in allen Mikroregionen die 50%- Marke überschritten. Die höchsten Werte ließen sich 1991 in der Mikroregion *Baixada Cuiabana* (91,5%) und *Rondonópolis* (80,2) feststellen. Bemerkenswert sind die Steigerungen der Verstädterungsrate in den Mikroregionen, die 1980 noch überwiegend ländliche Bevölke-

---

[1]   Die Einteilung der Mikroregionen wurde 1991 gegenüber 1980 modifiziert. Die hier angegebenen Werte für 1991 wurden auf die Einteilung von 1980 umgerechnet.

rung aufwiesen. Dazu gehört unter anderem auch der *Norte-Matogrossense* mit einer Zunahme von mehr als 20% in den 80er Jahren (Tab. 9). Hieraus läßt sich schließen, daß im Rahmen der landwirtschaftlichen Erschließung dieser Region, die dynamischeren Prozesse sich sukzessive vom ländlichen Bereich in die zahlreichen Pionierstädte verlagern (vergleiche hierzu unter anderen COY, FRIEDRICH 1998).

Tab. 8 Zahl der Städte in Mato Grosso nach Größenklassen

Größenklassen	Jahr									
	1960	%	1970	%	1980	%	1991	%	1996	%
- 1.000	3	10	8	24	4	7	1	1	3	3
1.001 - 2.000	6	21	9	26	11	20	14	14	19	16
2.001 - 5.000	13	45	10	29	15	27	37	37	35	30
5.001 - 10.000	3	10	4	12	18	33	20	20	28	24
10.001 - 20.000	2	7	1	3	2	4	15	15	20	17
20.000 - 50.000	2	7	1	3	3	5	8	8	8	7
50.001 - 100.000	0	0	1	3	1	2	2	2	1	1
> 100.000	0	0	0	0	1	2	2	2	3	3
Gesamt	29	100	34	100	55	100	99	100	117	100

Quellen: IBGE Censo Demográfico de Mato Grosso 1960, 70, 80, 91; IBGE (1997): Contagem da População 1996

Tab. 9 Grad der Verstädterung nach Mikroregionen in Mato Grosso

Mikroregion	Jahr							
	1960		1970		1980		1991*	
	Einwohner							
	Stadt	%	Stadt	%	Stadt	%	Stadt	%
Baixada Cuiabana	68387	45,8	121076	60,3	302875	81,5	588702	91,5
Rondonópolis	10396	25,7	35768	31,3	95765	68,6	214154	80,2
Alto Guaporé - Jauru	9305	30,2	17526	18,4	74177	40,8	198924	63,8
Alto Paraguai	8478	39,0	13776	27,5	42894	47,9	50993	68,8
Garças	20081	38,0	27554	36,0	40419	50,4	17466	79,1
Norte-Matogrossense	5269	14,8	16372	26,3	98822	35,8	414871	58,5
MATO GROSSO	121916	36,9	232072	38,7	654952	57,3	1485110	73,3

* Im Zensus von 1991 wurden die Mikroregionen neu aggregiert; hier wurden die Werte annähernd an die Einteilung von 1980 angepaßt

Quellen: FCR (1985): 70,71; IBGE (1996): Censo Demográfico de Mato Grosso 1991

II.1.4.1 Nord-Mato Grosso[1]

Der Norden Mato Grossos, gleichzusetzen mit der oben bereits häufiger erwähnten Mikroregion *Norte-Matogrossense*, umfaßt ca. 620.000 km², was ungefähr 70% der Gesamtfläche des Bundesstaates Mato Grosso entspricht (COY 1990: 118). Bis in die 70er Jahre gehörte diese Region zu den am schlechtesten erschlossenen Gebieten. Ausschlaggebend dafür war die meist vollständig fehlende Verkehrsinfrastruktur. Erst im Rahmen der staatlich gelenkten Erschließung Amazoniens ab 1970 wurde die Region über den Bau der Straßen BR 163 (Cuiabá - Santarém) und BR 158 (Barra do Garças - Staatsgrenze Pará) an die brasilianischen Zentren angebunden. Diese Straßen entwickelten sich zu regelrechten „Entwicklungskorridoren". In der Folge entwickelte sich Nord-Mato Grosso zu einem der wichtigsten Räume privatwirtschaftlicher Aktivitäten an der amazonischen Pionierfront. Die staatliche Begünstigung der Privatkolonisation im Rahmen der sogenannten gelenkten Agrarkolonisation, die in früheren Jahrzehnten bereits im südlichen Mato Grosso praktiziert worden war, setzte sich nun in dieser Region unter der Dominanz südbrasilianischer Akteure fort.

Der Bevölkerungsanstieg in der Region von 62.135 Einwohnern im Jahre 1970 über 275.825 Einwohner 1980 führte bis 1991 zu einer Gesamtbevölkerung von ca. 700.000 Einwohnern. Diese Entwicklung dürfte zu einem Großteil auf die Privatkolonisation und ihre Begleitphänomene zurückzuführen sein. Einen entscheidenden Faktor in diesem Zusammenhang stellt die gelenkte Entwicklung der Pionierstädte dar.

Der Schwerpunkt der Privatkolonisation in Nord-Mato Grosso liegt entlang der BR 163 (Cuiabá - Santarém). Entlang dieser Achse lassen sich entsprechend der naturräumlichen Gliederung sehr gut zwei unterschiedliche Erschließungsformen unterscheiden. Im südlichen *cerrado*-Gebiet (Diamantino, Nova Mutum, Lucas do Rio Verde, Sorriso) betreiben südbrasilianische Siedler unter staatlicher Förderung den ihnen aus ihren Herkunftsgebieten bekannten, hochmechanisierten Sojaanbau in Monokultur. Im nördlichen Waldgebiet (Colíder, Alta Floresta, Terra Nova, Guarantã do Norte) herrscht demgegenüber eine kleinbäuerlich strukturierte Rodungslandwirtschaft mit Anbau von Grundnahrungsmitteln und Dauerkulturen vor (siehe Karte 7). Vor allem im Raum Sinop kommt es zur Holzextraktion als typische Begleiterscheinung der Neusiedlungstätigkeit. In den Waldgebieten kam es zeitweise zur Goldextraktion, allerdings mit Akteuren, die eher aus den Bundesstaaten Maranhão, Piauí, Pará und Goiás stammten und sich von den südbrasilianischen Siedlern in ihren Handlungsweisen deutlich unterschieden.

---

[1]   In direkter Anlehnung an COY 1990

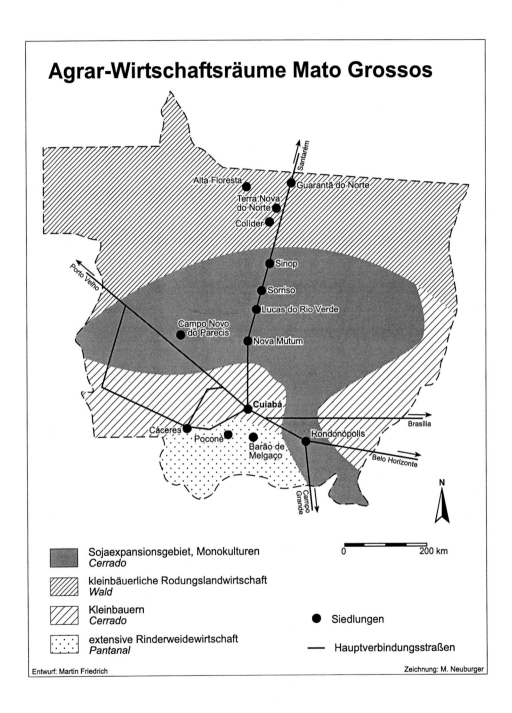

Agrar-Wirtschaftsräume Mato Grossos

Sojaexpansionsgebiet, Monokulturen
Cerrado

kleinbäuerliche Rodungslandwirtschaft
Wald

Kleinbauern
Cerrado

extensive Rinderweidewirtschaft
Pantanal

● Siedlungen

— Hauptverbindungsstraßen

Entwurf: Martin Friedrich

Zeichnung: M. Neuburger

Fast alle städtischen Siedlungen entlang der Achse Cuiabá - Santarém sind Neugründungen, die im Rahmen der Privatkolonisation entstanden sind. Die Stadtplätze sind für den Erfolg eines Siedlungsprojektes von besonderer Bedeutung, da sie als lokale Dienstleistungszentren einen wichtigen Attraktivitätsfaktor bei den Landkaufentscheidungen der Siedler darstellen. Enge Beziehungen bestehen natürlich auch zwischen der städtischen Entwicklung und dem Fortgang der Erschließung des ländlichen Umlandes. Die Stadt-Umland-Beziehungen bestehen in den Siedlungsprojekten sowohl über die Versorgungsbedürfnisse der Umlandbevölkerung als auch über die Vermarktung der landwirtschaftlichen Produkte. Die Kolonisationsfirmen steuern über Jahre hinweg die Stadtentwicklung durch die gezielte Vergabe und den Verkauf von Parzellen in den Städten. Die Stadtplanung ist hier infolgedessen als gelenkt und profitorientiert zu bezeichnen.

Die meisten Pionierstädte der Region sind erst nach 1970 entstanden. Zu den ersten Stadtplätzen gehören Vera (gegründet 1972), Sinop (1974), und Santa Carmem (1974). Auch Colíder wurde in der ersten Hälfte der 70er Jahre, allerdings spontanen Prozessen folgend, gegründet. In der zweiten Hälfte der 70er Jahre entstanden Claudia, Alta Floresta, Apiacás, Paranaíta, Terra Nova, Juara, Novo Horizonte do Norte und Sorriso. Erst in den 80er Jahren kam es zur Gründung von Nova Mutum, Lucas do Rio Verde, Marcelândia, Matupá, Guarantã do Norte und Nova Bandeirantes.

Peixoto de Azevedo geht direkt auf die Aktivitäten von *garimpeiros* (Goldgräbern) Anfang der 80er Jahre zurück. Auch Alta Floresta, Apiacás, Paranaíta, Nova Canaã do Norte, Matupá, Guarantã do Norte und Terra Nova wurden zeitweise und zum Teil erheblich von den Goldextraktionsaktivitäten in ihrer Umgebung überprägt. Die Pionierstädte Sinop, Claudia, Itaúba und Juara sind in ihrer wirtschaftlichen Struktur, ihrer überörtlichen Bedeutung und ihrer sozialräumlichen Differenzierung stark durch die Expansion der Holzextraktion gekennzeichnet.

Die in den *cerrado*-Gebieten liegenden Pionierstädte dienen einem Großteil der Sojabauern der umliegenden *fazendas* als Wohnsitz. Zusammen mit ihren Familien stellen sie einen bedeutenden Anteil der Einwohner dieser Städte. Sie suchen dort die Nähe zu Banken, Sojavermarktungsfirmen, Beratungsfirmen, zum Landmaschinenhandel etc. Schulen, ärztliche Versorgung und gehobene Konsumgüter sind weitere Anziehungsfaktoren für die Sojabauern und ihre Familien. Aus der oben erläuterten Charakterisierung der Stadtplätze in Nord-Mato Grosso leitete COY (1990: 123) den Cerrado- und den Wald-Pionierstadttyp ab. Die meisten der genannten Pionierstädte waren 1989 bereits Muniziphauptorte und hatten dadurch zahlreiche administrative und zentrale Funktionen für die Stadtbevölkerung und die Bewohner des näheren Umlandes inne.

Nach der Größe und ihrer zentralörtlichen Bedeutung läßt sich in dem jungen regionalen Städtesystem in Nord-Mato Grosso eine beginnende Differenzierung feststellen. Die beiden größten Städte sind Alta Floresta (34.178 Einwohner 1991) und Sinop (32.080 Einwohner 1991). Durch ihre wirtschaftliche Dynamik, ihre Differenzierung von städtischem Handel, Gewerbe und Dienstleistungssektor sowie durch das Vorhandensein von Banken, Krankenhäusern und weiterführenden Schulen heben sich diese Städte als neue Regionalzentren in der Region hervor. Colíder ist ebenfalls auf dem besten Wege, seine Bedeutung als Regionalzentrum auszubauen. Die kleineren Städte Sorriso (10.353 Einwohner 1991) und Juara (15.134 Einwohner 1991) können inzwischen aufgrund ihrer differenzierten Struktur und zum Teil aufgrund ihres großen Hinterlandes ebenfalls überörtliche Funktionen wahrnehmen.

Der zunehmende Verstädterungsprozeß, zum Teil aufgrund intraregionaler Migrationsprozesse, deutet darauf hin, daß sich das regionale Städtesystem auch in den nächsten Jahren noch stärker konsolidieren und differenzieren wird. Während einige Städte von den positiven wirtschaftlichen Entwicklungen und dem weiteren Ausbau der regionalen Infrastruktur profitieren und ihre Bedeutung dadurch stärken können, gibt es aber auch Städte, die aufgrund verkehrsungünstiger Lage und geringer Entwicklungsdynamik in ihrem Hinterland, sowie aufgrund entstehender Konkurrenzsituationen mit dynamischeren Stadtplätzen in ihrer Nähe bereits heute in Stagnation zu verfallen drohen.

Die dynamischen Städte Nord-Mato Grossos sind durch enge soziale und wirtschaftliche Verflechtungen mit den Zentren Süd- und Südostbrasiliens gekennzeichnet. Diese wirtschaftlichen Verflechtungen laufen häufig über die Vermittlungsfunktion der Hauptstadt des Bundesstaates Mato Grosso, Cuiabá, was für diese Stadt eine recht hohe Wachstumsdynamik zur Folge hat. Aufgrund der dominierend in „südbrasilianischer Hand" liegenden Geschäftskontakte und der vorwiegend in Süd- und Südostbrasilien liegenden Absatzmärkte für die Produktion Nord-Mato Grossos bezeichnet COY (1990: 124) diesen Raum als „südbrasilianische Enklave" an der amazonischen Pionierfront.

Die hier dargestellten, teilweise recht dynamischen Entwicklungsprozesse bergen gerade im Bereich der Stadtentwicklung und der internen Differenzierung der Städte auch eine Reihe von Problemen. Diese drücken sich in zahlreichen Interessenkonflikten zwischen einer zunehmenden Zahl von Akteuren, Segregations- und Fragmentierungsprozessen und Überlastung der Verwaltungen aus. Der sozialräumliche Wandel im ländlichen Bereich führt zur Verdrängung der Schwachen mit der Folge der Abwanderung in die Städte. Dort spielen Marginalisierungsprozesse in den letzten Jahren eine zunehmende Rolle. Am Beispiel der Stadt Sinop zeigt COY (1990: 124 ff.) diese Probleme auf.

Die Zukunft der Pionierstädte in Nord-Mato Grosso wird entscheidend von der Entwicklung ihres Umlandes, vom Aufbau ausgewogener sozialer und wirtschaftlicher Stadtstrukturen und von den Rahmenbedingungen auf nationaler Ebene abhängen. Die Steigerung des Bewußtseins für die Begrenztheit der Potentiale, die der Naturraum in scheinbar unbegrenztem Maße bietet, wird fundamental für eine längerfristige Entwicklung in der Region sein. Beispiele aus Amazonien zeigen, daß die Nutzung der Potentiale oftmals mit der irreversiblen Umwandlung und häufig mit der völligen Zerstörung des Naturraums verbunden sind. Neben den sozialen Aufstiegschancen, die die Städte bieten, kommt es aber gleichzeitig zu Marginalisierung und Verdrängung. Die Fehleinschätzung des (Entwicklungs-)Potentials der Städte an der Pionierfront und ihres Umlandes kann ohne weiteres in kurzer Zeit zu Stagnation und Dekadenz führen.

II.1.4.2   Das südliche Mato Grosso

Dieser Teil des brasilianischen Bundesstaates Mato Grosso erstreckt sich über eine Fläche von ca. 250.000 km², was ca. 30% der Gesamtfläche entspricht. Gleichzeitig konzentrieren sich hier allerdings ca. 1,4 Mio. Einwohner, die ca. 70% der Gesamtbevölkerung Mato Grossos entsprechen. Das Gebiet wurde bis 1980 in die Mikroregionen Baixada Cuiabana, Rondonópolis, Alto Guaporé-Jauru, Alto Paraguai und Garças unterteilt. Weiterhin entspricht dieser Teil Mato Grossos weitgehend dem Untersuchungsgebiet des Forschungsprojektes, im Rahmen dessen die vorliegende Arbeit entstanden ist (siehe Kapitel I.1). Daher lehnen sich die folgenden Aussagen vorwiegend an die Ergebnisse von Untersuchungen zur Stadtstruktur in diesem Untersuchungsgebiet an (vergleiche COY, FRIEDRICH et al. 1994).

Wie in Kapitel II.1.3 bereits angesprochen, kam es in dieser Region, vor allem aufgrund des direkten Zugangs über den Rio Paraguai und seine Nebenflüsse, sowie infolge verschiedener bereits länger zurückliegender „Erschließungsphasen" schon seit dem 18. Jahrhundert zur Gründung von Siedlungen, die bis heute erhalten blieben und sich teilweise dynamisch bis boomhaft, teilweise zaghaft bis stagnierend und teilweise stark zyklischen Schwankungen unterworfen entwickelt haben.

Nach ihrem Gründungszeitraum und nach ihren Gründungsmotiven lassen sich die Städte dieser Region folgendermaßen beschreiben (vergleiche auch Karte 8):

1.   Im Laufe des 18. Jahrhunderts entstanden die ersten Stadtplätze im Zusammenhang mit dem Eindringen der Paulistaner *bandeirantes*. Sie hatten ursprünglich das Ziel,

Indianer als Arbeitskräfte „einzufangen". Auf diesen Expeditionen stießen sie allerdings schnell auf zahlreiche Goldlagerstätten. Bereits 1719 wurde im Rahmen dieser Goldfunde Cuiabá gegründet. Die Nachricht über diese Erfolge breitete sich schnell aus und führte zu einem rapiden Bevölkerungszustrom in die Region. Weitere Siedlungen wie Poconé, Diamantino und Alto Paraguai wurden aufgrund von Gold- und Diamantenfunden bereits im Laufe des 18. Jahrhunderts gegründet. Im Rahmen der Extraktion mineralischer Rohstoffe schob sich die Erschließungs-front immer weiter nach Westen vor. Um die Grenzgebiete zum spanischen Terri-torium ausreichend zu sichern, wurde 1778 Vila Maria, das heutige Cáceres, am Ufer des Rio Paraguai gegründet. Cáceres war unter anderem Drehscheibe für Mato Grosso im Rahmen des Handels über den Rio Paraguai, über den direkte Kontakte nach Corumbá bestanden. Sant'Ana da Chapada, heute Chapada dos Guimarães, diente sehr früh als Versorgungszentrum für die Bevölkerung von Cuiabá. Von dort wurden vor allem landwirtschaftliche Produkte in die Goldgrä-bergebiete der Umgebung geliefert.

2.   Auch während des 19. Jahrhunderts entstanden zahlreiche neue Siedlungsplätze. Da die ersten Goldfunde begrenzt waren und nicht allen Bevölkerungsteilen ein ausreichendes Einkommen sichern konnten, begannen viele von den in die Region gekommenen Siedlern entlang des Rio Cuiabá mit landwirtschaftlichen Tätig-keiten, vorwiegend zur Subsistenzsicherung. Zu den Siedlungen, die damals gegründet wurden, gehören Barão de Melgaço und Santo Antonio de Leverger. Die Lage am Rio Cuiabá ermöglichte den Aufbau von Zuckerdestillerien, in denen das in diesem Gebiet angebaute Zuckerrohr zu Zucker und Schnaps verarbeitet werden konnte. Über den Fluß wurden zu diesem Zweck Baumaterialien und vor allem Maschinen, die zum großen Teil aus Europa und den USA stammten, antrans-portiert (vergleiche hierzu NEUBURGER 1995). Die Ausweitung der Aktivitäten im Bereich der pflanzlichen Extraktion, im Rahmen derer in der Region Cáceres Brechwurz (*cephaeles ipecacuanha*) gesammelt wurde, hatten weitere Siedlungs-gründungen zur Folge. Auf den langen Wegen durch die Baumsavanne kamen die Sammler bis zum heutigen Barra do Bugres und gründeten ebenfalls einen Siedlungsplatz, der bis heute erhalten blieb. Acorizal (siehe zu Acorizal GUTBER-LET 1995) und Rosário Oeste sind weitere Siedlungsgründungen des 19. Jahr-hunderts. Hier begann die Siedlungstätigkeit im Zuge erster privater Kolonisation-projekte zu landwirtschaftlichen Zwecken. Auch Várzea Grande, die Nachbarstadt von Cuiabá, wurde noch im 19. Jahrhundert gegründet.

Karte 8   **Gründungsmotive der Städte im Untersuchungsgebiet**

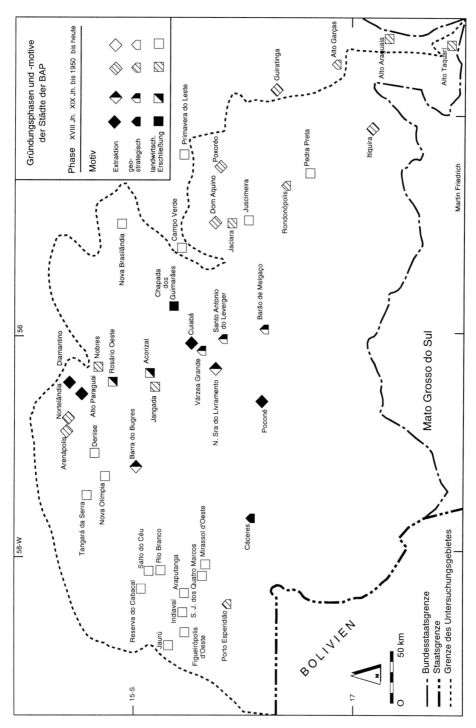

3.	In der ersten Hälfte des 20. Jahrhunderts kommt es zu neuen Gold- und Diamantenfunden in der Untersuchungsregion, im Rahmen derer die Gründung von Guiratinga, Poxoréo, Dom Aquino und Itiquira im östlichen Teil stattfand. Im nördlichen Teil entstanden in dieser Zeit Arenápolis und Nortelândia. Im Zusammenhang mit der sogenannten *Marcha para Oeste* (Marsch nach Westen) und dem Bau einer Telegraphenlinie nach Amazonien in den ersten Jahrzehnten des 20. Jahrhunderts wurden die ersten Siedlungsplätze der heutigen Städte Alto Garças, Rondonópolis im Osten, und von Porto Esperidião im Westen eingerichtet. Speziell die weitere Entwicklung von Rondonópolis war in starkem Maße beeinflußt von den Erschließungsmaßnahmen in der Region (vergleiche die Untersuchung des Fallbeispiels Rondonópolis in Kapitel III). Im Rahmen weiterer privater landwirtschaftlicher Kolonisationsprojekte entstanden die Städte Alto Araguaia, Alto Taquari, Jangada und Nobres.

4.	In jüngerer Zeit, seit den 50er Jahren, kam es zu zahlreichen neuen Gründungen von Orten, die sich bis heute alle zu den Hauptorten eigenständiger Munizipien entwickelt haben. Ausschlaggebend für diesen neuesten Schub von Siedlungsgründungen sind bis heute vorwiegend private und staatliche landwirtschaftliche Kolonisationstätigkeiten. Besonders ausgeprägt läßt sich dieser Prozeß im Hinterland von Cáceres nachvollziehen. Im Laufe der 60er und 70er Jahre war dieses Gebiet eine der Pionierfronten der Region. Es kam zur Gründung von Mirassol d'Oeste (vergleiche RITTGEROTT 1997), São José dos Quatro Marcos, Araputanga, Rio Branco, Reserva do Cabaçal, Salto do Céu, Indiavaí, Figueirópolis d'Oeste und Jauru. Im Zusammenhang mit der Expansion der Front der modernisierten Landwirtschaft enstanden seit Beginn der 80er Jahre Tangará da Serra, Nova Brasilândia, Campo Verde, Primavera do Leste, Juscimeira und Pedra Preta.

Betrachtet man den Stadtentwicklungsprozeß seit den 70er Jahren in diesem südlichen Teil von Mato Grosso, zeigt sich eine Dynamik, die besonders von einem rasanten Bevölkerungswachstum der Städte und von einem sehr schnell ansteigenden Verstädterungsgrad gekennzeichnet ist. Im Unterschied zu Nord-Mato Grosso wurden die meisten Siedlungen aber nicht erst in dieser Zeit neu gegründet. Gründe, die die erste Erschließungsphase in Nord-Mato Grosso ermöglichten, führten im südlichen Teil dieses Bundesstaates zum Wachstum, zur Konsolidierung, sowie zur immer stärkeren Differenzierung des regionalen Städtesystems. Straßenbau, Kolonisationsprojekte, landwirtschaftliche Finanzierungsprogramme etc. erleichterten den Zugang in das Gebiet und bildeten neue Anreize für neue Bevölkerungsgruppen aus anderen Landesteilen, die hier ein neues Leben beginnen oder ihr Glück versuchen wollten.

Cuiabá und seine Nachbarstadt Várzea Grande entwickelten sich in dieser Zeit zum sogenannten *portal da Amazônia* (Tor Amazoniens) (vergleiche zu Cuiabá insbesondere COY 1997). Einerseits wurden hier zahlreiche administrative Funktionen ausgebaut und andererseits siedelten sich viele Firmen an, deren Aktionsradius teilweise über die Grenzen Mato Grossos hinausging. Während der Einflußbereich von Cuiabá sich auf den gesamten Bundesstaat Mato Grosso und darüber hinaus erstreckt, haben sich in dem südlichen Teilraum Mato Grossos infolge der wirtschaftlichen und sozialen Entwicklung im wesentlichen zwei Regionalzentren, Cáceres und Rondonópolis, entwickelt. Sie fungieren als Zentren zweier Subregionen im Untersuchungsgebiet, die sehr unterschiedlichen Entwicklungsfaktoren unterlagen. Mit diesem speziellen Aspekt befaßt sich Kapitel III der vorliegenden Arbeit.

In Folge des tiefgreifenden Wandels im landwirtschaftlichen Sektor in den 70er und 80er Jahren durch Mechanisierung und Technisierung, gefördert durch umfangreiche Fianzierungsprogramme und mit der Konsequenz von Landkonzentration und Freisetzung landwirtschaftlicher Arbeitskräfte, kam es zu einem Exodus ländlicher Bevölkerung, die direkt in die Städte der Region drängte.

Betrachtet man die Entwicklung des Verhältnisses von städtischer zu ländlicher Bevölkerung im Untersuchungsgebiet (Einzugsgebiet des Oberen Rio Paraguai), stellt man fest, daß 1970 noch 64% der Einwohner auf dem Land und nur 36% in den Städten lebten. Bis 1980 kehrte sich dieses Verhältnis genau um (36% ländlich, 64% städtisch). Der Zensus von 1991 ergab ein Verhältnis von 82% städtischer zu 18% ländlicher Bevölkerung (vergleiche auch Karte 9).

Während 1970 lediglich das Munizip Cuiabá eine überwiegend städtische Bevölkerung zu verzeichnen hatte, 1980 lediglich einige weitere Munizipien, darunter auch Cáceres und Rondonópolis, ebenfalls mehr als 50% städtischer Bevölkerung aufwiesen, überwog 1991 bereits in fast allen Munizipien der Anteil der in den Städten lebenden Bevölkerung. Dieser Prozeß der Verstädterung führt einerseits zu schwerwiegenden Problemen in den Städten selbst, wirft aber andererseits für den ländlichen Raum ebenfalls große Probleme auf. Mit der Entleerung der landwirtschaftlichen Produktionsgebiete, vor allem für die Produktion von Grundnahrungsmitteln, mit dem Landkonzentrationsprozeß und mit dem Problem fehlender Finanzierungsprogramme für Kleinbauern verschlechtert sich die Lebensgrundlage für große Teile der ländlichen Bevölkerung rapide. Diese Tatsache und die Hoffnung auf ein besseres Leben führt bei immer mehr Menschen zu der Entscheidung, in die Städte zu wandern.

Bezüglich der Wachstumsraten der Bevölkerung der Städte im Untersuchungsgebiet läßt sich generell feststellen, daß diese in der Dekade 1970 - 1980 in allen Munizipien vergleichsweise hoch waren und in der darauffolgenden Dekade 1980 - 1991 tendenziell zurückgegangen sind. Diese Tendenz entspricht der Entwicklung für den Bundesstaat Mato Grosso. Hier lagen die Wachstumsraten bei 6,7% / Jahr (1970 - 1980) und bei 5,7% / Jahr (1980 - 1991). Auf nationaler Ebene betrugen die Werte 2,5 % / Jahr und 1,93% / Jahr. Obwohl die Wachstumsraten in den Munizipien des Untersuchungsgebietes abnehmende Tendenz zeigen, ist die absolute Einwohnerzahl in den 80er Jahren aber weiter stark angestiegen. Das hängt mit der 1970 noch geringen absoluten Einwohnerzahl der meisten Städte zusammen. Zur Veranschaulichung der Trends in den größten Städten dient Tab 10. Karte 9 zeigt die Situation für alle Munizipien des Untersuchungsgebietes.

Tab. 10 **Entwicklung der Bevölkerung in ausgewählten Städten des Untersuchungsgebietes**

Stadt	Bevölkerungswachstum					
	1970 - 1980		1980 - 1991		1991 - 1996	
	absolut	in %	absolut	in %	absolut	in %
Cuiabá	112.384	131	196.154	99	32.767	8
Várzea Grande	59.984	450	81.676	111	23.153	15
Rondonópolis	41.507	177	47.523	73	17.413	15
Cáceres	17.990	109	20.027	58	5.021	9

Quelle: IBGE, Censo Demográfico de Mato Grosso 1970, 1980, 1991; IBGE (1997): Contagem da População 1996

Insgesamt zeigt sich bei Betrachtung der Einwohnerzahlen und ihrer Entwicklung in den Jahren zwischen 1970 und 1991 die herausgehobene Position der Hauptstadt des Bundesstaates Mato Grosso, Cuiabá. Sie ist die dominante Stadt im gesamten regionalen Städtesystem. Bereits die beiden Regionalzentren Rondonópolis und Cáceres fallen bezüglich ihrer Einwohnerzahl deutlich hinter Cuiabá zurück. Alle restlichen Städte haben eine wiederum deutlich geringere Einwohnerzahl als die beiden letztgenannten. Aus dem Rank-Size-Diagramm (Abb. 1) sind diese Eigenschaften des Städtesystems deutlich ersichtlich. Es zeigt ebenfalls ganz deutlich den sich zwischen 1970 und 1991 vergrößernden Abstand zwischen der Agglomeration Cuiabá/Várzea Grande und den beiden Regionalzentren.

Die Städte im südlichen Teil von Mato Grosso, wie sie sich in den 90er Jahren darstellen, üben eine Reihe unterschiedlicher Funktionen aus, die sehr stark mit ihrer peripheren Lage zu tun haben und deren wichtigste hier kurz angesprochen werden sollen:

Karte 9   Bevölkerung der Städte des Untersuchungsgebietes nach Stadt und Land 1970 - 1991

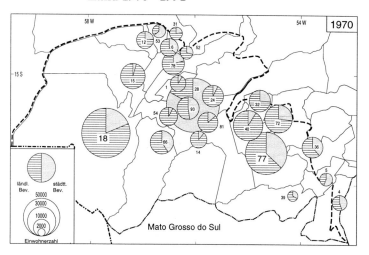

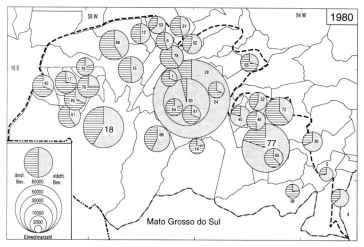

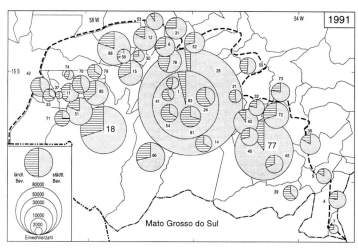

Karte 9

Bevölkerung im Untersuchungsgebiet nach Stadt und Land 1970 / '80 / '91

1	Acorizal
4	Alto Araguaia
5	Alto Garças
6	Alto Paraguai
7	Alto Taquari
11	Araputanga
12	Arenápolis
14	Barão de Melgaço
15	Barra do Bugres
18	**Cáceres**
21	Campo Verde
24	Chapada dos Guimarães
28	Cuiabá
30	Denise
31	Diamantino
32	Dom Aquino
33	Figueirópolis d'Oeste
36	Guiratinga
37	Indiavaí
39	Itiquira
40	Jaciara
41	Jangada
42	Jauru
46	Juscimeira
51	Mirassol d'Oeste
52	Nobres
53	Nortelândia
54	Nossa Senhora do Livramento
55	Nova Brasilândia
58	Nova Olímpia
65	Pedra Preta
66	Poconé
71	Porto Esperidão
72	Poxoréo
73	Primavera do Leste
74	Reserva do Cabaçal
76	Rio Branco
77	**Rondonópolis**
78	Rosário Oeste
79	Salto do Céu
81	Santo Antonio do Leverger
85	São José dos QuatroMarcos
88	Tangará da Serra
93	Várzea Grande

Quellen:
IBGE: Censo Demográfico
1970, 1980, 1991
Entwurf / Kartographie:
Martin Friedrich

67

Abb. 1 **Rank-Size-Diagramm der Städte im Untersuchungsgebiet**

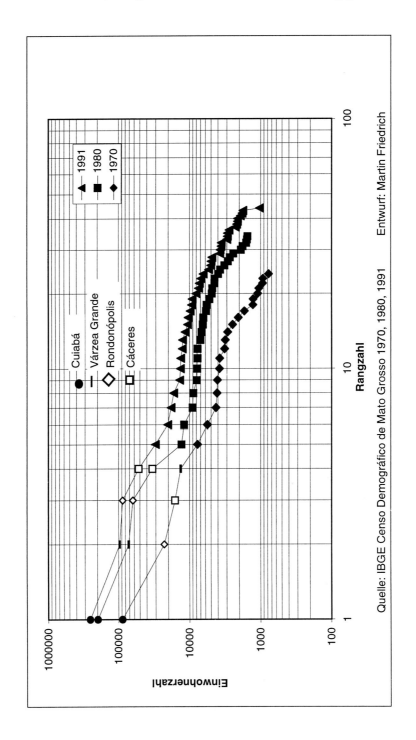

Karte 10 Bevölkerungswachstum in den Muniziphauptorten

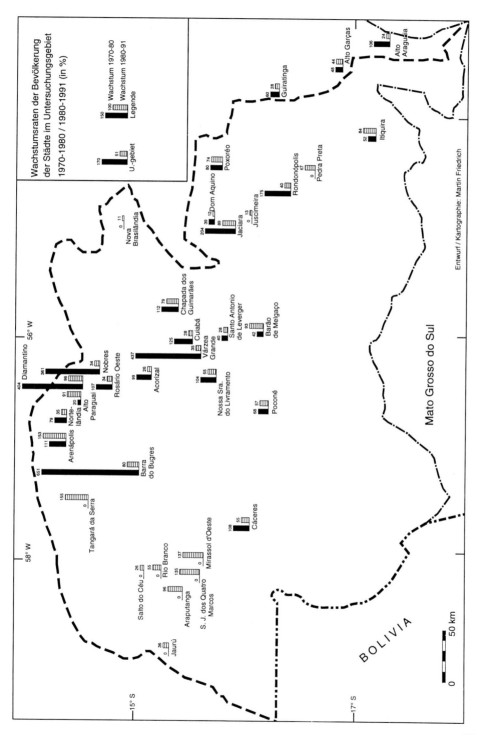

Karte 11   Städtetypen in der Untersuchungsregion

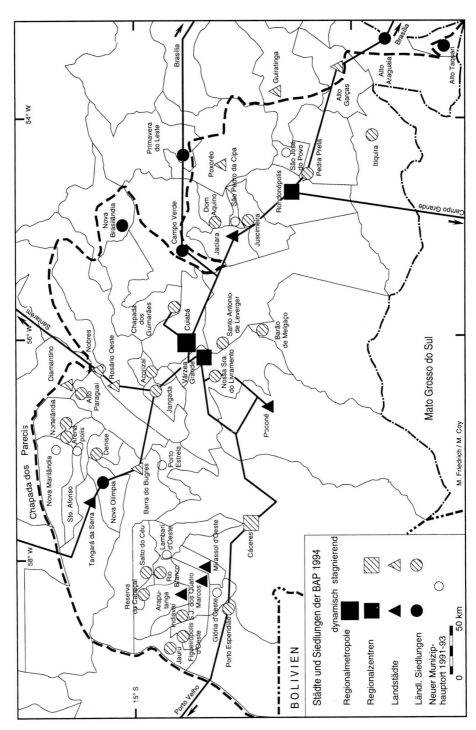

1. **Versorgungsfunktion**: Die Städte versorgen ihr Hinterland mit Dienstleistungen und Waren, die nicht in der Region produziert werden.

2. **Verteilungsfunktion**: Die Städte sind ebenfalls die Vermarktungszentren, über die die Produktion ihres Hinterlandes, im wesentlichen landwirtschaftliche Produkte, auf die Märkte in den Zentren des Landes und im Ausland weitergeleitet werden können. In peripheren Regionen ist dies eine der wichtigsten Funktionen, die sehr häufig bedeutender ist als die Herstellung von Industrieprodukten. Die industrielle Produktion ist hier meist sehr wenig entwickelt.

3. **Auffangbecken**: Es sind vor allem die Städte, die die größte Anzahl von Migranten in den letzten Jahren aufgenommen haben. Unter den Migranten finden sich solche aus anderen Landesteilen Brasiliens, sowie eine wachsende Anzahl solcher, die aus dem ländlichen Hinterland der Städte in Mato Grosso selbst stammen.

Diese Funktionen sind seit längerer Zeit für die meisten Städte unverändert. Das hängt mit der Tatsache zusammen, daß die wirtschaftliche Entwicklung des Mittelwestens und vor allem Mato Grossos ausschließlich auf die Expansion der Landwirtschaft ausgerichtet ist. Die aus unterschiedlichen Gründen schleppende Entwicklung im Bereich der industriellen Verarbeitung landwirtschaftlicher Produkte in der Region ist einer der wichtigsten entwicklungshemmenden Faktoren.

Auf der Grundlage dieser funktionalen Städtetypisierung, zahlreicher Datenerhebungen zu den Städten, Besuchen vor Ort und Gesprächen mit Vertretern aus den Verwaltungen und mit Mitgliedern der lokalen Bevölkerung wurde die folgende Klassifizierung der Städte im Untersuchungsgebiet vorgenommen. Dabei sei berücksichtigt, daß es sich nicht um eine stringente Klassifikation handelt. Im Vordergrund des Interesses stand hier der Versuch, abweichend von der allgemeinen Klassifizierung in der brasilianischen Statistik, nach der alle Muniziphauptorte als Städte geführt werden, eine stark qualitativ ausgerichtete Differenzierung des regionalen Städtesytems der Untersuchungsregion vorzunehmen (vergleiche auch Karte 11).

Fogende Kategorien lassen sich bei Berücksichtigung der Bevölkerungsdynamik und des historischen Kontextes ausgliedern:

1. **Regionalmetropole**: In diese Kategorie wurde ausschließlich Cuiabá eingeordnet. Gründe dafür liegen in den zentralen Funktionen im Bereich von Verwaltung, Handel, Dienstleistungen und Industrie. Weitere Charakteristika, die diese Zu-

ordnung rechtfertigen sind die Größe des Einflußbereichs von Cuiabá, wie auch die Physiognomie und das soziale Gefüge. Aber auch das Ausmaß der vorhandenen Umweltprobleme spricht für die Einordnung in diese Kategorie.

2. **Regionalzentren**: In dieser Kategorie finden sich die Städte Várzea Grande, Rondonópolis und Cáceres. Sie üben zentrale Funktionen mit einer Reichweite innerhalb ihres speziellen regionalen Kontextes aus. In ihrem Einflußbereich finden sich jeweils zahlreiche kleinere Städte. Bezüglich der spezifischen Charakteristika von „Städten" erfüllen diese drei alle Kriterien nach Physiognomie, Struktur und Funktion. Allerdings unterscheiden sie sich folgendermaßen untereinander :

   a. Várzea Grande bildet eine Agglomeration mit Cuiabá. Dagegen liegen Rondonópolis (südöstlich) und Cáceres (südwestlich) in jeweils gleicher Entfernung (ca. 220 km) von Cuiabá.

   b. Während Rondonópolis als dynamisches Regionalzentrum im Sog der Prozesse im Zusammenhang mit der Modernisierung der Landwirtschaft bezeichnet werden kann, leidet Cáceres unter dem Bedeutungsverlust traditioneller sozio-ökonomischer Strukturen und wird somit als stagnierend eingestuft (zu den Details siehe Kapitel III).

3. **Landstädte**: Unter dieser Kategorie werden Städte zusammengefaßt, die vor allem in direkter Beziehung mit ihrem Hinterland stehen. Dies nicht nur in Bezug auf ihre Funktion als Vermarktungsplätze der landwirtschftlichen Produktion aus ihrem Umland, sondern auch aufgrund ihrer Bevölkerunsstruktur. Ein großer Teil ihrer Einwohner ist mehr oder weniger direkt im landwirtschftlichen Sektor tätig. Von ihrer Struktur her weisen diese Städte eine Mischung aus städtischen und ländlichen Charakteristika auf. Der Einflußbereich dieser Städte geht häufig noch über ihre eigenen Munizipgrenzen hinaus. Beispiele hierfür sind Mirassol d'Oeste, Tangará da Serra, Jaciara und Diamantino.

4. **Ländliche Siedlungen**: Diese Orte sind vor allem ländlich geprägt. Sowohl die Größe als auch die interne Struktur und ihre Funktionen zeugen davon. Ihre Bevölkerung ist überwiegend im primären Sektor tätig. Die Versorgungsfunktion beschränkt sich in der Regel höchstens auf das jeweilige Munizip. Meistens weisen diese Siedlungen keine innere strukturelle oder funktionale Differenzierung auf.Im Hinblick auf die Verwaltungsfunktion handelt es sich hierbei um Zentren unterster Rangordnung. Hierfür gibt es im Untersuchungsgebiet zahlreiche Beispiele. Unter

anderen seien Indiavaí, Figueirópolis d'Oeste, Reserva do Cabaçal und Salto do Céu genannt.

Diese Typisierung der Städte im südlichen Mato Grosso zeigt, wie differenziert das regionale Städtesystem ist. Die interne Struktur, die wirtschaftliche Leistungskraft und die zentralen Funktionen weisen im Vergleich der Kategorien deutliche Unterschiede auf. Die Städte jeder Kategorie üben eine spezifische Funktion innerhalb des Städtesystems aus. Der Grad der Ausprägung wirtschaftlicher, sozialer und auch umweltrelevanter Probleme ist in de Städten der unterschiedlichen Kategorien ebenfalls deutlich zu unterscheiden.

II.2 Stadtplanung in Brasilien

Stadtplanung in Brasilien ist bis heute in erster Linie als „Stiefkind" der allgemeinen Regionalentwicklungsplanung zu verstehen. Entsprechend der Entwicklung der politischen Verhältnisse und als Reaktion auf akute Probleme im städtischen Bereich, vor allem in den schnell wachsenden Metropolen, gab es in den letzten Jahrzehnten regional und sektoral stark differenzierte und weitgehend isolierte Ansätze der Planung städtischer Entwicklung. Die Ansätze in den Metropolitangebieten und auch in den zentralen Großstädten unterscheiden sich dabei deutlich von solchen in den peripheren Regionen Brasiliens.

II.2.1 Die Autonomie der Munizipien im Wandel[1]

Vom 16. Jahrhundert bis heute hat sich der Grad der Autonomie der brasilianischen Munizipien stark gewandelt. Abgesehen von einer Reihe administrativer und organisatorischer Veränderungen im Laufe der Zeit läßt sich, in Abhängigkeit vom Wandel des politischen Systems, ein zyklischer Verlauf des Autonomiegrades der kommunalen Regierungen feststellen.

Im 16. Jahrhundert hatten die Kommunen, regiert durch die *Câmaras,* weitreichende Autonomie. Das hing nicht zuletzt damit zusammen, daß die portugiesische Krone anfänglich nicht in der Lage war, die Aktivitäten der lokalen Regierungen zu kontrollieren. Die Mitglieder der *Câmara* wurden aus dem Kreise der Grundeigentümer gewählt. Bei den gewählten Mitgliedern handelt es sich um zwei Richter (*juízes ordinários*), drei Gemeinderäte (*vereadores*), einen Staatsanwalt (*procurador*), einen Schatzmeister (*tessoureiro*) und einen Schreiber (*escrivão*). Die weiteren Mitglieder wurden ernannt. Die Exekutivfunktionen, die heute von den Präfekten ausgeübt werden, oblagen damals den Richtern. Die *Câmaras* hatten zu jener Zeit wesentlich umfangreichere Kompetenzen als es bei den heutigen Munizipien der Fall ist. Sie waren zuständig für polizeiliche Aktivitäten, hygienische und gesundheitliche Kontrolle, Steuereintreibung und Rechtsangelegenheiten. Des weiteren benannten sie dem portugiesischen Hof ihre Statthalter (*procuradores*).

Die teilweise ausgeprägte Isolation der damaligen *vilas* führte dazu, daß die *Câmaras* ihre Aktivitäten am Rande der Legalität ausübten. Dort herrschte in der Regel das Gesetz des Landadels (*senhores rurais*). Die portugiesische Krone profitierte aber auch durch das

---

[1] vergleiche hierzu DÓRIA 1992, GHISI 1991, OLIVEIRA 1991, ALTAMANN 1988, NOGUEIRA 1962

Engagement dieses Landadels, da dieser die Sicherung und Erweiterung des portugiesischen Territoriums übernahm (vergleiche NOGUEIRA 1962).

Diese weitreichende Autonomie der *vilas* und ihrer *Câmaras* blieb bis Mitte des 17. Jahrhunderts erhalten. Von da an kam es zur sukzessiven Unterordnung der *Câmaras* unter die Zentralregierung und die Metropolitanherrschaften der Kolonie. Die kommunalen Verwaltungen wurden Stück für Stück in Kontrollorgane der lokalen Bevölkerung verwandelt. In diesem Zusammenhang kam es dann zur Einsetzung des sogenannten *juíz de fora*, einem von außen eingesetzten Richter, der die Aufgabe hatte, in den Munizipien die Gesetze der Krone durchzusetzen. Er wurde für die wichtigsten Städte (*vilas*) ernannt. Dort ersetzte er die beiden gewählten Richter, übernahm den Vorsitz der *Câmaras* und alle davon abzuleitenden Kompetenzen. Diese Neuerung wurde als eine der weitreichendsten Einschränkungen der Freiheiten der kolonialen Städte (*vilas coloniais*) betrachtet. Aus den Konflikten, die durch diese neue politische Ordnung hervorgerufen wurden, entwickelten sich eine Reihe von Revolten zwischen den Kolonisten und der Metropole, die sich bis zum Ausbruch der Unabhängigkeitsbewegung Anfang des 19. Jahrhunderts hinzogen. Trotz ihres immer geringer werdenden politischen Einflusses waren es die *Câmaras*, die eine wesentliche Rolle bei der Vertretung der lokalen Interessen gegenüber der portugiesischen Krone spielten.

Mit der Übersiedlung von D. João VI. nach Brasilien kam es zu einer Reihe von Maßnahmen, die die Freiheiten der Munizipien vorübergehend verbesserten. Nach der Rückkehr der Königsfamilie nach Portugal war es dann Prinzregent D. Pedro, der 1823 die verfassungsgebende Versammlung (*assembleia constituinte*) schloß und dem Land eine Verfassung verordnete. Diese Verfassung sah die Existenz einer *Câmara* in allen Städten vor und räumte dieser auch die Funktion der Regierung der Munizipien ein. Die Ausübung der entsprechenden Kompetenzen wurde allerdings von einem Gesetz (*lei regulamentar*) abhängig gemacht, das die scheinbare Autonomie der Munizipien dann im einzelnen mehr oder auch weniger umfassend gestaltete.

1828 kam es zur Verkündung der ersten kommunalen Verfassung (*lei orgânica dos municípios*). Diese Verfassung bestimmte die personelle Zusammensetzung der *Câmaras*, ihre Kompetenzen etc. und ließ sie damit zu reinen Auftragsempfängern und Verwaltungsorganen verkommen. Gleichzeitig wurden die *Câmaras* den Provinzialregierungen und der Zentralregierung unterstellt. Damit war die Autonomie der Munizipien auf ein Minimum reduziert, sie fungierten lediglich noch als "Verwaltungsschnittstellen" zur Zentralregierung. Sukzessive wurde die Autonomie der Munizipien weiter beschnitten. In den 30er Jahren des 19. Jahrhunderts kam es zur Einsetzung der ersten Präfekten, denen die Exekutivgewalt in den Munizipien übertragen wurde. Dies bedeutete eine weitere Kompetenzbeschneidung der *Câmaras*. Da die Exekutivgewalt bis dahin in den Händen der sogenannten Friedensrichter (*juízes de paz*) gelegen hatte, die gewählte Volksvertreter waren und somit weitgehend vom Landadel kontrolliert wurden, bedeutete die Einsetzung der Präfekten auch eine empfindliche Einschränkung der lokalpolitischen Einflußnahme dieses Landadels. Die neuen Präfekten wurden nämlich von den Provinzpräsidenten ernannt (vergleiche DÓRIA 1992).

Trotz der zunehmenden Zentralisierung politischer Entscheidungsstrukturen blieb lange Zeit ein „Zentrum-Peripherie-Machtgradient" erhalten, wodurch mit zunehmender Entfernung von den politischen Entscheidungszentren (besonders Rio de Janeiro) die Möglichkeit politischer Einflußnahme durch Vertreter des Landadels zunahm. Die Unfähigkeit der Staatsgewalt, Gesetze auch in den entlegeneren Gebieten einzuführen oder deren Einhaltung durchzusetzen, schaffte den lokalen Oligarchien weite Freiräume zur Durchsetzung persönlicher, politischer und auch wirtschaftlicher Interessen.

In der Verfassung von 1890, in der Zeit der sogenannten *República Velha*, gab es neue Grundlagen für eine mögliche Autonomieerweiterung für die Munizipien. Allerdings waren die Formulierungen so unklar und unverbindlich, daß den Bundesstaaten die entsprechende Interpretation der Verfassung überlassen wurde. Die Erfahrung zeigt, daß die meisten Bundesstaaten die Freiheiten der Munizipien so stark wie möglich einzuschränken versuchten. Langwährende Konflikte und Auseinandersetzungen zwischen den Munizipien bzw. den lokalen *coronéis* und den Regierungen der Bundesstaaten sowie der Zentralregierung wurden durch diese Auslegungsfreiheiten der Verfassung ausgelöst (vergleiche NOGUEIRA 1962).

Nach der Revolution von 1930 räumte die neue Verfassung von 1937 den Munizipien weitreichende Autonomien bezüglich ihrer lokalen Belange ein. Die Regierungen der Bundesstaaten wurden verpflichtet, die Munizipien technisch und finanziell zu unterstützen. Dieses Regime war jedoch nur von kurzer Dauer. Bereits 1937 kam es zu einem Militärputsch mit der Schließung des Nationalkongresses, der Landesparlamente (*Assembleias Legislativas*) und der *Câmaras* auf Munizipebene. Die Verfassung wurde außer Kraft gesetzt und eine neue, außerordentlich autoritäre *Carta Magna* verkündet. Die Munizipien wurden wieder einmal den Bundesstaaten unterstellt. Die Präfekten wurden seitdem von den Gouverneuren ernannt. Dieser Zustand hielt bis zum Ende des *Estado Novo* 1945 an.

Die Verfassung von 1946 räumte den Munizipien erneut weitreichende Kompetenzen ein. Trotzdem wurden die Munizipverfassungen (*Leis Orgânicas municipais*) weiterhin von den bundesstaatlichen Regierungen formuliert, die Direktwahl der Präfekten der Hauptstädte der Bundesstaaten wurde noch hinausgezögert. So übernahm z.B. Jânio Quadros 1953 als seit 1930 erster gewählter Präfekt die Regierungsaufgaben des Munizips São Paulo (DÓRIA 1992).

Mit der Übernahme der Regierung durch die Militärs 1964 wurde die Autonomie der Munizipien erneut erheblich reduziert. Während die Verfassung von 1946 vorläufig noch beibehalten wurde, kam es zur schrittweisen Einführung einzelner Restriktionen durch den Erlaß sogenannter *Atos Institucionais (AI)*. Durch den ersten *AI* wurden die Haushalte auf der nationalen, bundesstaatlichen und kommunalen Ebene vereinheitlicht. Die Direktwahl der Präfekten in allen Städten blieb aber noch erhalten. Bereits 1965 wurde dann die Direktwahl der Präfekten in den Hauptstädten der Bundesstaaten abgeschafft. *AI* 2 erteilte dem Präsidenten und Chef des Militärs, General Castello Branco, weitreichende Eingriffsmöglichkeiten bis auf die Munizipebene. Ein wichtiges Anliegen, das mit *AI* 2 verfolgt werden sollte, war die Verhinderung der Veruntreuung von Staatsgeldern auf der lokalen Ebene. Durch *AI* 2 nahm auch die Einflußmöglichkeit der Bundesstaaten auf die Munizipien deutlich zu. Hier kam es zu massiven Einmischungen und gesetzlichen Vorgaben für lokalpolitische Aktivitäten. *AI* 3 sorgte für die Abschaffung der Direktwahl der Gouverneure, für die Ernennung der Präfekten der Hauptstädte der Bundesstaaten sowie der Munizipien, die zu Nationalen Sicherheitsgebieten (*municípios de segurança nacional*) erklärt wurden, durch die Gouverneure oder sogar durch den Staatspräsidenten.

In der darauffolgenden Zeit nahmen Maßnahmen zur Festigung des Zentralismus und, wie man weiter betonte, zur Bekämpfung des Kommunismus zu. Der berüchtigte *AI* 5 von 1968 führte zur Schließung des Kongresses und berechtigte den Präsidenten der Republik, in die Struktur der Legislative auf nationaler, bundesstaatlicher wie auch kommunaler Ebene einzugreifen. Die Bundesstaaten erließen, gestützt auf *AI* 5, eine Reihe von Gesetzen, die die Autonomie der Munizipien weiter einschränkten. Erst mit dem Ende der Militärherrschaft änderte sich diese extrem zentralistisch ausgerichtete Politik.

Besonders verheerende Auswirkungen hatten die Maßnahmen der Zentralregierung in Bezug auf die Erhebung und Verteilung der Steuereinnahmen. So wurde der Anteil für den Staatshaushalt am Steueraufkommen aus der Steuer auf Industrieprodukte (*Imposto sobre Produtos Industrializados, IPI*) und aus der Mehrwertsteuer (*Imposto sobre Circulação de Mercadorias, ICM*) von 18,4% (1963) auf 26,3% (1968) erhöht, was bedeutet, daß der Anteil für die Munizipien sich dementsprechend verringerte. Die Munizipien konnten lediglich noch die Grundsteuer (*Imposto sobre Propriedade Territorial Urbana, IPTU*) und die Dienstleistungssteuer (*Imposto sobre Serviços, ISS*) direkt erheben. Damit verengte sich der finanzielle Spielraum, im Rahmen dessen die Munizipien selbständig disponieren konnten, enorm. Das hatte natürlich zur Folge, daß die finanzielle Abhängigkeit der Munizipien von der Zentralregierung zunahm und die Zentralregierung gleichzeitig ihren Einblick in die kommunalen Haushalte erheblich erweiterte.

Die Mittel, die sich die Zentralregierung auf diese Art und Weise verschaffte, wurden genutzt, um Großprojekte zu fördern. Maßnahmen im Bereich des Infrastrukturausbaus (Straßenbau, Telekommunikation, Energieversorgung) zählten zu den wichtigsten Projekten, die notwendig waren, um das Land für nationale und internationale Großinvestoren zu erschließen. Steuererleichterungen und finanzielle Förderungen dieser oft privaten Großunternehmen führten indirekt auch zu Verlusten für die kommunalen Kassen. Gleichzeitig mit dem Entzug von Steuereinnahmen in den Munizipien wurden diese verpflichtet, aus eigener Kraft die Infrastruktur für staatliche Institutionen zur Verfügung zu stellen.

Die Übertragung von Baumaßnahmen größeren Umfangs im Bereich des kommunalen Infrastrukturausbaus an große Baufirmen leitete staatliche Gelder, die offiziell der ärmeren Bevölkerung zugute kommen sollten, in die Taschen einiger weniger Unternehmer. So z.B. im Bereich des Wohnungsbaus oder durch Maßnahmen zur Verbesserung der Stadthygiene. In der Realität kamen die Erfolge dieser Maßnahmen hauptsächlich der Mittelschicht zugute. Für die Belange der Armen und Hilfsbedürftigen blieben die Kommunen ohne anderweitige Unterstützung zuständig.

Die so geschaffenen, v.a. finanziellen Abhängigkeiten der Munizipien von der Zentralregierung führten dazu, daß die Präfekten genötigt waren, über direkte Kontakte zu Abgeordneten in Brasília an Gelder für ihre Munizipien zu kommen. Eine Lobbyarbeit, die zur Folge hatte, daß mancher Präfekt bis zu 200 Tage im Jahr auf Reisen nach Brasília oder in die Hauptstadt seines Bundesstaates war (DÓRIA, 1992: 44).

Die finanzielle Misere, die so vor allem für die kleineren Munizipien ausbrach, führte zu einer generellen Verschlechterung der Lebensbedingungen, wovon insbesondere die untersten sozialen Schichten betroffen waren. In dem Maße, in dem die Munizipien unter zunehmender Geldnot litten, waren sie häufig nicht mehr in der Lage, den Ausbau der Basisinfrastruktur so zu betreiben, daß er den Notwendigkeiten einer wachsenden Einwohnerzahl entsprach. Die Folge waren illegale Wohngebiete, illegale Wasserver- und -entsorgungssysteme etc.

Gerade in vielen Munizipien Mato Grossos, die im Rahmen der staatlichen Infrastruktur-maßnahmen (Fernstraßenbau) nun leichter und schneller erreichbar waren, führte die Einrichtung einer Großzahl von Kolonisationsprojekten zu Migrationsströmen, die die Bevölkerungszahl vieler Munizipien exponentiell ansteigen ließ. Gleichzeitig kam es zur Reduzierung der Finanzflüsse in die Munizipien, so daß sich eine Schere zwischen der zunehmenden Notwendigkeit umfangreicher Ausbaumaßnahmen und den finanziellen Möglichkeiten der kommunalen Haushalte öffnete.

Die Verschlechterung der Lebensbedingungen in den kleineren und ärmeren Munizipien im ländlichen Bereich in Folge der Austrocknung der kommunalen Kassen, der mangel-haften finanziellen Förderung von Kleinbauern, der Technisierung der Landwirtschaft und der dadurch knapper werdenden Arbeitsplätze führten zu den ausgeprägten Migrations-strömen aus den ländlichen Bereichen Brasiliens in die mittleren und großen Städte.

Die demzufolge enorme Zunahme der Verstädterungsrate in den 70er Jahren sowie die Verschlechterung der Lebensbedingungen breiter Bevölkerungsschichten in den großen Metropolen führten zur Gründung zahlreicher Selbsthilfe- und Aktionsgruppen und lösten neue, sehr dynamische Soziale Bewegungen (DOIMO 1995, GOHN 1991) in Brasilien aus.

Die Ende der 70er Jahre entstehenden Sozialen Bewegungen, die das Ziel hatten, das Land zu "redemokratisieren", versuchten dies im wesentlichen auf dem Wege der Schaffung einer wieder stärkeren Autonomie der Munizipien. Es entstanden zahlreiche Bewegungen, die für konkrete Forderungen standen. So z.B. die Stadtteilbewegungen, Frauenvereinigun-gen mit der Forderung nach Kindertagesstätten, Bewegungen zur Schaffung besserer Bedingungen im Bereich des ÖPNV oder der Wasserversorgung in den Marginalvierteln der Städte.

Ebenfalls mit dem Ziel, die Autonomie der Munizipien zu steigern, bildeten sich Bewe-gungen zur Verbesserung der Kommunalfinanzen, Vereinigungen von Vertretern ver-schiedener Munizipien etc. Auf diese Weise kam es 1985 zum erstenmal seit 20 Jahren wieder zur Direktwahl der Präfekten in den Hauptstädten der Bundesstaaten. Seit der zweiten Hälfte der 80er Jahre kämpften die Präfekten nun um eine Steuerreform, die wieder zu einer stärkeren finanziellen Autonomie der Munizipien führen sollte.

Im Zuge der Vorbereitung der Verfassung von 1988 gab es zwei wichtige Kräfte, die die Stellung der Munizipien in besonderem Maße verteidigt haben. Bei der einen handelte es sich um die Vereinigung der Präfekten der Munizipien, die sich für die Neustrukturierung der Besteuerung und die Verbesserung der Mechanismen für die Verteilung der Steuereinnahmen auf die Munizipien stark gemacht haben. Die zweite Kraft stellten die städtischen sozialen Bewegungen dar, die sich seit 1985 dafür eingesetzt haben, daß in die neue Verfassung Gesetze zur Schaffung und Sicherung sozialer Gerechtigkeit in den Städten aufgenommen würden. Beide Bewegungen hatten insofern Erfolg, als erstmals in der Geschichte Brasiliens die Autonomie der Munizipien explizit als Grundbaustein der föderativen Struktur des Staates formuliert wurde.

Von besonderer Bedeutung ist der Artikel 182 der neuen Verfassung, der für alle Munizipien über 20.000 Einwohner die Pflicht der Erstellung eines Entwicklungsplanes (*Plano Diretor*), als Basisinstrument für die Planung und Entwicklung v.a. der Städte vorschreibt. Diese Idee, die Entwicklung der Munizipien planerisch zu strukturieren, war im Prinzip nicht völlig neu. Bisher gab es die Integrierten Entwicklungspläne (*Planos de Desenvolvimento Integrado, PDI*), die unter der Obhut des Bundesdienstes für Verwaltung und Urbanismus (*Serviço Federal de Habitação e Urbanismo, SERFHAU*) erarbeitet wurden. Die Erstellung wurde meist an ein externes Beratungsbüro vergeben, dessen Mitarbeiter wenig Interesse an den lokalen Gegebenheiten mitbrachten, was zu dem bekannten technizistischen Charakter dieser *PDI's* führte.

In Artikel 182 der Verfassung von 1988 heißt es nun: "Der *Plano Diretor* soll die Entwicklung der sozialen Funktionen der Stadt sicherstellen und das Wohlergehen ihrer Einwohner garantieren" (DÓRIA, 1992: 62). Diese Definition von Stadtplanung wird als einer der wichtigsten Erfolge der Nationalen Bewegung für die Stadtreform (*Movimento Nacional da Reforma Urbana, MNRU*), die sich aus einer Reihe von sozialen Bewegungen aus der Mitte der 80er Jahre zusammengeschlossen hatte, gewertet. (Zum Plano Diretor in der Verfassung von 1988 siehe weiter unten.)

Nach der Verkündigung der nationalen Verfassung 1988 hatten die Bundesstaaten ein Jahr Zeit, um ihre eigenen Verfassungen zu formulieren. Danach mußten die Munizipien binnen sechs Monaten ihre kommunalen Verfassungen erstellen. Um die Partizipation sämtlicher Bevölkerungsgruppen an der Erarbeitung der *Planos Diretores* zu sichern, wurde die Gründung einer Reihe sogenannter Beratungskommissionen (*Conselhos Municipais*) angekündigt. Die effektive Schaffung dieser Institutionen fand in den Munizipien aber nicht in gleichem Maße, wenn überhaupt, dann nicht mit gleichen inhaltlichen Schwerpunkten und häufig zeitlich stark verzögert statt.

Unter diesen sich immer wieder ändernden politischen Rahmenbedingungen, mit der Folge von Zeitabschnitten, in denen die Munizipien weitgehend autonom handeln konnten, und Zeiten, in denen zentralistische Strukturen dominierten, und die Zentralregierung die

Munizipien weitgehend zu Erfüllungsgehilfen staatlicher Politik degradierte, kommt es auch zu einem ständigen Paradigmenwechsel bei der Entwicklung neuer Planungskonzepte (siehe Kapitel II.2.5).

II.2.2 Konzepte und Instrumente der Stadtplanung

Die brasilianische Erfahrung der letzten Jahrzehnte zeigt, daß Entwicklungspläne / Regierungspläne meist einen kurzfristigen, sporadischen und wenig kontinuierlichen Charakter aufweisen, der inhaltlich im wesentlichen durch die persönlichen (Macht-) Interessen einzelner Regierender geprägt ist. Nur in Ausnahmefällen ist eine "Planungstradition" zu erkennen, die sich durch systematische, kontinuierliche, effektive und partizipatorische Strukturen auszeichnet.

In der jüngeren Vergangenheit der Kommunalplanung in Brasilien lassen sich drei Arten der Herangehensweise an die Lösung lokaler Problemstrukturen identifizieren (vergleiche OLIVEIRA 1991):

1.   Stadtentwicklungspläne (*Planos Diretores*)
2.   Integrierte Entwicklungspläne (*Planos de Desenvolvimento Integrado*)
3.   Entwicklungspläne mit Betonung partizipatorischer Ansätze

Bis in die 70er Jahre waren es v.a. die größeren Munizipien, die aus eigenen Kräften oder mit Hilfe externer Beraterbüros erste *Planos Diretores (PD)* erstellten. Besonderes Kennzeichen dieser *PD's* war die starke inhaltliche Konzentration auf physische Aspekte der Stadtentwicklung, wie Stadtwachstum als flächenhafter Expansionsprozeß. Oft wurden Beschreibungen der sozio-ökonomischen Struktur und der administrativen Organisation mit einbezogen. Es kam zur Formulierung mehr oder minder strenger Vorschriften, mit denen Richtlinien für ein geordnetes Stadtwachstum und für die sinnvolle Erfüllung der Grunddaseinsfunktionen der Stadt geschaffen werden sollten. Allerdings kann man nicht behaupten, daß diese Pläne sich durch ein großes Maß an Effektivität auszeichneten. Der explosionsartige Verstädterungsprozeß der letzten Jahrzehnte führte dazu, daß viele Städte unter einem kontinuierlichen Druck standen, ihre Entwicklung eher durch eine Aneinanderreihung von Notmaßnahmen in halbwegs geordnete Bahnen zu lenken, als daß sie in der Lage gewesen wären, vorausschauende Stadtplanung zu betreiben.

Die Integrierten Entwicklungspläne (*PDI*) stehen im Zusammenhang mit den Aktivitäten von *SERFHAU (Serviço Federal de Administração e Urbanismo)*, das 1964 gegründet und

1975 wieder geschlossen wurde. Dieser Hinweis läßt entsprechende Schlüsse ziehen, wenn es um die Frage der Kontinuität und Bedeutung für die Stadtplanung in Brasilien unter der Leitung dieser Institution geht. Unter Integration verstand man hier sowohl eine vertikale wie auch eine horizontale Integration. Mit der ersten verfolgte man das Ziel, die drei Regierungsebenen (staatlich, bundesstaatlich, kommunal) in Bezug auf die kommunale Planung so zu integrieren, daß Vorgaben und Richtlinien der bundesstaatlichen und nationalen Ebene sich sinnvoll mit den kommunalen Leitzielen und Entwicklungsmaßnahmen ergänzten. Selbstverständlich sollten auch die weiteren Planungsträger wie Regionalentwicklungsbehörden oder Entwicklungsinstitutionen von Metropolitanregionen bei der kommunalen Planung berücksichtigt werden. Der Ansatz der horizontalen Integration verfolgte das Ziel, auf lokaler Ebene interdependente Strukturen und Institutionen in aufeinander abgestimmter Art und Weise in neue Entwicklungskonzepte zu integrieren. Man hatte erkannt, daß Probleme auf der lokalen Ebene nur gelöst werden können, wenn man soziale, wirtschaftliche, physische und auch institutionelle Belange und ihre Interdependenz erkennt und integrierte Lösungsansätze formuliert.

Unter diesem Paradigma erstellten viele brasilianische Munizipien eine große Anzahl häufig langfristig angelegter Entwicklungs- und Strukturpläne auf der Basis umfangreicher Strukturanalysen. Diese Analysen waren leider aber in vielen Fällen wenig detailliert, wenn es um die Formulierung klarer Leitziele und konkreter Handlungsanweisungen zur Umsetzung dieser Leitziele ging. Die meisten der Pläne wurden daher niemals wirklich implementiert, und es bleibt die Frage, inwiefern diese Pläne merkbar positiven Einfluß auf die Entwicklung der entsprechenden Munizipien hatten.

Auch wenn das oberste Leitziel die sektorale Integration gewesen war, kam es häufig zu eher isolierten sektoralen Teilplänen. Da *SERFHAU* zwar die Pläne, nicht aber Projekte zu ihrer Implementierung finanzieren konnte, und die Präfekturen häufig nicht die Mittel besaßen, um selbst die Umsetzung zu finanzieren, blieben die Pläne nicht selten in den Schubladen ihrer Bearbeiter liegen. Die zentralistische Form der Förderung kommunaler Planung durch *SERFHAU*, der ein einheitliches Schema zugrunde lag, ließ den Kommunen, denen häufig das qualifizierte Personal zur Erstellung integrierter Entwicklungspläne fehlte, wenig Spielraum zur Berücksichtigung lokaler Notwendigkeiten. Kurzfristig waren die Förderprogramme von *SERFHAU* sicherlich insofern interessant, als sie Finanzmittel in die Kassen der Gemeinden fließen ließen, mit denen sich die eine oder andere Aktivität der Präfektur finanzieren ließ. Über den ordnungsgemäßen Einsatz der entsprechenden Mittel kann man nur spekulieren.

Die an dritter Stelle genannten Entwicklungspläne mit stark partizipatorischen Merkmalen, haben ihre besondere Bedeutung im Zusammenhang mit der Entstehung sozialer Bewegungen in den Städten Mitte der 70er Jahre. Diese Ansätze waren bereits Ausdruck einer Form politischer Artikulation auf kommunaler Ebene, die durch das Bemühen gekennzeichnet war, die lokale Bevölkerung in den Planungsprozeß ihrer Städte einzubeziehen, um dadurch gleichzeitig die Mobilisierung gegen die vorherrschend zentralistischen Strukturen in Gang zu bringen. Es handelte sich daher auch um eine Form partizipatorischer Planung, die im Gegensatz zu der o.g. Vorgehensweise von der kommunalen Ebene ausgehende Initiativen beinhaltete, mit dem vorrangigen politischen Ziel, Entscheidungsstrukturen in gewissem Umfang zu dezentralisieren.

Zur Lösung lokaler Schwierigkeiten versuchte man durch Beteiligung der betroffenen Bevölkerung einen breiteren Konsens bei der Durchführung einzelner Maßnahmen, eine bessere Durchschaubarkeit längerfristig angelegter Projekte und infolgedessen ein verbessertes Vertrauensverhältnis zwischen den Gemeindeverwaltungen und der Bevölkerung zu schaffen. Ziel war es, die subjektive Verbesserung der Lebensverhältnisse der Stadtbewohner herbeizuführen.

Die Gründung neuer Stadtteilvertretungen und anderer sozialer Bewegungen wird im Rahmen dieses neuen Paradigmas kommunaler Planung gezielt gefördert. Die Verfassung von 1988 gibt nun auch eine legale Grundlage für diese Form partizipatorischer Planung. Was zunächst als Verdienst einzelner politischer Akteure zu werten war, ist mit der neuen Verfassung zum offiziellen Recht auf Partizipation festgeschrieben worden. Es bleibt zu hoffen, daß das legale Fundament für ausgeprägte Partizipation und erweiterte kommunale Kompetenzen, das mit der Verfassung von 1988 geschaffen wurde, schrittweise genutzt wird, um den Gesetzestext auch in konkrete Aktivitäten umzusetzen.

Besonders wichtig erscheint es aus heutiger Sicht der Dinge, auf Gemeindeebene nicht in erster Linie die Erstellung umfangreicher Pläne zu fördern, sondern in starkem Maße darauf hinzuwirken, Planung als einen kontinuierlichen Prozeß als Grundlage für eine sinnvolle Entwicklung zu verstehen. Vorrangiges Ziel sollte es sein, mit angepaßten Projekten zur Verbesserung der städtischen Dienstleistungs- und Hygieneeinrichtungen beizutragen, um die Lebensqualität der Bewohner zu steigern.

II.2.3 Stadtentwicklungsplanung seit dem ersten Nationalen Entwicklungsplan

Vor dem Hintergrund zunehmender Herausforderungen an die Stadtentwicklungsplanung durch die stark voranschreitende Urbanisierung und durch den wirtschaftlichen und sozialen Strukturwandel auf inter- und intraurbaner Ebene, kam es v.a. in den 60er Jahren zu einer Trennung von Entwicklungsplanung und Stadtplanung auf nationaler Ebene. Das Städtesystem wurde vorläufig noch nicht als eigentliches Entwicklungspotential wahrgenommen, und Stadt(entwicklungs)planung war in erster Linie als physische Planung im Sinne der Ausführung von Bauvorhaben (*obras públicas*) zu verstehen (vgl. SAFIER 1985). In einer anfänglichen Phase wurde Stadtplanung lediglich im Sinne der Herstellung von Plänen zur Kontrolle des physischen Wachstums bzw. der Wachstumsrichtung betrieben, ohne dabei die Rahmenbedingungen und limitierenden Faktoren wie Finanzsituation, Interessen unterschiedlicher öffentlicher und privater Akteure etc. zu berücksichtigen.

Ein erster Wandel zeigte sich in der Hinwendung von der reinen Flächennutzungsdokumentation zu neuen Aufgaben- und Interessensfeldern wie z.B. Fragen sozialer und ökonomischer Ungleichheiten, Wohnraumprobleme und Lebensqualität in den Städten. Ausgelöst wurde dieser Wandel dadurch, daß es zu einer graduellen Verschlechterung der städtischen Wirtschaft, Infrastruktur und Umwelt kam. Probleme wie städtische Armut, Arbeitslosigkeit, Wohnraummangel, überlastete Verkehrssysteme und die oft vorkommende Überforderung öffentlicher Verwaltungen führten zu neuen Ansätzen und Konzepten im Bereich der Stadtentwicklungsplanung.

Trotz des rasanten Urbanisierungsprozesses, der schon seit den 40er Jahren in Brasilien einsetzte, gab es dort vor 1974 keine staatliche Stadtentwicklungsplanung. Während die nationale Entwicklungsplanung die Zunahmen staatlicher Interventionen im Wirtschaftssektor seit den 40er Jahren begleitete, blieb Stadtplanung bis Mitte der 60er Jahre beschränkt auf vereinzelte, lokale Erfahrungen (GONDIM 1986: 103).

In der brasilianischen Stadtentwicklungsplanung seit den 70er Jahren läßt sich ein Schwerpunkt auf der Behandlung von Problembereichen der großen Metropolen, v.a. mit dem Ziel der Verbesserung der Infrastruktur, feststellen. Maßnahmen zur Förderung der zahlenmäßig zunehmenden Mittel- und Kleinstädte sind lange Zeit nur ganz am Rande und mit wenig Kontinuität zu finden.

Ganz explizit sah der erste Nationale Entwicklungsplan (*I Plano Nacional de Desenvolvimento*) für 1972 - 1974 die Kontrolle des Wachstums der großen Metropolen São Paulo und Rio de Janeiro vor. In diesem Zusammenhang kam es zur Ausweisung der Metropolitanregionen São Paulo, Rio de Janeiro, Belo Horizonte etc., auf der Grundlage von Eckdaten, die das IBGE festlegte (vergleiche dazu IBGE 1971, KOHLHEPP et al. 1993). Auch die Gründung der Nationalen Kommission für Städtische und Metropolitane Entwicklung (*Comissão Nacional de Planejamento Urbano, CNPU*) 1974 hatte das Ziel, die Implementierung der Metropolitanregionen zu begleiten (vergleiche CAVALCANTI, VASCONCELLOS 1976). Weiterhin sollten die Leitlinien, Strategien und Instrumente der nationalen urbanen Politik formuliert, ausgeführt und evaluiert werden (KOHLHEPP et al. 1993).

Die *CNPU* erarbeitete auch die Richtlinien der Raumordnung und Stadtentwicklung für den zweiten Nationalen Entwicklungsplan (*II Plano Nacional de Desenvolvimento*). Dieser bezog sich auf den Zeitraum von 1975 bis 1979 und beinhaltete raumordnungspolitische Aussagen für das gesamte Staatsterritorium. Zu diesem Zweck kam es zur Ausweisung von unterschiedlichen Raumkategorien (vergleiche SERRA, 1991, S. 84; siehe auch Abb. 2):

a.   Dekonzentrationsräume (*áreas de decompressão*): Diese zeichneten sich durch besonders hohe Bevölkerungsdichte aus. Sie beinhalteten die Metropolitanregionen von Rio de Janeiro und São Paulo.

b.   Räume kontrollierter Expansion (*áreas de expansão controlada*): Sie zeichneten sich durch einen dynamischen Urbanisierungsprozeß unter guten sozio-ökonomischen Bedingungen aus. Für diese Räume wurde die Erstellung von Regionalentwicklungsplänen (*Planos Diretores regionais*), die Schaffung administrativer und institutioneller Strukturen und die Bereitstellung von Reserveflächen für öffentliche Infrastruktureinrichtungen empfohlen.

c.   Entwicklungsräume (*áreas de dinamização*): Sie umfassen jene Räume, die man als "Sicherheitsventile" im Rahmen der sogenannten *interiorização do desenvolvimento* vorgesehen hatte (Mittelwesten, Amazonien). Hier wurde der Ausbau des intraregionalen Transportsystems und der Infrastruktur vorgesehen. Weiterhin wurde die Expansion der Aktivitäten im primären Sektor sowie die Förderung von Industrieansiedlungen angeregt.

d.   Sonderfunktionsräume (*áreas com funções especiais*): Hiermit bezog man sich auf die großen Entwicklungsprojekte der Staatsregierung sowie auf Räume, denen man eine historische, touristische oder umweltrelevante Bedeutung beimaß.

Auf der intraurbanen Ebene befaßte man sich insbesondere mit Fragen der Flächennutzung, des Wohnungswesens, des öffentlichen Personennahverkehrs, der Stadthygiene sowie des Umwelt- und Denkmalschutzes. Vorgeschlagen wurden Leitziele der Flächennutzung, des sozialen Wohnungsbaus, des ÖPNV und die Bedienung der peripheren Stadtteile mit Basisinfrastruktureinrichtungen. Des weiteren sollte die Ansiedlung neuer Industrien geplant werden.

Zur Gewährleistung einer effizienten und zielorientierten Planung wurden die Städte in die Kategorien Metropolitanzentren, Mittelzentren und Kleinzentren eingeteilt. Eine weitere Kategorie stellten die Stadtzentren mit besonderer Bedeutung im Rahmen staatlicher Entwicklungsprogramme dar. Für jede dieser Kategorien wurden eigenständige Entwicklungsprogramme erarbeitet.

Im Programm für die Metropolitanregionen wurden diese nochmals nach den o.g. Raumkategorien unterteilt. São Paulo und Rio de Janeiro wurden auf diese Weise als Dekonzentrationsräume ausgewiesen. In die Kategorie der Räume kontrollierter Expansion wurden Belo Horizonte, Porto Alegre, Salvador, Recife und Curitiba aufgenommen. Belém und Fortaleza wurden als Expansions- bzw. Dynamisierungsräume definiert.

Für die Mittelzentren wurde ein spezielles Programm für Hauptstädte und Städte mittlerer Größe (*Programa de Capitais e Cidades de Porte Médio*) konzipiert (vergleiche Abb. 3) (Zum Mittelstadtförderungsprogramm siehe SERRA 1991: 88 ff. sowie KAISER 1995: 80 ff.). Ein weiteres Programm zur Förderung der Kleinzentren (*Programa de Cidades de Pequeno Porte*) blieb ohne jegliche Bedeutung.

Für die Implementierung der Leitziele der *PNDU* wurden institutionelle (*Conselho Nacional de Desenvolvimento Urbano, CNDU*), finanzielle (*Fundos de desenvolvimento urbano, Fundurb*), legale und technische Instrumente vorgeschlagen. Das theoretische Gerüst, das diesen Plänen zugrundelag, war weitestgehend das der Entwicklungspole (*pólos de desenvolvimento*), der Ausgleichsmetropolen (*metrópoles de equilíbrio*) und der konzentrierten Dezentralisierung (*descentralização concentrada*) (vergleiche SERRA, 1991: 85).

In Anbetracht der knappen öffentlichen Finanzmittel war man bemüht, durch das sogenannte Induktionskonzept (*conceito de indução*), privates Kapital durch gezielten Einsatz der begrenzten öffentlichen Mittel anzulocken.

In der Praxis zeigte sich allerdings die absolute Inkompetenz des *CNDU*. Selbst die von staatlicher Seite kontrollierten Betriebe kümmerten sich bei ihrer Standortwahl in keiner

Abb. 2 Nationale Stadtentwicklungspolitik in den 70er und 80er Jahren

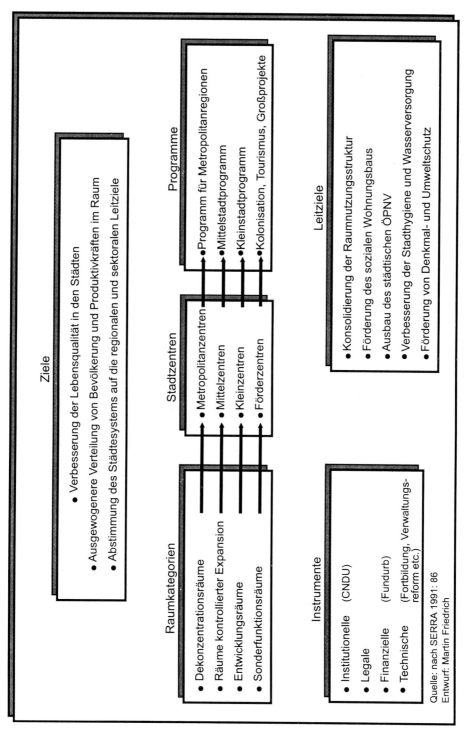

Quelle: nach SERRA 1991: 86
Entwurf: Martin Friedrich

Weise um die Vorgaben für die Entwicklung des Städtenetzes. Daher blieben die Auswirkungen der Aktivitäten des *CNDU* auf die Förderung von Maßnahmen zur Verbesserung der Lebenqualität in den Hauptstädten und Mittelzentren beschränkt. Es blieb noch die Hoffnung, daß auf diese Art und Weise wenigstens ein Teil der privatwirtschaftlichen Aktivitäten diese Zentren bevorzugt als Standorte wählte. Des weiteren versuchte man, mit den Fördermaßnahmen die Migrantenströme in die entsprechenden Städte zu lenken. Insgesamt läßt sich aber aus heutiger Sicht der Dinge feststellen, daß die teilweise Fehlinterpretation von Ursachen und Folgen wirtschaftlicher Entwicklungsprozesse und des Migrationsverhaltens großer Teile der brasilianischen Bevölkerung dazu geführt haben, daß die Aktivitäten des *CNDU* und damit auch die Konzepte der Nationalen Stadtentwicklungsplanung in weiten Bereichen absolut wertlos waren.

Einige der Aussagen aus der Abschlußbegutachtung des Mittelstadtförderprogrammes belegen die oben getroffenen Aussagen recht deutlich (SERRA 1991: 97-98):

a.   Das Programm hatte keinen Einfluß auf die Standortwahl der Industrie, woraus man ableiten kann, daß es ebenfalls keinen Einfluß auf die Steuerung des Arbeitsplatzangebots gab.

b.   Aus den in a. getroffenen Feststellungen kann geschlossen werden, daß auch der Einfluß auf das Migrationsverhalten, das in starkem Maße vom Arbeitsplatzangebot neuer Industriebetriebe gesteuert wird, von den Aktivitäten des *CNDU* weitgehend unberührt geblieben sein muß.

c.   Bei allen Anstrengungen der nationalen Stadtentwicklungsplanung ließen sich die direkten Zusammenhänge zwischen einzelnen Maßnahmen und der tatsächlich registrierten Entwicklung nicht belegen.

d.   Ganz im Gegenteil zu c. ließ sich relativ klar zeigen, daß die lokalen Verwaltungen in der Durchführung einzelner Teilprogramme wesentlich erfolgreicher waren als die zentral gesteuerten Implementationsorgane. Gemessen wurden diese Erfolge an der Einhaltung der vorgegebenen Zeitpläne und des zur Verfügung stehenden finanziellen Rahmens.

Zu einer etwas moderateren Beurteilung, aus einem ganz anderen Blickwinkel betrachtet, kommen KOHLHEPP et al. in ihrem Forschungsbericht über Mittelstädte in Brasilien. Dort heißt es, „daß signifikante Erfolge bei Mittelstadt-Förderprojekten ohne eine funktionierende lokale Verwaltung und vor allem den Partizipationswillen lokaler und regionaler

Abb. 3   **Entwicklungsprogramm für Hauptstädte und Mittelzentren**

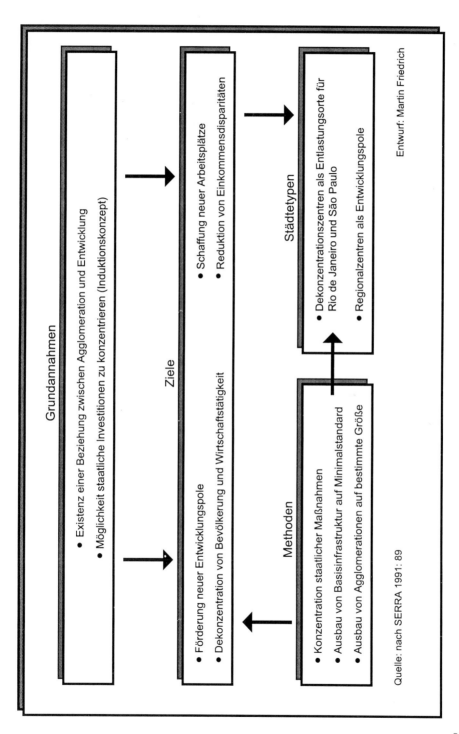

politischer Entscheidungsträger nicht erzielt werden können. Mittelstadt - Programme stellen einen Eingriff von außen in die munizipale Planungsautonomie dar, können aber [...] unter Umständen dazu beitragen, endogene Entwicklungspotentiale zu aktivieren und archaische Verwaltungspraktiken abzubauen, sowie als Katalysator für stärker partizipations- und grundbedürfnisorientierte Planungsstile wirken" (KOHLHEPP et al. 1993: 72).

Trotz aller Bemühungen, die im Zusammenhang mit der Implementierung des zweiten Nationalen Entwicklungsplanes standen, blieben weiterhin weitreichende räumliche und soziale Disparitäten bestehen, ja sie verschärften sich noch. Vor diesem Hintergrund kam es im dritten Nationalen Entwicklungsplan (*III Plano Nacional de Desenvolvimento*) für den Zeitraum 1980 bis 1985 zur besonderen Betonung von Maßnahmen zur Verbesserung der Einkommensverteilung, zur Bekämpfung der absoluten Armut, zur Verbesserung der Lebensqualität der einkommensschwachen Bevölkerungsgruppen und zur Reduzierung des allgemeinen regionalen Entwicklungsgefälles. Mit der Fortsetzung von Förderprogrammen für Klein- und Mittelstädte und Entwicklungsprogrammen für den ländlichen Raum versuchte man, dem sich beschleunigenden Metropolisierungsprozeß entgegenzuwirken.

Die Krise des Wirtschaftsmodells der beginnenden 80er Jahre führte zu einem raschen Legitimationsverlust der Militärregierung. Nicht nur in den Metropolen, sondern auch in vielen Mittel- und Kleinstädten, führte dies zu einer erheblichen Politisierung der Bevölkerung. Damit kam es des weiteren zur Mobilisierung lokalpolitischer Interessengruppen, die als Gegenpol zu den etablierten Parteien und ihrer Vertreter bemüht waren, lokale Probleme auf breiter Basis zu diskutieren und Lösungsansätze zu hinterfragen (KOHLHEPP et al. 1993: 74).

Zusammenfassend kann man feststellen, daß fast alle Pläne und Programme, die in der Zeit der Militärdiktatur entstanden, durch stark zentralistische Strukturen geprägt waren. Sei es im ersten Nationalen Entwicklungsplan, in dem man versuchte, eine Strategie der nationalen Integration zu fahren, indem man im Süden und Nordosten regionale Entwicklungspole auswies. Im Gebiet des Planalto Central und in Amazonien agierte man mit Programmen zur Förderung der Agroindustrie etc. Auf diese Art und Weise sah man vor, daß das brasilianische Territorium sich insgesamt um verschiedene Entwicklungspole gliedern ließe, die durch ihre Größe hierarchisch geordnet und durch ihre Funktion klassifiziert werden könnten. Diese Entwicklungspole betrachtete man als einer Netzstruktur zugehörig, auf die man von staatlicher Seite durch unterschiedliche Eingriffe und Maßnahmen Einfluß nehmen konnte. Die Integration des Gesamtsystems sollte durch den Bau von Fernstraßen (Transamazônica, Cuiabá - Santarém), durch den Ausbau strategisch gelegener Flughäfen (Manaus), die Integration von großen Flußeinzugsbereichen, die Einrichtung von Telekommunikationssystemen zwischen Amazonien und dem Rest des Landes, sowie durch die Einrichtung neuer Militärinfrastruktur v.a. in Amazonien sichergestellt werden.

Ein weiteres Instrument der Einflußnahme des Zentralstaates auf die Bundesstaaten und Munizipien, das an dieser Stelle nochmals genannt werden soll, war die zentrale Kontrolle der jeweiligen Haushalte und Haushaltsmittel. Die nationale Stadtentwicklungspolitik bediente sich ebenfalls der Konzentration von Investitionen in strategisch wichtigen Gebieten und sensiblen Bereichen der Munizipien (vergleiche zu den letzten Aussagen SERRA 1991: 130 ff).

Von Anfang an hatte der autoritäre Zentralismus ein wichtiges Ziel, das geprägt war vom militärischen Gedankengut, nämlich die "territoriale Integration und die Erschließung des Wirtschaftsraumes als Fundamente für eine Politik nationaler Sicherheit" (CARDOSO, nach SERRA 1991). Von besonderer Bedeutung sowohl für die Zeit der Diktatur als auch für die Phase des Umbruchs und die Zeit nach der Redemokratisierung ist das, was CARDOSO in dem folgenden Zitat zum Ausdruck brachte: "*a preocupação com a participação popular no jogo político, como fator de acrescentamento do poder dos grupos hegemônicos deixou de existir*" (die Sorge um die Beteiligung des Volkes am politischen Spiel als Faktor der Vermehrung von Macht hat aufgehört zu existieren) (CARDOSO, nach SERRA 1991). Für die Zeit der Militärdiktatur war das Ausklammern von Partizipation die charakteristische Vorgehensweise, für die Phase des Übergangs war das Fehlen von partizipatorischen Strukturen in der Politik einer der wichtigsten Auslöser von Gegenbewegungen und für die Zeit nach der Redemokratisierung und die weitere Zukunft wird es eine der größten Herausforderungen sein, über die in den Verfassungen schriftlich niedergelegten Partizipationsmöglichkeiten hinaus eine funktionierende, alltagstaugliche Partizipationsstruktur Stück für Stück wieder einzuführen und durch überzeugende Politik zu konsolidieren.

Das Ende der Militärherrschaft 1985 leitete den Abschied von der zentralistischen Planung ein und löste eine breite öffentliche Diskussion über soziale Reformen und die Dezentralisierung von Kompetenzen zugunsten von Ländern und Gemeinden aus (KOHLHEPP et al. 1993: 74).

Auf institutioneller Ebene ist eine Stärkung bzw. Richtungsänderung der Stadtentwicklungspolitik zunächst nicht oder nur ganz langsam und ohne nachvollziehbares Konzept festzustellen. Die Gründung eines neuen Ministeriums für Stadtentwicklung und Umweltschutz diente in erster Linie zur Schaffung neuer Stellen im Staatsapparat. Das bedeutendere Augenmerk der Regierung Sarney richtete sich auf den ländlichen Raum. Dieses neue Ministerium wurde bereits wenige Zeit später durch Fernando Collor wieder geschlossen. Die entsprechenden Aufgaben gingen an zwei neue Sekretariate - Sekretariat für Regionalentwicklung (*Secretaria de Desenvolvimento Regional*) und das Umweltsekretariat (*Secretaria do Meio Ambiente*) über. Diese waren direkt dem Staatspräsidenten unterstellt. Die Generaltendenz richtet sich seit dieser Zeit auf einen Rückzug des Staates auf elementare Dienstleistungen und das Ziel, Planung so weit wie möglich zu dezentralisieren.

Die im Oktober 1988 verkündete Verfassung schuf die gesetzliche Grundlage für erhebliche Fortschritte in den Bereichen der demokratischen Gewaltenteilung. Die durch die neue Verfassung getroffenen Dezentralisierungsmaßnahmen haben die Autonomie von Munizipien und Bundesstaaten gestärkt, deren Verwaltungen unter dem zentralistischen Regime zum verlängerten Arm der Zentralregierung degradiert worden waren.

Die Feststellung, daß der Verstädterungsprozeß Brasiliens in den 90er Jahren moderater ablaufen wird als es in den zwanzig Jahren davor der Fall gewesen war[1], eröffnet die Chance, in den kommenden zwanzig Jahren wenigstens einige der aufgelaufenen Probleme und Versäumnisse v.a. im Bereich der städtischen Basisinfrastruktur abzuarbeiten. Allerdings sollte man nicht vergessen, daß der Administrationsapparat des Zentralismus noch immer nicht völlig erneuert wurde und somit institutionell noch in vielen Bereichen nachwirkt. Des weiteren haben 20 Jahre autoritärer Politik auch kulturelle Verhaltensweisen geschaffen, die sich nicht von heute auf morgen abstreifen lassen (SERRA 1991).

II.2.4 Nationale Stadtreformbewegung, neue Verfassung, Plano Diretor und die Zukunft der brasilianischen Stadtentwicklungsplanung

Ende der 70er und verstärkt in den beginnenden 80er Jahren entwickelte sich in Brasilien der Wunsch nach einer fundamentalen Sozialreform. Besonders deutlich kam dieses Interesse durch die Aktivitäten der Nationalen Bewegung für die Stadtreform (*Movimento Nacional para a Reforma Urbana, MNRU*) zum Ausdruck. Diese Stadtreform kann als ein Prozeß verstanden werden, der sich bereits seit den 60er Jahren entwickelt hatte. Treibende Kraft war ein breites Spektrum unterschiedlicher Akteure, die sich um einen "Kern"

---

[1] Dies gilt vor allem für die großen Metropolen, in denen kaum noch ein höherer Verstädterungsgrad erreicht werden kann, und für diejenigen Regionen, die schon seit mehreren Jahren keine nennenswerten, migrationsbedingten Zuwachsraten mehr aufweisen.

von intellektuellen Reformern gesammelt hatten. Ausgehend von der Tatsache, daß sich im Raum unterschiedliche Akteure gegenüberstehen, die das Ziel verfolgen, aus der Aneignung städtischen Bodens Profit zu schlagen, bemüht man sich im Rahmen des Stadtreform-Projektes darum, eine neue politische Kultur zu schaffen, die auf folgenden Prämissen beruht (QUEIROZ RIBEIRO 1994: 262; siehe hierzu auch MARICATO 1994):

1. Einführung einer demokratischen Stadtverwaltung, zur Erweiterung des Freiraumes zur Ausübung der Bürgerrechte und zur Steigerung der Wirksamkeit und Leistungsfähigkeit der Regierungstätigkeit;

2. Förderung durchsichtigerer Flächennutzungsbestimmungen durch die Einführung neuer Instrumente der Bodenpolitik (*política fundiária*), die einen Grundstücksmarkt ermöglichen, der den Prinzipien der sozialen Funktion von Immobilieneigentum und der gerechten Verteilung von Kosten und Nutzen der Urbanisierung entspricht;

3. Einführung von Prioritäten in den Investitionsplänen der Städte zugunsten der Konsummuster der ärmeren Bevölkerungsgruppen vor dem Hintergrund extremer sozialer Disparitäten aufgrund des ungerechten Zugangs zu städtischen Dienstleistungen.

Im Rahmen des Wandels von einem extrem autoritären Staat mit stark zentralistischen Charaktermerkmalen hin zu einer vorwiegend demokratischen politischen Struktur dürfen auch die veränderten wirtschaftlichen Rahmenbedingungen nicht außer acht gelassen werden. Die sich zunehmend verschärfende wirtschaftliche Krise in Brasilien sowie die weltweite Globalisierung und Umstrukturierung der Produktionsstrukturen haben zu einem tiefgreifenden Wandel der sozialen Verhältnisse geführt. Hierdurch ergeben sich eine Reihe neuer Herausforderungen auch an die Stadtentwicklungspolitik. Die Verschärfung städtischer Armut, die soziale Segregation, das Wachstum des informellen Sektors und die Finanzkrise des Staates sind einige der wichtigsten Probleme, die neue Ansätze im Rahmen des Stadtreformprozesses notwendig machen werden (QUEIROZ RIBEIRO 1994: 262; siehe auch SOUZA 1993).

Die Verfassungsreform von 1988, mit der Verabschiedung der neuen brasilianischen Verfassung im Oktober des selben Jahres hat eine Reihe von Prinzipien, Konzeptionen und Instrumente, die Grundvoraussetzung für die Umsetzung einer sozialverträglichen Politik sind, aus Forderungen der Stadtreformbewegung durchaus übernommen. Einerseits spiegeln sich in den Formulierungen der Kommunalverfassungen (*leis orgânicas*) und in der Form ihrer Entstehung relativ deutlich die Forderungen der Stadtreformbewegung. Andererseits deutet die politische Realität auf einen Rückschritt in Bezug auf die bereits erzielten Erfolge der Reformbewegung hin (QUEIROZ RIBEIRO 1994: 279).

Zunächst sollen nun aber die wesentlichen, für die Stadtentwicklungspolitik wichtigen Veränderungen in der Verfassung von 1988 behandelt werden. Sie bergen zumindest das Potential für einen neuen politischen Diskurs und zukunftsweisende Veränderungen im Sinne der Formulierung von Kompetenzen, Rechten und Pflichten für die verschiedenen Verwaltungsebenen in Bezug auf die allgemeinen Zielsetzungen der zukünftigen städtischen Funktionen. Daß die konkreten Formulierungen der Gesetzestexte nicht immer sehr eindeutig und häufig auch stark kritisierbar sind, wird weiter unten noch zu zeigen sein.

Es läßt sich feststellen, daß es in der neuen Verfassung einerseits einen Abschnitt gibt, der sich direkt mit der Stadtpolitik (*política urbana*) befaßt (Art. 182 und 183), und es des weiteren eine Reihe von Abschnitten gibt, die zwar nicht unter der Überschrift Stadtpolitik erscheinen, trotzdem aber von zumindest indirekter oder aber rahmengebender Bedeutung für städtische Belange sein können.

Die Stadtpolitik ist explizit in Kapitel II unter Titel VII - Wirtschafts- und Finanzordnung - durch die Paragraphen 182 und 183 geregelt. Unter den Neuerungen dieser Verfassung, die die Stellung der kommunalen Ebene stärken, hebt sich die Formulierung von Richtlinien für die Stadt(entwicklungs)politik zweifellos in besonderem Maße ab. Dort heißt es (DUARTE 1989: 182 ff.):

Art. 182:   *„Die Stadtentwicklungspolitik, die von den Gemeinden im Rahmen der allgemeinen, im Gesetz festgelegten Richtlinien ausgeführt wird, soll die vollständige Entfaltung der sozialen Funktionen der Stadt fördern und das Wohl ihrer Bewohner gewährleisten".*

§ 1   *„Der Stadtentwicklungsplan, vom Gemeinderat (Câmara Municipal) genehmigt, obligatorisch für Städte mit mehr als 20.000 Einwohnern, ist das grundlegende Instrument der Stadtentwicklungspolitik und (der Regelung, Anm. des Autors) städtischen Wachstums".*

§ 2   *„Städtisches Eigentum erfüllt seine soziale Funktion, wenn es den im Stadtentwicklungsplan enthaltenen grundlegenden Anforderungen an die Stadtentwicklung entspricht".*

§ 3 „Die Enteignung städtischer Immobilien erfolgt gegen vorherige und gerechte monetäre Entschädigung".

§ 4 „Dem kommunalen Hoheitsträger steht es frei, durch ein besonderes Gesetz für eine im Stadtentwicklungsplan enthaltene Fläche, vom Eigentümer eines unbebauten, nicht genügend genutzten oder ungenutzten Terrains, im Rahmen des Bundesgesetzes, unter Androhung von folgenden Maßnahmen zu verlangen, daß er das Terrain einer angemessenen Nutzung zuführe:

I Zwangsweise Parzellierung oder Bebauung,

II zeitlich progressive Besteuerung des städtischen Gebäude- und Grundeigentums,

III Enteignung gegen Titel der staatlichen Schuldverschreibung, deren Ausgabe vorab vom Bundessenat genehmigt wurde und die in einem Zeitraum von bis zu zehn Jahren in jährlichen, gleichen und aufeinanderfolgenden Raten eingelöst werden können, wobei der Realwert der Entschädigung und die gesetzlichen Zinsen gewährleistet sind"[1].

Art. 183 „Derjenige, der ein städtisches Grundstück von bis zu 250 m² über den Zeitraum von fünf Jahren ununterbrochen und unangefochten zu seiner eigenen oder seiner Familie Behausung besitzt, erwirbt, wenn er nicht bereits Besitzer eines anderen städtischen oder ländlichen Grundstücks ist, das Eigentum an diesem Grundstück".

§ 1 „Der Eigentumstitel und das Nutzungsrecht werden auf den Mann oder auf die Frau oder auf beide, unabhängig von ihrem Familienstand, übertragen".

§ 2 „Dieses Recht wird ein und demselben Besitzer nicht mehr als einmal zuerkannt".

§ 3 „Staatseigene Immobilien können nicht durch Ersitzen erworben werden".

---

[1] vergleiche zu den Problemen der Interpretation und Implementation der Vorgaben aus Artikel 182 RABI 1991

Bevor die Reichweite der o.g. Paragraphen und die Problematik ihrer Formulierungen und Verbindlichkeit diskutiert wird, sollen nun noch in stark gekürzter Form diejenigen Vefassungsinhalte behandelt werden, die mehr indirekten Einfluß auf die Stadtentwicklungsplanung v.a. auf lokaler Ebene nehmen, bzw. die wichtige Rahmenbedingungen für die Implementierung der Stadtentwicklungsplanung darstellen.

In Titel III, über die Organisationsstruktur des Staates, werden durch die Artikel 28 bis 31 die Kompetenzen der Munizipien spezifiziert. Dies mit einem wesentlich höheren Detaillierungsgrad als das in den vorhergehenden Verfassungen der Fall gewesen war. Eine besonders bedeutsame Neuerung besteht darin, daß die Munizipien nun das Recht haben, ihre eigene „Kommunalverfassung" (*lei orgânica*) zu erstellen, was bis dahin in der Kompetenz der Bundesstaaten lag. Dadurch werden die Munizipien in die Lage versetzt, sich weitgehend unabhängig politisch zu strukturieren. Die Kommunalverfassung bildet den gesetzlichen Handlungsrahmen für Exekutive und Legislative. Hier werden sowohl Richtlinien für die Verwendung der Haushaltsmittel wie auch Maßstäbe für mehr oder weniger Partizipationsmöglichkeiten an den politischen Entscheidungsprozessen formuliert. Die Kommunalverfassungen werden daher als erster Prüfstein für die Umsetzungserfolge der neuen Verfassung betrachtet. In ihrer jeweiligen Ausformulierung wird deutlich, in welcher Form das jeweilige Munizip die Vorgaben der Verfassung interpretiert und auslegt. Die Formulierungen in der Verfassung lassen hier eben einen verhältnismäßig großen Interpretationsspielraum. Des weiteren wird durch die Kommunalverfassung auch der Einfluß des Gemeinderates gestärkt und damit die bisher stark auf die Exekutive gerichtete Aufmerksamkeit, die sich im wesentlichen auf die Person der Präfekten konzentrierte, etwas reduziert (vergleiche SOUZA 1989: 13). Wie weiter oben bereits erwähnt, wurde die Autonomie der Munizipien weiterhin dadurch gestärkt, daß die Direktwahl von Bürgermeister und Gemeinderäten für alle Kommunen wiedereingeführt wurde.

Aus wirtschaftlicher Sicht wäre auf die Möglichkeit der Erhebung zusätzlicher Steuern auf lokaler Ebene hinzuweisen, was den Entscheidungsspielraum im kommunalen Haushalt etwas erweitert. Neue Steuern sind die Grunderwerbssteuer (*Imposto de transmissão intervivos, a qualquer título, de bens imóveis, ITBI*), die früher von den Bundesstaaten erhoben wurde und die Steuer auf flüssige und gasförmige Kraftstoffe, ausgenommen Dieselöl, im Einzelhandel (*Imposto de vendas de combustíveis líquidos e gasosos a varejo, exceto óleo diesel, IVVC*). Weiterhin wird aufgrund der Möglichkeit der Erhebung der Grund- und Gebäudeeigentumssteuer in progressiver Form mit einer Zunahme der Einnahmen gerechnet. Allerdings fehlen hierzu noch eine Reihe ergänzender gesetzlicher Formulierungen zur Verfassung, die die Verfahrensweise bei der Erhebung dieser Steuern konkretisieren (vergleiche hierzu VARSANO 1989).

In Artikel 30 finden sich weitere Neuerungen, die in mehr oder minder direkter Form für Fragen der Stadtentwicklungsplanung von Bedeutung sind. Nach Einschub IV (Art. 30) haben die Munizipien zukünftig das Recht, auf ihrem Territorium neue Distrikte auszuweisen oder existierende Distrikte aufzulösen, was früher ausschließlich von bundesstaatlicher Seite geschehen durfte. Einen direkten Bezug zu Fragen der Stadtplanung nimmt Einschub VIII (Art. 30), in dem es heißt, daß die Munizipien im Rahmen der Notwendigkeiten zur Förderung der Flächennutzungsplanung angehalten sind - eine Kompetenz, die in der vorangehenden Verfassung ebenfalls fehlte.

Deutlich weitreichender, gleichzeitig aber auch extrem problematisch in Auslegung und Durchführung ist das in Art. 30 Einschub V formulierte Recht der Munizipien, lokale städtische Dienstleistungen (*serviços urbanos*), die von grundlegender Bedeutung sind, den ÖPNV eingeschlossen, direkt, unter Konzession oder Erlaubnis bereitzustellen. Als besonders problematisch erweist sich die Tatsache, daß nirgends klar definiert wird, worum es sich bei "städtischen Dienstleistungen", zumal solchen von grundlegender lokaler Bedeutung, genau handelt. Bisher waren diese Kompetenzen auf bundesstaatliche und staatliche Behörden verteilt und stellten in der Regel außerordentlich umfangreiche finanzielle Belastungen und Risiken für die unterschiedlichen Betreiber dar. Zuschußbereiche und profitable Teilbereiche bei der Bereitstellung wichtiger Basisinfrastruktur, in Absprache zwischen bundesstaatlichen und kommunalen Behörden, vor allem unter sozialverträglichen und gerechten Bedingungen gleichermaßen zu berücksichtigen, ist eine nicht ganz einfache Herausforderung an die lokalen Administrationen. Nicht selten werden aus politischen Erwägungen die profitablen Unternehmen zur Übernahme durch die lokalen Administrationen beansprucht. Gleichzeitig wird aber verschwiegen, daß neben den gewinnträchtigen Segmenten ein und derselben Dienstleistung durchaus auch zuschußbenötigende mitzufinanzieren sind.

Alle Rechte, die den Stadtverwaltungen in der neuen Verfassung zugeschrieben wurden oder die sie bereits vorher innehatten, unterliegen selbstverständlich jeweils den bundesstaatlichen und staatlichen Rahmenvorschriften. So hat der Staat die exklusive Kompetenz, nationale und regionale Entwicklungspläne zu formulieren und zu implementieren (Art. 21, Einschub IX). Für die Stadtentwicklungsplanung formuliert der Staat Richtlinien, die sich auch konkret vor allem auf Wohnungswesen, Stadthygiene und städtischen Personenverkehr beziehen (Art. 21, Einschub XX). Des weiteren existiert ein nahezu hierarchisches System von Richtlinien von der nationalen über die bundesstaatliche bis zur kommunalen Ebene, innerhalb dessen die beiden erstgenannten Instanzen hauptsächlich Leitziele und legale Rahmenbedingungen formulieren, während die kommunale Ebene vor allem mit der Implementierung der Stadtentwicklungspolitik betraut ist. Entsprechend Art.

30, Einschub II steht es den Kommunen zu, die Gesetzesformulierung von Bundesstaaten und Staat zu unterstützen, was die Chance bietet, daß es potentiell zu einer stärkeren Integration der drei Verwaltungsebenen kommt.

Nun aber zur Kritik des Kapitels in der Verfassung von 1988 bezüglich der Stadt(entwicklungs)politik. Daß es überhaupt eine Berücksichtigung der "Stadtfrage" in der Verfassung gibt, zeigt, daß in Brasilien, einem Land mit einer Urbanisierungsrate von nahezu 80%, dieser Aspekt nicht weiter außer acht gelassen werden kann. Andererseits sind Umfang und Formulierung der entsprechenden Artikel dermaßen kurz und wenig detailliert, daß man sich fragen muß, wie ernst Probleme der Entwicklung städtischer Strukturen und Räume überhaupt genommen werden. Die Einordnung der Stadtfrage in das Kapitel Wirtschafts- und Finanzplanung zeigt im übrigen sehr deutlich, wo dieser Aspekt aus Sicht der Verfassungsgeber anzusiedeln ist und welches die rahmengebenden Strukturen und Bereiche für die zukünftige Stadtentwicklung aus der Sicht dieser Akteure sein sollen.

Besonders kritisch beurteilt die Formulierungen sowie die bisherigen Ergebnisse der Verfassung von 1988 bezüglich der Stadtentwicklungsplanung ROLNIK 1994, die feststellt, daß bis heute ein Planungsstil vorherrscht, der durch beschränkte Artikulationen mit einzelnen pressure groups, die wiederum völlig unkoordiniert agieren, gekennzeichnet ist. Des weiteren sieht sie den Fortbestand der Vorstellung, daß Stadtplanung eine Frage technischer Lösungsansätze darstellt, die sich seit dem Ende der 60er Jahre so fest etabliert haben, daß auch im Rahmen der Reformdiskussionen dieser Geist sich in weiten Teilen durchsetzen konnte (vergleiche ROLNIK 1994: 351 ff.).

Vor dem Hintergrund des verlorenen Jahrzehnts der 80er Jahre, nach dessen Ablauf man auf ein verspätetes Einsetzen der positiven Implikationen der neuen post-fordistischen Wirtschaftspolitiken weltweit hoffte, ist heute in Brasilien festzustellen, daß das Ziel der endgültigen Abschaffung von Hunger und Armut durch Vollbeschäftigung bei weitem nicht erreicht wurde und auch in absehbarer Zeit nicht erreicht werden wird. Auch die Hoffnungen auf einen funktionierenden Wohlfahrtsstaat wurden weitgehend enttäuscht. Nicht nur die Probleme im Bereich der wirtschaftlichen Entwicklung erscheinen weitgehend unüberwindbar, sondern auch die Redefinition der Rolle des Staates bei der Lösung der genannten Probleme stellt kaum einen hoffnungsweckenden Beitrag zur Schaffung einer konsolidierten Sozialstruktur dar. Zunehmende wirtschaftliche Polarisierung und die sich weiter ausbreitende soziale Segregation stellen die brasilianische Gesellschaft weiterhin vor schwerwiegende Probleme.

Für die Kommunalregierungen bedeutet diese Situation, betrachtet man die Lage besonders kontrastiv, zweierlei:

1. Die Städte sehen sich nun in die Lage versetzt, den durch die bisherige Mißwirtschaft verursachten Schaden verwalten zu müssen und, sofern überhaupt möglich, sukzessive zu beseitigen.

2. Die Städte haben nun die „Chance", selbst die Rolle von Protagonisten in Wirtschaft und Politik zu übernehmen.

Die heutige Situation zeigt bereits vielerlei Ansätze der Demokratisierung von Verwaltungsstrukturen und der Schaffung neuer Formen von Bürgerbeteiligung in den Städten, Ansätze, die durchaus positiv zu bewerten sind und zeigen, daß die Protagonistenrolle wahrgenommen und als einzige Chance aufgefaßt wird.

Im Zusammenhang mit der Herausforderung an die Städte, neue Strategien zur Überwindung der genannten Probleme zu entwickeln, stellen sich einige wichtige Fragen (ROLNIK 1994: 356):

1. Welches wird die Rolle der brasilianischen Städte im Rahmen der neuen internationalen Arbeitsteilung sein?

2. Was haben brasilianische Städte zu bieten, um Investitionsanreize zu schaffen und ihren Einwohnern eine Existenzbasis zu schaffen?

3. Welche Spielregeln können die Städte aufstellen, um städtische Märkte zu schaffen, die Potentiale zur Förderung von Solidarität und Gleichgewicht in dieser Welt von Segregation und Polarisation in sich bergen?

4. Mit welchen Instrumenten kann man erfolgreich den verbreiteten Strukturen von Illegalität und Prekarität begegnen?

An diesem Punkt setzt ROLNIK mit ihrer ausgesprochen harten Kritik an dem Ergebnis der Verfassungsreform in Bezug auf die zukünftige Stadtentwicklungsplanung und Planungspolitik an. Sie sagt, daß das, was als schwacher Kompromiß zwischen Reformern und Bürokraten erreicht wurde, bei weitem nicht ausreicht, um die oben angeführten Fragen zu beantworten. Das Ergebnis der Aktivitäten der Stadtreformbewegung in der neuen Verfassung beschreibt sie als formale Übernahme der Forderungen des Volkes in den Kontext der aktuellen Stadtpolitik unter Stärkung des Staates und mit der Projektion einer Stadt, deren Entwicklung durch Stadtentwicklungspläne (*Planos Diretores*) geleitet wird. Für sie sagen die Artikel 182 und 183 der Verfassung von 1988 im Kern eigentlich aus, daß die Stadt ihre soziale Funktion zu erfüllen haben wird, während ihr Produktionsprozeß durch den Staat mittels der Stadtentwicklungsplanung kontrolliert wird (ROLNIK 1994: 357).

Um klientelistische Strukturen und vorwiegend technokratische Lösungsansätze zur Überwindung der großen Probleme in den Städten in demokratische und partizipatorische Entscheidungsprozesse zu verwandeln, bedarf es vor allem der kontinuierlichen Förderung und Stärkung der Bürgerrechte. Der Erfolg dieses Unterfangens wird in starkem Maße von der Fähigkeit lokaler Verwaltungen zur Schaffung von Diskussionsfreiräumen im Rahmen der Formulierung politischer Lösungsansätze zwischen unterschiedlichen gesellschaftlichen Akteuren abhängen.

Plano Diretor

Unabhängig von der teilweise relativ harten Kritik an den institutionellen Ergebnissen, die die Stadtreformbewegung durch ihr Engagement bei der Vorbereitung der neuen Verfassung erzielen konnte, soll an dieser Stelle auf den *Plano Diretor* als Planungsinstrument, eingegangen werden, wobei seine Instrumentalisierung zu unterschiedlichsten Zwecken, im Moment unberücksichtigt bleiben soll. Hierbei erscheint es sinnvoll, an die bereits oben behandelten bisherigen Instrumente der Stadtentwicklungsplanung Brasiliens zu erinnern (Stadtentwicklungspläne der ersten Generation, Integrierte Entwicklungspläne, Entwicklungspläne mit Betonung partizipatorischer Ansätze). Die Verfassung von 1988 steckt nun den gesetzlichen Rahmen für die sogenannte *geração 90 de planos diretores* (90er Generation von Stadtentwicklungsplänen) (RABI 1991: 43).

In GRAZIA (1990) werden die folgenden Punkte als Basisprinzipien für die *Planos Diretores* herausgestellt:

1. Überwindung der Prinzipien der Integrierten Entwicklungspläne, die auf die strukturelle Transformation der Städte durch die Anwendung eines Modells der rationalen Strukturierung des Territoriums abzielen, wobei städtische Konflikte und Ungereimtheiten als Abweichungen vom Modell behandelt werden.

2. Der *Plano Diretor* ist ein Instrument des Kampfs für die Stadtreform, d.h. des Kampfs der Akteure, die sich für die Transformation der Struktur und der Entwicklung der Städte einsetzen. Daher ist der Plan ein limitiertes Instrument, der nicht

als Lösung der Probleme und Konflikte angesehen werden darf, sondern der einen privilegierten Raum zur Austragung von Interessenkonflikten eröffnet.

3. Der *Plano Diretor* muß so klar und einfach wie möglich sein, um die Möglichkeit zu bieten, unter Beteiligung der Gesellschaft erarbeitet zu werden. Besonderer Wert wird auf die Beteiligung der traditionell vom Entscheidungsprozeß ausgeschlossenen Bevölkerungsteile gelegt. Wichtig ist es zu vermeiden, daß autoritäre Planung fortgeführt wird, die gleichmacherisch wirkt, Identitäten, Orte, Räume und wichtige Territorien verkennt.

4. Der *Plano Diretor* ist integraler Bestandteil eines kontinuierlichen Planungsprozesses - Mehrjahresplan der Regierung, Haushaltsbestimmungen, Jahreshaushalte - und muß in der Kommunalverfassung zur regelmäßigen Aktualisierung verankert sein.

4.1 Seine Gültigkeitsdauer soll amtsperiodenübergreifend sein.

4.2 Sein Bezugsrahmen soll jeweils das gesamte Munizip (städtischen und ländlichen Bereich) umfassen.

4.3. Er soll unter Verantwortlichkeit der kommunalen Exekutive unter Sicherung der Partizipation der Bevölkerung erstellt und implementiert werden.

4.4 Er soll das gesamte Wirtschaftsprofil der Stadt und dessen Entwicklung umfassen.

4.5 Soziale und wirtschaftliche Details bei der Erhebung von Steuern und Abgaben in den Ausführungen des Plano Diretor sollen berücksichtigt werden.

4.6 Spekulationsvorgänge sollen kontrolliert werden, um unlautere Nutzung von öffentlicher Infrastruktur zu verhindern.

4.7 Eine gerechte Verteilung von Wohnraum und gleichberechtigter Zugang zu der städtischen Infrastruktur soll angestrebt werden.

4.8 Neben rein wirtschaftlichen und verwaltungstechnischen Aspekten soll der *Plano Diretor* eine sozial gerechte Inwertsetzung städtischen Grund und Bodens unter Berücksichtigung folgender Teilbereiche herbeiführen:

a.   Flächennutzung entsprechend der physischen Möglichkeiten und sozialer Interessen;

b.   Infrastrukturausstattung, Transportsystem;

c.   Vorgaben zu den Prinzipien der Ansiedlung der öffentlichen Dienstleistungen und der Produktionseinheiten im Stadtgebiet;

d.   Vertikalisierung oder Horizontalisierung der Wohngebiete.

5.   Sicherung der gemeinsamen, demokratischen Nutzung öffentlicher Flächen und Einrichtungen mit dem Ziel, die Verwandlung dieser in Instrumente des Ausschlusses oder der Segregation im Raum zu verhindern. Berücksichtigung von Kultur und kulturellen Aktivitäten.

6.   Sicherstellung des Zugangs zu öffentlichen Räumen und Einrichtungen, Produktionsstätten etc. durch die Schaffung und Sicherung des Rechts auf absolute Bewegungsfreiheit im Stadtgebiet.

7.   Respektierung und Förderung kultureller Aktivitäten und deren Aktionsräume als Ausdruck kulturellen Erbes.

8.   Garantie der Erhaltung städtischer Umwelt als fundamentales Recht auf Leben in der Stadt (GRAZIA 1990: 91 ff.).

Bei diesen Basisprinzipien handelt es sich um einen Katalog von wünschenswerten Aspekten, der als Ergebnis des *II Fórum Nacional sobre Reforma Urbana* als *Carta de Princípios sobre o Plano Diretor* verabschiedet wurde. Anliegen dieses Forums war es, Grundprinzipien zu formulieren, die grundlegend für die Ausarbeitung und Formulierung der laut Verfassung von 1988 zu erstellenden Kommunalverfassungen (*leis orgânicas*) und Stadtentwicklungspläne (*Planos Diretores*) sein könnten. Das Forum fand am 28. und 29. Oktober 1989 in São Paulo im Rahmen der Aktivitäten von Bürgerbewegungen der Stadtreformbewegung statt und hatte das Ziel, Leitziele und Anregungen zur Implementation der neuen in der Verfassung verankerten gesetzlichen Rahmenbedingungen für die zukünftige Stadtentwicklungsplanung in Brasilien vorzuschlagen.

Vorschläge dieser Art resultierten vor allem aus der Sorge, daß die großen Interpretationsfreiräume und die wenig differenzierten und detaillierten gesetzlichen Rahmenvorgaben eine Fortführung der bisherigen Planungs- und Stadtentwicklungspolitk nicht verändern werden könnten, was sich in der Praxis bereits vielfach bestätigen läßt.

Ausgehend von der Erkenntnis, daß die Stadtstruktur der brasilianischen Städte sich generell als großes Chaos darstellen läßt, in denen sich Armenviertel und Luxusvillen direkt aneinanderreihen, in denen die Stadtinfrastruktur zu privaten Zwecken mißbraucht wird und öffentliche Dienstleistungen nicht funktionieren oder nicht für alle Bewohner gleichermaßen nutzbar sind, gibt es einen weitverbreiteten Konsens, daß diese Situation verbessert werden muß. Aber hier endet der Konsens auch bereits wieder, denn bezüglich möglicher Lösungsansätze gibt es die in der Öffentlichkeit dominierende Ansicht, daß die Städte Ordnung und Verwaltungen brauchen, die in der Lage sind, dieses Chaos zu beenden (GRAZIA 1990).

In der verfassungsgebenden Versammlung herrschte weitgehend der Gedanke an Ordnung und Kontrolle als Ziel zukünftiger Stadtentwicklung vor, was auch zur intensiven Hinter- fragung der gesetzlichen Richtlinien führte und die Forderung nach der Sicherung der sozialen Funktion der Stadt sowie nach der Beteiligung der Zivilbevölkerung hervor- brachte. Diese beiden zentralen Belange wurden zwar in die Verfassung aufgenommen, allerdings unter den Vorgaben für den *Plano Diretor* „versteckt" und in der Formulierung derart allgemein gefaßt, daß man das Ergebnis nicht mehr als direkten Erfolg der Zivilbe- völkerung, sondern vielmehr als Zugeständnis an diese verstehen muß (GRAZIA 1990).

Diese Tatsache führte weiterhin dazu, daß sich die Zivilgesellschaft bemüßigt fühlte, den *Plano Diretor* in ein Instrument zu verwandeln, mittels dessen das traditionelle, kon- servative Gedankengut in Bezug auf die Funktion und Bedeutung der Stadt und auf Lösungsansätze zur Begegnung der dringlichen Probleme in den Städten herausgefordert werden könnte. Details dieser Forderungen wurden oben bereits angesprochen.

Da die Aussagen und Formulierungen in der Verfassung nun einmal so ausgestaltet waren, wie oben erwähnt und mit den ebenfalls oben erwähnten Problemen und Unklarheiten behaftet waren, blieb den Reformern nun lediglich das Bemühen, ihre Interessen bei der Erstellung der bundesstaatlichen und kommunalen Verfassungen weiter zu vertreten und in stärkerem und deutlicherem Maße durchzusetzen. Wesentliches Ziel war es hier, dafür Sorge zu tragen, daß Fristen für Enteignungen etc. nicht in unbefristete Auflagen verwan- delt würden, um so die „soziale Funktion" der Stadt zu sichern, zurückzuerobern oder zu stärken. Insbesondere versuchte man zu vermeiden, daß die Erstellung der *Planos Direto- res* sich auf rein technische Belange wie die Reorganisation des Raumes, Zonierung und Bauverordnungen beschränkten.

Selbstverständlich wird bei all diesen Betrachtungen nicht außer acht gelassen, daß es sich bei Brasilien um ein Land enormer räumlicher Ausdehnung handelt, in dem auch die Stadtentwicklungspolitik nicht über einen Kamm geschoren werden kann, bzw. die Übersicht über aktuelle Prozesse in ihrer Gesamtheit kaum möglich ist. Das bedeutet, daß in einigen Städten trotz aller Reformbemühungen bereits die Beratungsfirmen zur Erstellung des vorgeschriebenen *Plano Diretor* kontraktiert wurden und schon heute nach traditionellem Muster entsprechende Stadtentwicklungspläne geradezu „von der Stange" produzieren.

Einer der wesentlichen Fortschritte in Folge der neuen Verfassung von 1988 ist sicherlich darin zu sehen, daß eine Reihe neuer Akteure auf das Kräftefeld der Stadtentwicklungsplanung einwirkt oder zumindest einwirken kann. Es handelt sich dabei sowohl um Akteure aus dem Bereich der Politik, als auch in zunehmendem Umfang um Akteure aus den unterschiedlichsten Gesellschaftsgruppen, die aufgrund neuer verfassungsmäßig gesicherter Freiheiten im Rahmen gesellschaftlicher Auseinandersetzungen in dem Maße in Aktion treten, in dem sich das Bewußtsein für die Potentiale politischen und v.a. sozialen Engagements erweitern. Neben den Stadtteilbewegungen, Nachbarschaftsvereinen etc. ist hier auch eine rasant zunehmende Anzahl von Nicht-Regierungs-Organisationen zu nennen, die seit Beginn der 90er Jahre allgemein von einer anderen als den bisher üblichen und zugelassenen Plattformen aus Bürgerrechte vertreten und verteidigen.

Das „Konzept" des *Plano Diretor* bezieht sich traditionell auf die Flächennutzungsplanung im Sinne der Ausweisung von Gebieten entsprechend ihrer besonderen Nutzungseignung, Bestimmung von Geschoßhöhen und Nutzungsdichten, Ausweisung von Stadterweiterungszonen und Naturschutzbereichen sowie der Definition von Normen zur Erschließung neuer Wohngebiete. Mit Blick auf die Formulierung in der Verfassung von 1988 (Definition der sozialen Funktion der Stadt) kann die Reichweite des *Plano Diretor* auch wesentlich ausgedehnt gesehen werden, insofern als den kommunalen Entscheidungsträgern weitreichende Kompetenzen im Bereich der Stadtplanung zugesprochen werden (QUEIROZ RIBEIRO, CARDOSO 1990).

II.2.5 Demokratisierung, Dezentralisierung, Partizipation: Determinanten und Probleme für governabilitiy und Stadtentwicklungsplanung auf lokaler Ebene

Die absolut zentralistische Politik der 60er und 70er Jahre mit der Folge einer fast ausschließlich von außen gesteuerten Stadtentwicklungsplanung hatte zur Folge, daß in dieser Zeit die Weichen für den Entwicklungsprozeß der brasilianischen Städte in erster Linie von der Zentralregierung gestellt wurden. Die Planungs- und Handlungsschwäche besonders der Klein- und Mittelstädte konnte daher weitgehend auf die nachfolgenden externen Faktoren zurückgeführt werden, die auf Stadtebene nicht oder nur geringfügig beeinflußt werden konnten (RIBBECK 1985):

1. die Zentralisierung von Entscheidungen und Ressourcen in den Händen der Zentralregierung, wodurch die traditionelle Rolle der Präfekturen ausgehöhlt wurde bzw. unentwickelt blieb,

2. das nationale Entwicklungsmodell, das durch eine umfassende Investitionslenkung und Kontrolle des öffentlichen Sektors die Möglichkeiten einer eigenständigen örtlichen Entwicklung erheblich einschränkte,

3. die wirtschaftlichen Zentrum-Peripherie-Mechanismen und die Agglomerationsvorteile der Metropolen, die jeden Versuch einer Dezentralisierung aufwendig und schwierig machten,

4. der Konflikt zwischen der offiziellen Mittelstadtpolitik und den tatsächlichen Investitionsschwerpunkten des öffentlichen Sektors, die de facto die Position der Metropolen weiter verstärkten,

5. die Polarisierung der Agrarentwicklung in eine großflächige Agrarindustrie und in eine vernachlässigte Latifundien-Minifundien-Wirtschaft, die beide für die Entwicklung mittlerer und kleiner Städte nur wenig Impulse enthielten.

Diesen starken zentripetalen Kräften konnten vor allem die Klein- und Mittelstädte kaum etwas entgegensetzen. Des weiteren richtete sich die "Planung" nur zu häufig auf den "modernisierten" Teil der Gesellschaft und Wirtschaft und sah in der Masse der "marginalisierten" Bevölkerung weniger eine Zielgruppe als vielmehr ein Hindernis für die schnelle und effiziente Entwicklung.

Der offizielle technokratische Planungsstil führte, und dies im Gegensatz zu seinem Anspruch, häufig auch zu Ineffizienz und Unbeweglichkeit, indem die Städte an schnellen und angepaßten Reaktionen auf ihre Probleme gehindert wurden. So trafen beispielsweise die Versuche einiger Städte, durch eine Mobilisierung der Bevölkerung im Rahmen städtischer Selbsthilfeprogramme neue Ressourcen zu erschließen, häufig auf das Mißtrauen der höheren Entscheidungsebenen, weil diese Mobilisierung über den technischen

Bereich hinausgingen und die standardisierten Verfahren und Programme der großen Entwicklungsbürokratie in Frage zu stellen drohten (RIBBECK 1985).

Zu den genannten stark exogen bedingten Problemen der Stadtentwicklungsplanung in brasilianischen Klein- und Mittelstädten kommen selbstverständlich eine ganze Reihe lokaler limitierender Faktoren hinzu, die an dieser Stelle nur kurz genannt werden sollen (dazu ausführlicher RIBBECK 1985):

-       generelle Verwaltungsschwäche bzw. Überforderung,
-       Schlüsselrolle der Präfekten,
-       Innovationswiderstände,
-       mangelnde institutionelle Kontinuität,
-       personelle Probleme,
-       Kompetenzprobleme, -unklarheiten, -streitigkeiten,
-       Interessenkonflikte lokaler Akteure mit unterschiedlichen Machtverhältnissen,
-       mangelnde Partizipation,
-       Kommunikationsprobleme zwischen verschiedenen Verwaltungsebenen,
-       wenig detaillierte rechtliche Grundlagen.

Noch Mitte der 80er Jahre schreibt RIBBECK: "Die Vorstellung, durch eine intensive Planungsförderung die Situation vor allem der Mittel- und Kleinstädte wesentlich zu stärken, muß sich als Illusion erweisen, solange nicht im gleichen Zuge neue Politikansätze und strukturelle Reformen sichtbar werden, die günstigere Bedingungen für eine Dezentralisierung auf nationaler Ebene schaffen" (RIBBECK 1985: 98).

Diese günstigeren Bedingungen werden, wie oben bereits beschrieben, im Rahmen der Aktivitäten der brasilianischen Stadtreformbewegung seit dem Beginn der 80er Jahre nun vehement angestrebt. Die Verfassung von 1988 eröffnet diesbezüglich neuen Spielraum zur Implementation neuer stadtplanerischer Prozesse, nicht zuletzt in Folge der Forderungen der o.g. Stadtreformbewegung.

Für eine Umgestaltung des Stadtplanungs- und Stadtentwicklungsprozesses spielen strukturelle, politische und soziale Reformen auf den unterschiedlichen Handlungsebenen eine wichtige Rolle. Schlagwortartig stehen "Demokratisierung", "Dezentralisierung" und "Partizipation" im Zentrum aller Ansätze zur Umstrukturierung von Planung und Verwaltung v.a. auf der kommunalen Ebene. In Abhängigkeit und als Ergebnis unterschiedlichster Wechselbeziehungen zwischen den o.g. Teilen eines Reformprozesses steht und fällt die Regierbarkeit (*governability*) innerhalb unterschiedlicher administrativer Einheiten. Aus der Fähigkeit, mit den Teilkomponenten des Reformprozesses umzugehen, d.h. aus dem Integrationsvermögen politischer Akteure bei der Instrumentalisierung dieser Prozesse, wird sich in Zukunft eine liberalere, progressivere Stadtentwicklungspolitik ableiten oder aber, bei Nichtvermögen, eine konservativere Linie erhalten.

Was verbirgt sich nun hinter den Begriffen "Demokratisierung", "Dezentralisierung" und "Partizipation" unter besonderer Berücksichtigung der brasilianischen Realität?

Nachdem bis Mitte der 80er Jahre Militär- und Zivilregierungen der lateinamerikanischen Länder "Dekonzentration" und "Regionalpolitik" zur Kontrolle der Zivilgesellschaft und als Präventiv- und Korrekturmaßnahme für die sozio-ökonomischen Probleme voranzutreiben suchten, hat ab Ende der 80er Jahre unter den demokratischen bzw. demokratisch gewählten Regierungen Dezentralisierung im Zusammenhang mit Partizipation und lokaler Entwicklung an Gewicht gewonnen (KOHLHEPP 1978a, 1983, 1995a; NUHN, OßENBRÜGGE 1987/1988). Da einerseits die Regionalpolitik als Entwicklungsmotor scheiterte und andererseits die Erfolge von Strukturanpassung und Wachstum im Rahmen neoliberaler Politik der Zivilregierungen außer-halb der Ballungsgebiete und Exporten-klaven nur sehr langsam wirksam wurden, nahmen die Forderungen zu, mehr Kompetenzen, Funktionen und Ressourcen auf territorial und institutionell nach- oder nebengeordnete Einheiten sowie auf den Privatsektor zu verlagern (MINKNER-BÜNJER 1997).

Entsprechend bemühten sich die Regierungen der Transition, die unter starkem Legitimationsdruck standen, mittels Dekonzentration, administrativer und politischer Dezentralisierung der Demokratie als politisches System auf regionaler und lokaler Ebene Akzeptanz zu verschaffen. In der derzeitigen Konsolidierungsphase der Demokratie stehen die Festigung der Institutionen und die Verbesserung ihrer Kapazität zur Lösung der sozioökonomischen Probleme und zur Durchführung von politischen Reformen im Vordergrund. Bezüglich der Dezentralisierung bedeutet dieses, zunächst den gesetzlich und de facto vorhandenen Spielraum zu nutzen, ihn zu perfektionieren und mit regionaler bzw. lokaler Strukturverbesserung, Organisation der Zivilgesellschaft und Aktivierung der Bürgerbeteiligung zu verbinden (MINKNER-BÜNJER 1997).

Dezentralisierung

Dezentralisierung steht in ihren unterschiedlichen Ausprägungen im Zentrum der lateinamerikanischen Reformen (HALDENWANG 1994). Dezentralisierung kann als Teil eines Transformationsprozesses im Rahmen von Demokratisierungsbestrebungen einer Gesellschaft verstanden werden; ein Prozeß, in dem es darauf ankommt, den Ansprüchen breiter

Gesellschaftssegmente, mit dem Bedürfnis Einfluß auf Entscheidungen von öffentlicher Bedeutung zu nehmen, zu entsprechen (ESTABA 1991). CURBELO (1986) weist Dezentralisierung drei wesentliche Bedeutungen zu:

1. Systemtheoretisch bedeutet "Dezentralisierung" die Verlagerung von Regulierungskompetenzen von einer übergeordneten Einheit auf eine oder mehrere Subeinheiten, etwa im Rahmen funktionaler Differenzierung.

2. Auf der Ebene politischer Systeme stellt "Dezentralisierung" einen Eingriff in das Institutionengefüge dar, bei dem Regulierungskompetenzen entweder auf funktional oder territorial differenzierte untergeordnete Einheiten innerhalb oder auf Institutionen außerhalb des Staatsapparates verlagert werden.

3. Auf der Ebene der politischen Praxis ist "Dezentralisierung" als Reformprozeß zu verstehen, der verschiedene Phasen (Planung, Beschlußfassung, Implementation) durchläuft und durch innere Widersprüche, rückläufige Entwicklungen und Überlagerungen gekennzeichnet ist.

Aus einer Vielzahl von Versuchen, Dezentralisierungsformen zu unterscheiden, entwickelt HALDENWANG die folgende Typologie unter besonderer Berücksichtigung des institutionellen Wandels:

1. **Administrative Dezentralisierung**, die durch die Verlagerung von Kompetenzen auf horizontal integrierte untergeordnete Ebenen innerhalb zentraler Verwaltungen (*general deconcentration*), die Übertragung von spezifischen Aufgaben auf lokale Büros von Ministerien oder staatlichen Agenturen (*functional deconcentration*) oder die Kompetenzverlagerung auf (semi-) staatliche Agenturen außerhalb der traditionellen Ministerialbürokratie (*bureaucratic delegation*) gekennzeichnet sein kann.

2. **Politische Dezentralisierung**, die dadurch gekennzeichnet ist, daß spezifische Aufgaben an staatliche bzw. semistaatliche Institutionen delegiert werden, in denen Parteien oder Interessengruppen entscheidenden Einfluß ausüben (*political delegation*), daß Kompetenzen auf regionale oder lokale Gebietskörperschaften übertragen werden, die durch Wahlen legitimiert sind und gegenüber der Zentralregierung über relative Autonomie verfügen (*general devolution*), oder daß Kompetenzen durch spezialisierte und repräsentative lokale Institutionen wahrgenommen werden (*functional devolution*).

3. **Ökonomische Dezentralisierung**, bei der öffentliche Funktionen, Verwaltungskompetenzen oder die Verfügungsgewalt über Produktionsmittel auf private Akteure übertragen werden (*privatization*). Oft werden diese Maßnahmen von einer "Deregulierung" vormals staatlich kontrollierter Märkte begleitet, bei der Entscheidungskompetenzen auf den "Markt" und die dort interagierenden Individuen übertragen werden.

(HALDENWANG 1994: 11-12)

Einen immer wieder limitierenden Faktor im Rahmen des o.g. Anpassungsprozesses stellt die finanzielle Gestaltung desselben in der Praxis dar. RONDINELLI (1989) schlägt hierzu folgende Ansätze zur Überwindung dieses Engpasses vor:

1. Die Eigenfinanzierung von Leistungen (auf lokaler Ebene), etwa über kostendeckende Tarife,

2. Kofinanzierungsschemata, bei denen sich die Verbraucher am Angebot oder an der Aufrechterhaltung einer Leistung beteiligen,

3. allgemeine Ausweitung der lokalen Revenuen, v.a. über die Verbesserung der Ressourceneinwerbungskapazitäten (z.B. Aktualisierung der Kataster als Basis für die Berechnung von Grundsteuern),

4. intergubernamentale Zuweisungen über:

   a. Steueranteile,
   b. an die Bevölkerungszahl oder andere Indikatoren gekoppelte Transfers,
   c. zweckgebundene Zuweisungen für einzelne Projekte,
   d. Auslagenrückerstattungen,
   e. Investitionshilfen,
   f. Gutscheine an Individuen für den Kauf bestimmter Güter und Dienstleistungen;

5. Zugang der Kommunen zu den Kreditmärkten,

6. arbeitsplatzschaffende Formen des Leistungsangebots, so daß mehr lokale Einwohner in die Lage versetzt werden, die Leistung zu kaufen,

7. verschiedene Maßnahmen der Kostenreduzierung.

Diese Ansätze lassen eine Unterscheidung einzelner Reformen zu. Dabei kommt in der Regel eine Mischung mehrerer der genannten Maßnahmen mit mehr oder minder gutem Erfolg zur Anwendung. Es sei darauf hingewiesen, daß die o.g. Maßnahmen keinesfalls unumstritten sind. Hier soll allerdings nicht näher auf die Kritik dieser Ansätze eingegangen werden[1].

AMARO, der sich mit Dezentralisierungstendenzen und ihren Implikationen auf lokale Regierungen beschäftigt hat, stellt zwei theoretische Ansätze zum Thema Dezentralisierung gegenüber:

1. Theorien mit besonderer Berücksichtigung der "Entwicklung von Organisationen" (*desarrollo de Organizaciones*);

2. Theorien, die auf der "Bürgeroption" (*Opción Ciudadana*) gründen.

Beide liefern ein kreatives Schema, innerhalb dessen unterschiedliche Orientierungen in Bezug auf die Rolle des Staates und der Prozesse der freien Marktwirtschaft diskutiert werden (AMARO 1995).

Ansätze der Theorien unter Punkt 1 heben die Bedeutung bereits bestehender Organisationen hervor. Die Implementation von Veränderungen wird über vorhandene hierarchische Ketten der öffentlichen Verwaltung induziert, wobei auf diesem Wege die Dienstleistungen eher zufällig bis zum Adressaten, dem einzelnen Bürger, gelangen. Dieses Paradigma hat lange Zeit auf dem Gebiet der Dezentralisierung vorgeherrscht und war Teil der sogenannten "institutionellen Entwicklung" (*desarrollo institucional*). Die Ansätze der unter Punkt 2 zusammengefaßten Theorien gehen ganz im Gegenteil von den unterschiedlichen Alternativen aus, die der Bürger hat, um seinen Ansprüchen an öffentliche Dienstleistungen genüge zu tun. Die entsprechenden Aktivitäten sind daher auf die Erweiterung dieser Möglichkeiten ausgerichtet. Hierzu werden nicht ausschließlich öffentliche Verwaltungen berücksichtigt, sondern auch der Markt, der Privatsektor, allgemeine Bürgerbeteiligung, alternative Organisationsstrukturen oder Mischungen aus den genannten Komponenten herangezogen. Während bei dem ersten Ansatz Angestellte des öffentli-

---

[1] Zur Vertiefung des Dezentralisierungsansatzes sei unter anderen auf HALDENWANG 1994 hingewiesen.

chen Dienstes darin bestärkt werden, bei Entscheidungen das letzte Wort zu haben, steht bei dem zweiten Ansatz die Aufgabe im Vordergrund, den Bürgerwillen zu ermitteln und durchzusetzen (AMARO, 1995).

Aufgrund der weitverbreiteten Tatsache, daß sowohl in zentralistischen als auch noch in dezentralisierten Strukturen überflüssige Ausgaben getätigt werden, öffentliche Dienstleistungen illegalerweise gratis in Anspruch genommen werden, Korruption vorkommt und persönliche Bereicherung angestrebt wird, ist die Schaffung alternativer institutioneller Strukturen dringend notwendig, um das Problem der "Regierbarkeit" (*governability*) zu lösen. Institutionell liegt hier eine polyzentrische Verwaltungsstruktur nahe, die in der Lage sein sollte, die verschiedenen Akteure zu motivieren und die Korruption zu unterbinden (AMARO 1995).

Auch in vielen Ländern Lateinamerikas stehen seit einigen Jahren Konzepte der Dezentralisierung im Zentrum der Diskussion über neue Formen der Entwicklungsplanung. Mit dem Begriff werden in der Regel Demokratisierungsprozesse, Partizipation, Selbstverwaltung sowie soziales und räumliches Ausgleichsstreben assoziiert. Entsprechend den unterschiedlichen Möglichkeiten der Implementation von Dezentralisierungsprozessen (siehe oben), lassen sich die Dekonzentration, die Delegation, die Devolution und die Privatisierung unterscheiden. Dabei lassen sich von der Dekonzentration und der Devolution die weitreichendsten räumlichen Effekte ableiten. Bei der Dekonzentration handelt es sich um die Übertragung administrativer Aufgaben auf niedrigrangigere Ebenen innerhalb derselben zentralen Behörde, die weiterhin eine direkte Kontrolle ausübt. In der Praxis bedeutet dies in Lateinamerika die Verlagerung von Administrativorganen aus den Landeszentren an die Peripherien. Die Devolution beinhaltet die Neuorganisation von Regierungen auf regionaler bzw. lokaler Ebene, die in ihrem Zuständigkeitsbereich weitgehend autonom handeln. Die Umsetzung der Devolution wird durch die häufig noch lange Zeit „nachwirkenden" zentralistischen Strukturen stark limitiert. Auf kommunaler Ebene muß erst sukzessive das finanzielle und personelle Potential geschaffen werden, das für die Ausübung autonomer Handlungen die Grundvoraussetzung darstellt. Zur Sicherung von Erfolgen im Rahmen von Dekonzentration und Devolution ist eine sorgfältige Standortplanung von übergeordneter Wichtigkeit. Ziel muß es sein vertikal organisierte zentralperiphere Strukturen in eine „Pluralität weitgehend selbstbestimmter Regionen umzubauen" (NUHN, OSSENBRÜGGE 1987).

Partizipation

Die Auseinandersetzung um die Frage der Partizipation breiter Bevölkerungsgruppen im Bereich der öffentlichen Verwaltung begleitet den politischen Prozeß der "Öffnung" in Brasilien seit den frühen 80er Jahren. In den späten 70er Jahren kann man bereits eine deutliche Orientierungswende der politischen Herrschaftsstrategie der brasilianischen Militärregierung beobachten, die sich darin ausdrückte, daß die breiten Bevölkerungsschichten, die bis dahin kaum an den Erfolgen des ökonomischen Wachstums teilhatten, über Sozialpolitiken an den staatlichen Distributionspolitiken beteiligt wurden. Auf der lokalen Ebene entwickelte sich aus diesem Gesinnungswandel eine neue Planungskonzeption, die als *planejamento participativo* bekannt wurde (vergleiche hierzu u.a. PRATES, ANDRADE 1985). In der Verfassung von 1988 wird dieser Strömung Rechnung getragen, indem an verschiedenen Stellen versucht wird, den Bürgern eine weitreichendere direkte Beteiligung an politischen Entscheidungsprozessen zu sichern (Artikel 1, Artikel 14, Artikel 5, Artikel 29 X unter anderen).

Eines der fundamentalen Prinzipien der demokratischen Transition ist die Erwartung, daß die Demokratie den öffentlichen Verwaltungsapparat "verjüngen" könnte, in dem das Partizipationspotential erweitert wird und die Entscheidungsprozesse dezentraler und durchsichtiger gestaltet werden. Die Partizipation könnte für mehr Qualität und Effizienz politischer Abläufe sorgen, in dem durch vielfältiges Engagement gleichzeitig Verantwortung für und Identifikation mit getroffenen Entscheidungen gefördert werden können (MELO 1995: 42).

Um die Bedeutung von Partizipation, ihre Vor- und Nachteile gibt es eine umfassende Diskussion sowohl im wissenschaftlichen wie auch im verwaltungstechnischen und politischen Bereich. Die vorherrschende Meinung geht sicherlich in die Richtung, zumindest auf der Diskursebene, die Notwendigkeit von partizipativen Strukturen anzuerkennen und sie als Voraussetzung für die Verbesserung demokratischer Systeme zu bestätigen (GONDIM 1991: 82). Klar ist, daß Partizipation natürlich auch im Rahmen der Erhaltung und des Ausbaus demokratischer Systeme von großer Bedeutung ist, so zumindest als Konsens im Bereich der Theorie. In der Praxis gehen die Interpretationen und die Formen der Implementation weit auseinander und weichen von theoretischen Vorstellungen mehr oder minder ab.

Bezogen auf die Ausformulierungen im Zusammenhang mit partizipatorischen Strukturen in der neuen brasilianischen Verfassung werden allerdings auch die Limitationen relativ schnell sichtbar. Im gleichen Ansatz, in dem Partizipation als Möglichkeit der direkten

Beteiligung von Bürgern am politischen Entscheidungsprozeß festgeschrieben wird, wird sie dadurch wieder eingeschränkt, daß sie einem weiteren Prinzip, dem der Repräsentation, insofern untergeordnet wird als (vergleiche QUEIROZ RIBEIRO 1995):

1. in der Verfassung zwar die Prinzipien einer erweiterten Partizipation und Repräsentation formuliert werden, allerdings nicht festgelegt ist, unter welchen Bedingungen und mit welcher Reichweite diese Instrumente eingesetzt werden müssen, können oder sollen und auf welche Politikfelder sie anwendbar sind,

2. viel zu hohe Repräsentationsquoten festgelegt wurden, die es ausschließlich politisch gut organisierten Bevölkerungsgruppen ermöglichen, von den Partizipationspotentialen Gebrauch zu machen,

3. Partizipation auf parlamentarischer Ebene nur mittelbar durch das Prinzip der Repräsentation zulässig ist, was ebenfalls denen den Vorzug gibt, die auf hervorragende Organisationsstrukturen und politische Kontakte bauen können.

Die direkteste Möglichkeit zur Konkretisierung dieser eher vagen Formulierungen in der Verfassung bestehen auf lokaler Ebene im Zusammenhang mit der Erstellung neuer und dem Ausbau existierender *Planos Diretores*. Hier können unter der Voraussetzung des entsprechenden politischen Willens eindeutigere Formulierungen gewählt werden und verbindlichere Grundvoraussetzungen zur Implementation partizipatorischer Prozesse geschaffen werden.

QUEIROZ RIBEIRO (1995: 125) fand in einer Untersuchung der Kommunalverfassungen (*lei orgânica*) zahlreicher Munizipien folgende Instrumente zur Umsetzung partizipatorischer Prozesse vor:

1. Gesetzesvorschläge durch Bürgereingabe (*iniciativa de lei*),

2. Volksbegehren (*plebiscito*),

3. Referendum (*referendo*),

4. Öffentliche Anhörung (*audiência pública*),

5. Volkstribunale (*tribuna popular*).

Es sei darauf hingewiesen, daß jedes einzelne dieser Instrumente im Rahmen seiner Implementation von Fall zu Fall recht unterschiedlich ausgelegt werden kann bzw. daß Zusatzklauseln über Mindestwerte der Beteiligung etc. großen Einfluß auf die Erfolgschancen ausüben können (vergleiche QUEIROZ RIBEIRO 1995).

Aus Sicht der Stadtreformbewegung sind die sogenannten *conselhos* (Volksbeiräte) die effizientesten und erfolgversprechendsten Instrumente zur Umsetzung demokratischer Strukturen auf lokaler Ebene. Ursprünglich als autonome Organisationsform der Bevölkerung gegenüber dem Staat konzipiert, deren Funktion die Begrenzung und Teilung der Macht sein sollte, versuchte man nun, sie über die Kommunalverfassungen und Stadtentwicklungspläne vor allem als Mediationsinstrumente zwischen den Bürgern und den staatlichen Organen zu institutionalisieren. In der Praxis stellte sich schnell heraus, daß solche *conselhos* sehr häufig für den Bereich der Umweltplanung im weitesten Sinne eingerichtet wurden. Das hängt wohl damit zusammen, daß die Probleme in diesem Bereich derzeit ganz besondere lokale, nationale und internationale Beachtung finden und daß sich hier noch am ehesten Kompromisse und gemeinsame Handlungsleitlinien formulieren lassen.

Insgesamt läßt sich der aktuelle Prozeß der Demokratisierung via Erweiterung der Bürgerrechte (*cidadania*) charakterisieren als ein Ringen zwischen Kräften, die sich für eine Strategie des Ausbaus von Institutionen (*estratégia de engenharia institucional*) stark machen und solchen, die sich für die Verbesserung der Bürgerbeteiligung einsetzen. Begleitet wird diese Auseinandersetzung von den Diskursen für eine partizipatorische Demokratie (*democracia participacionista*) auf der einen Seite und denen für eine ausgehandelte Demokratie (*democracia negociada*) auf der anderen (vergleiche hierzu ausführlicher QUEIROZ RIBEIRO 1995).

Die Erfahrung aus verschiedenen Beispielen zeigt, daß die auftauchenden Probleme im Bereich partizipatorischer Strukturen, wie z.B. geringe Representativität der organisierten sozialen Gruppen gegenüber der Gesamtbevölkerung, starke Konzentration auf direkt lokalisierbare Probleme anstatt der Berücksichtigung allgemeiner Defizite sowie die latente Gefahr neuer klientelistischer Strukturen dazu führen, daß der Demokratisierungsprozeß Gefahr läuft, ins Stocken zu geraten. Selbstverständlich darf man diesbezüglich auch nicht zu ungeduldig sein. Die Transformation eines über Jahrzehnte autoritär orientierten Systems in eine Demokratie mit umfassender Bürger-Partizipation in allen Belangen braucht seine Zeit und Atem genug, um auch immer neue Versuche durchzuhalten und die eine oder andere Niederlage zu verkraften. Vorrangige Bedeutung haben innerhalb der verschiedenen Aktionsfelder dieses Prozesses sicherlich Mediatoren, die in der Lage sind, extreme Positionen auf einem gemeinsamen Kompromißfeld zu vereinigen.

Bedeutung und Wandel von „Zivilgesellschaft" im brasilianischen Kontext

"Die Verbreitung des Begriffes „Zivilgesellschaft" (sociedade civil) in Brasilien fiel mit dem Widerstand gegen die Militärdiktatur zusammen und erfüllte in diesem Kontext mehr eine politisch-strategische als eine analytisch-theoretische Funktion. Dabei wurde das Wort civil in seinem ursprünglichen Sinn - als nichtmilitärisch - verwendet, um eine Trennungslinie zwischen (Zivil-) Gesellschaft und (Militär-) Staat zu ziehen. Als politisches Konzept galt Zivilgesellschaft seit Anfang der 70er Jahre als ein unentbehrlicher Verankerungsboden für das Oppositionsprojekt. Deshalb mußte die Diskussion über die empirisch-analytische Plausibilität der Kategorie Zivilgesellschaft vor der gravierenden politischen Konstellation kapitulieren. Den einstigen Urhebern des Konzepts ging es nicht darum, zu untersuchen, ob in Brasilien eine Zivilgesellschaft existierte, sondern um die Schaffung eines begrifflichen Bezugsrahmens, der für die Organisierung des Widerstandes gegen den allmächtigen Militärstaat tauglich sein könnte". (COSTA 1997: 33)

"Allerdings diente der Begriff sociedade civil in seiner ursprünglichen Erscheinungsform nicht nur den Gegnern des Militärregimes. Als Mitte der 70er Jahre augenfällige Differenzen innerhalb des Militärblocks zum Vorschein kamen und die Hardliner-Gruppen versuchten, die anfängliche Demokratiebewegung mit Mitteln wie Bombenattentaten, unzulässigen Durchsuchungen ziviler Organisationen usw. zu unterdrücken, griff eine moderate Fraktion innerhalb des Militärs auf den Legitimationsfundus der Zivilgesellschaft zurück, um ihrer Verurteilung der Verstöße gegen die Militärregeln Ausdruck zu verleihen". (COSTA 1997: 34)[1]

Es soll hiermit nur angedeutet werden, welch vieldeutige Inhalte, Konnotationen und Interpretationen der Begriff der Zivilgesellschaft beinhaltet. Daraus ergibt sich, daß immer der Kontext genau berücksichtigt werden muß, in dem dieser Begriff auftaucht, um

---

[1]

Zu weiteren Interpretationen des Begriffes der *sociedade civil* in Brasilien siehe COSTA 1997, DELLA CAVA 1989.

Mißverständnisse zu vermeiden. Seit der beginnenden Demokratisierung in den 80er Jahren bis heute erweitert sich das Segment der brasilianischen Gesellschaft, das mit ihm umschrieben werden soll, kontinuierlich, wenngleich es auch derzeit noch nicht völlig unbedeutend ist, von wem und in welchem Zusammenhang von Zivilgesellschaft gesprochen wird.

Fazit

Betrachtet man den Prozeß der Demokratisierung und seine Auswirkungen auf die brasilianische Stadtentwicklungsplanung seit 1985, läßt sich festhalten, daß ein wichtiger Zusammenhang zwischen den Aktivitäten der nationalen Bewegung für die Verfassungsgebende Versammlung (*Movimento Nacional pela Constituinte*) und der Bewegung für die Stadtreform (*Movimento Nacional da Reforma Urbana*) besteht. In der Zeit während der Vorbereitung der Verfassung von 1988 konzentrierte sich die Diskussion innerhalb der Stadtreformbewegung in starkem Maße auf Fragen der sozialen Gerechtigkeit. Es geht vorrangig um die Formulierung neuer Ziele im Rahmen der sogenannten *questão urbana* in dem Sinne, daß neue Organisationsstrukturen innerhalb der Städte angedacht werden, was eine umfassende Veränderung des herrschenden Gesellschaftssystems zur Voraussetzung hat. Aus dieser Erkenntnis leiten sich die Bemühungen ab, Reformen mit dem Ziel einer gerechten Verteilung des städtischen Bodens zu fordern (vergleiche ANDRADE, AZEVEDO 1984).

Auch in den Vorbereitungssitzungen für mehr Partizipation kommt der Stadtreformbewegung innerhalb der Verfassungsgebenden Versammlung eine wichtige Bedeutung zu, ja sie wird zum Integrationsfaktor in diesem Bereich. Dieser Einfluß bleibt auch in den Jahren nach der Verkündung der neuen Verfassung im Oktober 1988 dadurch erhalten, daß die Aktivitäten auf bundesstaatlicher und kommunaler Ebene fortgesetzt werden, um den institutionellen und legalen Reformprozeß voranzutreiben. Über die Teilnahme an den Sitzungen im Rahmen des Globalen Forums in Rio de Janeiro 1992 und über die Formulierung von Themen für die Kongresse der nationalen Postgraduierten Vereinigung für Stadtentwicklungsplanung schafft es die Stadtreformbewegung, ihre Ideen auf nationaler und internationaler Ebene in die Diskussion einzubringen und zu verbreiten. Der Einfluß auf das technische Personal hatte nun auch indirekte Auswirkungen auf die konkrete Formulierung von bundestaatlichen und kommunalen Verfassungen und Entwicklungsplänen.

Im Mittelpunkt der Reformansätze standen nach QUEIROZ RIBEIRO (1995):

1. eine demokratische und partizipatorische Verwaltung der Städte,

2. der Versuch, eine Verteilung des Einkommens und des Grundeigentums zu erreichen, die dazu führt, daß die Dynamik des ungerechten Zugangs zu städtischer Dienstleistung und Infrastruktur gebrochen wird,

3. die Einführung von Prioritäten im Bereich öffentlicher Investitionen mit breiter sozialer Wirksamkeit
und

4. die Verallgemeinerung des sogenannten "Rechts auf die Stadt" (*direito urbano*), d.h. der freie Zugang aller Bewohner zu den öffentlichen Dienstleistungen und Einrichtungen.

Als wesentliche Punkte in Bezug auf die Demokratisierung der Stadtverwaltungen werden die Begrenzung der Staatsmacht und die Beseitigung klientelistischer Strukturen, die engere Verzahnung von Regierungen und Verwaltungen mit den Belangen der Bürger, sowie die effizientere Gestaltung von Verwaltungsstrukturen genannt.

Bei der Ausweitung partizipatorischer Prozesse ist darauf zu achten, daß nicht durch Kooptation einzelner Interessengruppen bereits getroffene Entscheidungen legitimiert werden, daß die Bevölkerung nicht unter dem Deckmantel der Partizipation ausschließlich als billige Arbeitskraft in sogenannten "Gemeinschaftsprojekten" (*projetos comunitários*) mißbraucht wird oder daß Partizipation auf einen reinen Konsultationsprozeß reduziert wird. Wirkliche Partizipation bedarf der Beteiligung an allen Etappen des Meinungsbildungsprozesses, der Möglichkeit der Einbringung eigener Vorschläge und vor allem der Chance, die Richtung bestimmter Abläufe gegebenenfalls mit zu verändern bzw. Handlungsalternativen durchzusetzen (GONDIM 1991).

Die brasilianische Gesellschaft lebt mit einem enormen organisatorischen Pluralismus, mit einer weitreichenden politisch-institutionellen Diversität und einer tiefgreifenden sozialen Differenzierung. Sollten also umfassende institutionelle Reformen ausbleiben, sollte der Staat seine tiefe Penetration in alle möglichen Belange der Gesellschaft fortsetzen, werden sich mit großer Wahrscheinlichkeit Klientelismus und wenig effiziente politische Verhältnisse auf allen Ebenen wieder verstärken (MELO 1995). So lautet sicherlich eine pessimistische Schilderung der in den späten 80er und vor allem den 90er Jahren in Brasilien ablaufenden politischen und gesellschaftlichen Prozesse. Nach QUEIROZ RIBEIRO 1995 gibt es allerdings Hinweise dafür, daß zumindest die Gemeinden zunehmend in der Lage sind, Entscheidungen zu treffen und eine Politik durchzusetzen, die dazu beitragen können, den Ansprüchen ihrer Bewohner nach Gütern und Dienstleistungen zu entsprechen. Wenn auch diese Aussagen bisher nur unzureichend empirisch belegbar sind, so zeichnet sich doch ein Trend in die richtige Richtung ab, der Sinn und Zweck der Aktivitäten der Stadtreformbewegung Brasiliens in den letzten Jahren zu bestätigen scheint. Die Erfahrung mit der Ausübung von Partizipation bei der Ausarbeitung von Kommunalverfassungen und Stadtentwicklungsplänen zeigt, daß sich ein positives Verhältnis zwischen dem Staat, den Interessen wirtschaftlicher Akteure und den Interessen der übrigen Bevölkerung der Städte entwickelt hat. Positiv insofern, als es sich um ein Verhältnis handelt, in dem sich die drei genannten Parteien nicht mehr zu eliminieren versuchen, sondern Verhaltensweisen sich durchzusetzen beginnen, die besser mit Formen eines konvergierenden Antagonismus zu beschreiben sind (QUEIROZ RIBEIRO 1995: 145).

Nach der Behandlung des Besiedlungsganges und der Determinanten des Verstädterungs-
prozesses im brasilianischen Mittelwesten sowie insbesondere in Mato Grosso und seinen
Teilgebieten in Kapitel II.1, wird sich dieser dritte Teil der vorliegenden Arbeit der
Analyse zweier besonderer Städte, Cáceres und Rondonópolis, widmen. Diese wurden als
Fallbeispiele für die Untersuchung von Stadtentwicklungsprozessen in einer peripheren
Region Brasiliens unter sich wandelnden sozio-ökonomischen Rahmenbedingungen
ausgewählt. Der Vergleich ihrer Entstehungsgeschichte, ihres strukturellen Wandels, ihrer
sozialen und wirtschaftlichen Entwicklung, ihrer die Entwicklung begleitenden ökologischen Probleme, ihrer Beziehungen zu ihrem jeweiligen Hinterland und ihrer Strategien im
administrativen und planerischen Bereich, um den anstehenden Herausforderungen zu
begegnen, soll zur Identifizierung der Determinanten der Stadtentwicklung führen. Ziel ist
es, ein Entwicklungsmodell für Städte mittlerer Größe in peripheren Regionen unter
dynamischen sozio-ökonomischen Transformationsbedingungen zu entwerfen, das Genese, Entwicklungsstand und -perspektiven vereint.

III.1   Cáceres und Rondonópolis: zwei Regionalzentren in Mato Grosso

Die beiden Städte Cáceres und Rondonópolis liegen im südlichen Teil Mato Grossos, dem
Untersuchungsgebiet des Forschungsprojektes, im Rahmen dessen die vorliegende Arbeit
erstellt wurde (siehe Karte 12, 13). Beide Städte sind ca. 220 km von der Hauptstadt des
Bundesstaates Mato Grosso, Cuiabá, entfernt. Cáceres befindet sich südwestlich von
Cuiabá, unmittelbar am Rand der Überschwemmungssavanne des Pantanal, am Ufer des
Rio Paraguai. Rondonópolis liegt südöstlich von Cuiabá bereits auf der Hochfläche des
zentralbrasilianischen Schildes im Bereich des *Cerrado*. Während Cáceres das regionale
Zentrum einer alten Pionierfront ist, deren Erschließung vor allem in den 60er Jahren
stattfand, ist Rondonópolis im Rahmen der Modernisierung der Landwirtschaft in den 80er
und 90er Jahren zum regionalen Zentrum einer jungen Modernisierungsfront herange-
wachsen.

Die Gesamteinwohnerzahl des Munizips Cáceres belief sich 1996 auf 73.596 Einwohner.
Das Munizip Rondonópolis hatte zum gleichen Zeitpunkt insgesamt 142.524 Einwohner.
Die Stadtbevölkerung von Cáceres betrug 1996 insgesamt 59.505 Einwohner und war
damit in etwa halb so groß wie die von Rondonópolis mit 129.894 Einwohnern (IBGE
1997). Bei einer Fläche von 24.800 km² weist das Munizip Cáceres eine Bevölkerungsdichte von ca. 3 Einwohnern / km² auf und liegt damit deutlich unter dem Wert von ca. 34

Karte 12   Cáceres und Rondonópolis im Untersuchungsgebiet

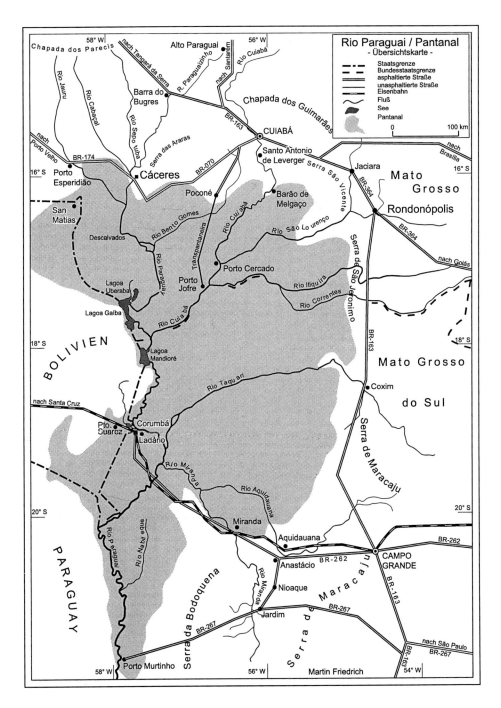

Karte 13   **Einflußbereiche von Cáceres und Rondonópolis**

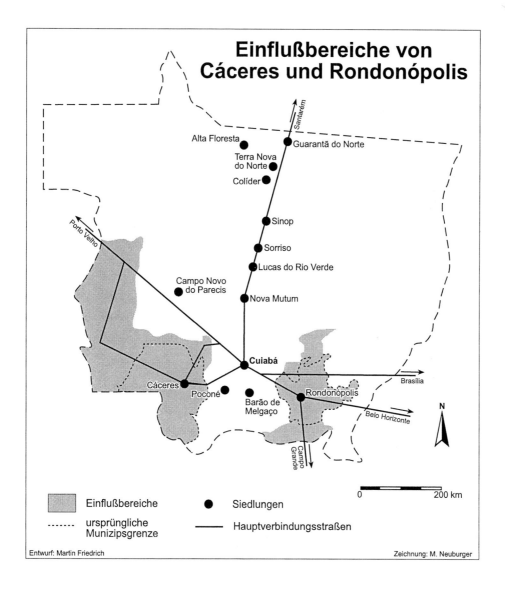

Einwohnern / km², den Rondonópolis bei einer Munizipfläche von 4.180 km² aufweist. Insgesamt konzentrieren sich in Cáceres 81% der Gesamtbevölkerung des Munizips in seinem Hauptort. Für Rondonópolis ist es ein Anteil von 91%, der in der Stadt lebt. Berechnet man die Bevölkerungsdichte der Munizipien ohne Berücksichtigung der Einwohner der jeweiligen Hauptorte, ergibt das für Cáceres einen Wert von 0,5 Einwohnern / km² und für Rondonópolis von 3 Einwohnern / km². Die Einwohnerzahl von Cáceres betrug 1960 noch 8.785 Einwohner und stieg bis 1996 um 50.720 auf 59.505 Einwohner. Im selben Zeitraum wuchs die Stadt Rondonópolis von 4.482 (1960) auf 129.894 (1996) um absolut 125.412 Einwohner an. Diese Zahlen geben bereits einen Hinweis auf den Aufhol- und Überholprozeß, den Rondonópolis gegenüber Cáceres in den letzten Jahrzehnten im Rahmen einer insgesamt boomhaften Entwicklung durchgemacht hat.

Während das rapide Bevölkerungswachstum und der ausgesprochen starke Urbanisierungsprozeß für die meisten Munizipien des Untersuchungsgebietes mit graduellen Unterschieden charakteristisch sind, läßt sich beim Vergleich der Wirtschaftsstruktur der Muniziphauptorte im südlichen Mato Grosso eine klare Differenzierung feststellen. Diese Differenzierung unterstreicht auch die Charakterisierung von Cáceres und Rondonópolis als Regionalzentren im regionalen Städtesystem.

Bei der Betrachtung der wichtigsten Wirtschaftsindikatoren ist darauf hinzuweisen, daß die aus den offiziellen Statistiken verfügbaren Daten für das Untersuchungsgebiet auf Munizipebene lediglich bis 1985, beziehungsweise zum Teil bis 1989 zur Verfügung stehen. Für die folgende Charakterisierung der beiden Regionalzentren nach den drei Wirtschaftssektoren sollen die unten herangezogenen Indikatoren daher in erster Linie herangezogen werden, um einige generelle und insbesondere qualitative Strukturen zu beschreiben.

Unter Berücksichtigung des Beitrags der Munizipien Cáceres und Rondonópolis zum Steueraufkommen im Untersuchungsgebiet, differenziert nach primärem, sekundärem und tertiärem Sektor, läßt sich folgendes feststellen (nach Daten aus FCR 1990):

1.   Der Anteil von Rondonópolis am Gesamtsteueraufkommen im Untersuchungsgebiet betrug 1989 knapp 14%. Demgegenüber stand ein Anteil von 1% für das Munizip Cáceres. Beachtet man, daß der Anteil der Agglomeration Cuiabá / Várzea Grande allein 65% betrug und daß die noch verbleibenden 20% sich auf weitere 40 Munizipien verteilen, zeigt sich, daß selbst der Cacerenser Anteil von 1% noch von Bedeutung ist. Gleichzeitig fällt aber auch ein extremer Unterschied zwischen Rondonópolis und Cáceres auf.

2.   Der Anteil des Steueraufkommens der landwirtschaftlichen Produktion des Muni-
      zips Rondonópolis am Gesamtsteueraufkommen des Untersuchungsgebietes betrug
      1989 ca. 35% und lag damit deutlich höher als in der Hauptstadt Mato Grossos,
      Cuiabá (20%). In Cáceres betrug dieser Wert lediglich 0,5%. Diese Werte weisen
      auf die hohe Bedeutung hin, die Rondonópolis bezüglich seiner landwirtschaftli-
      chen Produktion im regionalen Kontext zukommt. Der Anteil des primären Sektors
      am Gesamtsteueraufkommen des Munizips Rondonópolis betrug 1989 über 50%.
      In Cáceres lag dieser Anteil 1989 unter 10%. Hieraus wird ersichtlich, daß die
      Cacerenser Landwirtschaft kaum mehr eine wirtschaftliche Bedeutung für das
      Munizip hat. Dieser Umstand läßt sich durch die Tatsache erklären, daß mit der
      Neugründung von Munizipien auf ehemaligem Cacerenser Gebiet ein Großteil
      besonders für die Landwirtschaft geeigneter Flächen verloren ging. Die Summe
      der Anteile des Steueraufkommens des primären Sektors von Cuiabá / Várzea
      Grande, Rondonópolis und Cáceres von ca. 56% am Gesamtsteueraufkommen der
      Munizipien des Untersuchungsgebietes zeigt, daß es hier noch weitere bedeutende
      landwirtschaftlich geprägte Munizip-Ökonomien gibt. Dabei handelt es sich vor
      allem um Itiquira, Diamantino und Tangará da Serra.

3.   Im sekundären Sektor beträgt der Anteil des Steueraufkommens von Rondonópolis
      5,5%, der von Cáceres 2% am Gesamtsteueraufkommen der Munizipien des
      Untersuchungsgebietes. Diese Werte zeigen deutlich den unbedeutenden Stellen-
      wert industrieller Produktion in den beiden Regionalzentren. Allein Cuiabá und
      Várzea Grande vereinen hier insgesamt 55% des Gesamtsteueraufkommens auf
      sich.

4.   Der tertiäre Sektor von Rondonópolis trägt 10% des Steueraufkommens dieses
      Sektors auf Untersuchungsgebiets-Ebene bei. Der gleiche Beitrag von Cáceres liegt
      bei nur 1,5%. Mit einem Anteil von 78% liegen Cuiabá / Várzea Grande deutlich
      an der Spitze. Innerhalb des Munizips Rondonópolis liegt der Anteil des tertiären
      Sektors bei 43% im Munizip Cáceres beträgt dieser Wert sogar 62%.

Generell zeigen diese Indikatoren, daß der Anteil des tertiären Sektors in den genannten
Städten den wichtigsten wirtschaftlichen Faktor darstellt. Ebenfalls bezeichnend ist die
relativ geringe Bedeutung des sekundären Sektors. Die Verbindung von höheren Werten
im primären und tertiären Sektor kennzeichnet die Städte als wichtige Servicezentren für
die regionale Landwirtschaft. Für die Regionalzentren Cáceres und Rondonópolis besteht
bei allen Werten ein deutlicher Unterschied. Die genannten Werte weisen auf eine bedeutende Stellung von Rondonópolis im Rahmen der regionalen Wirtschaft hin. Die wirt-

schaftliche Stellung von Cáceres bezogen auf die Werte von 1989 ist im regionalen Kontext eher nachrangig. Die Werte der Agglomeration Cuiabá / Várzea Grande unterstreichen die herausragende Position der Regionalmetropole.

Eine detailliertere Darstellung der Entwicklung im sekundären und tertiären Sektor in den Munizipien des Untersuchungsgebietes zwischen 1970 und 1985 unter Berücksichtigung der Zahl der Betriebe und Geschäfte sowie der Zahl der Angestellten ist aus den Karten 14, 15, 16, 17 zu entnehmen.

Die Beziehungen der beiden Regionalzentren Cáceres und Rondonópolis zu ihrem jeweiligen Hinterland beziehungsweise die Zentralität, die beiden Städten eigen ist, unterscheiden sich qualitativ in ganz besonderer Weise.

Cáceres, das zunächst als strategische Gründung zu einem wichtigen Stützpunkt des Verkehrs und des Handels über den Rio Paraguai zwischen Mato Grosso und dem brasilianischen Süden avancierte, zeichnet sich in den letzten Jahrzehnten eher durch eine insgesamt kontraktive Entwicklung aus. Kontraktiv in erster Linie durch den Flächenverlust an die in den 70er und 80er Jahren neu gegründeten Munizipien und kontraktiv ebenfalls durch den selektiven Zentralitätsverlust aufgrund der Entstehung zahlreicher dynamischer Landstädte im Cacerenser Hinterland. Trotz des absoluten Bevölkerungswachstums und der Zunahme des Verstädterungsgrades zeichnet sich die wirtschaftliche Entwicklung von Cáceres in den letzten Jahren eher durch Stagnation aus. Die kontraktiven Tendenzen der Rinderweidewirtschaft im Bereich des Pantanal (vergleiche REMPPIS 1995) haben direkten Einfluß auf die lokale wirtschaftliche Dynamik, die lange Zeit stark von diesem Wirtschaftszweig geprägt war.

Rondonópolis, das erst im Rahmen der zweiten landwirtschaftlichen Erschließungsphase von Mato Grosso infolge des Prozesses der Modernisierung der Landwirtschaft vom Dorf zum Regionalzentrum avancierte, entwickelte sich erst in den letzten drei Jahrzehnten zum regionalen Vermarktungszentrum landwirtschaftlicher Produkte, insbesondere von Soja. Der Einflußbereich der Stadt reicht diesbezüglich weit über das eigentliche Hinterland hinaus. Eine dynamische wirtschaftliche Entwicklung und die Zunahme sozialer Probleme gehen in Rondonópolis Hand in Hand.

Die Bedeutung sowohl von Cáceres als auch von Rondonópolis als Regionalzentren ergibt sich zusätzlich vor allem aus der Funktion der beiden Städte als „Bildungszentren" (siehe Karte18) und als Standorte der jeweils größten Krankenhäuser der entsprechenden Einflußbereiche. In Cáceres gibt es eine bundesstaatliche Universität, deren Einzugsbereich

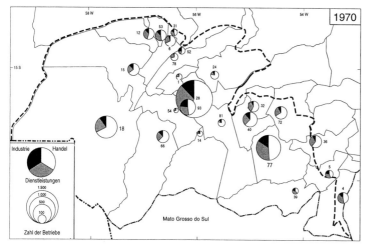

Karte 14

Entwicklung des sekundären und des tertiären Sektors
Zahl der Betriebe

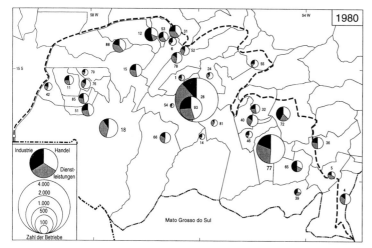

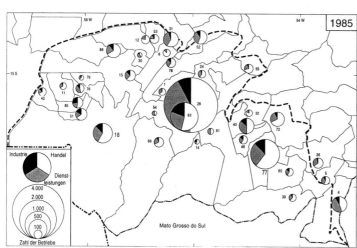

1 Acorizal
4 Alto Araguaia
5 Alto Garças
6 Alto Paraguai
7 Alto Taquari
11 Araputanga
12 Arenápolis
14 Barão de Melgaço
15 Barra do Bugres
18 Cáceres
21 Campo Verde
24 Chapada dos Guimarães
28 Cuiabá
30 Denise
31 Diamantino
32 Dom Aquino
33 Figueirópolis d'Oeste
36 Guiratinga
37 Indiavaí
39 Itiquira
40 Jaciara
41 Jangada
42 Jauru
46 Juscimeira
51 Mirassol d'Oeste
52 Nobres
53 Nortelândia
54 Nossa Senhora do Livramento
55 Nova Brasilândia
58 Nova Olímpia
65 Pedra Preta
66 Poconé
71 Porto Esperidão
72 Poxoréo
73 Primavera do Leste
74 Reserva do Cabaçal
76 Rio Branco
77 Rondonópolis
78 Rosário Oeste
79 Salto do Céu
81 Santo Antonio de Leverger
85 São José dos Quatro Marcos
88 Tangará da Serra
93 Várzea Grande

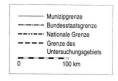

———— Munizipgrenze
– – – – Bundesstaatsgrenze
—·—·— Nationale Grenze
– – – Grenze des
        Untersuchungsgebiets
0 _____ 100 km

Quellen:
IBGE: Censo dos Serviços 1970, 1980
Censo Comercial 1970, 1980
Censo Industrial 1970, 1980
Censo Econômico 1985
Entwurf / Kartographie: Martin Friedrich

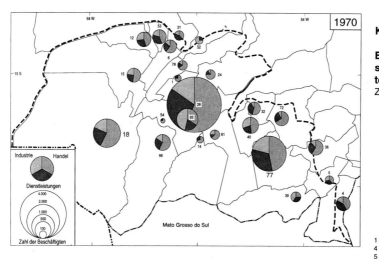

Karte 15

Entwicklung des sekundären und des tertiären Sektors
Zahl der Beschäftigten

1 Acorizal
4 Alto Araguaia
5 Alto Garças
6 Alto Paraguai
11 Araputanga
12 Arenápolis
14 Barão de Melgaço
15 Barra do Bugres
18 Cáceres
24 Chapada dos Guimarães
28 Cuiabá
30 Denise
31 Diamantino
32 Dom Aquino
36 Guiratinga
39 Itiquira
40 Jaciara
42 Jauru
46 Juscimeira
51 Mirassol d'Oeste
52 Nobres
53 Nortelândia
54 Nossa Senhora do Livramento
55 Nova Brasilândia
65 Pedra Preta
66 Poconé
72 Poxoréo
76 Rio Branco
77 Rondonópolis
78 Rosário Oeste
79 Salto do Céu
81 Santo Antonio de Leverger
85 São José dos Quatro Marcos
88 Tangará da Serra
93 Várzea Grande

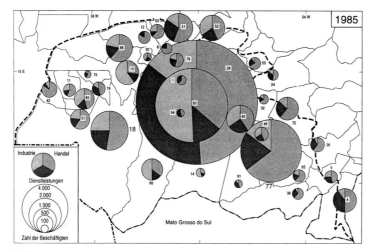

Quellen:
IBGE: Censo dos Serviços 1970, 1980
Censo Comercial 1970, 1980
Censo Industrial 1970, 1980
Censos Econômicos 1985
Entwurf / Kartographie: Martin Friedrich

126

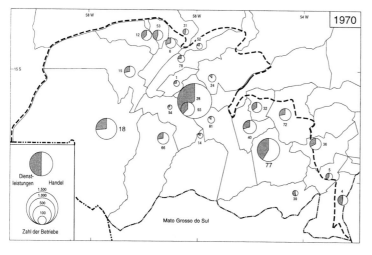

Karte 16

Entwicklung des tertiären Sektors 1970 - 1985
Zahl der Betriebe

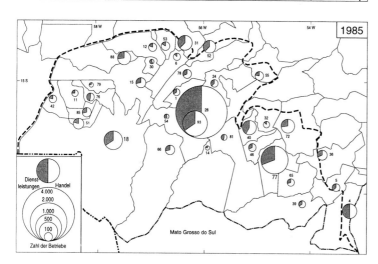
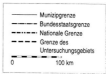

1 Acorizal
4 Alto Araguaia
5 Alto Garças
6 Alto Paraguai
7 Alto Taquari
11 Araputanga
12 Arenápolis
14 Barão de Melgaço
15 Barra do Bugres
18 Cáceres
21 Campo Verde
24 Chapada dos Guimarães
28 Cuiabá
30 Denise
31 Diamantino
32 Dom Aquino
33 Figueirópolis d'Oeste
36 Guiratinga
37 Indiavaí
39 Itiquira
40 Jaciara
41 Jangada
42 Jauru
46 Juscimeira
51 Mirassol d'Oeste
52 Nobres
53 Nortelândia
54 Nossa Senhora do Livramento
55 Nova Brasilândia
58 Nova Olímpia
65 Pedra Preta
66 Poconé
71 Porto Esperidão
72 Poxoréo
73 Primavera do Leste
74 Reserva do Cabaçal
76 Rio Branco
77 Rondonópolis
78 Rosário Oeste
79 Salto do Céu
81 Santo Antonio de Leverger
85 São José dos Quatro Marcos
88 Tangará da Serra
93 Várzea Grande

Munizipgrenze
Bundesstaatsgrenze
Nationale Grenze
Grenze des
Untersuchungsgebiets

0   100 km

Quellen:
IBGE: Censo dos Serviços 1970, 1980
Censo Comercial 1970, 1980
Censo Industrial 1970, 1980
Censo Econômico 1989
Entwurf / Kartographie:Martin Friedrich

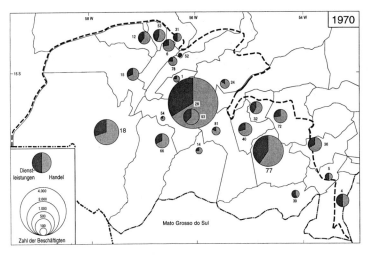

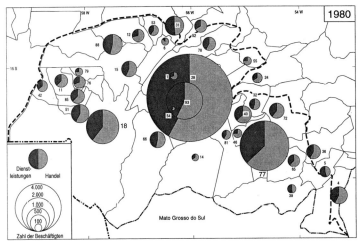

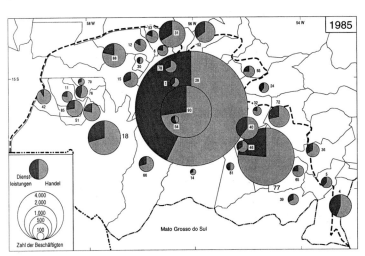

Karte 17

**Entwicklung des
tertiären Sektors
1970 - 1985**
Zahl der Beschäftigten

1   Acorizal
4   Alto Araguaia
5   Alto Garças
6   Alto Paraguai
11 Araputanga
12 Arenápolis
14 Barão de Melgaço
15 Barra do Bugres
18 Cáceres
24 Chapada dos Guimarães
28 Cuiabá
30 Denise
31 Diamantino
32 Dom Aquino
36 Guiratinga
39 Itiquira
40 Jaciara
42 Jauru
46 Juscimeira
51 Mirassol d'Oeste
52 Nobres
53 Nortelândia
54 Nossa Senhora do Livramento
55   Nova Brasilândia
65 Pedra Preta
66 Poconé
72 Poxoréo
76 Rio Branco
77 Rondonópolis
78 Rosário Oeste
79 Salto do Céu
81 Santo Antonio de Leverger
85 São José dos Quatro Marcos
88 Tangará da Serra
93 Várzea Grande

—————— Munizipgrenze
—·—·—·— Bundesstaatsgrenze
—··—··— Nationale Grenze
— — — — Grenze des
            Untersuchungsgebiets

0   100 km

Quellen:
IBGE: Censo dos Serviços 1970, 1980
Censo Comercial 1970, 1980
Censo Industrial 1970, 1980
Censo Econômico 1985
Entwurf / Kartographie: Martin Friedrich

128

weit über das Hinterland der Stadt hinausreicht (vergleiche auch Kap. III.1.2.1). Rondonópolis ist Standort einer Außenstelle der staatlichen Universität von Cuiabá, deren Einzugsbereich sich vor allem auf die direkten Nachbarmunizipien von Rondonópolis erstreckt.
Die Krankenhäuser von Cáceres und Rondonópolis haben ebenfalls einen Einzugsbereich,
der alle Munizipien der jeweiligen Einflußregion einbezieht.

Schließlich können Cáceres und Rondonópolis auch gemessen am allgemeinen Entwicklungsstand der Untersuchungsregion und unter Berücksichtigung der Differenzierung des
regionalen Städtesystems durchaus als Regionalzentren bezeichnet werden. Im direkten
Vergleich handelt es sich allerdings, wie sich bereits andeutet, um zwei sehr unterschiedlich ausgeprägte Städte des gleichen funktionalen Städtetyps. Die Differenzierung der
beiden Städte soll in den folgenden Ausführungen anhand ausgewählter Problemkreise
erörtert werden.

III.1.1 Genese und Determinanten der Stadtentwicklung

Die Beschreibung der Genese der beiden hier zu untersuchenden Städte ist insofern von
Bedeutung, als daraus deutlich werden wird, daß wir es mit zwei Städten zu tun haben, die
unabhängig von ihrer ähnlichen Funktion innerhalb des regionalen Städtesystems ihre
Wurzeln in absolut unterschiedlichen Epochen haben. Es soll versucht werden, herauszu-
arbeiten, welche Bedeutung dieser unterschiedliche Ursprung für die heutigen Städte hat.
Einerseits hat die Untersuchung der Stadtentwicklung, ebenso wie die später erfolgende
Betrachtung der Stadtstruktur, einen heuristischen Wert, weil sie einen wichtigen Ansatz
der Stadtanalyse darstellt. Andererseits haben beide Betrachtungsweisen eine theoretische
Bedeutung, weil sie es ermöglichen, Städte miteinander zu vergleichen. Beim Vergleich
stellt sich dann die Frage nach den Gründen für unterschiedliche Strukturen zum gleichen
Untersuchungszeitpunkt (FRIEDRICHS 1995: 38).

III.1.1.1   Cáceres: die alte Stadt am Rio Paraguai

Cáceres wurde 1778 im Rahmen der Erschließung von Mato Grosso durch die *bandeirantes* gegründet. Es war die Zeit des Goldzyklus, im Rahmen dessen, wie bereits in Kapitel
II.1.4.2 beschrieben, zahlreiche Siedlungsgründungen stattgefunden haben. Hinzu kam,
daß es durch das Vordringen auf ursprünglich spanisches Territorium notwendig wurde,
die eroberten Gebiete strategisch zu sichern. Darin bestand einer der Gründe für die
Einrichtung von Stadtplätzen entlang der heutigen bolivianischen Grenze. So wurden in

Karte 18   Zahl weiterführender Schulen im Untersuchungsgebiet

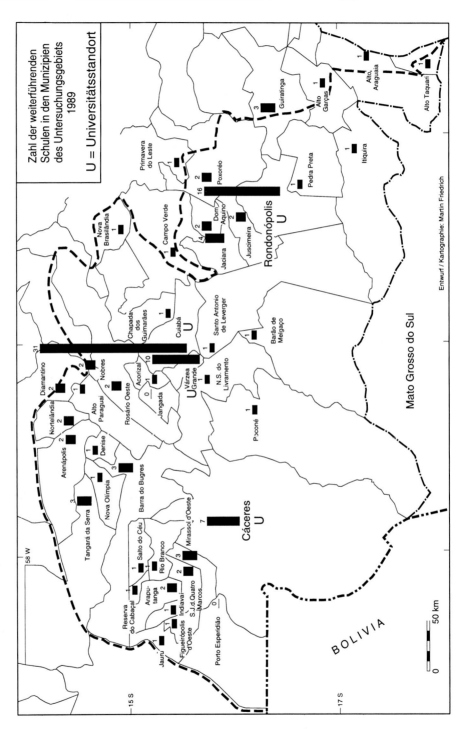

130

der gleichen Zeit auch Corumbá im heutigen Mato Grosso do Sul und Vila Bela da Santíssima Trindade gegründet. Die geradezu mythisierende Überbetonung der Grenzlandsituation dieses Städtetyps drückt sich beispielsweise in der ersten Chronik des Munizips Cáceres von ARRUDA (1938) aus:

„*Prestando ao mesmo tempo informações tanto quanto possível, detalhadas acerca desta importante cellula do organismo nacional, rendo uma singela, porém justa homenagem, à memória dos nossos maiores, daquelles heroicos e gloriosos antepassados que descansam no seio deste prodigioso sólo, depois dos herculeos esforços que dispenderam, pela prosperidade do formoso rincão, guardando vigilantes e cheios de patriotismo, suas extensas fronteiras com a Republica da Bolivia.*" (ARRUDA 1938: 10)

„Möglichst genaue und detaillierte Informationen über diesen wichtigen Landesteil [Munizip Cáceres] liefernd, ehre ich in bescheidener Form unsere Vorfahren, die hier ihre letzte Ruhe gefunden haben, nachdem sie herkulische Kräfte aufgebracht haben, um diesen formidablen Platz zu pflegen und seine lange Grenze zur Republik Bolivien wachsam und voller Patriotismus zu sichern". [Sinngemäße Übersetzung des Autors]

Neben der strategischen Funktion kam dem neuen Stadtplatz weitere Bedeutung durch seine Lage am Ufer des Rio Paraguai zu. Im Hafen von Cáceres wurden Handelswaren, die aus Corumbá kamen, umgeschlagen und von dort weiter ins Innere Mato Grossos gebracht. Während der kurzen Zeit, in der Vila Bela da Santíssima Trindade aus strategischen Gründen Hauptstadt Mato Grossos war, diente Cáceres als Zwischenstation auf dem Weg zwischen Cuiabá und Vila Bela. Die pflanzlichen und mineralischen Extraktionsprodukte, die landwirtschaftlichen Produkte der umliegenden *fazendas*, sowie die Häute zahlreicher Tierarten wurden über den Rio Paraguai von Cáceres über Corumbá bis nach Buenos Aires und teilweise in die USA und nach Europa versandt.

Die Entwicklung der heutigen Stadt Cáceres verlief in der Zeit seit ihrer Gründung nicht kontinuierlich. Zunächst gab es lediglich eine kleine Siedlung mit wenigen Einwohnern. Bei diesen handelte es sich zunächst um indigene Gruppen, zu denen sich nach der offiziellen Gründung der Siedlung auf Anweisung des portugiesischen Hofes im Laufe der Zeit Paulistaner *bandeirantes* hinzugesellten. Die historische Entwicklung der Stadt Cáceres läßt sich ganz grob in vier Phasen einteilen (vergleiche MENDES 1991):

Die erste Phase seit der Gründung von Vila Maria, wie Cáceres zunächst genannt wurde, war mit der Gründung von großen *fazendas* in erster Linie durch die Erschließung der Umgebung gekennzeichnet. Bereits zu Beginn des 19. Jahrhunderts wurde die Fazenda Jacobina von dem Portugiesen Leonardo Soares de Souza gegründet. Sie wurde später zu einem der wichtigsten landwirtschaftlichen Betriebe Mato Grossos (vergleiche AYALA, SIMON 1914, LEITE 1978 und ARRUDA 1938 unter anderen). Hier zeigt sich, daß in dieser ersten Phase die dynamischste Entwicklung im ländlichen Raum stattfand. Die Einwohnerzahl von Vila Maria war zu diesem Zeitpunkt mit ca. 300 Einwohnern noch unbedeutend (FLORENCE 1977). Mit der Rückverlagerung der Hauptstadtfunktionen von Vila Bela nach Cuiabá 1835 verlor Vila Maria auch noch seine Funktion als Posten auf dem Weg zwischen den beiden Städten und rückte damit räumlich gesehen an den äußersten Rand der westlichen Grenze des brasilianischen Territoriums.

Die zweite Phase umfaßte ungefähr den Zeitraum zwischen 1860 und 1960. In dieser Zeit konnte Cáceres seine Hafenfunktion sukzessive ausbauen. Die Goldvorkommen, die während der Kolonialzeit von vorherrschender Bedeutung waren, wurden langsam knapper. Der Beginn der Extraktion von Kautschuk, Holz, Brechwurz und Tierhäuten führte zu neuen Wirtschafts- und Handelsstrukturen, die sich auch im Siedlungsbild niederschlugen. Trotzdem wuchs die Stadt zunächst nur langsam. Es kam zur Gründung weiterer großer landwirtschaftlicher Betriebe (*fazendas*), deren Produkte teilweise in Cáceres vermarktet wurden. Die größten *fazendas*, wie zum Beispiel *Descalvados*, waren allerdings lange Zeit weitgehend autark, hatten einen eigenen Hafen am Rio Paraguai und waren gleichzeitig auch der Wohnsitz ihrer Besitzer und Verwalter. Damit entzogen sie der Stadt Cáceres einen Teil ihres Entwicklungspotentials als Handels- und Marktort. Um die Jahrhundertwende gab es in Cáceres zahlreiche Handelshäuser (*casas comerciais*), deren Inhaber in der Regel auch die Schiffahrt auf dem Rio Paraguai organisierten. Sie kümmerten sich um den Transport von Produkten aus der Region auf die nationalen und zum Teil auf die internationalen Märkte. Im Gegenzug ließen die Händler zahlreiche Produkte aus den großen Städten Brasiliens und aus dem Ausland heranbringen. Dazu gehörten fast alle Materialien, die auf den *fazendas* benötigt wurden, aber auch medizinische und kosmetische Produkte, Kleidung und Luxusartikel. Des weiteren gehörten Benzin, Dieselöl, Baumaterialien, Schießpulver und ähnliches zu den gehandelten Waren. Franziskanische Geistliche waren Anfang des 20. Jahrhunderts maßgeblich am Aufbau sozialer Einrichtungen wie Krankenhäusern, Schulen und Kirchen beteiligt. Weitere Neuerungen dieser Zeit waren die ersten Installationen der Telegraphenlinie, die Marschall Rondon zur Kommunikation mit Amazonien ausbaute, der Bau eines Schlachthofs und der Ausbau des Hafens. Darin lassen sich gewisse Anzeichen der Konsolidierung der Stadt erkennen.

Obwohl die Handelsstruktur in Cáceres für die damals herrschenden Verhältnisse in Mato Grosso durchaus gut ausgebaut war, fehlte der Stadt ein dem Angebot entsprechender Absatzmarkt außerhalb der eigenen Stadtgrenzen. Die Situation um 1910 beschreiben AYALA, SIMON (1914) wie folgt:

> „*O comércio em geral mantém-se do producto da exportação das indústrias extractivas e pastoril, do producto da lavoura e criação de animaes, e da coadjuvação indirecta das forças militares estacionadas na cidade, pelo dispendio dos seus vencimentos, e também do funcionalismo federal, estadoal e municipal, porquanto não ha outra praça visinha, para onde deva re-exportar as mercadorias do seu colossal estoque, dez vezes superior às necessidades do consumo*" (AYALA, SIMON 1914: 353).

Der Handel lebt im wesentlichen vom Ertrag aus dem Export von Produkten der Weide- und Extraktionswirtschaft und von der Kaufkraft der in Cáceres stationierten Soldaten sowie der staatlichen Angestellten. Gleichzeitig gibt es keinen weiteren Absatzmarkt für die enormen Lagerbestände, die ungefähr dem zehnfachen der örtlichen Nachfrage entsprechen. [Sinngemäße Übersetzung des Autors]

Trotz der genannten Probleme beschreiben wohlwollende Chronisten, sicher auch unter dem Eindruck der Verhältnisse in den größten Teilen von Mato Grosso, Cáceres um die Jahrhundertwende als eine „Enklave", in der sich ein Lebensstil entwickelte, der als etwas Besonderes zu bewerten war. Es soll hier zeitweise mehr Pianos gegeben haben als in Rio de Janeiro. Das mag allerdings eher eine nette Anekdote sein, die Ausdruck des kulturellen Anspruchs der Zeit in Cáceres sein könnte.

Der Bau eines größeren Krankenhauses und die Gründung einer Filiale der *Banco do Brasil* in den 40er Jahren sind weitere Anzeichen für die Konsolidierung der Stadtstruktur in dieser zweiten Entwicklungsphase. Die Veröffentlichung der ersten Chronik des Munizips „*Um trecho do Oeste Brasileiro, São Luiz de Cáceres / Matto Grosso*" durch Gabriel Pinto de Arruda kann als besonderer Ausdruck des Vorhandenseins einer lokalen Identität in der Cacerenser Bevölkerung gewertet werden.

Die dritte Phase der Stadtentwicklung kann in der kurzen Zeitspanne zwischen 1960 und 1979 gesehen werden. Wie in Kapitel II.1.4 bereits beschrieben, war dies die Hochphase der landwirtschaftlichen Erschließung im südlichen Teil Mato Grossos. Durch die Einrichtung zahlreicher privater und staatlicher Kolonisationsprojekte in der Groß-Region

Cáceres kam es seit den 50er Jahren und mit einem Höhepunkt in den 60er und 70er Jahren zum Zustrom einer Großzahl von Migranten aus anderen Landesteilen Brasiliens. Dies machte sich an der exponentiellen Zunahme der Bevölkerung im Munizip Cáceres bemerkbar (siehe Tab 11). Der Ausbau der Straße zwischen Cuiabá und Cáceres und weiterer regionaler Erschließungsstraßen, sowie der Bau einer Brücke über den Rio Paraguai direkt im Stadtgebiet von Cáceres erleichterten den Zugang in das Hinterland der Stadt erheblich.

Tab. 11   Bevölkerungsentwicklung des Munizips Cáceres 1960 - 1996

Bevölkerung	Jahr				
	1960	**1970**	**1980**	**1991**	**1996**
Stadt	8.785	16.467	34.457	54.484	59.505
Land	19.293	70.085	24.600	22.991	14.091
Gesamt	28.078	86.552	59.057	77.475	73.596

Quelle: IBGE Censo Demográfico de Mato Grosso 1960, 1970, 1980, 1991
         IBGE Contagem da População 1996

Die Entwicklung der Bevölkerungszahlen im ländlichen Bereich des Munizips Cáceres in Tab. 11 zeigt zwischen 1970 und 1980 einen starken Einbruch. Dieser ist mit der Gründung neuer Munizipien durch die Verselbständigung bisheriger ländlicher Distrikte zu unabhängigen politischen Einheiten in den 70er Jahren zu erklären. 1976 kam es mit Mirassol d'Oeste zur ersten Munizipneugründung (vergleiche RITTGEROTT 1997), und 1979 folgten die Neugründungen von Rio Branco, Salto do Céu und Jauru. Die Neugründung von Lambarí d'Oeste und Glória d'Oeste führten zu dem neuerlichen Einbruch der ländlichen Bevölkerung zwischen 1991 und 1996. Durch die Schaffung neuer, eigenständiger administrativer Einheiten verringerte sich auch der Einflußbereich der Stadt Cáceres vor allem im politischen Bereich. Die in die jungen Kolonisationsgebiete zugewanderten Neusiedler und oftmals auch die Kolonisationsfirmen bzw. deren Inhaber hatten andere politische und wirtschaftliche Interessen als die eher konservativen, alteingesessenen Bürger von Cáceres. Auch das Interesse an der Schaffung neuer Posten im Bereich der öffentlichen Verwaltung vom Bürgermeister bis zu zahlreichen Funktionären kann als Grund für das Interesse an der Gründung neuer Munizipien gewertet werden.

In Cáceres bemühte man sich, dem Trend zur Gründung neuer, eigenständiger Munizipien dadurch zu begegnen, daß man die Infrastruktur der Stadt weiter ausbaute. In diesem Zusammenhang kam es zur Öffnung neuer Bankfilialen, zur Ausweisung eines Industriedistrikts und neuer Wohnungsbaugebiete, sowie zur Einrichtung eines überregionalen Telefonnetzes.

Der bereits erwähnte Ausbau des Straßennetzes hatte für Cáceres einen weiteren schmerzlichen Nebeneffekt. Je besser die Straßen ausgebaut wurden und je weiter sie auch ins Hinterland hineinreichten, desto mehr wurde der Transport von Gütern per LKW erledigt. Die Flußschiffahrt verlor infolgedessen seit den 60er Jahren rapide an Bedeutung, zumal der LKW-Transport vergleichsweise schneller war und über reduzierte Kraftstoffpreise staatlich gefördert wurde[1].

Die vierte Phase begann 1980 und reicht bis in die heutigen Tage. Besonders kennzeichnend waren für diese Zeit die neuerlichen Gründungen von Munizipien, die sich von Cáceres abspalteten. In den 80er Jahren verselbständigten sich Araputanga, São José dos Quatro Marcos, Figueirópolis d'Oeste, Indiavaí und Reserva do Cabaçal. Damit kam es vor allem zur weiteren Zersplitterung der in den 70er Jahren in der Region neu gegründeten Munizipien. Die Gründung von Porto Esperidião, Glória d'Oeste und Lambarí d'Oeste Ende der 80er und Anfang der 90er Jahre bedeuteten einen weiteren Verlust von Einwohnern und Fläche für das Munizip Cáceres. Mit den in den 70er, 80er und 90er Jahren abgespaltenen Gebieten verlor Cáceres auch die fruchtbarsten Flächen seines ehemaligen Territoriums. Heute befindet sich die Hälfte der gesamten Munizipfläche direkt im Bereich der Überschwemmungssavanne des Pantanal und ist damit nur beschränkt landwirtschaftlich nutzbar.

Trotz der Gründung neuer Munizipien wuchs vor allem die Einwohnerzahl der Stadt Cáceres sowohl in den 70er (109%) als auch in den 80er Jahren (58%) stark an. Ausschlaggebend für dieses Wachstum war auch hier die Zuwanderung von Migranten aus anderen Landesteilen Brasiliens, die für den gesamten Bundesstaat Mato Grosso einen entscheidenden Entwicklungsfaktor in dieser Zeit darstellte. 1980 war ein Anteil von 25% der Einwohner des Munizips Cáceres nicht dort geboren. Ein Anteil von ca. 48% der Zuwanderer stammte aus den Bundesstaaten Mato Grosso (33%) und Mato Grosso do Sul (15%). Weitere wichtige Herkunftsgebiete waren die Bundesstaaten São Paulo (19,5%) und Minas Gerais (10,5%). Nach eigenen Auswertungen von Fragebögen des IBGE für die Stadt Cáceres aus dem Zensus von 1991 setzte sich der Zustrom von Migranten auch in den 80er Jahren weiter fort. Den Volkszählungsergebnissen zufolge stammten 33% der

---

[1]

Zur Möglichkeit, den Schiffsverkehr auf dem Rio Paraguai / Paraná von Cáceres bis Nueva Palmira zu reaktivieren, siehe FRIEDRICH 1995, 1996

Migranten, die in den 80er Jahren neu nach Cáceres kamen, aus dem Bundesstaat Mato Grosso selbst, weitere Zuwanderer kamen aus dem brasilianischen Süden und Südosten (48%). Hinzu kam ein Anteil von 19% aus den Gebieten heutiger Pionierfronten in Amazonien (COY, FRIEDRICH 1998).

Die Entwicklung von Cáceres wurde in starkem Maße durch die Lage der Stadt am Ufer des Rio Paraguai geprägt. Die Wachstumsrichtung nach Osten war dadurch vorgegeben. Die Unwegsamkeit des Geländes entlang des gegenüberliegenden Flußufers verhinderte auch nach dem Bau der Brücke über den Rio Paraguai in den 60er Jahren eine Ausdehnung des Stadtgebiets in Richtung Westen. Während Cáceres in der Zeit seit der Gründung bis zum Ende der 1940er Jahre gemessen an der Stadtfläche sich nicht wesentlich verändert hatte, mußte seit dem Beginn der 1950er Jahre das Stadtgebiet sukzessive erweitert werden. Das durch den Zustrom von Migranten bedingte schnelle Bevölkerungswachstum machte die Ausweisung neuer städtischer Wohn- und Nutzflächen notwendig. Für das rapide flächenhafte Wachstum der Stadt war aber auch die unkoordinierte, meist auf illegalen Anfängen beruhende Erschließung des Stadtgebietes verantwortlich, deren Ergebnis keine kontinuierliche Bebauung ist. Vielmehr sind ausgedehnte Freiflächen zwischen einzelnen Stadtvierteln für die räumliche Gestalt von Cáceres charakteristisch. Als Reaktion auf diesen Prozeß der unkontrollierten und unkoordinierten Erschließung von Baugebieten und der Gründung von Wohnvierteln sah sich die Stadtverwaltung gezwungen, mehrfach die Stadtgrenzen zu erweitern (vergleiche Karte 19). Einen planerischen Ansatz zur Erreichung eines koordinierteren Stadtwachstums, mit dem Ziel der effizienten Nutzung öffentlicher Basisinfrastruktur gab und gibt es in Cáceres bis heute nicht. Dies wird in einer Analyse des gerade verabschiedeten *Plano Diretor* in Kapitel II.1.5.1 belegt werden.

Die in Cáceres ankommenden Migranten verdingten sich häufig als Hilfsarbeiter auf den umliegenden landwirtschaftlichen Betrieben, die direkt an das Stadtgebiet angrenzten. Mit der zunehmenden spontanen Besiedlung solcher stadtnaher Flächen entstanden im Laufe der Zeit regelrechte Wohnviertel, die dann im Nachhinein von der Verwaltung in das Stadtgebiet integriert wurden. Dahinter standen in den meisten Fällen spekulative Interessen der Grundeigentümer. Sie forderten im Rahmen der Eingliederung ihrer Grundstücke in das Stadtgebiet die Installation von Wasser und Stromversorgung durch die öffentliche Hand und versuchten dadurch oft erfolgreich, den Wert ihrer Immobilien zu steigern. Der geringe Anteil von Stadtflächen, für die es offiziell eingetragene Besitztitel gibt, zeigt, daß spontane, unkontrollierte und von persönlichen Interessen geleitete Erschließungsprozesse den Gang der Stadtentwicklung prägen (vergleiche Karte 20).

Karte 19   Phasen der Stadterweiterung von Cáceres

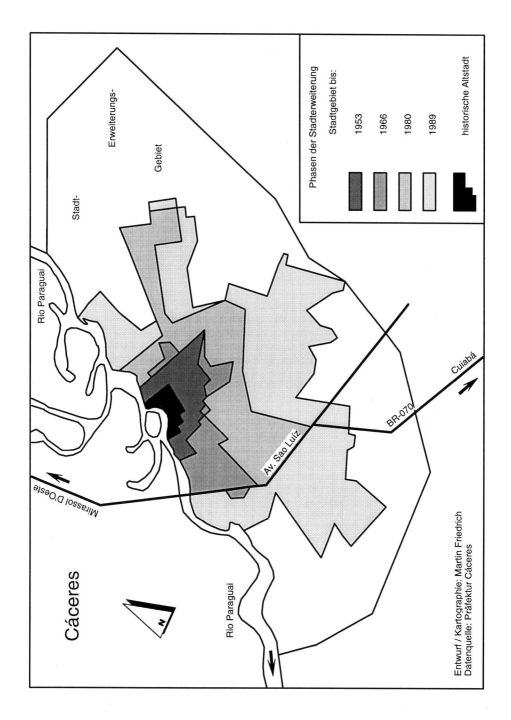

Karte 20   Legalisierung von Parzellierungen in Cáceres

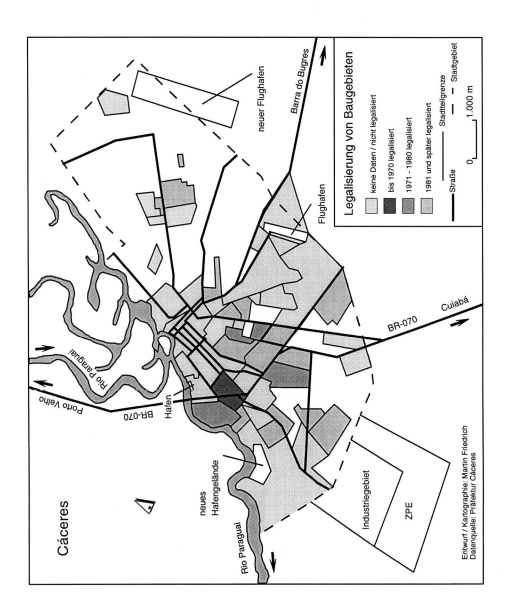

Die Stadt Cáceres ist bis heute das wichtigste Regionalzentrum im Südwesten des Bundesstaates Mato Grosso, hat allerdings seit den 70er Jahren innerhalb ihres Einflußbereichs
„Konkurrenz" bekommen. Zu den Städten, die durch eine dynamische Entwicklung als
subregionale Service-Zentren im Einflußbereich von Cáceres nennenswert sind, gehören
Mirassol d'Oeste, Araputanga und São José dos Quatro Marcos. Diese drei Städte verdanken ihre Zentralität vor allem ihrer Ausstattung mit Handels- und Dienstleistungs-
funktionen, die ausreichen, um die alltägliche Nachfrage ihrer lokalen Bevölkerung und
die Bedürfnisse der Einwohner der kleineren Nachbarmunizipien zu befriedigen.

III.1.1.2   Rondonópolis: Schaltzentrale des regionalen Sojahandels

Bereits Ende des 19. bzw. zu Beginn des 20. Jahrhunderts sollen, glaubt man den lokalen
Geschichtschreibern, erste Siedlungstätigkeiten an der Stelle stattgefunden haben, an der
heute die Stadt Rondonópolis steht. Schon 1875 soll es in der Gegend ein erstes Mi-
litärcamp gegeben haben, danach, zwischen 1902 und 1909, gab es Aktivitäten im Zusammenhang mit dem Bau der Rondon'schen Telegraphenlinie: die erste Telegraphenstation am Rio Vermelho in der Nähe des heutigen Rondonópolis wurde 1922 eingerichtet.
Generell läßt sich festhalten, daß bereits zu Beginn des Jahrhunderts erste Siedler aus dem
benachbarten Goiás in die Gegend des heutigen Rondonópolis kamen, weil es hier leichter
war, neues Land zu erschließen (vergleiche TESORO 1993). Für die frühe Siedlungsentwicklung war entscheidend, daß es den Telegraphenposten, einen Floßdienst über den
Rio Vermelho, einige kleine Geschäfte, sowie Missionare gab, die nicht nur ihren Glauben
verbreiten wollten, sondern sich auch bei Krankheiten mit ihren medizinischen Kenntnissen hilfsbereit zeigten. Im Laufe der 30er Jahre sorgten mehrere Epidemien,
Überschwemmungen und Schädlings-Plagen für eine starke Dezimierung der Bevölkerung. Viele wanderten aufgrund der schwierigen Lebensverhältnisse in andere Regionen
ab. Laut Augenzeugenberichten bestand Rondonópolis Anfang der 40er Jahre lediglich
noch aus drei bis fünf Haushalten (TESORO 1993: 26).

Mit dem Beginn der Landvergabe unter Mato Grossos Gouverneur Arnaldo Estevão
Figueiredo ab Ende der 40er Jahre kam die erste Zuwanderungswelle in Gang. Die Her-
kunftsgebiete der Migranten, die demzufolge in die Region kamen, sind vor allem Gebiete
im brasilianischen Nordosten. Zahlreiche Kleinbauern migrierten vom Nordosten über São
Paulo oder über Paraná nach Mato Grosso. Weitere Migranten stammten aus Espirito
Santo und Minas Gerais, wo viele Kaffeepflanzungen aufgegeben worden waren. Aus
Cuiabá, Alto Araguaia und Poxoréo kamen Siedler, die aus den in ihren Herkunftsgebieten

geschlossenen *garimpos* stammten. Diese Migranten waren in ihrer Mehrzahl Kleinbauern, Pächter und Landarbeiter.

In den 50er und 60er Jahren dominierten in der Landwirtschaft der Region Betriebsgrößen von 20, 30 und 50 Hektar. Sie gingen auf private und staatliche Siedlungsprojekte zurück und waren nach dem sogenannten Kolonien-System (*sistema de colônias*) organisiert. Diese Kolonien bestanden aus einer Reihe von Kleinbetrieben. Die Grundstücke wurden den neuen Besitzern kostenlos überlassen. Der Staat sah einen Siedlungsplatz vor, an dem die Kleinbauern ihre Unterkünfte in der Nähe ihrer Felder bauen konnten. Bereits gegen Ende der 60er Jahre lösten sich diese *colônias* wieder auf, weil die Kleinbauern ihre Grundstücke verkauften und in die Stadt zogen. Das war gleichzeitig der Beginn eines Landkonzentrationsprozesses, der sich in den darauffolgenden Jahren noch erheblich verstärkte. Interessenten aus São Paulo und Minas Gerais konnten zu dieser Zeit bereits größere Ländereien vom Staat kaufen. Sie waren es, die auch die freiwerdenden Klein-betriebe der *colônias* aufkauften. Die Möglichkeit, große Stücke Land zu kaufen, zog Ende der 60er Jahre weitere Unternehmer auch aus Südbrasilien (Rio Grande do Sul, Paraná) an, die dann damit begannen, große Pflanzungen in dem *Cerrado*-Gebiet anzulegen. In den 70er Jahren gehörten bereits 37% der registrierten Ländereien in Mato Grosso den so-genannten *Paulistas* (TESORO 1993: 29 - 30).

Entscheidend für die Stadtentwicklung von Rondonópolis war letztendlich auch der Ausbau des Straßennetzes seit den 60er Jahren. Vorangegangen war bereits in den 50er Jahren der Bau einer Verbindungsstraße von Campo Grande nach Cuiabá, die durch Rondonópolis führte. Der Ausbau der Straßenverbindungen von Brasília über Cuiabá nach Santarém und ebenfalls über Cuiabá in den Bundesstaat Rondônia war auch ein wichtiges Projekt, von dem Rondonópolis profitierte. Die Stadt liegt nämlich genau am Knotenpunkt der Straßen aus dem Süden (Campo Grande) und Südwesten (Goiânia, Brasília), die weiterführen nach Nord-Mato Grosso, Rondônia und Pará (siehe Karte 12, 13).

Die Förderprogramme der 70er und 80er Jahre für die Erschließung Amazoniens (siehe Karte 8, Kapitel II.1.4), von denen auch die neuen Landeigner in der Region Rondonópolis profitieren konnten, waren ausschließlich auf die Bedürfnisse der Großgrundbesitzer ausgerichtet. Es kam demzufolge zu Verdrängungsprozessen und zu Enteignungen von Kleinbauern, Pächtern und Landbesetzern (*posseiros*). Diese waren häufig gezwungen, an die neuen Pionierfronten in Nord-Mato Grosso und Rondônia weiterzuwandern. Dem-gegenüber sind die 70er und 80er Jahre durch die sukzessive Modernisierung und Techni-sierung der landwirtschaftlichen Großbetriebe gekennzeichnet. Die letzten Jahre zeichnen sich insbesondere durch einen fortlaufenden Prozeß der Landkonzentration aus. Dabei kommt es zur weiteren Verdrängung ländlicher Bevölkerungsgruppen, die auf der Suche nach Wohnraum und Arbeitsplätzen in die Stadt drängen.

Die Entwicklung der Bevölkerungszahlen im Munizip Rondonópolis seit 1960 spiegelt die oben erwähnten Prozesse deutlich wieder (Tab. 12). Der Anstieg der Zahl der Einwohner der Stadt Rondonópolis um 423% im Zeitraum 1960 - 1970 (absolut 18.969 neue Einwohner), um 177% im Zeitraum 1970 - 1980 (absolut 41.507 neue Einwohner) und 73% im Zeitraum 1980 - 1991 (absolut 47.523 neue Einwohner) zeigt, in welchem Tempo die Stadt wächst, und läßt schon erahnen, mit welchen administrativen, infrastrukturellen und weiteren sozialen und wirtschaftlichen Problemen ihre Verwalter in den letzten Jahrzehnten konfrontiert waren und weiterhin sind. Das Bevölkerungswachstum in der Stadt Rondonópolis setzte sich auch zwischen 1991 und 1996 (15%) mit einem Zuwachs von absolut 17.413 Einwohnern weiter fort.

Tab. 12   Bevölkerungsentwicklung im Munizip Rondonópolis 1960 - 1996

Bevölkerung	Jahr				
	1960	**1970**	**1980**	**1991**	**1996**
Stadt	4.482	23.451	64.958	112.481	129.894
Land	18.072	39.647	16.408	13.601	12.630
Gesamt	22.554	63.098	81.366	126.082	142.524

Quelle: IBGE Censo Demográfico de Mato Grosso 1960, 1970, 1980, 1991
         IBGE Contagem da População 1996

Die Zahlen in Tab. 12 für den ländlichen Raum belegen die weiter oben angeführten Aussagen. Einer Zunahme der Bevölkerung um 119% zwischen 1960 und 1970 folgte bereits im Zeitraum 1970 - 1980 eine Abnahme der Einwohnerzahl um 58%. Auch zwischen 1980 und 1991 nahm die Bevölkerung im ländlichen Bereich von Rondonópolis weiter ab (17%), ein Trend, der sich mit einer weiteren Abnahme der ländlichen Bevölkerung zwischen 1991 und 1996 (7%) weiter fortsetzte.

Bei genauerer Betrachtung der Zuwanderung nach Rondonópolis kann man feststellen, daß 1980 lediglich 38% der im Munizip ansässigen Einwohner auch hier geboren worden waren. Dem standen 62% der Einwohner gegenüber, die in anderen Bundesstaaten Brasiliens geboren wurden. Die Herkunftsgebiete für die in den 70er Jahren zugezogenen Migranten verteilen sich wie folgt: 46% respektive ca. 12.000 Migranten stammten aus anderen Munizipien in Mato Grosso, knapp 14% (ca. 3.700 Migranten) kamen aus dem

Bundesstaat São Paulo und 9% (ca. 2.500 Migranten) waren aus dem Nachbarbundesstaat Goiás zugewandert. Nach eigenen Auswertungen von Fragebögen des IBGE aus dem Zensus von 1991 für die Stadt Rondonópolis läßt sich die Entwicklung des Migrationsprozesses in den 80er Jahren weiterverfolgen.[1] Lediglich 24% der Migranten, die in den 80er Jahren nach Rondonópolis kamen, stammen aus anderen Munizipien Mato Grossos. Der Großteil der Migranten (68%) wanderte aus den Bundesstaaten im Süden und Südosten Brasiliens zu. Aus dieser Gruppe gehen die meisten der Agrounternehmer hervor, die für die Landkonzentrationsprozesse in der Region und für die Technisierung und Modernisierung in der Landwirtschaft verantwortlich sind. Im Sog der Erfolgreichen kommen zahlreiche Zuwanderer, die vom Aufstieg und vom Glück ihrer Landsleute motiviert ebenfalls mit dem Ziel, ihren Lebensstandard zu verbessern, neue Herausforderungen suchen und dabei nicht selten scheitern. Der restliche Anteil von 8% der nach Rondonópolis gezogenen Migranten gab als letzten Wohnsitz Orte in den Gebieten der heutigen, jüngeren Pionierfronten in Amazonien an. Hierbei handelt es sich um ein typisches Phänomen im Rahmen von spezifischen Migrationsgeschichten. Auf der Suche nach Land und Erfolg wandern viele von Pionierfront zu Pionierfront und kehren nach mehrfachen erfolglosen Versuchen, sich zu etablieren, zurück in die Städte der näheren Umgebung oder ihrer Herkunftsgebiete (vergleiche u.a. COY, FRIEDRICH 1998).

Die augenscheinlichste Konsequenz dieses Migrationsprozesses ist auch in Rondonópolis das enorme flächenhafte Wachstum der Stadt (siehe Karte 21). Bei differenzierter Betrachtung der unterschiedlichen Stadtentwicklungsphasen läßt sich ersehen, daß die Stadt nicht kontinuierlich vom Zentrum nach außen hin gewachsen ist. Bei dem zentralen Bereich um die Avenida Marechal Rondon handelt es sich um das 1954 per Dekret abgegrenzte Gebiet (*patrimônio*) des Stadtplatzes des neu gegründeten Munizips Rondonópolis. Im Laufe der darauffolgenden Jahrzehnte entstanden zahlreiche kleinere *vilas* mit dörflichem Charakter im näheren Umfeld des Stadtkerns als Siedlungen der auf den umliegenden landwirtschaftlichen Betrieben beschäftigten Arbeiter und ihrer Familien. Diese *vilas* wurden im Rahmen der Stadterweiterung sukzessive zu Stadtteilen von Rondonópolis (CURY 1972: 200 ff.). Beispiele dafür sind die heutigen Stadtteile *Vila Aurora, Vila Cibrazem, Vila Guanabara, Vila Salmen* und *Vila Jardim Cuiabá*.

---

[1]

Die offiziellen Migrationsdaten des Zensus von 1991 sind bis heute noch nicht publiziert

Karte 21   Phasen der Stadtentwicklung von Rondonópolis

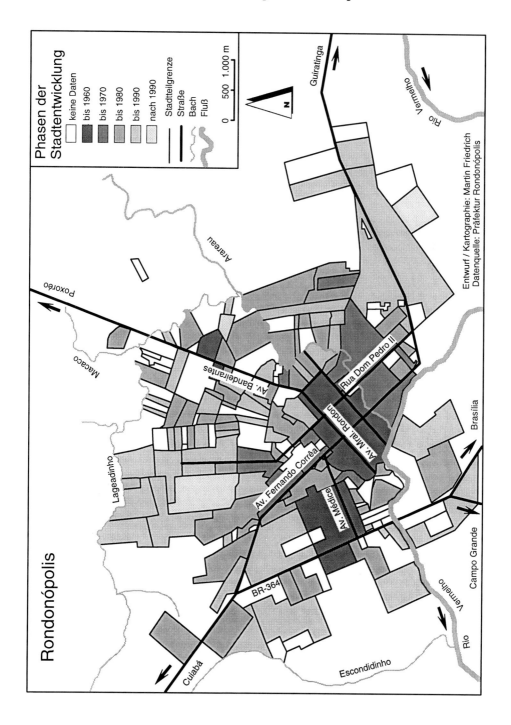

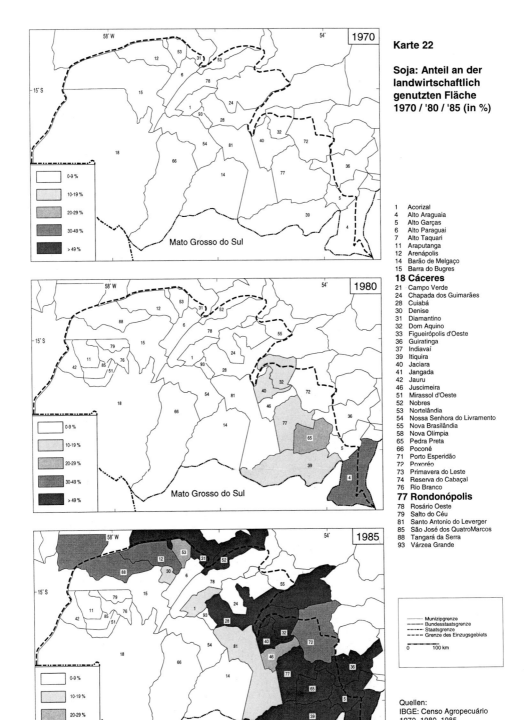

Karte 22

Soja: Anteil an der landwirtschaftlich genutzten Fläche 1970 / '80 / '85 (in %)

1 Acorizal
4 Alto Araguaia
5 Alto Garças
6 Alto Paraguai
7 Alto Taquari
11 Araputanga
12 Arenápolis
14 Barão de Melgaço
15 Barra do Bugres
18 Cáceres
21 Campo Verde
24 Chapada dos Guimarães
28 Cuiabá
30 Denise
31 Diamantino
32 Dom Aquino
33 Figueirópolis d'Oeste
36 Guiratinga
37 Indiavaí
39 Itiquira
40 Jaciara
41 Jangada
42 Jauru
46 Juscimeira
51 Mirassol d'Oeste
52 Nobres
53 Nortelândia
54 Nossa Senhora do Livramento
55 Nova Brasilândia
58 Nova Olímpia
65 Pedra Preta
66 Poconé
71 Porto Esperidão
72 Poxoréo
73 Primavera do Leste
74 Reserva do Cabaçal
76 Rio Branco
77 Rondonópolis
78 Rosário Oeste
79 Salto do Céu
81 Santo Antonio do Leverger
85 São José dos QuatroMarcos
88 Tangará da Serra
93 Várzea Grande

Munizipgrenze
Bundesstaatsgrenze
Staatsgrenze
Grenze des Einzugsgebiets

0   100 km

Quellen:
IBGE: Censo Agropecuário
1970, 1980, 1985

Entwurf / Kartographie:
Martin Friedrich

144

Zur bisherigen Entwicklungsdynamik von Rondonópolis läßt sich feststellen, daß im wesentlichen die nationale Politik Brasiliens zur Expansion der Landwirtschaft zusammen mit der Förderung insbesondere der kapitalintensiven Großbetriebe im direkten Umland und anderen Gebieten in Mato Grosso dazu beigetragen hat, daß die Stadt heute nach Cuiabá und Várzea Grande die drittgrößte im Bundesstaat Mato Grosso geworden ist. Im Zusammenhang mit der Entwicklung im landwirtschaftlichen Bereich und der exponentiellen Zunahme von Sojamonokulturen, nicht nur im Munizip Rondonópolis selbst (siehe Karte 22), entstand in Rondonópolis über die Jahre ein gutes Dienstleistungsangebot und eine ausgeprägte Handelsstruktur für landwirt-schaftliche Investitionsgüter, wie zum Beispiel ein großer Landmaschinenhandel, Saatgut- und Pflanzenschutzmittelbetriebe (siehe Karte 23). Dadurch entwickelte sich Rondonópolis bis heute zur Schaltzentrale für die Vermarktung und teilweise Verarbeitung der Sojaproduktion des gesamten Bundes-staates. Der Verstädterungsgrad von knapp 90% (1991) im Munizip Rondonópolis zeigt, daß sich fast die gesamte Bevölkerung des Munizips in seinem Hauptort konzentriert. Vom Land verdrängt, auf der Suche nach einem Arbeitsplatz und in der Hoffnung, am lokalen Boom zu partizipieren, zieht es immer mehr Menschen in die Stadt.

Karte 23   Landwirtschaftliche Infrastruktur in Rondonópolis

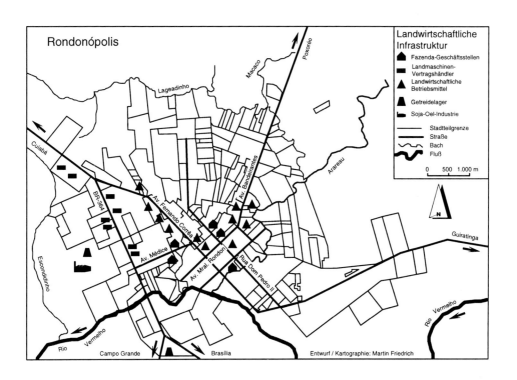

III.1.1.3 Cáceres, Stadt mit Geschichte - Rondonópolis, Stadt ohne Jugend

Vergleicht man die Entwicklungsdynamik der beiden Regionalzentren Cáceres und Rondonópolis, so ist zuerst ihr unterschiedlicher Ursprung hervorzuheben. Die Auswahl des jeweiligen Siedlungsplatzes fand in einem zeitlichen Abstand von ca. 130 Jahren statt. Im Laufe dieser Zeit haben sich in Brasilien die Rahmenbedingungen für die Gründung neuer Siedlungen maßgeblich verändert. Die Veränderungen zwischen der Gründung von Cáceres 1778 und Rondonópolis Anfang des 20. Jahrhunderts spiegeln sich natürlich auch in der Entwicklungsdynamik der beiden Städte wider. Neben den augenscheinlichen Unterschieden lassen sich aber auch Ähnlichkeiten vor allem den wirtschaftlichen Aktivitäten im Stadt-Umland und deren Einfluß auf die Stadtentwicklung feststellen.

Die phasenhafte Entwicklung der beiden Regionalzentren Cáceres und Rondonópolis ist in ihrem zeitlichen Verlauf in Verbindung mit markanten Ereignissen und der Entwicklung der Gesamtbevölkerung sowie der städtischen und ländlichen Bevölkerung in Abb. 4 schematisch zusammengestellt.

Als Gründungsmotive standen ganz am Anfang in beiden Fällen geo-strategische Beweggründe im Vordergrund. Cáceres hatte in erster Linie die Funktion der Grenzsicherung gegenüber dem spanischen Territorium. Rondonópolis war der Standort einer Telegraphenstation und wenig später der Übersetzpunkt über den Rio Vermelho; hier gab es ein Floß, das Mensch, Tier und Fahrzeuge auf dem Weg nach West-Amazonien übersetzte. Qualitativ unterscheiden sich diese Motive stark. Bei Cáceres könnte man von einer Sicherungsfunktion sprechen, die auch der geschichtlichen Epoche entsprach. Ende des 18. Jahrhunderts sollten die westlichen Grenzen des portugiesischen Territoriums gesichert werden, was durch die Gründung mehrerer Grenzstädte erreicht wurde. Für Rondonópolis ist die zentrale Funktion in ihrem Charakter als Wegekreuz und Stützpunkt im Rahmen der jüngeren Erschließung des brasilianischen Mittelwestens zu sehen. Das Raumbewußtsein der entwicklungsleitenden Akteure auf nationaler Ebene für das Untersuchungsgebiet hatte sich in der Zwischenzeit gewandelt. Stand lange Zeit die Sicherung des Territoriums im Vordergrund und herrschten bis in die Mitte des 20. Jahrhunderts lediglich spontane wirtschaftliche, vor allem extraktive, Aktivitäten vor, so begann man im Rahmen des *marcha para oeste* nun mit einer gezielten wirtschaftlichen Erschließung. Mit dem Wandel der allgemeinen Entwicklungsleitlinien auf nationaler Ebene und im Rahmen der Durchführung erster Erschließungsmaßnahmen veränderte sich auch das regionale Raumsystem tiefgreifend.

146

Abb. 4   Entwicklungsdynamik von Cáceres und Rondonópolis

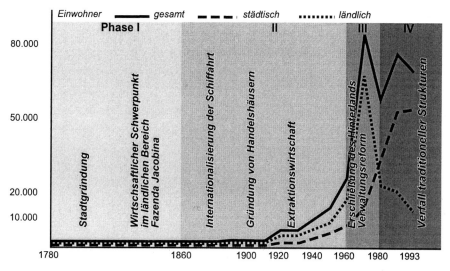

Entwicklungsdynamik von Cáceres

I Gründungsphase   III Desintegrationsphase
II Erste Konsolidierungsphase IV Stagnationsphase

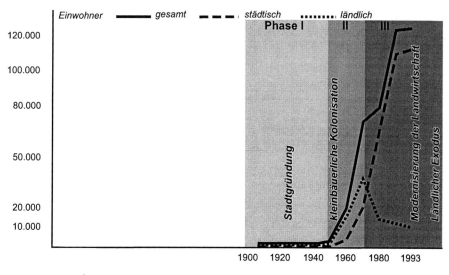

Entwicklungsdynamik von Rondonópolis

I Gründungsphase   III Expansionsphase
II Ausbauphase

Entwurf / Grafik: Martin Friedrich

Für die Städte der Region hatten diese Prozesse einen Wandel ihrer geostrategischen und wirtschaftlichen Rahmenbedingungen zur Folge. Diese Veränderungen hatten wiederum entscheidenden Einfluß auf die Stadtentwicklung.

Während Cáceres auf eine bewußte, politisch motivierte und funktionsorientierte Gründung zurückzuführen ist, so daß sich das Gründungsdatum auf den Tag genau dokumentieren läßt (6. Oktober 1778), kann die Geschichtsschreibung für Rondonópolis keinen genauen Gründungstag festsetzen. Hier gab es zu Beginn mehrere Siedlungstätigkeiten an unterschiedlichen Stellen. Erst rückblickend kann man versuchen, den Beginn der Stadt Rondonópolis zu „definieren", wobei unterschiedliche Interessengruppen sehr unterschiedliche Daten befürworten. Dieser Sachverhalt ist heute im Zusammenhang mit der Frage nach Bezugspunkten für die Ausbildung und Wahrung lokaler Identität von Bedeutung. Während der Ursprung von Cáceres im Zusammenhang mit den damit in Verbindung zu bringenden Persönlichkeiten und Ereignissen heute unumstritten ist, gibt es in Rondonópolis eine nicht endende Diskussion über den Ursprung der Stadt.

Die wichtigsten wirtschaftlichen Aktivitäten in der Region Cáceres in den ersten Jahrzehnten nach der Gründung der Stadt fanden im ländlichen Raum auf den großen *fazendas* statt. Mit der Zeit entwickelte sich in der Stadt eine gewisse Handelsaktivität, die vor allem durch die Betätigung der Handelshäuser (*casas comerciais*) im Bereich von Finanzgeschäften geprägt war. Die Produkte der Extraktionsaktivitäten (Kautschuk, Holz, Brechwurz, Tierhäute und Felle) führten zur Steigerung der Umschlagsmengen in der Hafenstadt Cáceres. Cáceres verdankte seine „Zentralität" der Lage am Rio Paraguai, dem wichtigsten Transportweg bis in die ersten Jahrzehnte des 20. Jahrhunderts. Die Entwicklungsdynamik entsprach weitgehend der Kommunikationsstruktur und der Transportgeschwindigkeit von Mensch und Waren über die Flüsse und auf unwegsamen Landpfaden. Bei den Waren handelte es sich vor allem um importierte Luxusgüter bzw. um Rohstoffe für den Export. Abnehmer waren die wohlhabenden Schichten Brasiliens sowie die Märkte in Europa und in den USA.

Für Rondonópolis spielte die Lage an einem Wegekreuz wichtiger Erschließungsstraßen von und nach Amazonien eine entscheidende Rolle. Die Überlandstraßen als Ausdruck des entschiedenen Willens, das brasilianische *Interior* zu erschließen und in Wert zu setzen, lösten in den 40er Jahren die Flüsse als natürliche Transportwege ab. Die Entwicklungsdynamik von Rondonópolis glich sich der nun möglichen schnellen Transportgeschwindigkeit an. Der Fluß von Informationen, Waren und Menschen nahm exponentiell zu. Ziel der Erschließung war die Schaffung neuer Siedlungsplätze zur Entlastung der überquellenden Städte der Zentren Brasiliens. Gleichzeitig mußte die Lieferung landwirtschaftlicher

Produkte zur Befriedigung der steigenden Nachfrage in den Zentren gesichert, sowie eine Rohstoffbasis für die Industrie geschaffen werden.

Mit dem Beginn der konsequenten Erschließung und Kolonisierung des brasilianischen Mittelwestens setzte für Cáceres und Rondonópolis eine neue Phase der Stadtentwicklung ein, in der die Außeneinflüsse eine entscheidende Steuerungsfunktion übernahmen. Während diese Einflüsse in Rondonópolis ganz direkt, nämlich durch Investitionen etc., wirkten, war dies in Cáceres nur indirekt der Fall. Hier machte sich vielmehr ein Bedeutungsverlust bemerkbar, der das Ergebnis der Verlagerung der wirtschaftlichen und politischen Schwerpunkte aus der Pantanal-Region in die *Cerrado*-Gebiete des umliegenden Planalto war. Gleichzeitig setzten die Migranten im Hinterland von Cáceres mit der Gründung eigenständiger Munizipien einen Kontrapunkt zur eher konservativen Caceренser Gesellschaft.

Das erklärte wirtschaftspolitische Ziel der „Inwertsetzung", flankiert von Finanzierungsprogrammen und Infrastrukturausbau wurde nicht nur im landwirtschaftlichen Bereich zum prägenden Faktor, sondern bestimmte auch in zunehmendem Maße die Prozesse der Stadtentwicklung in der Region. Dies drückte sich in der sukzessiven Differenzierung des Städtenetzes aus. Dabei kam es auf der einen Seite zur Gründung zahlreicher neuer Städte und auf der anderen Seite zur Stagnation und zum Verfall der Städte, die aus unterschiedlichsten Gründen nicht an den Erfolgen der neuen Entwicklungsdynamik partizipierten.

Cáceres und Rondonópolis stehen beispielhaft für diesen Gegensatz, wobei Rondonópolis den Typ der Stadt repräsentiert, die die Phase der „Jugend" dadurch übersprungen hat, daß sie sich im Rahmen eines boomartigen Wachstums vom Dorf zur Mittelstadt veränderte. Cáceres hingegen hatte sein Reifestadium zum Zeitpunkt des Einsetzens der sogenannten Boomphase in den 70er Jahren bereits überschritten. Heute befindet sich diese Stadt in einer ausgesprochenen Stagnationsphase.

Trotz der zeitlich weit auseinander liegenden Gründung der beiden Städte zeigt die Entwicklung der Einwohnerzahlen den ausschlaggebenden Einfluß des jüngeren landwirtschaftlichen Erschließungsprozesses im brasilianischen Mittelwesten für das jeweilige Stadtwachstum auf. Das boomhafte Bevölkerungswachstum beider Städte fand seit dem Beginn der 70er Jahre statt und gründete in erster Linie auf dem Zustrom von Migranten. Dabei unterscheiden sich Cáceres und Rondonópolis in erster Linie dadurch, daß der Anteil der Migranten an der Gesamteinwohnerzahl 1980 in Rondonópolis wesentlich höher lag als in Cáceres (vergleiche Abb. 5). In beiden Städten stammt die Mehrzahl der Migranten aus städtischen Herkunftsgebieten. In Rondonópolis ist der Anteil von Zuwanderern aus ländlichen Gebieten, und dabei aus dem ländlichen Umland in Mato Grosso, deutlich höher als in Cáceres (vergleiche Abb. 5 und Abb. 6). Dieses Phänomen läßt sich mit dem in den 70er Jahren beginnenden Verdrängungsprozeß im ländlichen Umland von Rondonópolis durch das Einsetzen der Landkonzentration im Rahmen der landwirtschaftlichen Modernisierung erklären. Mit dem Ziel, große, zusammenhängende landwirtschaftliche Nutzflächen zu erwerben, setzten die angehenden Großgrundbesitzer alle denkbaren Mittel ein, um die Masse der Kleinbauern von ihren Parzellen zu verdrängen und um ihr Land aufzukaufen. Folge war das massenhafte Abwandern in die nächstgelegene Stadt Rondonópolis.

Aus heutiger Sicht präsentieren sich Cáceres und Rondonópolis, abgesehen von den vergleichbaren Funktionen innerhalb ihrer Einflußbereiche, als zwei völlig unterschiedliche Städte. Auffallend ist vor allem der historisch geprägte Charakter von Cáceres, der sich einerseits in der Bausubstanz und andererseits im Lebensstil der Bevölkerung äußert. Hier ist der Erhalt der historischen Bausubstanz ein Diskussionsthema im Rahmen der Stadtentwicklungsplanung. Die Einwohner kennen einander persönlich, was vor allem auf die engen verwandtschaftlichen Beziehungen innerhalb der Großfamilien der traditionellen Eliten zurückzuführen ist. All das sind Merkmale, die auf eine gewachsene räumliche und soziale Einheit hinweisen, allerdings, wie weiter unten gezeigt werden wird, kein Garant für immerwährenden Erfolg darstellen. Ganz im Gegensatz dazu steht Rondonópolis, eine schnell gewachsene Stadt ohne architektonische Reize. Hier herrscht vor allem Anonymität unter den Einwohnern, und die markantesten Elemente der Stadt sind die großen Straßen. Straßen, auf denen die Migranten und Pioniere ankommen und weiterziehen, und Straßen, die die Stadt für die *fazendeiros* mit ihren großen Geländewagen erschließen, dominieren das Stadtbild. Eine Stadt, in der „die Geschichte des Pioniers bereits mit der Geschichte seiner Kinder wieder verlorengeht" (SEABRA, MARTINS 1993), ist eine Stadt ohne Geschichte. Das rasante Wachstum, weniger im Sinne gewachsener als vielmehr „gewucherter" Strukturen ist ebenfalls ein Merkmal für eine Stadt ohne Jugend.

Abb. 5   Migration nach Rondonópolis und Cáceres

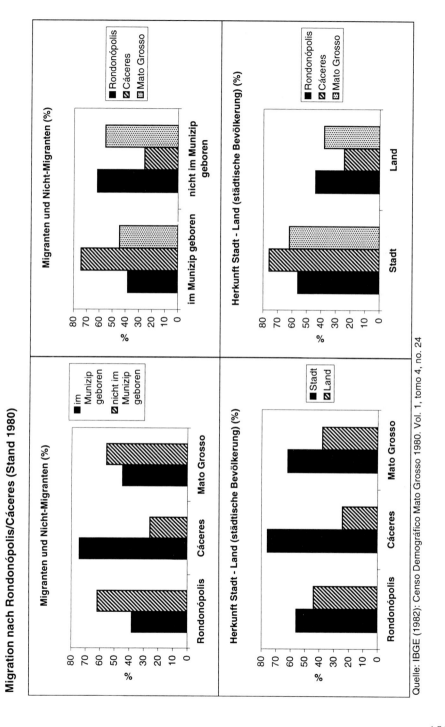

Abb. 6   **Herkunft der Migranten in Rondonópolis und Cáceres**

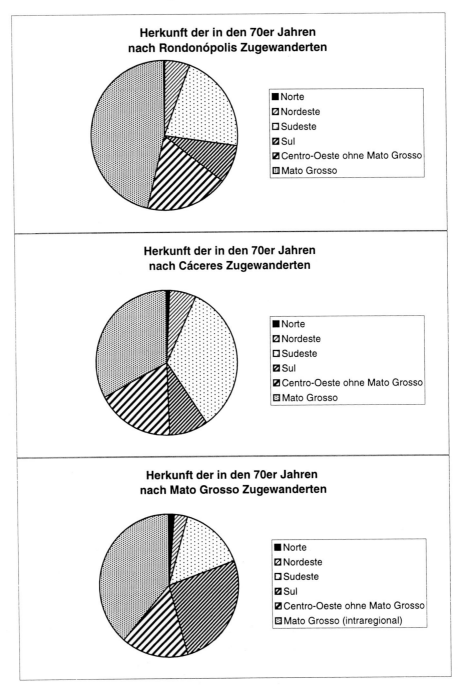

Quelle: IBGE (1982): Censo Demográfico Mato Grosso 1980. Vol. 1, tomo 4, no. 24

III.1.2 Innerstädtische Raumstruktur von Cáceres und Rondonópolis

Der wirtschaftsräumliche Wandel, der sich in der Untersuchungsregion seit den 60er Jahren ereignet hat, war auch für die Stadtentwicklung von Cáceres und Rondonópolis von entscheidender Bedeutung. Die exponentielle Zunahme der Zahl ihrer Einwohner und die damit verbundenen infrastrukturellen, administrativen und ökologischen Konsequenzen sind jedoch ein generelles Phänomen, das in allen Städten zu beobachten ist. Darin unterscheiden sich die Städte im Untersuchungsgebiet auch nicht von anderen Städten Brasiliens und Lateinamerikas. Bei allgemeiner Betrachtung der Entwicklung der Städte in Mato Grosso im Rahmen des regionalen sozioökonomischen Wandels im Lauf der letzten Jahrzehnte zeigt sich deutlich, daß sich die Konsequenzen dieses Wandels in verschiedenen Städten sehr unterschiedlich niederschlagen können. Beispielhaft sollen die Regionalzentren Cáceres und Rondonópolis herangezogen werden, um ihre Stadtentwicklung unter sich wandelnden sozio-ökonomischen Rahmenbedingungen zu untersuchen.

Dabei soll gezeigt werden, welches die entscheidenden Parameter des Wandels sind, die zur Veränderung innerstädtischer funktions-, wirtschafts- und sozialräumlicher Strukturen führen, und mit welchen planerischen und administrativen Maßnahmen die lokalen Verwaltungen den für die Stadtentwicklung relevanten sozioökonomischen Konsequenzen dieses Wandels begegnen.

Bei der Untersuchung der Stadtstruktur steht die Erhebung der Verteilung der Bevölkerung und der Nutzungen über die Fläche der Stadt im Mittelpunkt. In Modellen der Stadtstruktur geht es darum, diesbezügliche Regelmäßigkeiten festzuhalten. Untersuchungen zu unterschiedlichen Zeitpunkten und in mehreren Städten können zur Identifizierung verschiedener Entwicklungsphasen sowie deren bedingenden Faktoren führen.

Wichtige Merkmale der inneren Gliederung von Städten sind die Flächen- und Gebäudenutzung. Anhand einer funktionalen Differenzierung lassen sich unterschiedliche Gebiete entsprechend ihrer jeweils vorherrschenden Raumnutzung unterscheiden. Unter Berücksichtigung von Kategorien wie zum Beispiel Wohn- oder Gewerbenutzung kann dann weiter unterschieden werden zwischen innerstädtischen Räumen mit vorwiegend monofunktionalem Charakter und solchen, die sich durch Funktionsmischung auszeichnen. Funktionsmischung oder Funktionstrennung sind häufig das Ergebnis planerischer Einflußnahme, wobei eine der beiden Strukturen zum Leitbild der Stadtentwicklung erklärt werden kann. Die Funktionsmischung ist dabei als eine kleinräumige Zuordnung städtischer Flächennutzungsarten zu verstehen, wobei diese durch eine größere Anzahl unterschiedlicher Einheiten vertreten sind. Funktionstrennung besteht demgegenüber im

Nebeneinander von größeren monofunktionalen Stadtvierteln (vergleiche HOFMEISTER 1980: 34 - 35). Gerade in den schnell wachsenden Städten des Untersuchungsgebiets sind aber überwiegend spontane Prozesse verantwortlich für den Entwicklungsprozeß. Die lokalen Administrationen stehen dieser Entwicklung teils machtlos, teils auch nur unbeteiligt gegenüber.

Ein weiteres Charakteristikum der inneren Gliederung von Städten ist die Differenzierung der Bevölkerung und ihre räumliche Verteilung nach sozialen und sozioökonomischen Merkmalen, Statuspositionen, sozialen Gruppen oder Schichten. Aus der soziologischen Stadtforschung kommt der Begriff der sozialen Segregation, worunter das „Ausmaß der ungleichen Verteilung und Trennung von Bevölkerungsgruppen oder sozialen Schichten in bezug auf räumliche Teileinheiten der Stadt" verstanden wird (HEINEBERG 1989: 23). Infolge der vorwiegend spontan ablaufenden Stadtentwicklungsprozesse und begünstigt durch das relativ geringe Ausmaß planerischer Maßnahmen, läßt sich in den untersuchten Städten ein sozialräumlicher Segregationsprozeß feststellen, der in erster Linie durch die ökonomischen Verhältnisse unterschiedlicher sozialer Gruppen bestimmt ist.

Die empirische Erfassung der sozialräumlichen Gliederung innerhalb einer Stadt ist in starkem Maße abhängig von den zu berücksichtigenden demographischen, sozialen, sozioökonomischen Merkmalen und deren Kombination, von den zur Verfügung stehenden statistischen Daten und von den räumlichen Bezugseinheiten innerhalb der Stadt. Dabei unterliegt die Merkmalsauswahl bezüglich der Verfügbarkeit entsprechender statistischer Angaben zumeist erheblichen Restriktionen (HEINEBERG 1989: 23).

In den nun folgenden Darstellungen der funktionalen und sozialräumlichen Differenzierung der Städte Cáceres und Rondonópolis werden als Bezugsgrößen für die funktionale Gliederung vor allem eigene Erhebungen mit unterschiedlichem Detaillierungsgrad für verschiedene Stadtgebiete herangezogen, die durch entsprechende Kartierungen ergänzt wurden. Die Indikatoren für die sozialräumliche Gliederung der beiden Städte wurden den Originalfragebögen der Volkszählung von 1991 direkt entnommen oder bei verschiedenen Institutionen der öffentlichen Verwaltung in den Städten selbst erhoben. Wesentliche Indikatoren, die hier zur Anwendung kamen, sind:

1.   die Bevölkerungsdichte,
2.   die Ausstattung mit öffentlichen Infrastruktureinrichtungen (Wasserversorgung, Stromversorgung, Abwasserentsorgung, Müllabfuhr),
3.   die Bausubstanz,
4.   die Ausstattung von Haushalten mit Telephon und privatem PKW.

Dieser Indikatorenauswahl liegt vor allem das Kriterium der Verfügbarkeit flächendeckender, aussagekräftiger Daten zugrunde. Da die für das Untersuchungsgebiet verfügbare Datengrundlage Indikatoren, wie die über Einkommensverhältnisse, Beruf und Bildungsstand der Stadtbevölkerung nicht oder nur in extrem lückenhafter Form beinhaltet, mußte auf andere Indikatoren zurückgegriffen werden.

Die ausgewählten Indikatoren sind indirekt geeignet, Aussagen über die sozialräumliche Struktur der untersuchten Städte zu machen. Durch die Berücksichtigung der „Dichte" öffentlicher Infrastruktureinrichtungen in Verbindung mit dem Vorhandensein von Telephon und privatem PKW in den Haushalten der Städte ließ sich eine aussagekräftige räumliche Differenzierung nach Lebensqualität und Wohlstand vornehmen, die eine Unterscheidung der Stadtteile von Cáceres und Rondonópolis nach dem sozialen Status ihrer Bewohner ermöglichte.

Des weiteren lassen sich anhand der räumlichen Darstellung der Verbreitung von Basisinfrastruktureinrichtungen die Stadtteile mit den größten Versorgungsproblemen deutlich hervorheben. Für stadtplanerische Belange liefern diese Informationen handfeste Grundlagen für die Formulierung konkreter Entwicklungs- bzw. Ausbaumaßnahmen.

III.1.2.1   Funktionsräumliche Gliederung von Cáceres

Die funktionale Differenzierung der Stadt Cáceres ist im wesentlichen durch vier innerstädtische Funktionsräume gekennzeichnet (vergleiche Karte 24 und Abb. 7). Der erste Funktionsraum ist die historische Altstadt und das direkt anschließende Erweiterungsgebiet. Diese Einheit zeichnet sich durch weitgehend geschlossene Bebauung und eine vom Zentrum an den Rand zugunsten der Wohnfunktion abnehmende Funktionsmischung aus. Die Bausubstanz stammt zum überwiegenden Teil vom Ende des 19. und dem Beginn des 20. Jahrhunderts. Der Gebäudezustand weist starke Unterschiede zwischen gut erhaltenen, teilweise vollständig saniertem, relativ degradierten aber noch genutzten und völlig verkommenen, nicht mehr nutzbaren Gebäuden auf. Unregelmäßig eingestreut finden sich zunehmend Neubauten von Wohn- und Geschäftshäusern, die erst in den letzten 20 Jahren entstanden sind. Dieser Teil der Stadt war und ist der Bereich, in dem die Familien der traditionellen Cacerenser Eliten ihre Wohnhäuser haben. Sie legen keinerlei Wert auf große Prunkbauten neueren Stils, sondern leben in ihren zentral gelegenen Häusern, die kein besonderes Statussymbol darstellen und sich von den Fassaden her nicht wesentlich von den anderen Häusern einer Straße abheben. Bis heute gibt es kaum Anzeichen für einen allgemeinen Trend, im Rahmen dessen die Familien der traditionellen Eliten räum-

Karte 24   Funktionale Gliederung von Cáceres

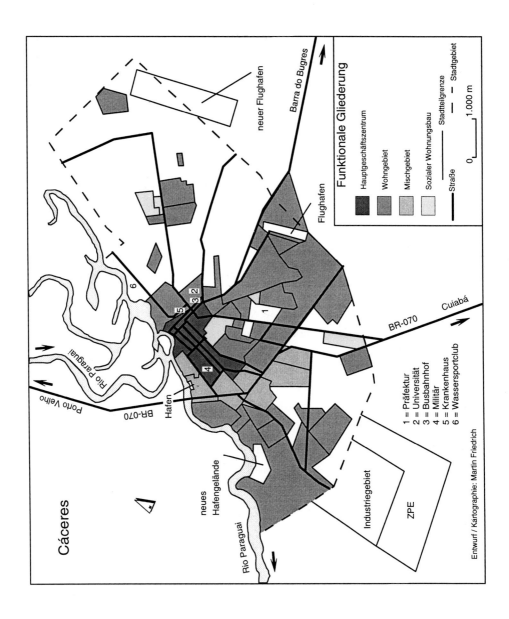

Cáceres

Rio Paraguai

neues Hafengelände

Porto Velho

Rio Paraguai

BR-070

Hafen

neuer Flughafen

Barra do Bugres

Flughafen

Cuiabá

BR-070

Industriegebiet

ZPE

Funktionale Gliederung

Hauptgeschäftszentrum
Wohngebiet
Mischgebiet
Sozialer Wohnungsbau

Straße — · — Stadtteilgrenze — - — Stadtgebiet

0   1.000 m

1 = Präfektur
2 = Universität
3 = Busbahnhof
4 = Militär
5 = Krankenhaus
6 = Wassersportclub

Entwurf / Kartographie: Martin Friedrich

Abb. 7   Funktionsräumliches Schema von Cáceres

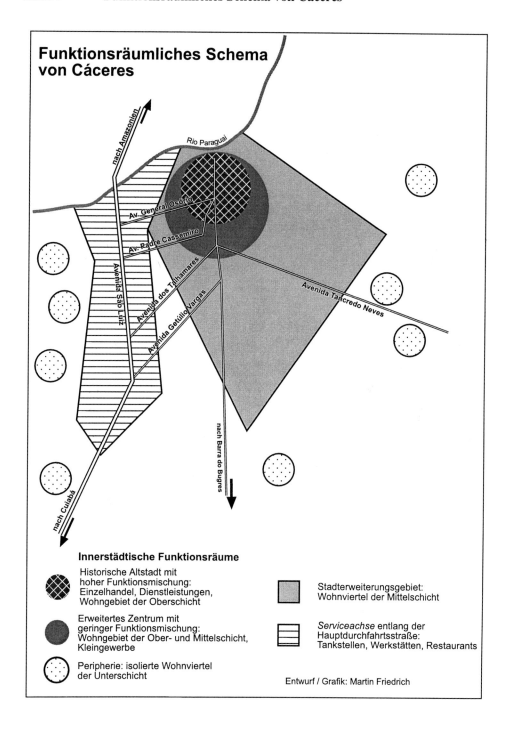

157

lich mobil würden, mit dem Ziel, am Stadtrand größere, modernere oder repräsentativere Wohnhäuser zu bauen.

Weiterhin konzentriert sich auf diesen zentralen Stadtbereich der größte Anteil des Cacerenser Handels- und Dienstleistungsgewerbes. Zwischen der Kirche und dem Ufer des Rio Paraguai, um die *Praça Barão do Rio Branco*, dem zentralen Platz und innersten Kern der Stadt, befinden sich zahlreiche Bars und kleinere Geschäfte sowie einige alte Wohnhäuser. Hier spielt sich das Leben nach Feierabend ab, und hier kommen die Touristen zusammen, wenn es besondere kulturelle Ereignisse in Cáceres gibt. Geschäfte, Büros, Banken, Anwaltskanzleien, Arztpraxen, Apotheken, Restaurants, Hotels, etc. konzentrieren sich auf den südwestlich an die *praça* anschließenden Bereich. Mit zunehmender Entfernung zur *praça* nimmt die Geschäftsdichte ab und dementsprechend die Wohndichte zu. Entlang der größeren Straßen des Zentrums reicht das Gewerbe noch fingerartig in die bereits von der Wohnfunktion geprägten Stadtviertel des erweiterten Altstadtbereichs hinein.

Der zweite Funktionsraum schließt sich direkt an die Altstadt und ihr Erweiterungsgebiet an. Im Unterschied zum erstgenannten Gebiet nimmt hier die Bebauungsdichte bereits deutlich ab. Die kleineren Häuser stehen hier meist isoliert und sind zum überwiegenden Teil von unterschiedlich großen Gartenflächen umgeben. In diesem Teil der Stadt dominiert die Wohnfunktion deutlich. Es sind vor allem Mittelschichtwohnviertel, die aus den 60er und 70er Jahren stammen. Entlang der großen Straßen, die ins Zentrum führen, findet sich teilweise noch gewerbliche Nutzung. Dabei handelt es sich um Betriebe wie zum Beispiel Autowerkstätten, die aufgrund ihres größeren Flächenbedarfs nicht direkt im Zentrum angesiedelt sind, deren Klientel aber vor allem die im Zentrum und seinem Randbereich lebenden Angehörigen der Ober- und Mittelschicht sind.

Die wichtigsten Entwicklungsachsen von Cáceres liegen ebenfalls in diesem zweitgenannten Bereich der Stadt. Im Rahmen der Stadtentwicklung der 70er und frühen 80er Jahre versuchte man, durch gezielte Maßnahmen die Richtung der Stadtexpansion und hier vor allem von Handel und Gewerbe zu lenken. Eine der wichtigsten Maßnahmen war die Verlegung der Präfektur aus dem historischen Stadtzentrum an das Ende der *Avenida Getúlio Vargas*. Hierdurch wollte man erreichen, daß die Straße als wichtigste Einfallstraße des von Cuiabá kommenden Verkehrs mit Zielrichtung Cacerenser Zentrum aufgewertet würde. Neben der neuen Präfektur wurden weitere öffentliche Einrichtungen, wie zum Beispiel die Zentrale des bundesstaatlichen Stromversorgungsunternehmens (*Centrais Elétricas de Mato Grosso, CEMAT*), an diese Straße verlegt. Die *Avenida Getúlio Vargas* bildete somit eine Art Brücke zwischen der politischen Exekutive (der Präfektur) am Rande der Stadt und der Legislative (der *Câmara*), die bis heute im historischen Zentrum angesiedelt ist. Weiterhin wurde bereits vor einigen Jahren der Neubau eines Regional-krankenhauses im Bereich der *Avenida Getúlio Vargas* begonnen, allerdings aufgrund von Geldmangel und politischer Uneinigkeit bis heute nicht beendet. Das zweistöckige Gebäu-de ist inzwischen nur noch als Rohbauruine zu bezeichnen, und es erscheint zweifelhaft, ob der Bau jemals zu Ende geführt werden kann.

Darüber hinaus hatte der Ausbau der *Avenida Getúlio Vargas* aber nicht den erwünschten Erfolg. Sie „konkurriert" aus stark lokalpolitisch motivierten Beweggründen mit weiteren Entwicklungsachsen, die allesamt Verbindungen des Zentrums mit der *Avenida São Luiz* (*BR-070*) darstellen. Je nach der politischen Ausrichtung der lokalen Administration und je nach den vorherrschenden lokalen wirtschaftspolitischen Koalitionen wird zeitweise die eine, zeitweise die andere Variante des Zugangs zum Zentrum vorangetrieben. Diese „Alternativen" zur Entwicklungsachse *Avenida Getúlio Vargas* sind die *Avenida dos Talhamares*, die *Avenida Padre Cassemiro* und die *Avenida General Osorio*. Alle drei sind gekennzeichnet durch eine starke Funktionsmischung zwischen Wohnen und Gewer-be. Dominieren in Zentrumsnähe eher kleinere Einzelhandelsgeschäfte, Büros sowie Restaurants und Hotels, nimmt Richtung *Avenida São Luiz* ganz allgemein die tertiäre Nutzungsdichte ab. Typisch für den Übergangsbereich in der noch zu beschreibenden Mischzone entlang der *Avenida São Luiz* sind an diesen drei Ausfallstraßen kleinere Industrien wie Sägereien, Schreinereien, Baumaterialdepots und Getränkelager.

Der dritte wichtige funktionsräumliche Bereich in Cáceres ist die bandartige Zone entlang der *Avenida São Luiz*. Hierbei handelt es sich um die Bundesstraße *BR-070*, die von Cuiabá kommend durch Cáceres ins Hinterland von Cáceres und weiter nach Amazonien führt. Die *Avenida São Luiz* streifte Cáceres bis vor wenigen Jahren lediglich im Süden. Nach der Expansion des Stadtgebietes in Bereiche südlich der *BR-070* in den 80er Jahren wird es nun von der Bundesstraße durchschnitten. Diese Mischzone steht in direktem Zusammenhang mit dem Straßenausbau der 60er und 70er Jahre. Erst 1960 wurde die große Betonbrücke über den Rio Paraguai in Cáceres gebaut, wodurch der Zugang zum Cacerenser Hinterland geschaffen wurde. Wichtiger war allerdings der Anschluß von Cuiabá an das westliche Amazonien, der durch den Ausbau der *BR-070* und der *BR-364* Richtung Rondônia in den 70er Jahren erreicht werden sollte.

Infolge des Straßenausbaus wurde Cáceres seit den 60er Jahren zum Kreuzungspunkt an einer der wichtigsten Verbindungsstraßen zwischen dem brasilianischen Mittelwesten und dem westlichen Amazonien. Im Zuge dieser Veränderung entstand entlang der neuen Durchfahrtsstraße unter anderem ein umfassendes Serviceangebot für die Karawanen von LKWs, die tonnenweise Verbrauchsgüter nach Amazonien und Rohstoffe aus Amazonien

transportierten. Zur Wartung der Fahrzeuge und zur Stärkung und Erholung der *Trucker*
gibt es allein entlang der Ortsdurchfahrt Cáceres an der *Avenida São Luiz* auf einer Strecke
von ca. 2,5 km 4 Groß-Tankstellen, 29 Autowerkstätten, 16 Bars und Restaurants, 10
Lebensmittelläden und 4 Hotels. Hinzu kommen Niederlassungen großer LKW- und von
Landmaschinen-Firmen, Getreidelager, die zur Zeit allerdings nicht genutzt werden, und
eine große Anzahl kleiner Wohnhäuser.

Die *Avenida São Luiz* als Umgehungsstraße hat natürlich den großen Vorteil, daß der
Schwerverkehr das Stadtzentrum in keiner Weise beeinträchtigt. Andererseits würden sich
die Gewerbetreibenden im Zentrum durchaus wünschen, daß der Teil der Durchreisenden,
die mit dem PKW unterwegs sind, einen Stop in der Stadt einlegten, sei es um sich zu
verpflegen oder gar um hier zu übernachten und Einkäufe zu tätigen. Die geringe Attraktivität der Verbindungsstraßen zwischen der *BR-070* und dem Stadtzentrum, die oben
bereits angesprochen wurden, reizt die Durchreisenden nicht unbedingt, einen Abstecher
ins Zentrum zu machen, wenn sie nicht ohnehin gezielt dorthin unterwegs sind.

Bei dem vierten Bereich handelt es sich um ein Konglomerat meist vom Stadtzentrum und
in vielen Fällen auch untereinander isolierter Subzonen mit unterschiedlichen Funktionen.
Hierzu zählen eine ganze Reihe von Wohnvierteln, die entweder im Rahmen von Maßnahmen des bundesstaatlichen sozialen Wohnungsbaus, von Wohnungsbauprogrammen
der lokalen Verwaltung oder aber in illegaler Form entstanden sind. Diese Stadtviertel
haben überwiegend Wohnfunktion. Gleichzeitig hat sich aber in einem Teil von ihnen
aufgrund der schlechten Anbindung an die Versorgungsfunktionen des Stadtzentrums eine
gewisse Anzahl von Kleinhändlern, informellen Gewerbebetrieben etc. angesiedelt.
Weiterhin ist für diese Stadtviertel eine verhältnismäßig disperse Bauweise kennzeichnend. In den Gärten der zum großen Teil aus Holz gebauten Häuser wird in vielen Fällen
Subsistenzwirtschaft betrieben, weil das Einkommen aus den unregelmäßigen und geringen Tätigkeiten der Haushalte nicht ausreicht, um die Familien zu ernähren.

Ebenfalls weitgehend isoliert liegt das Anfang der 80er Jahre ausgewiesene Industriegebiet
am südlichen Rand des Stadtgebietes. Daran anschließend hat man Anfang der 90er Jahre
noch ein weiteres Gewerbegebiet, die sogenannte Exportproduktionszone (*Zona de
Processamento para Exportação, ZPE*), ausgewiesen. Beide Projekte hatten das vorrangige Ziel, Cáceres als Industriestandort interessant zu machen und auszubauen. In den nun
vergangenen 20 Jahren seit der Gründung des Industriegebietes kam es allerdings lediglich
zur Ansiedlung weniger meist kleinerer Betriebe. Auf die wirtschaftliche Entwicklung und
die Potentiale der zukünftigen Entwicklung wird in Kapitel III.2 eingegangen werden.

Im folgenden Abschnitt soll noch auf einige wichtige Einrichtungen eingegangen werden, die aus funktionaler Sicht für Cáceres von besonderer Bedeutung sind.

An erster Stelle wäre hier das Militär mit seiner Kaserne am südlichen Rand der Altstadt zu nennen (siehe Karte 24). Um die Kaserne herum liegen die Wohnviertel der Militärs, die in sich sehr stark nach Dienstgraden unterteilt sind. Während die höheren Dienstgrade mit ihren Familien in verhältnismäßig komfortablen Einfamilienhäusern im Erweiterungsgebiet der Altstadt wohnen, sind die Wohnstandorte der niedrigeren Dienstgrade zum großen Teil auf das gesamte Stadtgebiet verteilt. Zwischen der Kaserne und der *Avenida São Luiz* liegen die Stadtviertel *Bairro da Ponte, Jardim São Luiz* und *São Miguel.* Hier wurden in den 60er und 70er Jahren zahlreiche einfache Holzhäuser für Angehörige des Militärs gebaut, die bis heute erhalten wurden und zum größten Teil nicht im Rahmen von Konsolidierungsmaßnahmen erweitert oder umgebaut wurden.

Das Militär war in Cáceres seit der Gründung der Stadt ein wichtiger Faktor. Seine vorrangige Funktion war zunächst die Grenzsicherung. Zu Beginn des 20. Jahrhunderts wurde das Militär dann zum erstenmal im Rahmen der Erschließungsmaßnahmen des Marschalls Rondon beim Bau der Telegraphenlinie nach Amazonien eingesetzt. Während kürzerer Zeiten, in denen es keine Militärpräsenz in Cáceres gab, sorgte man sich häufig nicht nur um die Grenzsicherung gegenüber Bolivien, sondern auch um die innere Sicherheit in der Stadt selbst. Über die rein militärischen Funktionen hinaus war das Militär auch im Bereich der Bildung durch Entsendung von Lehrpersonal und den Bau von Schulen, vor allem in den 30er und 40er Jahren, für Cáceres von Bedeutung. Im Rahmen des Infrastrukturausbaus, wie der Asphaltierung der *BR-070* Cuiabá - Cáceres und des Baus des ersten Flughafens in Cáceres, wurde regelmäßig auf die Arbeitskraft der Soldaten zurückgegriffen[1]. Aus rein wirtschaftlicher Sicht war und ist die Kaufkraft der Angehörigen der Streitkräfte in Cáceres ein bedeutender Faktor. Die regelmäßige Auszahlung sowie die Höhe der Löhne und Gehälter bei den Militärs schaffen eine lokale Kaufkraft, die sich in allen Bereichen des Cacerenser Geschäftslebens deutlich bemerkbar macht.

Eine der vergleichsweise gut funktionierenden Einrichtungen, sieht man von den allgemeinen strukturellen Schwierigkeiten einmal ab, ist die bundesstaatliche Universität (*Universidade Estadual de Mato Grosso, UNEMAT*). Sie ist aus der sogenannten *Fundação de Ensino Superior de Cáceres,* einer privat gegründeten Stiftung für höhere Bildung, hervorgegangen. Bevor das neue Gebäude am nordwestlichen Rand der Altstadt

---

[1]
Zur Geschichte des Militärs in Cáceres siehe MENDES 1991

(siehe Karte 24) gebaut wurde, waren die einzelnen Einheiten auf zahlreiche Gebäude im Stadtgebiet verteilt. Vorrangiges Ziel dieser Bildungseinrichtung ist die Aus- und Fortbildung von Lehrern der Schulen nicht nur im Munizip Cáceres, sondern in insgesamt ca. 50 Munizipien in allen Großregionen von Mato Grosso. Aus den Munizipien der Großregion Cáceres (Mirassol d'Oeste, Araputanga, São José dos Quatro Marcos, Lambari d'Oeste, Glória d'Oeste, Porto Esperidião, Jauru, Lambari d'Oeste, Figueirópolis d 'Oeste, Salto do Céu, Reserva do Cabaçal, Rio Branco) kommen die Studenten mit Bussen ab 17 Uhr zu Abendkursen, die meist bis ca. 23 Uhr dauern. Danach fahren sie wieder in ihre Munizipien zurück, um am nächsten Tag in ihren Berufen als Lehrer oder vielfach als Angestellte des öffentlichen Dienstes zu arbeiten. Bei der anderen Variante reisen die Professoren der *UNEMAT* zu Blockseminaren für die Dauer von einigen Tagen bis zu mehreren Wochen in die bis zu 1.000 km entfernten Munizipien, um dort ihrer Lehrtätigkeit nachzugehen.

III.1.2.2   Funktionsräumliche Gliederung von Rondonópolis

In Rondonópolis sind es insgesamt sechs funktionsräumliche Einheiten (vergleiche Karte 25 und Abb. 8), die unter einer generalisierenden Betrachtungsweise differenziert werden können.

Die erste funktionsräumliche Einheit stellt das heutige Zentrum von Rondonópolis dar, dessen Grundriß dem ersten, in den 50er Jahren demarkierten Stadtgebiet (*patrimônio*) entspricht. Der Großteil der Bausubstanz stammt aus den 50er und 60er Jahren. Im Laufe der 80er Jahre kam es zur sukzessiven Verdichtung der Bebauung im Zentrum, wobei entweder vorhandene Bausubstanz erweitert und modernisiert wurde oder aber neue Gebäude in den bis dahin reichlich vorhandenen Baulücken entstanden. Seit dem Beginn der 90er Jahre ist ein deutlicher Trend zur Vertikalisierung im Zentrum von Rondonópolis festzustellen. In diesem zentralen Bereich befinden sich die meisten Einzelhandelsgeschäfte und Dienstleistungseinrichtungen der Stadt. Besonderes Kennzeichen des Zentrums sind die breiten Straßen, die den Zugang bis direkt vor die Geschäfte, Restaurants und Hotels beispielsweise für die großen *Pickups* der *fazendeiros* ohne weiteres möglich machen.

In Bezug auf die Wohnfunktion im Zentrum von Rondonópolis lassen sich seit den 50er Jahren drei Zyklen feststellen. Der erste Zyklus begann mit der Abgrenzung des *patrimônio* 1954. Zu jener Zeit war dieser Stadtteil lediglich dünn besiedelt. Hier lebten vor allem die Familien der ersten Großgrundbesitzer, die sich im Rahmen der Landvergabe durch

162

Karte 25   Funktionale Gliederung von Rondonópolis

Abb. 8   Funktionsräumliches Schema von Rondonópolis

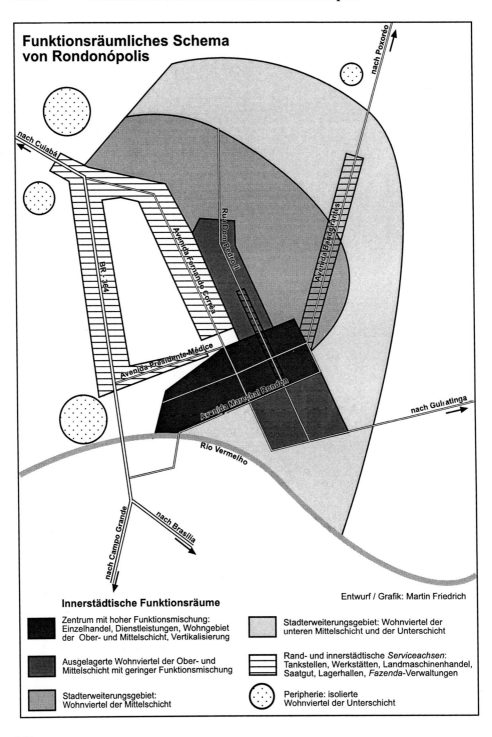

Funktionsräumliches Schema
von Rondonópolis

nach Poxoréo

nach Cuiabá

BR 364

Avenida Fernando Corrêa

Rua Dom Pedro II

Avenida Bandeirantes

Avenida Presidente-Médice

Avenida Marechal Rondon

nach Guiratinga

Rio Vermelho

nach Campo Grande

nach Brasília

Entwurf / Grafik: Martin Friedrich

Innerstädtische Funktionsräume

Zentrum mit hoher Funktionsmischung:
Einzelhandel, Dienstleistungen, Wohngebiet
der Ober- und Mittelschicht, Vertikalisierung

Ausgelagerte Wohnviertel der Ober- und
Mittelschicht mit geringer Funktionsmischung

Stadterweiterungsgebiet:
Wohnviertel der Mittelschicht

Stadterweiterungsgebiet: Wohnviertel der
unteren Mittelschicht und der Unterschicht

Rand- und innerstädtische *Serviceachsen*:
Tankstellen, Werkstätten, Landmaschinenhandel,
Saatgut, Lagerhallen, *Fazenda*-Verwaltungen

Peripherie: isolierte
Wohnviertel der Unterschicht

164

den Staat riesige Parzellen, die bis in den Bereich des heutigen Stadtgebietes hineinragten, aneigneten. Im Rahmen der Ansiedlung neuer Dienstleistungs- und Handelseinrichtungen kam es in den 60er und frühen 70er Jahren zur Zuwanderung von Bank- und Versicherungsangestellten, Ärzten, Rechtsanwälten und anderen freiberuflich Tätigen. Sie stammten aus Städten in anderen Regionen Brasiliens, wo sie die gleichen Berufe ausübten und daher über ein gewisses Kapital verfügten. Ihnen war es möglich, die Grundstückspreise im Stadtzentrum zu bezahlen und sich dort anzusiedeln. Weitere Landeigentümer kamen in den 70er und frühen 80er Jahren zu den Bewohnern des Zentrums hinzu. Bei diesen handelte es sich um *fazendeiros*, die bis dahin zwischen ihren landwirtschaftlichen Betrieben und ihren Herkunftsgebieten in Süd-Brasilien „gependelt" hatten. In dem Maße, in dem Rondonópolis begann, sich strukturell zu konsolidieren, richteten sie hier nach und nach ihren festen Wohnsitz ein.

Der zweite für das Zentrum bedeutende Zyklus steht in direktem Zusammenhang mit der Entstehung der im nächsten Abschnitt beschriebenen ausgelagerten Wohnviertel. Die intraurbane Migration wohlhabender Familien vom Zentrum in benachbarte, ruhigere Wohnviertel gehobenen Standards war die Folge der im Zentrum zunehmenden geschäftlichen Aktivitäten.

Bereits im Zuge des oben genannten Prozesses der Zuwanderung kapitalkräftiger Bevölkerungsgruppen nach Rondonópolis entstand Mitte bis Ende der 70er Jahre die zweite funktionsräumliche Einheit der ausgelagerten Wohnviertel der Ober- und Mittelschicht mit geringer Funktionsmischung. Eines der betreffenden Gebiete, *Vila Aurora*, liegt südöstlich des Zentrums, von diesem lediglich durch den *Arareau*-Bach getrennt und an einem kleinen Hang gelegen. Das zweite Gebiet, *Jardim Guanabara* und *Santa Cruz*, liegt gegenüber, nordwestlich an das Zentrum angrenzend. Beide Gebiete zeichnen sich durch ihre fast ausschließliche Wohnfunktion aus. *Jardim Guanabara* ist in erster Linie durch kleine Einfamilienhäuser der Mittelschicht gekennzeichnet, die zum großen Teil im Rahmen von staatlichen Wohnungsbauprogrammen für die Mittelklasse entstanden sind. Auch in *Vila Aurora* gibt es einen Teil, der im Rahmen solcher Programme in den 70er Jahren entstanden ist. Viele dieser Häuser wurden hier aber seit Ende der 80er Jahre im Zusammenhang mit der sozialen Mobilität ihrer Eigentümer zum Teil stark erweitert. In einem zweiten Teilbereich von *Vila Aurora* dominieren Villen erfolgreicher Geschäftsleute und *fazendeiros*, die in den 90er Jahren erbaut wurden. Das Stadtviertel *Santa Cruz* ist ein Villenviertel, das bereits in den 80er Jahren als Wohngebiet der Oberschicht entstanden ist.

Die Entstehung dieser ausgelagerten Wohnviertel der Ober- und Mittelschicht ist auf zwei Prozesse zurückzuführen:

1. die Zuwanderung wohlhabender Bevölkerungsgruppen aus anderen Regionen Brasiliens und

2. die Verlagerung des Wohnsitzes von Angehörigen der Ober- und Mittelschicht aus dem Zentrum in die direkt angrenzenden Stadtviertel im Rahmen sozialer Mobilität und den damit zusammenhängenden höheren Ansprüchen an die Wohnqualität, die im immer lauter und unruhiger werdenden Zentrum nicht mehr befriedigt werden konnte (vergleiche AGUIAR 1980).

Der dritte Entwicklungszyklus im Zentrum von Rondonópolis verursachte einen Prozeß, der seit dem Ende der 80er und verstärkt ab der Mitte der 90er Jahre die augenscheinlichste Veränderung mit sich bringt. Es handelt sich dabei um die Vertikalisierung der Baustruktur, die im zentralen Bereich bereits relativ weit fortgeschritten ist. Nachdem die ersten vielgeschossigen Gebäude zunächst noch gewerblich **und** zu Wohnzwecken genutzt wurden, entstanden in den letzten Jahren einige ausschließlich der Wohnfunktion dienende Hochhäuser, mit Wohnungen für die gehobenen Ansprüche wohlhabender Familien der Oberschicht. Dies ist Ausdruck der „Rückkehr" der Oberschicht ins Zentrum, worin sich einerseits eine neue Attraktivität dieses Stadtviertels ausdrückt und das Zentrum andererseits selbst eine Aufwertung erfährt.

Sicherlich ist auch in Rondonópolis die bauliche Vertikalisierung Ausdruck der Übernahme architektonischer Vorbilder und urbaner Lebensformen, die man in den brasilianischen Metropolen bereits seit geraumer Zeit kennt (vergleiche SOUZA 1994, SCHÄFFER 1993 am Beispiel einer südbrasilianischen Mittelstadt). Neben der Übernahme von regionsexternen Vorbildern spielen aber auch pragmatische Gründe eine Rolle für die „Wiederentdeckung" des Zentrums. Hier findet sich die beste Infrastrukturausstattung, die am Stadtrand einer rasch expandierenden Stadtfläche heute nicht mehr ohne weiteres vorausgesetzt werden kann. Des weiteren hat sich die räumliche Flexibilität und Mobilität gerade bei Geschäftsleuten der Oberschicht, auch aufgrund der sehr guten verkehrstechnischen Anbindung Mato Grossos an die brasilianischen Wirtschaftszentren, enorm intensiviert. Dadurch lebt man in diesen Kreisen nicht mehr ausschließlich an einem Ort, sondern weilt je nach Notwendigkeit und Bedürfnissen zeitweise in Rondonópolis oder in São Paulo beziehungsweise Rio de Janeiro. Vielfach leben Familien getrennt an verschiedenen Wohnorten und kommen lediglich zeitweise, an Wochenenden oder in Ferienzeiten zusammen. Weit verbreitet ist in der brasilianischen Oberschicht auch der Besitz von Strandhäusern, in denen man seinen Urlaub gemeinsam verbringt. Bei dieser Form der großräumigen Mobilität erweisen sich geschützte und zentral gelegene Hochhauswohnungen als komfortabler und vor allem sicherer als freistehende Villen am Stadtrand. Die *fazenda* spielt heute keinerlei Rolle mehr als Wohnort für den modernen Agrounternehmer, der seine Betriebe durch technisch versierte Verwalter betreuen läßt und sich selbst durch einen ausgeprägten Absentismus auszeichnet.

Die Wohnviertel der Mittelschicht im Stadterweiterungsgebiet, die dritte innerstädtische funktionsräumliche Einheit, liegen in Rondonópolis bis auf wenige Ausnahmen nördlich des Zentrums in einem relativ geschlossenen, dicht bebauten Gürtel, der sich östlich an die *Avenida Fernando Corrêa* anschließt. Hier sind im Rahmen staatlicher Wohnungsbauprogramme, aber auch in Eigenregie, vor allem in den 80er Jahren fast ausschließlich Wohnhäuser von Mittelschichtfamilien entstanden. Die Bewohner der in diesem Gebiet liegenden Viertel sind zum großen Teil Angestellte im öffentlichen Dienst. Sie kamen in den 80er Jahren, der Zeit des exponentiellen Wachstums der Stadt, nach Rondonópolis. Ihre Herkunftsgebiete waren meistens ebenfalls Städte in anderen Regionen Brasiliens. Dort übten sie entweder schon den gleichen Beruf aus, den sie heute auch in Rondonópolis haben, oder aber sie kamen als Kinder von Mittelschichtfamilien hierher und verdingen sich nun in ähnlichen Berufen wie ihre Eltern.

Der vierte innerstädtische Funktionsraum besteht aus einem großräumigen Stadterweiterungsgebiet, das vor allem der Wohnfunktion dient. Dort leben Familien der unteren Mittelschicht sowie der Unterschicht. Die Stadtviertel dieses Bereichs waren in ihrer Mehrzahl ehemalige *vilas* (kleine Siedlungskerne im Umfeld des Stadtgebietes) (siehe AGUIAR1980). Diese *vilas* waren die Gebiete, in denen sich Migranten ansiedelten, die vorrangig aus dem ländlichen Bereich des Munizips Rondonópolis selbst und aus den Nachbarmunizipien Jaciara, Guiratinga und Poxoréo stammten. Bei diesen Migranten, die den besagten Stadterweiterungsbereich hauptsächlich in den 70er und 80er Jahren besiedelten, handelte es sich in der Mehrzahl um vom Land vertriebene Kleinbauern. Die einen suchten in der Stadt bessere Verdienstmöglichkeiten oder auch eine bessere Schulbildung für ihre Kinder, eine bessere medizinische Versorgung etc., die anderen hatten auf dem Land infolge des fortschreitenden Landkonzentrationsprozesses und aufgrund der sich sukzessive verschlechternden Lebensbedingungen die Existenzgrundlage verloren. Dieser Land-Stadt-Migrationsprozeß stand in direktem Zusammenhang mit den staatlichen Maßnahmen im Rahmen der zweiten Erschließung der Region durch die Modernisierung der Landwirtschaft. Mit Krediten und Starthilfen an finanzkräftige Großgrundbesitzer wurde dieser Prozeß von staatlicher Seite gezielt gefördert. Dieser Prozeß der sogenannten Modernisierung der Landwirtschaft hatte einen markanten Exodus von kleinbäuerlichen Familien in die nächstgelegene Stadt Rondonópolis zur Folge. Aufgrund ihrer schlechten wirtschaftlichen Lage blieb den Migranten keine andere Wahl, als sich am Stadtrand anzusiedeln.

In den Jahren nach der Entstehung der ersten *vilas* konsolidierte sich die Struktur dieser Stadtviertel allmählich. Durch die sukzessive Verdichtung des Wohngebietes ist heute eine weitgehend geschlossene Besiedlung erreicht worden. Auffallend ist, auch unter Berücksichtigung der eigenen Eindrücke im Laufe der mehrfachen Feldaufenthalte in Rondonópolis, der schnelle Prozeß der Konsolidierung, zumindest bezogen auf die Bausubstanz der Wohnhäuser. Dies konnte einerseits durch zahlreiche bundesstaatliche und auch lokale Baufinanzierungs- und Gemeinschaftsaktionen erreicht werden. Andererseits ist in Rondonópolis der Beitrag eines deutschen Paters hervorzuheben, der weit über die Stadtgrenzen hinaus Bekanntheit erlangt hat. Mit Hilfe von in Deutschland gesammelten Geldern und Spenden der deutschen Caritas sowie mit der Hilfe von Geld- und vor allem Sachspenden (Baumaterial) aus der Rondonopolitaner Bevölkerung und Geschäftswelt ist es ihm gelungen, in den letzten 30 Jahren über 1.000 Häuser für bedürftige Familien zu bauen. Diesem Umstand ist die Konsolidierung zahlreicher, aus illegalen Besetzungen hervorgegangener Stadtviertel mit zu verdanken. Die Kunde, daß es in Rondonópolis „leicht" sei, zu einem eigenen Haus zu kommen, soll sich bereits weit über die Stadtgrenzen hinaus verbreitet haben. Diese Einschätzung teilen zumindest die Stadtoberen mit gewisser Skepsis und befürchten, daß deshalb der Zustrom neuer Migranten in die Stadt mit all den damit zusammenhängenden Problemen weiter anhalten könnte.

Durch den tatsächlich bisher nicht endenden Zustrom neuer Migranten ist es auch in Rondonópolis zur Entstehung einiger isolierter, von allen Infrastruktur- und Versorgungssträngen abgeschnittener Wohngebiete der untersten Unterschicht gekommen. Dieser fünfte Typ innerstädtischer Funktionsräume entsteht meistens infolge von Landbesetzungen an der Stadtperipherie. Nach dem Bau behelfsmäßiger Baracken hoffen ihre Bewohner auf die spätere Anbindung an die öffentliche Wasser- und Stromversorgung der Stadt. Gleichzeitig bietet die Stadtrandlage die Möglichkeit, weitgehend ländlich geprägte Überlebensstrategien zu verfolgen. Die lockere Besiedlungsdichte läßt genügend Freiraum, um in geringem Maße Gemüse, Mais, Bohnen und Maniok selbst anzubauen und damit die Ernährung der Familie zu sichern.

Die Besetzer von privaten wie auch von öffentlichen Grundstücken vor allem an der Stadtperipherie sind zu einem Teil Migranten aus ländlichen Gebieten Mato Grossos, die vom Land verdrängt weiter in die Städte migrieren. Ein weiterer Teil sind in vielen Fällen Invasoren, die, angeführt durch sogenannte „*grileiros*" (professionelle Hilfsgrundstückspekulanten), vorübergehend Grundstücke besetzen mit dem Ziel, dadurch die Installation der Basisinfrastruktur herbeizuführen. Dies wiederum führt zur direkten Wertsteigerung der betreffenden Grundstücke, was auf den Spekulationscharakter vieler dieser Aktionen schließen läßt. Bereits in der Stadt ansässige Angehörige der Unterschicht sehen in der Besetzung von Grundstücken oft eine letzte Chance, sich von erdrückenden Miet- oder Pachtzahlungen zu befreien.

Der sechste Funktionsraumtyp, die rand- und innerstädtischen *Serviceachsen,* sind in Rondonópolis ganz besonders ausgeprägt und für die Gesamtfunktion der Stadt repräsentativ. Es läßt sich zwischen den *Serviceachsen* entlang der Durchfahrts- und Ausfallstraßen (*BR-364, Avenida Fernando Corrêa*) und denen entlang der großen innerstädtischen Achsen differenzieren (*Rua Dom Pedro II, Avenida Bandeirantes*) (siehe Karte 25). Die funktionale Struktur der Achse entlang der *BR-364* zeichnet sich vor allem durch zahlreiche Großtankstellen im Bereich der Stadtein- und -ausfahrten aus. Dazwischen reihen sich die Geschäfts- und Ausstellungsflächen sowie Werkstätten für große Landmaschinen, sonstige Kraftfahrzeugwerkstätten, Getreidelager und Anbieter von landwirtschaftlichen Betriebsmitteln aneinander. Die Orientierung des Serviceangebots läßt sich hier noch nach stärker auf den Durchgangsverkehr ausgerichteten Funktionen (Tankstellen, Lastwagenwerkstätten etc.) und eher umlandorientierten Funktionen (Landmaschinen, Lagerhallen etc.) differenzieren. Die *Avenida Fernando Corrêa* ist gesäumt von Spezialersatzteilanbietern für Landmaschinen, Kraftfahrzeuge und andere technische Hilfsmittel, wie Pumpen, Motoren etc. Weiterhin gibt es zahlreiche Gebrauchtgerätehändler, die alte Maschinen, Fahrzeuge und Motoren in ihre Einzelteile zerlegen, um sie als Ersatzteile oder als runderneuerte Gerätschaften wiederzuverkaufen. Hierbei handelt es sich um einen weniger kapitalintensiven Handel für Verbrauchsmaterial und Kleingeräte, die auf der *fazenda* gebraucht werden. Demgegenüber zeichnet sich die Achse entlang der *Avenida Presidente Médici* durch die Ansiedlung von Geschäften und Werkstätten von Markenherstellern für Landmaschinen, Kraftfahrzeuge und Reifen aus. Weiter finden sich hier einige große Baumaterialfirmen, die Stahlbauteile für Brücken, Dächer oder freitragende Konstruktionen anfertigen, sowie Betonfertigteile und andere Großbauteile vertreiben. Daneben haben sich hier einige Büros der größten landwirtschaftlichen Unternehmen der Region angesiedelt. Für sie hat dieser Standort den Vorteil, nach Bedarf expandieren zu können. Ebenfalls ein bevorzugter Standort für die Geschäftsräume von großen *fazendas* ist die *Rua Dom Pedro II.* Von hier aus ist eine direkte Anbindung ans Zentrum, wie auch an die Präfektur im Stadtviertel *Vila Aurora* möglich. Die politischen Kontakte zur lokalen Administration spielen für manche Entscheidung im landwirtschaftlichen Bereich eine wichtige Rolle. Die *Avenida Bandeirantes* zeichnet sich durch eine hohe Diversität von kleineren Geschäften mit einem vielfältigen Angebot von landwirtschaftlichen Betriebsmitteln aus. Von Pestiziden bis zu Zäunen und Kleinmaschinen wird hier alles angeboten. Kennzeichnend für alle

Serviceachsen ist das in besonderem Maße auf die Landwirtschaft ausgerichtete Waren- und Dienstleistungsangebot.

Die bereits ausgeprägte funktionsräumliche Differenzierung, die intraurbanen Migrations- prozesse, die Vertikalisierung im Zentrum und die sozialräumliche Segregation in Rondo- nópolis zeugen von einem dynamischen Stadtentwicklungsprozeß, der sich bereits in einem fortgeschrittenen Stadium befindet.

III.1.3 Basisinfrastruktur, Lebensqualität, städtische Umweltprobleme und sozialräumliche Differenzierung

Der Prozeß der Verstädterung, der in allen Ländern Lateinamerikas in den letzten Jahrzehnten durch einen exponentiellen Verlauf gekennzeichnet war, hat unter anderem dazu geführt, daß der Grad der Versorgung der städtischen Bevölkerung mit Basisinfrastruktureinrichtungen tendenziell abgenommen hat. Dies ist darauf zurückzuführen, daß die Stadtverwaltungen, die Anbieter öffentlicher Dienstleistungen und die lokalen Administrationen durch den Zustrom von Migranten und in jüngster Zeit vor allem durch das hohe vegetative Wachstum der Stadtbevölkerung nicht nur an die Grenzen ihrer Leistungsfähigkeit gestoßen sind, sondern daß sie in vielen Fällen völlig überfordert sind und einer wachsenden Nachfrage nach Basisinfrastruktureinrichtungen nur noch hilflos gegenüberstehen. Die räumliche Konzentration der Bevölkerung im Zusammenhang mit dem Urbanisierungsprozeß hatte vor allem aufgrund des chaotischen Verlaufs schwerwiegende Belastungen der städtischen Umwelt zur Folge. Am augenscheinlichsten treten diese Folgen in den Lebensräumen der Armen hervor. Eine defizitäre oder ganz fehlende Wasserversorgung und das Fehlen weiterer sanitärer Einrichtungen zusammen mit Unterernährung und mangelhafter medizinischer Versorgung stellen ganz besonders hier gravierende Probleme dar (CASTELLO BRANCO, O'NEILL 199, WEHRHAHN 1993). Häufig fehlt aus unterschiedlichsten, durch wirtschaftliche und politische Interessen geprägten Gründen der Wille und die Bereitschaft, eine ausreichende, effiziente und flächendeckende Versorgung mit den wichtigsten infrastrukturellen Einrichtungen zu sichern (HARDOY, SATTERTHWAITE 1989). Vor allem die ärmsten Bevölkerungsgruppen sind in dieser Situation am verwundbarsten und leiden unter den vorhandenen Mißständen am meisten.

Im Vergleich zu den Bedingungen im ländlichen Hinterland vieler Städte der Dritten Welt ist der Zugang zu Trinkwasser, medizinischer Versorgung und weiteren sanitären Einrichtungen jedoch im urbanen Umfeld weit besser und möglicherweise einfacher. Hierdurch wird auch das Leben in den Städten scheinbar einfacher und qualitativ besser als auf dem Land (WHITE, WHITNEY 1992). Hierin liegt unter anderem der Grund für die hohen Zuwanderungsraten in die Städte, ganz besonders in peripheren Regionen, wo die Versorgungsstruktur der Bevölkerung im ländlichen Bereich noch deutlich schlechter ist als die in den nächstgelegenen Städten. Darüber hinaus gibt es aber bei der Betrachtung der Entwicklungsländer insgesamt einen Trend, demzufolge der Anteil der in absoluter Armut lebenden Bevölkerung sich in den Städten gegenüber den ländlichen Regionen erhöht (WHITE, WHITNEY 1992). Diese Tatsache liegt in der weitgehend ausbleibenden Integration vieler Zuwanderer in städtische Wirtschaftskreisläufe begründet.

Wasserversorgung, Abwasserentsorgung, Müllabfuhr und Stromversorgung sind einige der wichtigsten Infrastruktureinrichtungen, die in starkem Maße die Lebensqualität in den Städten beeinflussen. Durch eine gute Versorgung in den genannten Bereichen läßt sich die städtische Umwelt auf der Haushalts- und Stadtteilebene, wie auch auf der Ebene des Stadtumlands signifikant verbessern. Die Diskussion über Umweltprobleme in städtischen Bereichen steht in engem Zusammenhang mit den Fragen der Infrastrukturausstattung, ihrer räumlichen Differenzierung und ihrer sozialen Relevanz.

Die Ausstattung von Städten mit Basisinfrastruktureinrichtungen, der Grad ihres Ausbaus und die Qualität des Angebots in Beziehung zu den Einflüssen auf die Lebensqualität, die städtische Umwelt und sozialgruppenspezifische Differenzierungsprozesse auf einer unteren Maßstabsebene (Stadtteile, Haushalte) spielen im Bereich der Stadtplanung in den meisten Ländern Lateinamerikas im Vergleich zu Fragen großräumig wirksamer Umweltprobleme (Luftverschmutzung durch industrielle Abgase, Wasserkontamination im großen Stil durch Einleitung industrieller Schadstoffe etc.) bisher lediglich eine nachgeordnete Rolle (WEHRHAHN 1993). Ebenso verhält es sich mit dem Interesse an der Berücksichtigung der Beziehungen zwischen Armut und Lebensqualität. Daher muß es eines der wichtigsten Ziele sein, die Reichen und die Mächtigen für diese Probleme zu sensibilisieren und die Armen zu befähigen, sich von den Problemen zu befreien. Dies könnte ein Weg in Richtung nachhaltiger Stadtentwicklung und zur Erreichung lebenswerter Verhältnisse für die arme Stadtbevölkerung in Lateinamerika sein (DI PACE et al. 1992). Zur Diskussion nachhaltiger Stadtentwicklung und ihrer Relevanz aus geographischer Sicht sei hier auf den ausführlichen Beitrag von COY (1997) hingewiesen.

Wissenschaftliche Untersuchungen zu Problemen im Bereich der Infrastrukturausstattung in lateinamerikanischen Städten befassen sich vor allem mit den Verhältnissen in den Großstädten, wo das Ausmaß der Probleme und die Zahl der Betroffenen sicherlich am größten ist (HAAS, ERNST 1990). Aber auch in den kleinen und mittleren Städten nehmen die Defizite bei der Versorgung der Bevölkerung mit den wichtigsten Infrastrukturleistungen stark zu. Gerade in den schnell wachsenden Städten peripherer Gebiete, in denen das Bevölkerungswachstum vorwiegend auf migratorische Prozesse zurückzuführen ist, stellen sich in zunehmendem Maße problematische Engpässe in der Grundversorgung der Stadtbevölkerung ein. Staatliche Finanzierungs- und Entwicklungsprogramme für den Infrastrukturausbau waren bis vor wenigen Jahren in starkem Maße auf die großen Metropolen konzentriert und wurden nur selten zur Unterstützung schnell wachsender Klein- und Mittelstädte eingesetzt. Das Bewußtsein für die Probleme auf dieser Maßstabsebene verbreitet sich erst in jüngster Zeit. Im Rahmen von Programmen zur Verwaltungsdezentralisierung besteht aber gleichzeitig die Gefahr, die Verantwortung für den Infrastrukturausbau offiziell auf die „Schultern" der lokalen Administrationen zu verteilen, ohne aber auf die Zuweisung ausreichender finanzieller Mittel zur Realisierung von Ausbaumaßnahmen zu achten (HARDOY, SATTERTHWAITE 1989).

Die enge Beziehung, die zwischen dem Grad und der Qualität der Versorgung der Bevölkerung mit Trinkwasser, Strom, Abwassersystemen, Müllabfuhr und dem Aufkommen sowie der Verbreitung von Krankheiten und Epidemien besteht, ist das entscheidende Argument für eine vorrangige Behandlung dieser Probleme, mit dem Ziel schnelle Lösungen herbeizuführen (MCGRANAHAN 1991). Gleichzeitig kann die Qualität der Basisinfrastruktur und ihre räumliche Differenzierung in einer Stadt als Indikator zur Einschätzung der unterschiedlichen Lebensqualität und indirekt zur Erfassung der sozialräumlichen Differenzierung herangezogen werden (HARDOY et. al. 1990).

Das Ausmaß der Probleme im Zusammenhang mit der sanitären Infrastruktur und den sich daraus ergebenden umwelt- und gesundheitsrelevanten Folgen ist einerseits in Großstädten gegenüber Klein- und Mittelstädten unterschiedlich und zeigt andererseits für die Mitglieder der Oberschicht eine andere Relevanz als für diejenigen der Unterschicht (siehe Abb. 9).

Abb. 9   **Relevanz der Infrastrukturausstattung in großen, mittleren und kleinen Städten in Entwicklungsländern für Mitglieder der Ober- und Unterschicht**

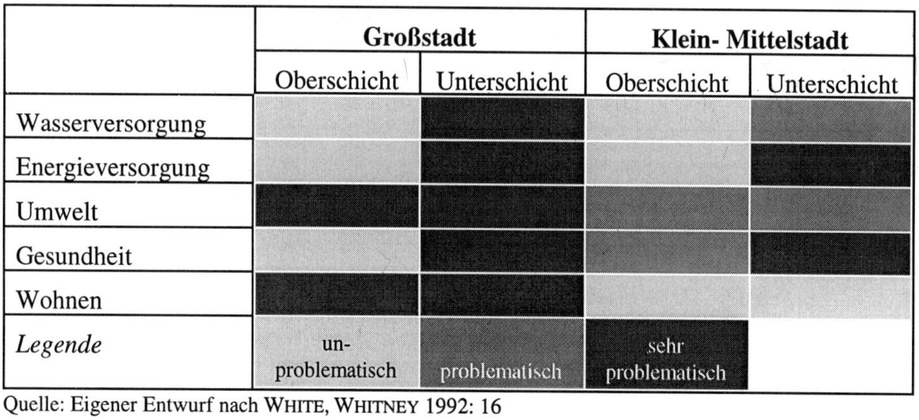

	Großstadt		Klein- Mittelstadt	
	Oberschicht	Unterschicht	Oberschicht	Unterschicht
Wasserversorgung				
Energieversorgung				
Umwelt				
Gesundheit				
Wohnen				
Legende	un-problematisch	problematisch	sehr problematisch	

Quelle: Eigener Entwurf nach WHITE, WHITNEY 1992: 16

Die Wasser- und Energieversorgung ist für die Angehörigen der Oberschicht in Großstädten gleichermaßen wie in Klein- und Mittelstädten in der Regel kein Problem. Dies ist darauf zurückzuführen, daß bereits beim Bau der Wohngebiete dieser Bevölkerungsgruppe selbstverständlich auf die Versorgung mit Wasser und Strom geachtet wird. Niemand würde ein Luxusappartement kaufen oder eine Villa beziehen, die nicht mit dieser Grundausstattung versehen sind. Durch ihre gesicherte wirtschaftliche Situation können sich die Mitglieder der Oberschicht den Zugang zu Wasser und Strom noch immer, auch unter schwierigen technischen Bedingungen, sichern. Für die Angehörigen der Unterschicht ist der Zugang zu einer zuverlässigen Versorgung mit Wasser und Strom in Großstädten besonders schwierig, in Klein- und Mittelstädten aber häufig auch problematisch. Gerade bei der spontanen Besiedlung marginaler Stadtgebiete wird häufig erst nach dem Bau von Behausungen versucht, mit dem Ziel, eine Grundversorgung mit Wasser und Strom zu erhalten, Druck auf die Behörden auszuüben. Zunächst steht hier aber die Schaffung von Tatsachen durch die Besetzung eines leeren Grundstücks im Vordergrund. Problematisch ist für die Angehörigen der Unterschicht aber nicht allein der Zugang zu Wasser, sondern vor allem der Aufwand der Beschaffung (Herbeitragen von entfernten Wasserzapfstellen, Bächen etc.) und die Qualität des Wassers, die je nach Quelle bereits bei der Entnahme aufgrund von Verunreinigungen stark beeinträchtigt sein kann (CAIRNCROSS 1990).

Die Gesundheit läßt sich zunächst unter zwei Gesichtspunkten betrachten. Der erste ist die Frage des Gesundheitsrisikos vor allem unter Berücksichtigung der hygienischen Bedingungen auf Haushaltsebene. Hier spielt die Infrastrukturausstattung eine entscheidende Rolle. Der zweite Gesichtspunkt sind die Möglichkeiten der Versorgung im Krankheitsfalle. Unter Berücksichtigung beider Gesichtspunkte sind Oberschichtangehörige in den Großstädten keinen relevanten Risiken ausgesetzt, da sie sowohl über eine gute Wasserver- und -entsorgung verfügen als auch Zugang zu Ärzten und Krankenhäusern haben. In Klein- und Mittelstädten können Engpässe bei der ärztlichen Versorgung auftauchen, was auch für Angehörige der Oberschicht in problematische Situationen führen kann. Für die Unterschicht ist die Situation in Groß-, Mittel- und Kleinstädten gleichermaßen problematisch. Sie sind durch die schlechtere sanitäre Situation ihrer Haushalte einem größeren Risiko ausgesetzt und haben aufgrund ihrer finanziellen Situation nicht einmal Zugang zu den jeweils vorhandenen Gesundheitsdiensten. Die Wohnsituation wird in Großstädten generell als problematisch dargestellt, weil hier das Wohnraumpotential insgesamt gering und folglich teuer ist. In Klein- und Mittelstädten geht man davon aus, daß diese limitierenden Faktoren eine geringere Rolle spielen. Unberücksichtigt bleibt hier sicherlich die Frage der unterschiedlichen Ansprüche von Oberschicht und Unterschicht an die Qualität des Wohnraums. Insgesamt ist allerdings klar, daß die Oberschicht aufgrund ihrer ökonomischen Verhältnisse auch in schwierigen Situationen die Möglichkeit hat, ihre Lebensqualität zu sichern, was im krassen Gegensatz zu den Möglichkeiten der Unterschicht steht.

Mit dem Ziel einer räumlichen Differenzierung der Lebensbedingungen in Cáceres und Rondonópolis werden in den folgenden Kapiteln (III.1.3.1 zu Cáceres, III.1.3.2 zu Rondonópolis) zunächst die intraurbanen Verhältnisse im Bereich der Versorgung der Bevölkerung mit Basisinfrastruktureinrichtungen auf Stadtteilebene untersucht. Als Indikatoren wurden hier die Wasserversorgung, die Abwasserentsorgung, die Stromversorgung, die Müllabfuhr und die Bausubstanz zugrundegelegt. Diese Indikatoren stehen, wie oben beschrieben, in enger Beziehung zu der Lebensqualität der Bevölkerung. Des weiteren erschien hier die Datengrundlage aussagekräftig genug, und für beide Städte konnte auf flächendeckende Informationen zurückgegriffen werden. In Verbindung mit der Berücksichtigung der Indikatoren Privat-Pkw und Telephonanschluß in den Haushalten, die in enger Beziehung zum Lebensstandard stehen (vergleiche BREMAEKER 1988), konnte eine sozialräumliche Differenzierung der beiden Städte vorgenommen werden.

Methodisch wurde folgendermaßen vorgegangen:

1. Auswertung der Fragebögen der Volkszählung von 1991 auf Haushaltsebene nach den in den zugehörigen Abschnitten beschriebenen Kriterien

2. Aggregation der Ergebnisse auf Stadtteilebene

3. Klassifizierung der Einzelinformationen zu jedem Indikator

4. Kartographische Darstellung der klassifizierten Ergebnisse auf Stadtteilebene

5. Interpretation der Ergebnisse für jeden Indikator mit besonderem Augenmerk auf die räumliche Differenzierung im Stadtgebiet sowie Erläuterung der jeweiligen lokalen Rahmenbedingungen

6. Generierung eines Index durch die quantitative Bewertung der einzelnen Indikatoren und deren Addition bei unterschiedlicher Gewichtung. Dabei wurde den Indikatoren für Infrastrukturausstattung, die weniger differenziert ausgeprägt sind (Wasser, Strom), ein geringeres Gewicht, denjenigen, die eine stärkere innere Differenzierung aufweisen (Abwasserentsorgung, Müllabfuhr), ein höheres Gewicht beigemessen. Die Indikatoren „privater PKW" und „Telephon" wurden um so stärker gewichtet, je höher ihr Anteil in einem Stadtteil war.

7. Generierung eines Ausstattungsindex durch die Addition der gewichteten Indizes der einzelnen Indikatoren. Nach diesem Ausstattungsindex wurden die Stadtviertel

von Cáceres und Rondonópolis unterschiedlichen Rangstufen zugeordnet. Dabei wird davon ausgegangen, daß die Rangstufe eines Stadtviertels, aufgrund der zugrundeliegenden Indikatoren, in mehr oder weniger direktem Zusammenhang mit der sozialen Schicht der Bewohner dieses Viertels steht.

Der Vorteil dieser Methode, bei der der Interpretation der sozialräumlichen Struktur der untersuchten Städte eine Reihe statistisch ausgewerteter Indikatoren zugrunde liegt, ist zweifellos in der weitgehenden Objektivität der gewonnenen Ergebnisse zu sehen. Eine Datenbasis mit großer Grundgesamtheit, die jeweils das gesamte Stadtgebiet von Cáceres und Rondonópolis abdeckt, sichert allgemeingültige Aussagen für die beiden Städte ab. Die umfangreiche empirische Kenntnis der lokalen Verhältnisse dient als qualitatives Regulativ bei der Bewertung der statistischen Ergebnisse.

III.1.3.1 Basisinfrastrukturausstattung, Bausubstanz und sozialräumliche Struktur von Cáceres

Die heutige Ausstattung von Cáceres weist im Bereich der wichtigsten Basisinfrastruktur zum Teil erhebliche Defizite auf. Diese Defizite liegen vor allem in der Qualität der vorhandenen Einrichtungen. Bei der Auswertung und kartographischen Darstellung auf Stadtteilebene konnte auf qualitative Unterschiede allerdings nur zum Teil eingegangen werden.

• **Wasserversorgung und Abwasserentsorgung**

Erst Ende der 50er Jahre übernahm in Cáceres eine spezielle Behörde die Organisation der Wasserversorgung und Abwasserentsorgung (*Serviço Autónomo de Água e Esgoto, SAAE*). Bis Mitte der 60er Jahre lag somit die Verantwortung für diesen Bereich auf der lokalen Ebene. Mitte der 60er Jahre, im Zuge der Zentralisierungsmaßnahmen unter der Militärdiktatur, übernahm die bundesstaatliche Behörde (*Companhia de Saneamento de Mato Grosso, SANEMAT*) die Verantwortung für die Wasserversorgung. Bis heute liegt die Kompetenz der Entscheidung über notwendige Maßnahmen im Zusammenhang mit der Wasserversorgung und Abwasserentsorgung bei dieser in der bundesstaatlichen Hauptstadt Cuiabá ansässigen Behörde. Lediglich eine kleine Zweigstelle mit einem Minimum an Personal sorgt vor Ort für die Wartung der technischen Einrichtungen.

Die öffentliche Wasserversorgung wird in Cáceres weitgehend durch Wasserentnahme aus dem Rio Paraguai gesichert. Eine Pumpe bringt das Flußwasser in Tanks, in denen eine

176

einfache Chlorbehandlung vorgenommen wird. Dadurch soll dieses Wasser trinkbar werden. Von einem im Zentrum befindlichen Wasserturm kommt das Wasser durch den Gefälledruck in die Haushalte. An einigen Stellen im Stadtgebiet, an denen der Druck nicht ausreicht, um die Haushalte am Stadtrand zu erreichen, wurden Druckpumpen installiert. Trotzdem gibt es zahlreiche Stadtteile an der Peripherie von Cáceres, die nicht mit dem Wasser der öffentlichen Versorgung bedient werden (siehe Karte 26). Hier behilft man sich mit der Bohrung von Brunnen. Der hohe Grundwasserspiegel begünstigt diese Lösung. Allerdings wird hier gleichzeitig das fehlende Abwassersystem zum Problem. Die Abwässer der Haushalte, die entweder oberflächlich abfließen oder in Sickergruben geleitet werden, verunreinigen das Grundwasser teilweise beträchtlich. Dadurch entsteht eine akute gesundheitliche Gefährdung der Konsumenten dieses Brunnenwassers.

Ein System zur Abwasserentsorgung ist in Cáceres in den meisten Stadtteilen überhaupt nicht vorhanden (siehe Karte 27). Lediglich in einem Wohngebiet des sozialen Wohnungs-baus wurde Anfang der 80er Jahre ein Abwassersystem zusammen mit einer kleinen Kläranlage installiert. Heute ist diese aufgrund mangelhafter Wartung nicht mehr funk-tionstüchtig. In den Stadtteilen im Zentrum der Stadt wurden die Abwässer überwiegend in Sickergruben geleitet; ein in wenigen Bereichen vorhandenes Regenwasserableitungs-system führt einen kleinen Teil der Abwässer ungeklärt in den Rio Paraguai. Erst in jüngster Zeit konnte mit Mitteln der Interamerikanischen Entwicklungsbank der Bau eines Abwassersystems aufgenommen werden. Die bisherigen Maßnahmen waren vor allem auf den zentralen Bereich der Stadt konzentriert. Dabei wurde eine Abwasserkanalisation installiert. Die einzelnen Haushalte sind nun gehalten, für einen geeigneten Anschluß an das neue Rohrsystem zu sorgen.

Die räumliche Struktur der Wasserversorgung in Cáceres (siehe Karte 26) ist durch eine gute Versorgung der zentralen Bereiche der Stadt gekennzeichnet. Hier hat der überwie-gende Anteil der Haushalte (> 50%) einen eigenen Anschluß an das öffentliche Wasser-versorgungsnetz, sei es daß ein oder mehrere Zapfstellen im Haus oder eine Zapfstelle außerhalb des Hauses vorhanden ist. Unberücksichtigt ist hier die Zuverlässigkeit der Versorgung in Ausnahmefällen wie Trockenzeit oder Stromausfall. Die Qualität des Wassers ist in diesem Bereich überall gleich. Dort, wo die Wasserversorgung durch das öffentliche System nicht gesichert ist, wird das Wasser aus selbst angelegten Brunnen oder aus Bächen und kleinen Quellen entnommen. In Cáceres sind es vor allem die peripheren Stadtteile, die aus verschiedenen Gründen nicht mit einem Wasserversorgungssystem ausgestattet sind. Der Kostenfaktor für einen weiteren Ausbau des vorhandenen Systems spielt hier eine zentrale Rolle. Durch die stark flächenhafte Expansion der Stadt mit einer deutlich abnehmenden Einwohnerdichte in den Randbereichen wird der Ausbau gemessen

Karte 26   Wasserversorgung in Cáceres

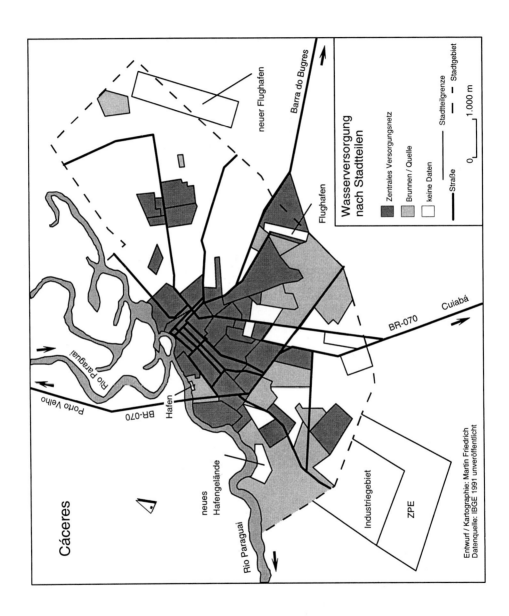

Karte 27   Abwasserentsorgung in Cáceres

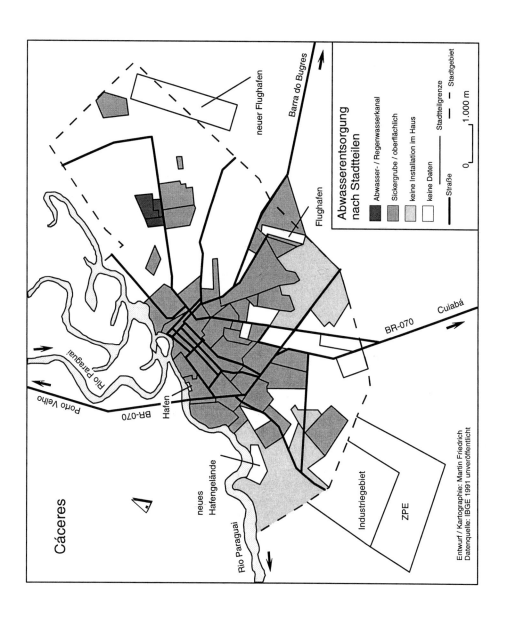

Entwurf / Kartographie: Martin Friedrich
Datenquelle: IBGE 1991 unveröffentlicht

an der Zahl der notwendigen Anschlüsse verhältnismäßig teuer. Hinzu kommt, daß hier die wirtschaftlich schwächsten Mitglieder der Gesellschaft leben, die häufig nicht in der Lage sind, die regulären Preise für Trinkwasser zu bezahlen. Aus Sorge, ohnehin keine Bezahlung zu erhalten, sträuben sich die Wasserversorgungswerke, weitere kostspielige Installationen an der Peripherie zu installieren.

Die Stadtteile an der Peripherie, die mit einem zentralen Versorgungsnetz ausgestattet sind (siehe Karte 26), verfügen über sogenannte isolierte Subsysteme. Hier wird aus einem Brunnen Wasser in einen Hochbehälter gepumpt und von dort aus an die Haushalte des entsprechenden Stadtteils verteilt.

Wie in Karte 27 dargestellt, war - zumindest bis 1991, dem Zeitpunkt der Volkszählung, auf deren Ergebnissen die Daten der Darstellung basieren - in Cáceres kein umfassendes Abwassersystem vorhanden. Auf die Probleme des isolierten Systems in einem Wohngebiet des sozialen Wohnungsbaus wurde oben bereits hingewiesen. Auch eine Kläranlage ist bis heute in Cáceres nicht installiert worden. Alle Abwässer aus Haushalten, Krankenhäusern und Industrie fließen bisher ungeklärt „in natura" und damit letztlich in den Rio Paraguai. Lediglich ein Schlachthof und eine Gerberei haben rudimentäre Kläranlagen zur teilweisen Dekantierung ihrer Abwässer vor der Einleitung in den Fluß.

- **Stromversorgung**

Zur Stromversorgung der Stadt Cáceres wurde 1951 der erste große Dieselgenerator installiert, dessen Kapazität ausreichte, um das Zentrum mit Strom vor allem zur Straßenbeleuchtung zu versorgen. Bis 1970 lag die Stromversorgung im unmittelbaren Verantwortungsbereich der Präfektur. Seit dem Beginn der 70er Jahre, ebenfalls im Rahmen der allgemeinen Zentralisierungsbestrebungen, ging die Zuständigkeit für die munizipale Stromversorgung an die bundesstaatliche Behörde (*Centrais Elétricas de Mato Grosso, CEMAT*) über. Genau wie bei der Wasserversorgung wurde von der *CEMAT* ein kleines Lokalbüro in Cáceres eingerichtet, über welches der Kontakt nach Cuiabá, der Hauptstadt des Bundesstaates, gewahrt werden konnte. Die Stromversorgung über ein per Dieselgeneratoren gespeistes Netz im zentralen Bereich der Stadt blieb bis zum Beginn der 80er Jahre die einzige zentrale Energiequelle. Zu Beginn der 80er Jahre wurde Cáceres an das nationale Energieversorgungssystem angeschlossen. Über eine 230 kV Überlandleitung bekam Cáceres seitdem seinen Strom aus *Cachoeira Dourada* im Nachbarbundesstaat Goiás. Zunächst bedeutete dieser Ausbau einen entscheidenden Fortschritt. Für den jüngst in Cáceres eingerichteten Industriedistrikt erhoffte man sich durch das neue Energieversorgungssystem wichtige Impulse, die die Stadt als zukünftigen regionalen Industriestandort konsolidieren sollten.

Das schnelle Bevölkerungswachstum der Stadt führte zu einer steigenden Stromnachfrage, wodurch das Angebotspotential bald erschöpft wurde. Die Ansiedlung neuer Industriebetriebe nahm allerdings auch trotz der verbesserten Situation im Energiesektor nicht zu. Heute reicht das Energieangebot kaum noch aus, der existierenden Nachfrage zu entsprechen. Potentielle Interessenten aus dem industriellen Bereich sehen in dem inzwischen wieder unzureichenden Energieangebot ein entscheidendes *Handicap* am Standort Cáceres.

Die derzeitige Situation bei der Stromversorgung im Stadtgebiet von Cáceres ist vergleichsweise gut. Lediglich in wenigen Stadtteilen an der Peripherie ist noch die überwiegende Zahl der Haushalte ohne Stromversorgung (siehe Karte 28). Die Tatsache, daß die Mehrzahl der an das Stromnetz angeschlossenen Haushalte auch mit entsprechenden Stromzählern versehen ist, weist auf eine günstige Situation aus wirtschaftlicher Sicht hin. Haushalte ohne Stromzähler bezahlen nämlich lediglich einen Mindestbeitrag an die Energieversorgungswerke und werden somit zu einem wichtigen Unsicherheitsfaktor bei den entsprechenden Wirtschaftlichkeitsberechnungen. Der Anteil illegaler Anschlüsse geht aus den vorliegenden Daten natürlich nicht hervor, spielt aber eine nicht zu vernachlässigende Rolle.

Die Versorgung über das nationale Energienetz hat für Cáceres einerseits den großen Vorteil, daß die Versorgung solange gesichert ist, wie keine technischen Defekte an der Überlandzuleitung auftreten. Andererseits haben vor allem Unwetter schon häufig zu mehr oder weniger schweren Defekten an dieser Leitung geführt. Im Störfall leidet Cáceres unter einem flächendeckenden Stromausfall. Die Leistung vorhandener Dieselaggregate reicht höchstens für die Notversorgung aus. Diese Stromausfälle können von wenigen Stunden bis zu mehreren Tagen dauern. Diese Unsicherheit ist ein weiterer Faktor für die geringe Industriedichte in Cáceres.

Trotz der verschiedenen Defizite, die die heutige Energieversorgungssituation vor allem im wirtschaftlichen Bereich aufweist, kann die Situation aus Sicht der Verbraucher auf Haushaltsebene durchaus als gut bezeichnet werden. Aus Sicht des Energieversorgungsunternehmens *CEMAT* gibt es sicherlich noch Potentiale sowohl im Bereich des Ausbaus des Versorgungsnetzes auf die gesamte Stadt als auch bei der Erhebung der entsprechenden Gebühren. Die Qualität des Leitungsnetzes ist in weiten Bereichen verbesserungswürdig. Hier sind es vor allem die niedrigen technischen Standards der Installationen, die

Karte 28   Stromversorgung in Cáceres

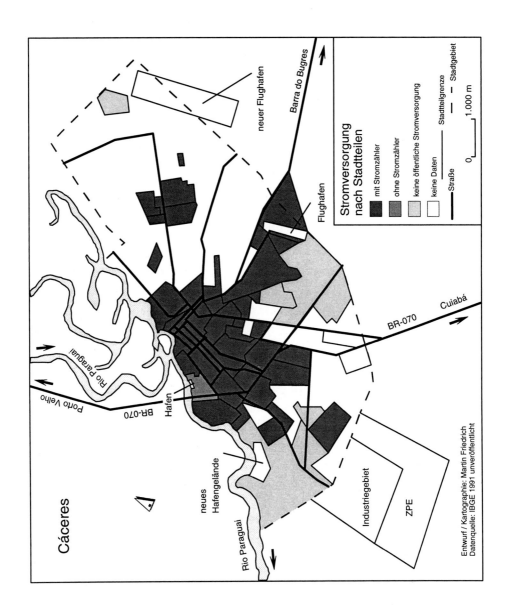

Stromversorgung
nach Stadtteilen

- mit Stromzähler
- ohne Stromzähler
- keine öffentliche Stromversorgung
- keine Daten

Straße
Stadtteilgrenze
Stadtgebiet

0   1.000 m

Entwurf / Kartographie: Martin Friedrich
Datenquelle: IBGE 1991 unveröffentlicht

182

für die Anwohner zur Gefahr werden können. Diese Gefahren entstehen durch die „Selbst-hilfemaßnahmen", auf die bei mangelhaftem Service durch die Verbraucher zurück-gegriffen wird, ohne daß dabei irgendwelche Sicherheitsmaßnahmen berücksichtigt würden. Ausbleibende Reparaturarbeiten zum Beispiel nach Unwettern führen oft zu Gefahren im Bereich umgekippter Strommasten, die nicht umgehend repariert werden.

- **Müllabfuhr**

Die Verantwortung für die Müllabfuhr obliegt in Cáceres, wie in den meisten Städten Brasiliens, direkt der Präfektur. Die Grundproblematik der Müllbeseitigung besteht einerseits in der Sammlung und andererseits in der Lagerung des anfallenden Mülls. Sowohl die täglich anfallende Müllmenge als auch mögliche Ablagerungsflächen sind in Städten der Größenordnung von Cáceres Probleme, die von ihrem Umfang her noch gut zu bewältigen wären. Cáceres wird es nicht wie vielen Megastädten der Dritten Welt drohen, im eigenen Müll zu ersticken. Hier geht es vielmehr darum, geeignete Regelungen zu finden, die eine flächendeckende Müllsammlung unter ökonomischen und sozialen Gesichtspunkten gewährleisten können, sowie Lösungen für eine umweltgerechte und ökologisch sinnvolle Entsorgung und Lagerung des anfallenden Müllaufkommens herbei-zuführen (vergleiche RÖPER 1993).

Die derzeitige Situation in Cáceres zeichnet sich dadurch aus, daß lediglich wieder im zentralen Bereich der Stadt eine regelmäßige Müllabfuhr gewährleistet ist (siehe Karte 29). Die Präfektur hat zwei offene Lastwagen, mit denen im Zentrum täglich der Müll abgefah-ren wird. Im flächenmäßig größten Teil der Stadt wird der anfallende Haushaltsmüll überhaupt nicht in organisierter Form gesammelt und abgefahren. Das hat zur Folge, daß der Müll dort abgelagert wird, wo gerade Platz ist, selbst wenn es sich bei diesem Platz um das leere Nachbargrundstück oder den Straßenrand handelt. Das Bewußtsein für die Gefahren, die mit dieser Form der Müllentsorgung verbunden sind, ist einerseits gering und andererseits sind die Alternativen, sich des Mülls zu entledigen, begrenzt. Häufig wird dieser Müll direkt auf dem eigenen Grundstück verbrannt oder aber vergraben. Nicht nur in den Marginalvierteln findet man Hausmüll auf leeren Grundstücken. Auch in den Wohnvierteln der Ober- und Mittelschicht kommt es vor, daß die beste Form, sich des Problems der Müllbeseitigung zu entledigen, darin gesehen wird, diesen über die Mauer, die das eigene Haus umgibt, auf ein leeres Nachbargrundstück zu werfen. Geruch, streu-nende Tiere und Ungeziefer beeinträchtigen die Lebensqualität in der direkten Umgebung teilweise erheblich. Die Gefahr der Verbreitung von Krankheiten, die mit dieser Form der Müllbeseitigung verbunden ist, braucht nicht weiter hervorgehoben zu werden.

Karte 29   Müllabfuhr in Cáceres

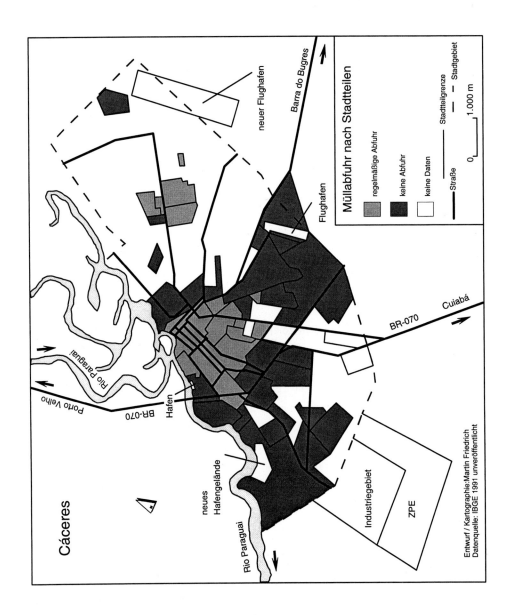

Müllabfuhr nach Stadtteilen

regelmäßige Abfuhr

keine Abfuhr

keine Daten

Straße

Stadtteilgrenze

Stadtgebiet

0   1.000 m

Cáceres

Rio Paraguai

neues Hafengelände

Rio Paraguai

Hafen

BR-070

Porto Velho

BR-070   Cuiabá

Flughafen

neuer Flughafen

Barra do Bugres

Industriegebiet

ZPE

Entwurf / Kartographie:Martin Friedrich
Datenquelle: IBGE 1991 unveröffentlicht

184

Der Anteil des Mülls, der durch die Lastwagen der Präfektur eingesammelt wird, wird bis heute an wechselnden Standorten am Rand des Stadtgebietes unter freiem Himmel und ohne weitere Sicherheitsvorkehrungen abgekippt. Seit Jahren ist die Installation einer Müllrecycling-Anlage in Cáceres vorgesehen. Sowohl aus technischen und administrativen als auch aus finanziellen Gründen konnte sie aber bis heute nicht eingerichtet werden. Zur Zeit bemüht man sich in Zusammenarbeit zwischen der Präfektur und der ortsansässigen bundesstaatlichen Universität, ein gangbares Müllentsorgungskonzept für Cáceres zu entwickeln.

Auf generelle Probleme und Lösungsansätze im Bereich der städtischen Basisinfrastruktur in den beiden untersuchten Regionalzentren wird in Kap. III.1.3.3 eingegangen.

Die Darstellung der Basisinfrastrukturversorgung unter Berücksichtigung intraurbaner Disparitäten zeigt einen generellen Trend auf, der zu dem Ergebnis führt, daß der zentrale Bereich der Stadt unter den gegebenen Gesamtumständen der am besten ausgestattete Teilraum von Cáceres ist. Dieser Bereich ist weitgehend deckungsgleich mit der historischen Altstadt und dem direkt daran anschließenden Erweiterungsgebiet. Außerhalb dieses zentralen Bereiches gibt es keinen weiteren Raum, der eine ähnliche „Versorgungsdichte" aufweist. Mit zunehmender Entfernung vom Zentrum nimmt die Dichte und die Qualität der Infrastrukturversorgung tendenziell ab. Implizit läßt sich aus dieser Struktur die Verschlechterung der Lebensqualität in Richtung Stadtperipherie ableiten. Diese Struktur des abnehmenden zentral-peripheren Lebensqualitätsgradienten weist auf eine noch geringfügige Differenzierung und Umstrukturierung der Stadt Cáceres seit der Zeit ihrer Gründung hin.

Um über die räumliche Differenzierung der Lebensqualität in Cáceres hinaus zu einer sozialräumlichen Differenzierung der Stadt anhand ausgewählter Indikatoren zu kommen, soll in den folgenden Abschnitten die dominierende Bausubstanz sowie die Frequenz von privaten PKW und Telephonen in den Haushalten, wiederum auf Stadtteilebene, untersucht werden.

- **Bausubstanz**

Bei der Betrachtung von Karte 30 , in der die Stadtteile von Cáceres nach der in ihnen dominierenden Bausubstanz der Häuser differenziert werden, fällt zunächst eine klare Zweiteilung auf. Im Zentrum dominieren Steinhäuser, in den im Umkreis liegenden Stadtteilen sind die Häuser überwiegend (> 50%) aus Holz gebaut. Lediglich in drei Gebieten, die inselhaft in von Holzhäusern gekennzeichneten Stadtteilen liegen, überwie-

Karte 30   Bausubstanz in Cáceres

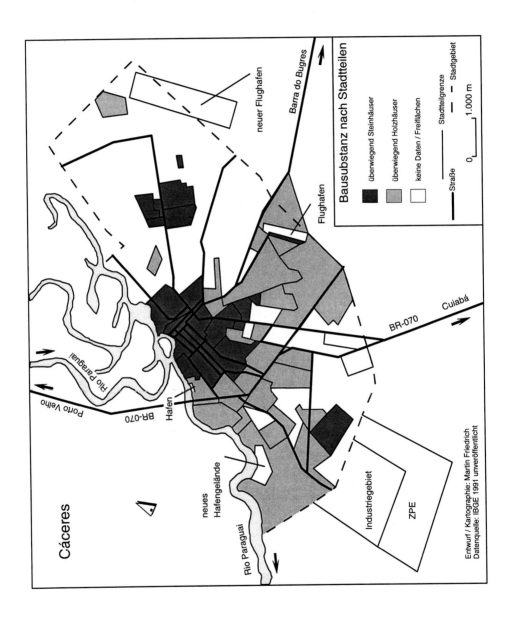

gen, wie im Zentrum, Steinhäuser. Diese Stadtteile sind aus staatlichen oder auch aus privaten Wohnungsbauprojekten hervorgegangen, bei denen das gesamte Wohngebiet gleichzeitig erbaut wurde. Die Steinbauweise im Zentrum überwog seit dem Beginn des 20. Jahrhunderts in Cáceres, der Zeit, in der der Handel in der Stadt florierte und die Handels- und Herrenhäuser der traditionellen Cacerenser Eliten erbaut wurden. In der Erweiterungszone der Altstadt fand ein Konsolidierungsprozeß statt, der im wesentlichen von Händlern und Geschäftsleuten getragen wurde, die ebenfalls Steinhäuser bauten. Der Umbau im Zentrum durch Renovierung und Erweiterung einzelner Gebäude wird heute architektonisch nicht mehr unbedingt der Bauweise der Jahrhundertwende entsprechend, aber auch in Steinbauweise durchgeführt.

Der große Anteil von Holzhäusern außerhalb des Zentrums ist sicherlich auf die lange Zeit problemlose Verfügbarkeit von Holz in der Region zurückzuführen. Als Baumaterial eignet sich Holz bei den ganzjährig vorherrschend heißen Temperaturen gut. Die geringe wirtschaftliche Dynamik in Cáceres, die wenig Potential für soziale Mobilität im Sinne der Verbesserung des Lebensstandards für die Stadtbewohner bietet, verhindert durch geringe Einkommen eine rasche Konsolidierung und Erweiterung der Bausubstanz der Wohnhäuser. Selbst einfache Holzhäuser können aufgrund der wirtschaftlichen Situation ihrer Eigentümer lediglich von Zeit zu Zeit repariert aber nicht baulich konsolidiert werden. Viele Migranten, die mit hohen Erwartungen an Arbeitsplätze und verbesserte Lebensbedingungen nach Cáceres gekommen sind, werden oft in ihren Hoffnungen enttäuscht, bleiben aber aufgrund schlechter Erfahrungen im ländlichen Bereich lieber in der Stadt.

- **Privat-PKW und Telephon**

Es gibt eine Beziehung zwischen dem Anteil von Haushalten mit privaten PKW und Telephonanschlüssen an der Gesamtzahl der Haushalte und dem Lebensstandard ihrer Besitzer. Dabei deutet das Vorhandensein der beiden Merkmale in einem Haushalt auf einen vergleichsweise höheren Lebensstandard hin. Da PKW und Telephon vor allem in weniger entwickelten Regionen nur in einem geringen Anteil aller Haushalte vorhanden sind, stellen sie ein aussagekräftiges Unterscheidungskriterium dar. Auf der nationalen Maßstabsebene ist in Brasilien in den Metropolitanzentren der entwickeltsten Regionen im Südosten eine vergleichsweise hohe Dichte der beiden Indikatoren festzustellen (BRE-MAEKER 1988).

Übertragen auf die Maßstabsebene der Stadt werden die beiden genannten Indikatoren auf Stadtteilebene unter Berücksichtigung des Anteils der Haushalte, in denen ein privater

PKW beziehungsweise ein Telephon vorhanden ist, miteinander verglichen und räumlich differenziert (siehe Karte 31 und Karte 32).

Bei der Interpretation der Ergebnisse, die in den Karten 31 und 32 dargestellt sind, fällt auf, daß es in Cáceres lediglich einen Stadtteil gibt, in dem mehr als 30% der Haushalte mit einem privaten PKW ausgestattet sind. Dieser Stadtteil wiederum liegt im zentralen Bereich der Stadt. In zahlreichen Stadtteilen liegt der Anteil der Haushalte mit privatem PKW zwischen 6% und 30%. Diese Stadtteile liegen überwiegend in der zentralen Altstadt und in den sich daran direkt anschließenden Erweiterungsgebieten. In wenigen Stadtteilen des Stadtrands, die im Rahmen öffentlicher Wohnungsbauprogramme aber auf der Grundlage privater Finanzierung entstanden sind, findet man ebenfalls Anteile zwischen 6 und 30%. Bei dieser Gruppe mit Anteilen von 6 bis 30% ist weiterhin darauf zu achten, daß gerade in einigen der peripheren Stadtteile die Einwohnerzahl und daraus abzuleiten auch die Zahl der Haushalte vergleichsweise gering ist (siehe Karte 33) und dadurch selbst bei einem geringen absoluten „PKW-Besatz" hohe relative Werte zustandekommen können. Des weiteren gibt es zahlreiche Stadtteile, in denen der Anteil der Haushalte mit privatem PKW lediglich bis unter 5% liegt.

Die Betrachtung der Ergebnisse zur Untersuchung der Anteile der Haushalte mit Telephon nach Stadtteilen (siehe Karte 32) zeigt in groben Zügen eine Zweiteilung: im Zentrum und dem dazugehörigen Erweiterungsbereich mittlere bis hohe, in allen übrigen Bereichen dagegen extrem niedrige Anteile bis maximal 5%. Der Anteil von Haushalten mit Telephon ist direkt im Zentrum am höchsten. Durch seine Funktion als wichtigster Standort von Gewerbe- und Dienstleistungen in Cáceres weist dieser Stadtteil die im intraurbanen Vergleich höchsten Werte (36% und mehr) auf. Die niedrigen Werte in zahlreichen Stadtteilen nicht nur der Peripherie sind einerseits auf die hohen Installationskosten, andererseits auf das geringe wirtschaftliche Potential der Bewohner und nicht zuletzt auf ein geringes Interesse der bundesstaatlichen Betreibergesellschaft (*Telefonía de Mato Grosso, TELEMAT*), ihr Angebot auf diese Bereiche auszudehnen, zurückzuführen. Technische und administrative Defizite bei der TELEMAT führen in vielen Fällen zu erheblichen Wartezeiten zwischen der Antragstellung und der Installation vieler beantragter Telephonanschlüsse. Mit der erst vor kurzem erfolgten Einbindung von Cáceres in den Einzugsbereich des Satellitentelephonservice erhöht sich zwar die Flexibilität beim Zugang zum Telephonservice. Gleichzeitig wirken sich hohe Kosten hier besonders selektiv auf den Kreis der potentiellen Nutznießer aus. Mit Sicherheit hat aber trotz aller Restriktionen durch Preise und selektive Erreichbarkeit die Nutzung von „handies" im Laufe der 90er Jahre stark zugenommen und wird in Zukunft dem weltweiten Trend der Zunahme der Zahl mobiler Telephone folgen.

Karte 31   Anteil der Haushalte mit privatem PKW

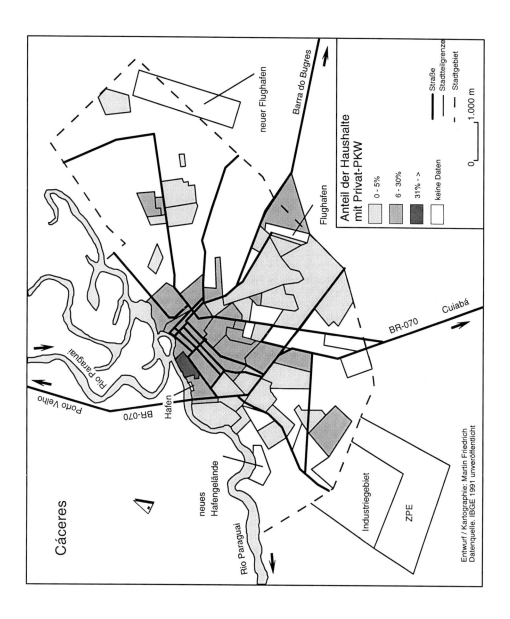

Entwurf / Kartographie: Martin Friedrich
Datenquelle. IBGE 1991 unveröffentlicht

Karte 32   Anteil der Haushalte mit Telephonanschluß

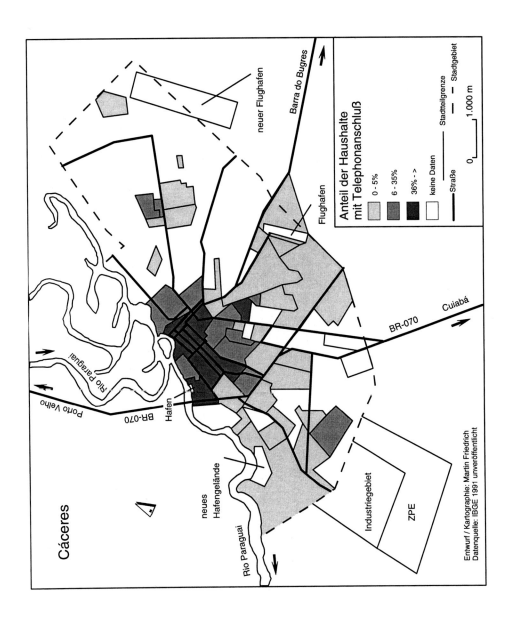

Karte 33 **Einwohner pro Stadtteil in Cáceres**

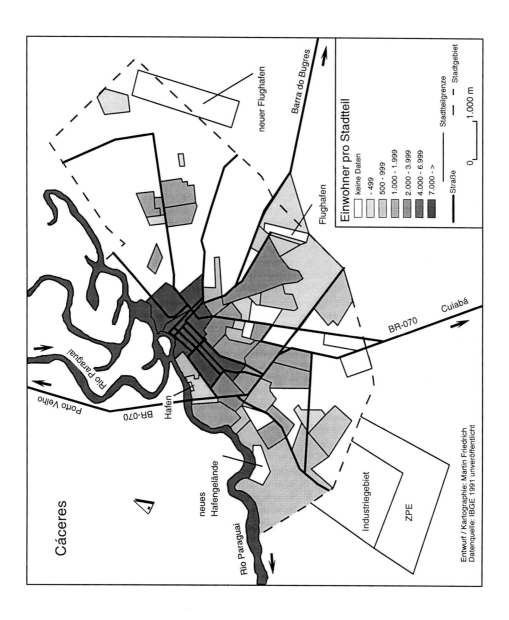

Einwohner pro Stadtteil

keine Daten
- 499
500 - 999
1.000 - 1.999
2.000 - 3.999
4.000 - 6.999
7.000 - >

Straße
Stadtteilgrenze
Stadtgebiet

0   1.000 m

Entwurf / Kartographie: Martin Friedrich
Datenquelle: IBGE 1991 unveröffentlicht

●   **Die sozialräumliche Struktur von Cáceres - eine Synthese -**

Auf der Grundlage der oben betrachteten Indikatoren (zum methodischen Vorgehen siehe Kap. III.1.3), die sich einerseits auf die Lebensbedingungen beziehungsweise die Lebensqualität in den Stadtteilen von Cáceres beziehen (Basisinfrastrukturausstattung), und die andererseits Hinweise auf die wirtschaftliche Situation der Cacerenser Haushalte geben (privater PKW und Telephonanschluß), soll nun die allgemeine sozialräumliche Situation und ihre Differenzierung wiederum auf Stadtteilebene betrachtet werden. Auf der Grundlage des Ausstattungsindex (siehe Kap. III.1.3) wurden die Stadtviertel von Cáceres den Rangstufen niedrigster Rang (sehr defizitäre Ausstattung), niedriger Rang (defizitäre Ausstattung), mittlerer Rang (durchschnittliche Ausstattung) und hoher Rang (gute Ausstattung) zugeordnet (siehe Karte 34).

„Übersetzt" man den auf der Grundlage ihrer Infrastrukturausstattung und ihrer wirtschaftlichen Situation erreichten Rang der Stadtviertel in eine Klassifizierung nach der anteilsmäßig dominierenden sozialen Schicht in diesen Stadtvierteln, so sind die Viertel mit hohem Rang die Wohnbereiche der lokalen Oberschicht und der oberen Mittelschicht, die mit mittlerem Rang die Wohngebiete der Mittelschicht, die Stadtviertel mit niedrigem Rang die Wohngebiete der unteren Mittelschicht und die Viertel der niedrigsten Rangstufe letztlich die Wohngebiete der Unterschicht (siehe Karte 35).

Karte 35 zeigt sehr deutlich, daß in Cáceres die Oberschicht und die obere Mittelschicht sich vollständig auf das Zentrum der Stadt konzentriert. Bezeichnend ist hier, daß sich diese Situation von der Gründung der Stadt bis heute nicht verändert hat. In Cáceres gab es bisher keinerlei Bestrebungen von Angehörigen der Oberschicht, das Zentrum zu verlassen. Die geringe wirtschaftliche Dynamik ist einerseits durch den Bedeutungsverlust im Zuge der zahlreichen Munizipneugründungen im direkten Hinterland zu begründen. Andererseits rückte Cáceres, ohne seinen Standort zu verlagern, im Zuge der wirtschaftsräumlichen Entwicklung Mato Grossos und des brasilianischen Mittelwestens sozusagen in den Windschatten des Entwicklungsbooms. Als städtisches Zentrum des konvergierenden Wirtschaftsraumes des Pantanal verfiel die Stadt in Stagnation. Diese Stagnation spiegelt sich auch in der sozialräumlichen Struktur von Cáceres. Die Familien der Oberschicht, häufig Angehörige traditioneller Eliten, die einst das Wirtschaftsgeschehen dominierten, waren nicht in der Lage, sich durch ausreichende Innovationsfähigkeit aus dem o.g. Windschatten herauszumanövrieren. Dadurch haben sie nun weder die Mittel noch das Interesse, ihren lokalen Wirkungsraum zu erweitern. Dadurch bleiben sie, sofern sie die Stadt nicht ganz verlassen, an ihre traditionellen Wohnstandorte im Zentrum der Stadt gebunden. Ein weiterer konstanter Faktor sind die Wohnviertel der Militärs der

Karte 34   Stadtviertel von Cáceres nach Rangstufen

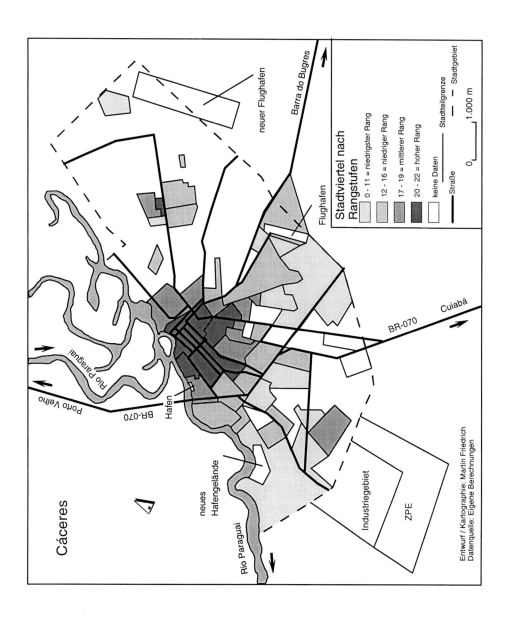

Karte 35   Sozialräumliche Struktur von Cáceres

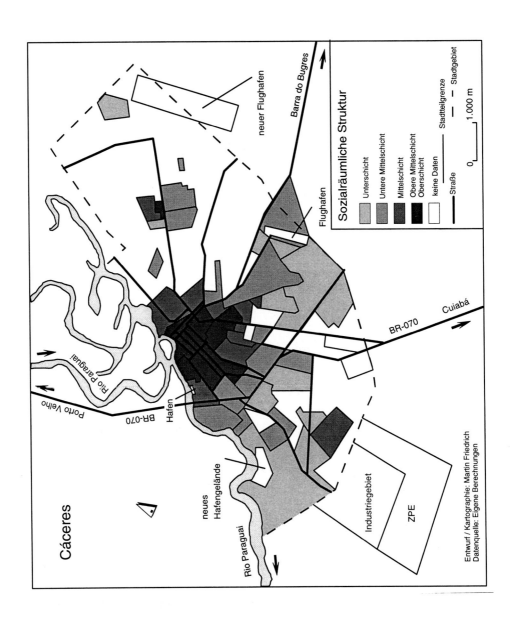

oberen Ränge. Hier handelt es sich um Dienstwohnungen, die ebenfalls noch im Zentrum der Stadt liegen. Die interne Fluktuation durch den personellen Wechsel im Militär kommt aus sozialräumlicher Sicht nicht zum Tragen.

Die Stadtviertel der Mittelschicht, die sich unmittelbar an die zentrale Altstadt anschließen, werden zum größten Teil von bereits länger in Cáceres ansässigen Bevölkerungsgruppen bewohnt. Bei ihnen handelt es sich um Angestellte des öffentlichen Dienstes (*funcionários públicos*), die in der lokalen Verwaltung, als Lehrer oder als Bedienstete anderer öffentlicher Einrichtungen tätig sind. Hinzu kommen Inhaber von Geschäften sowie freiberuflich Tätige. Auch bei dieser Bevölkerungsgruppe ist keine bedeutende intraurbane Mobilität festzustellen. Eine gewisse Fluktuation entsteht in diesen Mittelschichtvierteln dadurch, daß Familien neu nach Cáceres kommen, weil sie hier eine neue Anstellung, beispielsweise in der bundesstaatlichen Universität, gefunden haben. Gerade an dieser Universität ist der Anteil von Berufsanfängern vergleichsweise hoch. Der akademisch wenig attraktive Standort und die relative soziale Isolation in Cáceres führen dazu, daß man einerseits sehr leicht eine Anstellung erhält, dann aber so schnell wie möglich versucht, sich an einen anderen attraktiveren Standort zu bewerben oder zur Weiterqualifikation beispielsweise nach Cuiabá zieht.

Die dynamischen Stadtviertel von Cáceres sind die der unteren Mittelschicht und der Unterschicht. Sie lagern sich als großer Ring an den zentralen Teil der Stadt an. Innerhalb dieses Rings kommt es zur „Verzahnung" von Vierteln der unteren Mittelschicht und der Unterschicht. Die Dynamik dieser Stadtviertel ist in erster Linie auf den rapiden flächenhaften Expansionsprozeß zu beziehen. Die billigeren Grundstücke beziehungsweise Mieten in den zentrumsnäheren Bereichen und die Möglichkeit zu illegalem Siedeln am Stadtrand ziehen die Zuwanderer vor allem aus dem ländlichen Hinterland besonders an. Aufgrund der sich sukzessive verschlechternden Verhältnisse in den älteren Pionierfrontgebieten im direkten Hinterland von Cáceres und an der amazonischen Pionierfront in Rondônia migrieren viele Familien zurück in die konsolidierteren Regionalzentren. Ein weiterer dynamischer Faktor in den Stadtvierteln der unteren Mittelschicht und der Unterschicht sind die intraurbanen Migrationsprozesse, die in Cáceres vor allem hier eine Rolle spielen. Gründe für dieses rege intraurbane Migrationsverhalten liegen in der sozialen Mobilität. Familien, die aufgrund eines sinkenden Familieneinkommens die Miete im Zentrum nicht mehr bezahlen können oder gezwungen sind, ihr Haus zu verkaufen, werden in die Stadtviertel der Peripherie verdrängt. In einzelnen Fällen ist die Möglichkeit, im Rahmen privater Wohnungsbauprojekte ein eigenes Haus zu erstehen, durch den Umzug an die Peripherie mit billigeren Grundstückspreisen zu realisieren gewesen. In diesen Fällen entstanden einige isolierte Mittelschichtviertel in extremer Stadtrandlage.

Das größte Problem dieser meist unkontrollierten Stadtexpansion liegt in der dispersen Siedlungsweise. Die Versorgung mit Strom, Wasser etc. wird hier extrem kostspielig für die Versorgungsunternehmen und fehlt daher in vielen der Stadtviertel der Peripherie bis heute.

Die sozialräumliche Struktur von Cáceres zeichnet sich also durch einen vom Zentrum an die Peripherie sinkenden Sozialgradienten aus. Intraurbane Migrationsprozesse zeigen demgegenüber vom Zentrum Richtung Peripherie zunehmende Intensität. Das Wachstum der Stadt findet in erster Linie an den Rändern und in den Stadtvierteln der Peripherie durch Verdichtung der Siedlungsstruktur statt. Im Zentrum ist eine weitere Verdichtung nur noch durch Vertikalisierung der Baustruktur möglich. Hier gibt es aber bis heute keinerlei bemerkenswerte Ansätze. Auch das mag ein Hinweis auf eine insgesamt stagnierende Stadtentwicklung sein.

III.1.3.2 Basisinfrastrukturausstattung, Bausubstanz und sozialräumliche Struktur von Rondonópolis

Auch in Rondonópolis weist die Basisinfrastruktur insgesamt erhebliche Mängel auf. Innerhalb des Stadtgebietes läßt sich ein differenziertes räumliches Muster in der Versorgung der verschiedenen Stadtviertel feststellen.

• **Wasserversorgung und Abwasserentsorgung**

In Rondonópolis untersteht die Wasserversorgung ebenfalls der matogrossensischen *SANEMAT*. Damit bestehen auch hier Probleme bei der Koordination lokaler Anliegen mit den in Cuiabá ansässigen verantwortlichen Stellen. Um diesen Problemen künftig wenigstens teilweise aus dem Wege zu gehen, und in der Hoffnung eine bessere Versorgung der Rondonopolitaner Bevölkerung gewährleisten zu können, verhandelt die Munizipverwaltung in den letzten Jahren über die Möglichkeit der Übernahme der Verantwortung und Entscheidungskompetenz im Bereich der Wasserversorgung. Zu diesem Ansatz zur Lösung von administrativen und finanziellen Problemen im Bereich der Infrastrukturverwaltung sei hier auf Kapitel III.1.3.3 verwiesen.

Die Wasserversorgung in Rondonópolis geschieht über zwei Systeme. Das eine - zentrale - System wird durch Wasserentnahme aus dem *Rio Vermelho* gespeist und versorgt im wesentlichen den zentralen Bereich der Stadt. Das andere System besteht aus dezentralen Teilsystemen. Dabei wird an ca. 20 Stellen über artesische Brunnen (*poços artesianos*)

Wasser in Wassertürme gefördert. Von dort aus werden die umliegenden Stadtteile per Leitungssystem versorgt. Bei beiden Systemen wird lediglich eine Chlorierung zur Desinfektion des Wassers vorgenommen. Über die beiden genannten Systeme sind ca. 90% der Rondonopolitaner Haushalte mit Wasser versorgt. Die Qualität der Versorgung variiert dabei in verschiedenen Stadtteilen trotzdem enorm. Lediglich an der äußersten Peripherie der Stadt gibt es einige Stadtviertel, in denen sich die Bewohner ihr Wasser aus kleinen Quellen oder Bächen schöpfen müssen (siehe Karte 36). Damit kann Rondonópolis eine vergleichsweise gute Versorgung seiner Einwohner mit Wasser vorweisen.

Bei der weiterhin starken Einwohnerzunahme der letzten Jahre und dem damit in Verbindung stehenden flächenhaften Wachstum ist die Instandhaltung und Erweiterung des Leitungsnetzes und die Bohrung neuer Brunnen eine immer schwierigere Aufgabe für das Versorgungsunternehmen. Finanzielle Probleme stehen hier im Vordergrund. Einerseits wird auf kommunaler Ebene häufig unterstellt, daß die Verteilung der Mittel auf die Munizipien seitens der *SANEMAT* nicht ordnungsgemäß stattfinde und dadurch eine ordnungsgemäße Instandhaltung nicht möglich sei. Andererseits ist die Erhebung der Wassergebühren bei den Verbrauchern ein schwerwiegendes Problem. Da lediglich ein geringer Anteil der Haushalte mit Wasseruhren ausgestattet ist, wird der Verbrauch über ein Schätzverfahren berechnet, das sich nach der Wohnfläche der Haushalte richtet. Ca. 50% der Haushalte bezahlen lediglich einen verbrauchsunabhängigen Mindestbeitrag. Diese Tatsache führt zu einem geringen Sparbewußtsein bei den Verbrauchern und somit zur weitverbreiteten Verschwendung der Ressource Wasser. Ein weiteres Problem stellt die Zahlungsunfähigkeit der Verbraucher dar. Aus den verschiedensten Gründen werden die Wasserrechnungen nicht pünktlich oder auch gar nicht bezahlt. Fehlendes Personal und im Vergleich zu den ausbleibenden Einnahmen viel zu hohe Verwaltungskosten für die Überprüfung der Zahlungseingänge und die Durchführung von Mahnverfahren sind Gründe dafür, daß zahlreiche Rechnungen einfach unbezahlt bleiben. Die schwierige wirtschaftliche Situation der armen Bevölkerung ist ein weiterer Grund für ausbleibende Zahlungen.

Ein wesentlich größeres Problem stellt die weitgehend fehlende oder aber völlig unzureichende Abwasserentsorgung dar. Auch in Rondonópolis gibt es bis heute keine funktionierende Kläranlage. Daher fließen alle Abwässer entweder direkt über die vorhandenen Regenwasserkanäle oder aber indirekt in die Bäche und Flüsse im Stadtgebiet. Zahlreiche Initiativen und Finanzierungsprogramme wurden in den letzten 20 Jahren auf den Weg gebracht, gestoppt und reaktiviert, ohne daß auch nur eine einzige Kläranlage für Rondonópolis jemals fertiggestellt worden wäre. Verfolgt man die Presseberichte zum Thema Kläranlage in Rondonópolis, zeigt sich sehr deutlich die Instrumentalisierung

Karte 36   Wasserversorgung in Rondonópolis

dieser Einrichtung für den politischen Wahlkampf. In den Wahlkampfphasen gab es immer wieder Versprechungen für neue Finanzierungen, nach dem Wahlkampf geriet das Thema schnell wieder in Vergessenheit. Gerade Maßnahmen aus dem Bereich Infrastrukturausbau werden aufgrund ihres unmittelbaren Interesses für einen großen Teil der Wahlberechtigten werbewirksam eingesetzt. Das Ausmaß der realisierten Maßnahmen liegt selbstverständlich immer weit hinter dem Ausmaß der Versprechungen zurück.

Für die unmittelbare Lebensqualität auf Haushaltsebene ist die Ableitung der Abwässer zunächst von großer Bedeutung. In den zentralen Stadtvierteln und in wenigen weiteren Stadtvierteln von Rondonópolis geschieht dies über das vorhandene Regenwasserkanalisationssystem. Dadurch bestehen in diesen Bereichen keine direkten Beeinträchtigungen durch Abwässer. In allen anderen Stadtteilen fehlt jegliches Kanalisationssystem (siehe Karte 37). Hier wird das Abwasser vorwiegend in Sickergruben geleitet oder es fließt in den schlechtesten Fällen direkt oberflächlich ab. In flußnahen Bereichen und dort, wo das Grundwasser sehr flachgründig ist, gibt es starke Beeinträchtigungen durch den schlechten Abfluß der Abwässer. Abgesehen von unangenehmer Geruchsbelästigung besteht hier eine direkte gesundheitliche Gefährdung der Bewohner. Diese Gefährdung folgt einerseits aus dem direkten Kontakt mit Fäkalien und der Anziehung von Ungeziefer, das wiederum Krankheiten übertragen kann, und andererseits wird über die Verschmutzung des Grundwassers auch die Trinkwasserqualität stark beeinträchtigt. Die mangelhafte Abwasserklärung ist heute noch in allen Städten Lateinamerikas eines der schwerwiegendsten Probleme vor allem auf der Ebene der Haushalte. Es ist kaum zu fassen, daß in ganz Lateinamerika am Ende des 20. Jahrhunderts nur ca. 2% der Abwässer überhaupt behandelt werden (WEHRHAHN 1993: 89).

- **Stromversorgung**

Auch Rondonópolis ist an das nationale Stromversorgungsnetz angeschlossen und wird über eine Überlandleitung aus *Cachoeira Dourada* im Bundesstaat Goiás versorgt. Für die örtlichen Ausbau- und Instandhaltungsmaßnahmen ist die *CEMAT* (*Centrais Elétricas de Mato Grosso*) mit Sitz in Cuiabá zuständig. Ein örtliches Büro der *CEMAT* hält den Kontakt zwischen der kommunalen und der bundesstaatlichen Ebene aufrecht.

Das rapide Bevölkerungswachstum der Stadt hat zu einem extrem flächenhaften Wachstum geführt. Dieses stellt das Versorgungsunternehmen CEMAT vor häufig unlösbare Probleme bei der Erweiterung des Stromnetzes; die Bewohner der wie Pilze aus dem Boden schießenden neuen Stadtviertel müssen oft lange Zeit warten, bis auch sie mit einem Stromanschluß versorgt werden.

Karte 37   Abwasserentsorgung in Rondonópolis

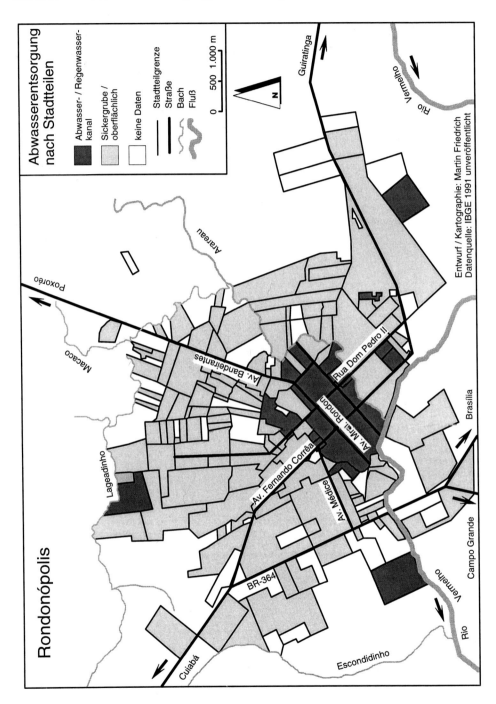

Insgesamt sind in Rondonópolis ca. 90% der Haushalte in irgendeiner Form mit Strom versorgt. Lediglich an der äußersten Peripherie finden sich einige Viertel, die noch nicht an das Stromnetz angeschlossen sind (siehe Karte 38). Der überwiegende Teil der Haushalte ist auch mit Stromzählern ausgestattet. Während in den zentralen Bereichen weitgehend alle Haushalte direkt mit Strom versorgt werden können, beschränkt sich die öffentliche Versorgung an der Peripherie häufig auf eine einzige Zuleitung bis an einen zentralen Punkt im Stadtviertel. Von dort aus müssen die Bewohner in selbständiger Initiative unter oft lebensgefährlichen Bedingungen den Strom in ihre Häuser legen.

Die Qualität der Stromversorgung ist in zweierlei Hinsicht teilweise stark beeinträchtigt. Zu den Spitzenzeiten des Stromverbrauchs kommt es immer wieder zur Überlastung des Stromnetzes, mit der Folge, daß ganze Stadtteile bis zu mehreren Stunden ohne Stromversorgung bleiben können. Insgesamt ist das Energiepotential so niedrig, daß manch neue Industrieansiedlung dadurch verhindert wird, daß keine ausreichende und vor allem zuverlässige Energieversorgung garantiert werden kann. Des weiteren ist auch in diesem Sektor die geringe Zahlungsmoral der Verbraucher sowie die illegale Anzapfung von Stromleitungen ein nicht zu unterschätzendes Problem. Beschwerden der Verbraucher über die schlechte Versorgung stehen den Beschwerden der Versorgungsgesellschaft über die schlechte Zahlungsmoral und den „Stromraub" gegenüber. Jede Partei begründet ihr Verhalten oder ihre Leistung mit den Defiziten der anderen.

• **Müllabfuhr**

Für die Müllabfuhr ist in Rondonópolis die Gesellschaft für die Entwicklung von Rondonópolis (*Companhia de Desenvolvimento de Rondonópolis, CODER*) zuständig. Die Präfektur hat die Anteilsmehrheit an dieser Firma, die außerdem noch weitere Aufgaben im Bereich städtischer Infrastruktur und Stadtentwicklung wahrnimmt.

Die Sammlung des Mülls findet in vielen Stadtteilen regelmäßig statt (siehe Karte 39). Regelmäßig kann hier allerdings einerseits täglich und andererseits einmal pro Woche bedeuten. Bei den hohen Temperaturen, die in der Region das ganze Jahr hindurch vorherrschen, bedeutet die nur wöchentliche Müllabfuhr bereits eine starke Beeinträchtigung, zumal vielfach die Möglichkeit einer geeigneten Zwischenlagerung in den Haushalten fehlt. Regelmäßig kann sich weiterhin auf die Abfuhr vor jedem Haus oder auf die Abfuhr an zentralen Sammelstellen einzelner Stadtteile beziehen. Daraus wird ersichtlich, daß die Qualität der Dienstleistung von Stadtteil zu Stadtteil sehr unterschiedlich sein kann.

Karte 38   Stromversorgung in Rondonópolis

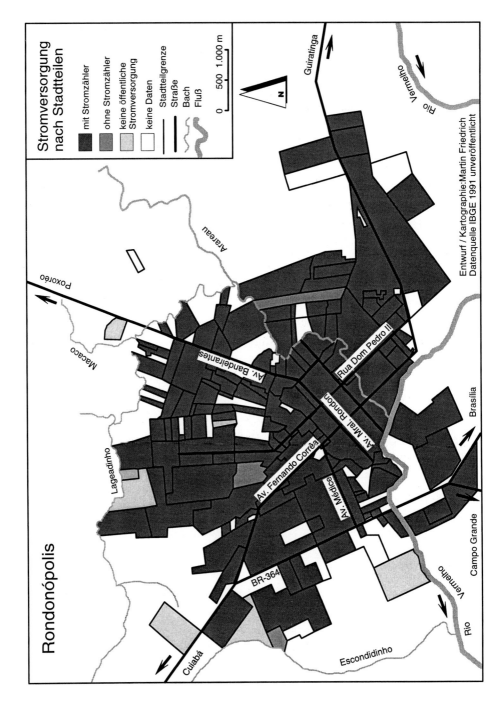

In vielen Stadtvierteln sind die Straßen und Wege so schlecht, daß die großen Lastwagen der Müllabfuhr gar nicht in der Lage sind, dort den Müll abzutransportieren. Das führt dazu, daß der anfallende Hausmüll vielfach direkt am Straßenrand oder auf leeren Grundstücken abgelagert wird. Die Beeinträchtigung der Bevölkerung durch Geruch, Ungeziefer und streunende Hunde ist vielfach erheblich. Um trotz der unwegsamen Straßen die Abfuhr von Müll zu gewährleisten hat die *CODER* seit einigen Jahren Pferdekarren eingesetzt, mit denen nun auch ein Teil der unzugänglicheren Stadtviertel von ihrem Müll befreit werden können. Trotzdem bleibt noch ein beträchtlicher Teil der Rondonopolitaner Haushalte, deren Müll nicht abgefahren wird (siehe Karte 39).

Auch bei der Lagerung des Mülls gibt es in Rondonópolis erhebliche Schwierigkeiten. Die neue Deponie, ca. 13 km vom Stadtzentrum an der Straße nach Poxoréo gelegen, entspricht zwar einem relativ hohen Standard. Die Müllgruben wurden am Boden mit Kunststoffplanen abgedichtet und werden nach vollständiger Auffüllung mit Erdreich abgedeckt. Krankenhausmüll wird bereits getrennt gelagert oder aber verbrannt. Hierher gelangt selbstverständlich nur der von der *CODER* gesammelte Müll. Ein wesentlich ernsthafteres Problem besteht im Bereich einer früheren Mülldeponie direkt am heutigen Stadtrand. Diese wurde nach ihrer Stillegung mit Erdreich abgedeckt. Im Zuge der unkontrollierten Expansion der Siedlungsfläche kam es danach auch zur illegalen Besiedlung dieser ehemaligen Deponie. Neben der Tatsache, daß weitgehend ungeklärt ist, welchen Belastungen die Bewohner des neu entstandenen Stadtviertels tatsächlich ausgesetzt sind, entsteht ein weiteres Problem dadurch, daß durch Erosion die Erdschicht über dem Müll sukzessive abgetragen wird, die Abfälle nun nach und nach an der Oberfläche zum Vorschein kommen. Der schwierige Zugang zu einem Grundstück in Rondonópolis hält die Bewohner des Stadtviertels aber davon ab, diesen Stadtteil zu verlassen. Teilweise sind auch hier konsolidierte Wohnhäuser entstanden, die zu verlassen keine der Familien gewillt ist. Besonders tragisch ist in diesem Falle die Tatsache, daß die Stadtverwaltung dem Besiedlungsprozeß nicht etwa von Anfang an entgegengewirkt hat, sondern durch die Verlegung von Wasser- und Stromleitungen, den Bau eines Gesundheitspostens und einer Schule aktiv zur Konsolidierung dieses Stadtviertels beigetragen hat.

Dieses Beispiel macht deutlich, daß nicht nur pragmatische Probleme wie die der Müllabfuhr und -lagerung durch effiziente und finanzierbare Lösungsansätze angegangen werden müssen, sondern daß auch längerfristige Konzepte in Abstimmung mit anderen Prozessen der Stadtentwicklung in Einklang gebracht werden müssen.

Karte 39   Müllabfuhr in Rondonópolis

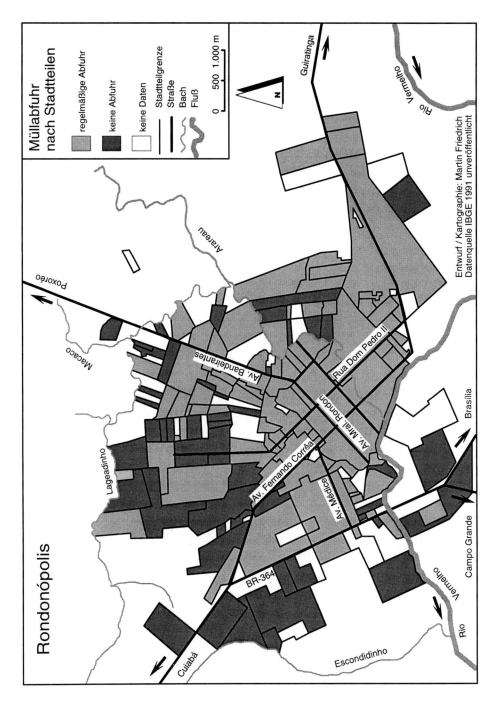

Auch für Rondonópolis soll im Anschluß an die Betrachtung der Wasserversorgung, Abwasserentsorgung, Stromversorgung und Müllabfuhr eine Untersuchung der Situation bei der vorherrschenden Bausubstanz und dem Vorhandensein von privaten PKW und Telephonen in den Haushalten auf Stadtteilebene durchgeführt werden. Diese Indikatoren sollen dazu beitragen, über die Lebensqualität hinaus die wirtschaftlichen Verhältnisse der Rondonopolitaner Haushalte abzuschätzen.

• **Bausubstanz**

In fast allen Stadtteilen von Rondonópolis ist die überwiegende Zahl der Häuser aus Stein gebaut (siehe Karte 40). Das schnelle flächenhafte und oft unkontrollierte Wachstum der Stadt wird also von einem relativ raschen Konsolidierungsprozeß, zumindest in Bezug auf die Bausubstanz der Häuser, begleitet. Dieser Konsolidierungsprozeß ist gleichzeitig Ausdruck einer verbesserten Lebensqualität. Einen wichtigen Beitrag zu diesem Konsolidierungsprozeß leisten sicherlich zahlreiche meist spontane Hilfsaktionen der Präfektur. Durch die Bereitstellung von Baumaterial können in Nachbarschaftshilfe immer wieder einzelne Häuser neu gebaut oder konsolidiert und erweitert werden.

Der bereits erwähnte deutsche Pater (siehe Kap. III.1.2.2) trug durch seine Projekte entscheidend zum Aufbau und zur Konsolidierung zahlreicher Stadtteile in Rondonópolis bei. In den letzten Jahren hat er mit seinem Einsatz dazu beigetragen, daß über Geldspenden aus Deutschland und Materialspenden aus der Rondonopolitaner Geschäftswelt insgesamt fast 1.000 Steinhäuser gebaut werden konnten. Das bedeutet, daß allein aufgrund dieser Hilfe 1.000 Familien, das entspricht ca. 5.000 Personen, in Rondonópolis ein festes Dach über dem Kopf bekommen haben.

Durch die flächenhafte Darstellung in Karte 40 sollte nicht der Eindruck entstehen, daß das gesamte Stadtgebiet von Rondonópolis gleichermaßen dicht besiedelt ist. Die Zahl der Einwohner pro Stadtviertel variiert insgesamt stark (siehe Karte 41). Aufgrund fehlender Daten zur Grundfläche der Stadtviertel konnte kein expliziter Wert für die Bevölkerungsdichte berechnet werden. Die meisten Einwohner konzentrieren sich im Zentrum der Stadt. Die Zahl der Einwohner und die Größe der Stadtteile variiert im Stadtgebiet stark. Tendenziell nimmt die Einwohnerdichte aber zum Stadtrand hin ab.

Karte 40   Bausubstanz in Rondonópolis

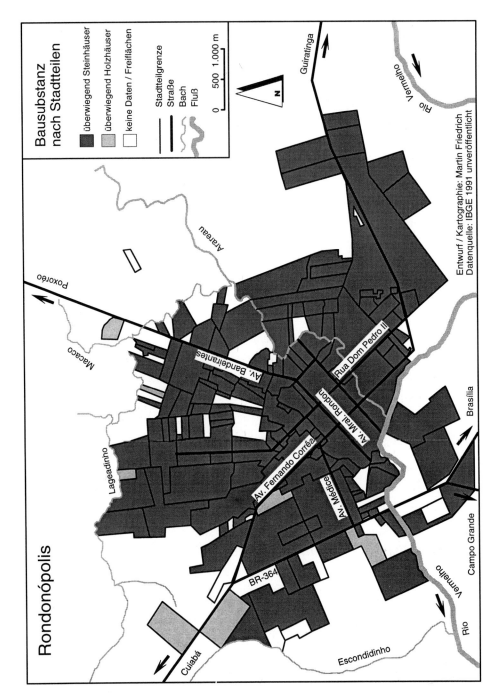

Karte 41   Einwohner pro Stadtteil in Rondonópolis

- **Privat-PKW und Telephon**

Für Rondonópolis sollen die Anteile der Haushalte pro Stadtteil mit privatem PKW und Telephonanschluß gleichermaßen wie für Cáceres Aufschluß über die wirtschaftliche Situation der Haushalte geben.

Die höchsten Werte für die PKW-Dichte liegen in Rondonópolis nicht im Zentrum der Stadt, sondern in den im Südosten, Norden und Nordwesten direkt daran anschließenden Stadtvierteln. Dieses sind diejenigen Viertel, die als Erweiterungsräume des Zentrums zu bezeichnen sind. Hier siedelten sich viele ehemalige Bewohner des Zentrums in den 80er Jahren aufgrund der Verbesserung ihrer wirtschaftlichen Verhältnisse an. Mittlere Anteile von Haushalten mit privatem PKW finden sich im Zentrum und in allen anderen Bereichen der Stadt. Die Stadtteile mit dem geringsten Anteil von Haushalten mit privatem PKW liegen fast alle an der Peripherie der Stadt (siehe Karte 42). Die Tatsache, daß in Rondonópolis nicht im Zentrum die höchsten Werte zu finden sind, hängt mit der dominant gewerblichen Nutzung dieses Bereich zusammen, wobei der Anteil privater Haushalte hier geringer ist. Es besteht noch ein anderer Zusammenhang, der aus heutiger Sicht aber lediglich als Interpretation verstanden werden kann und nicht aus der Datengrundlage zu ersehen ist. Einerseits hat besonders nach dem Zeitpunkt des Zensus 1991 eine Intensivierung der Vertikalisierung mit dem Bau moderner Wohnhochhäuser stattgefunden, im Zuge derer erneut Angehörige der Oberschicht und der oberen Mittelschicht in das Rondonopolitaner Zentrum gezogen sind. Diese Bevölkerungsgruppe hat in den letzten Jahren sicher bereits zu einer merklichen Erhöhung des Anteils privater PKW im Zentrum beigetragen. Andererseits ist der Auskunftswille bei Volkszählungen gerade bei Mitgliedern der Oberschicht vergleichsweise gering. Hierdurch mögen die Werte im Zentrum von Rondonópolis ebenfalls leicht verfälscht sein. Diese Annahmen haben allerdings einen eher spekulativen Charakter.

Das Telephonsystem in Rondonópolis ist Teil des nationalen Kommmunikationssystems, das auf Richtfunkbasis funktioniert und von der nationalen Telephongesellschaft *EMBRATEL* (*Empresa Brasileira de Telefonia*) verwaltet und betrieben wird. Innerhalb der Stadt werden die Verbindungen über Leitungssysteme aufgebaut. Zuständig ist hier die bundesstaatliche *TELEMAT* (*Telefonia de Mato Grosso*) mit Hauptsitz in Cuiabá. In Rondonópolis existieren zwei Telephonbüros als Zweigstellen der *TELEMAT*.

Bei der Untersuchung des Anteils der Haushalte mit Telephon in den Stadtteilen von Rondonópolis sind die höchsten Werte im gesamten zentralen Bereich und den direkt benachbarten Stadtvierteln festzustellen. Richtung Stadtrand nimmt die Dichte der Te-

Karte 42   Anteil der Haushalte mit privatem PKW in Rondonópolis

lephonanschlüsse stetig ab (siehe Karte 43). In den meisten der peripheren Stadtviertel gibt es lediglich einen zentralen öffentlichen Fernsprecher. Die geringe Siedlungsdichte an der Peripherie und die schlechten Einkommensverhältnisse halten die *TELEMAT* davon ab, ihr Telephonnetz auf diese Bereiche der Stadt auszudehnen. Die insgesamt hohe Nachfrage nach Telephonanschlüssen in der Stadt, die die technischen Möglichkeiten der *TELEMAT* bei weitem übersteigt, hat auch zur Folge, daß Telephonanschlüsse zur Spekulationsware werden. Häufig makeln Immobiliengesellschaften nicht nur mit Wohnungen und Häusern, sondern ergänzen ihr Angebot mit dem Vermietungs- und Verkaufsservice für Telephonanschlüsse. Bei der *TELEMAT* kostet ein Telephonanschluß offiziell lediglich eine einmalige Anschlußgebühr. Allerdings beträgt die Wartezeit bis zur Installation je nach Stadtviertel mehrere Monate bis zu einigen Jahren. Bei den Maklerfirmen kann man die Anschlüsse mit der Wohnung oder dem Haus sofort und zu teilweise horrenden Preisen entweder mieten oder gar kaufen. Diese Lösung wiederum steht nur den zahlungskräftigen Kunden offen.

- **Die sozialräumliche Struktur in Rondonópolis - eine Synthese -**

Als Ergebnis der Untersuchung der Lebensqualität auf der Grundlage der Indikatoren zur Basisinfrastrukturausstattung und der wirtschaftlichen Verhältnisse unter Berücksichtigung der Indikatoren privater PKW und Telephonanschluß (zum methodischen Vorgehen siehe III.1.3) auf Stadtteilebene kann nun eine Charakterisierung der Stadtviertel von Rondonópolis nach Rangstufen vorgenommen werden (siehe Karte 44).

Entsprechend ihrem Ausstattungsindex (vergleiche Kap. III.1.3) verteilen sich die hochrangigen Stadtviertel in Rondonópolis auf drei Schwerpunkte. Der erste Schwerpunkt ist das Stadtzentrum, hinzu kommt ein weiterer Schwerpunkt an der Ausfallstraße nach Guiratinga und der dritte Schwerpunkt liegt zwischen der *BR-364*, der *Av. Fernando Corrêa* und der *Av. Presidente Médici*. Die Stadtviertel mittleren Ranges liegen kreisförmig um das Stadtzentrum herum und trennen dieses von den beiden anderen hochrangigen Vierteln. Die gesamte Stadt ist von einem Gürtel mit Vierteln niederen und niedrigsten Ranges umgeben.

Die Analyse der sozialräumlichen Struktur von Rondonópolis wird nun auf der Grundlage der Differenzierung der Stadt nach Stadtvierteln unterschiedlichen Ranges vorgenommen. In den Stadtvierteln hohen Ranges dominiert danach der Anteil von Angehörigen der Oberschicht und der oberen Mittelschicht. In den Vierteln mittleren Ranges dominiert der Anteil von Mittelschichtangehörigen und in den Stadtvierteln niedriger und der niedrigsten

Karte 43   Anteil der Haushalte mit Telephonanschluß in Rondonópolis

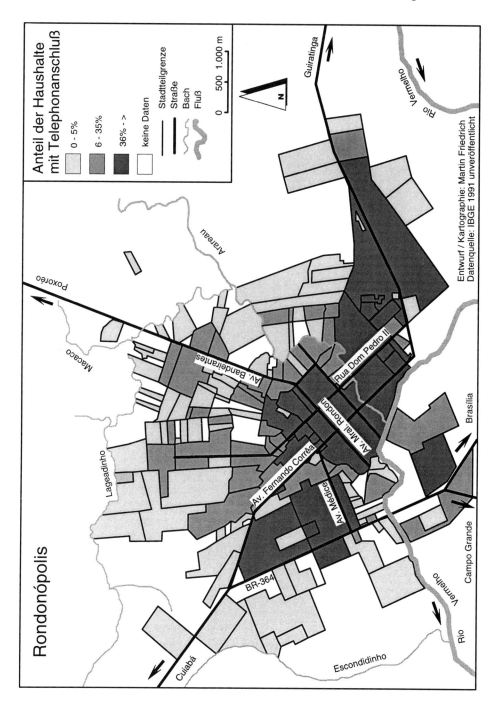

Karte 44   Stadtviertel von Rondonópolis nach Rangstufen

Rangstufe gehören die Haushalte vorwiegend der unteren Mittelschicht und der Unterschicht an (siehe Karte 45).

Die Stadtviertel der Oberschicht im Zentrum von Rondonópolis zeichnen sich durch die höchste Bevölkerungsdichte aus (siehe auch Karte 41). Im Lauf der Stadtentwicklung hat dieser Bereich sich als besonders dynamisch erwiesen. Die Konzentration der geschäftlichen Aktivitäten und der besten städtischen Infrastruktur waren zunächst der Grund für die Ansiedlung der wohlhabenderen Bevölkerungsgruppen. Im Zuge der Stadterweiterung bildeten sich durch Zuzug neuer wohlhabender Bürger die neueren Wohnviertel der Oberschicht außerhalb des Zentrums. Dorthin migrierten auch Teile der Zentrumsbewohner. In jüngster Zeit erfährt das Zentrum wieder eine Aufwertung durch den Bau luxuriöser Wohnhochhäuser, die den hohen Ansprüchen der zunehmenden Zahl gutsituierter Geschäftsleute und Großgrundbesitzer genügen. Während die Verdichtung im Zentrum durch tendenziell zunehmende Vertikalisierung erreicht wird, findet in den außerhalb liegenden Wohnvierteln der Oberschicht und oberen Mittelschicht eher eine Nachverdichtung der bisher relativ dünn besiedelten Stadtviertel statt.

Die sozialräumliche Entwicklung des Zentrums steht in erster Linie in Zusammenhang mit den wirtschaftlichen Erfolgen im Bereich der modernisierten Landwirtschaft. Durch umfangreiche Kredite gestützt, unter Einsatz der modernsten Agrartechnik und durch rücksichtsloses soziales Verhalten haben es einige Agrounternehmer geschafft, enorme wirtschaftliche Erfolge zu erzielen. In dem Maße, in dem die Notwendigkeit physischer Präsenz vor Ort zunahm, haben sich diese Akteure in der Stadt ihre Quartiere eingerichtet, die es ihnen ermöglichen, ihre Geschäfte in Mato Grosso mit weiteren Aktivitäten in Brasilien und auf internationalen Märkten zu koordinieren. Zur allgemeinen Konsolidierung der Stadtstruktur und gemeinschaftlicher Einrichtungen haben sie bisher wenig beigetragen. Beispielhaft kann dies daran aufgezeigt werden, daß die meisten Kinder der wohlhabenden Südbrasilianer, die in Rondonópolis arbeiten, nicht hier zur Schule und auf die Universität gehen, sondern es aufgrund der mangelhaften Qualität der Ausbildungsstruktur vorziehen, zur Ausbildung nach São Paulo zu ziehen oder gar nicht erst nach Rondonópolis zu kommen. Rondonópolis wird in den Augen dieser Akteure als Basis für wirtschaftliche und neuerdings auch politische Aktivitäten gesehen, die noch in starkem Maße einer ausgeprägten Extraktionsmentalität unterliegen. Die Identifizierung mit der Stadt und der Region über das rein wirtschaftliche Denken hinaus ist wenig ausgeprägt.

Die Stadtviertel der Mittelschicht, die vor allem im erweiterten Zentrum liegen, zeichnen sich durch eine noch relativ dichte Bebauung aus. Ihr Flächenanteil ist allerdings vergleichsweise gering. Die Angehörigen sind vor allem selbständig Gewerbetreibende,

Karte 45   Sozialräumliche Struktur von Rondonópolis

Angestellte im öffentlichen Dienst und technische Angestellte bei großen Agrarmittel-
betrieben oder Fachpersonal der landwirtschaftlichen Großbetriebe, die in Rondonópolis
einen Verwaltungssitz haben. Aufgrund einer geringen Entwicklungsdynamik im industriellen Sektor und einer gewissen Sättigung des Arbeitsmarktes im Dienstleistungsbereich ist Rondonópolis für den Zuzug von Angehörigen der Mittelschicht aus anderen
Landesteilen heute nur noch wenig attraktiv.

Die Konsequenz der umfangreichen wirtschaftlichen Erfolge der „Gewinner" spiegelt sich
in den Stadtvierteln der Peripherie von Rondonópolis. Landkonzentration, Reduzierung
der Nachfrage nach Landarbeitern und die dramatische Verschlechterung der Lebensbedingungen auf dem Land führen zum unverminderten Zuzug von „Verlierern", die sich
an den Stadträndern zunächst meist illegal ansiedeln und auf eine Verbesserung ihrer
Lebensbedingungen hoffen. Dadurch wachsen die Stadtviertel der unteren Mittelschicht
und vor allem der Unterschicht weiter an. Der Anteil der Viertel der unteren Mittelschicht
zeigt, daß es im Laufe der Zeit zur Konsolidierung der Lebensbedingungen kommen kann.
Die Bewohner der peripheren Stadtviertel versuchen, ihren Lebensunterhalt häufig durch
den Anbau einiger Grundnahrungsmittel zu sichern. Sie erhalten damit zum Teil typisch
ländliche Lebensformen. Als berufliche Alternative bieten sich hier, immer nur auf Zeit,
Gelegenheitsarbeiten in der Stadt oder auf den umliegenden landwirtschaftlichen Betrieben. Für die Stadtverwaltung sind diese rasch expandierenden Stadtviertel eine enorme
Herausforderung. Einerseits wächst hier der Bedarf an öffentlicher Infrastruktur am
schnellsten, andererseits sind die Bewohner dieser Viertel nicht in der Lage, für die
entsprechenden Leistungen auch zu bezahlen. Die schlechte wirtschaftliche Situation und
die extrem defizitäre Ausstattung dieser Viertel führt zu Lebensbedingungen, die am
Rande des menschlich Erträglichen liegen.

IIII.1.3.3   Perspektiven der Infrastrukturplanung auf kommunaler Ebene

Allgemeine Defizite und extreme intraurbane Disparitäten in der Qualität der Versorgung
der Bevölkerung mit Basisinfrastrukturleistungen führen zur Frage nach den Ursachen für
diese Probleme sowie nach zukünftigen Perspektiven und Chancen der Beseitigung der
vorhandenen Defizite mit Blick auf die Verbesserung der Lebensqualität in den Städten.

Eine wichtige Ursache der Probleme im Infrastruktursektor auf kommunaler Ebene liegt
in der Verteilung der Kompetenzen auf staatlicher, bundesstaatlicher und munizipaler
Ebene. Diese Kompetenzen unterlagen in Brasilien, in Abhängigkeit von den wechselnden
Eigenschaften des politischen Systems im zwanzigsten Jahrhundert, außerordentlichen

Schwankungen (siehe Abb. 10). Je nach dem Grad der Zentralisierung staatlicher Macht veränderten sich auch die Kompetenzen der kommunalen Verwaltungen in Bezug auf die Planung und Durchführung von Infrastrukturmaßnahmen. Dadurch gibt es in Brasilien gerade in kleinen und mittleren Städten an der Peripherie keinerlei Kontinuität im Bereich des städtischen Infrastrukturausbaus. Vielmehr wurden gerade diese Bereiche lange Zeit in den Entwicklungspolkonzepten der Modernisierungsphase überhaupt nicht berücksichtigt. Hier wurde vor allem auf die Entwicklung und den Ausbau strategisch wichtiger Städte geachtet. Maßnahmen zur Förderung von Mittelstädten wurden nur in beschränktem Umfang durchgeführt (siehe Kap. II.2).

Der rapide Urbanisierungsprozeß in Brasilien und eine ineffiziente Infrastrukturplanung führten seit den 60er Jahren sukzessive zur völligen Überlastung der Versorgunssysteme.

Auf der kommunalen Ebene führt vor allem die Existenz teilweise konkurrierender Kompetenzen auf lokaler, bundesstaatlicher und staatlicher Ebene im Infrastruktursektor dazu, daß die Versorgung ineffizient ist und die Verantwortung dafür zwischen den unterschiedlichen Verwaltungsebenen wie der „schwarze Peter" hin und her geschoben wird. Die Stadtbewohner in Cáceres und Rondonópolis bezichtigen die Kommunalverwaltung, nicht in der Lage zu sein, eine ausreichend gute Versorgung zu gewährleisten. Die Kommunalverwaltung verweist auf die bundesstaatlichen Versorgungsgesellschaften mit Hauptsitz in Cuiabá, der Hauptstadt des Bundesstaates. Die Versorgungsgesellschaften beklagen die schlechte Zahlungsmoral ihrer Kunden und diese „kontern" mit dem Argument der schlechten Versorgung.

Nun sind die 80er Jahre in Brasilien durch die zunehmende Verbreitung von Dezentralisierungstheorien gekennzeichnet. Es wird immer klarer, daß das Verhältnis zwi schen Staat und Gesellschaft sich in Zukunft verändern muß. Die Dezentralisierungsansätze zeichnen sich in fast allen Ländern Lateinamerikas dadurch aus, daß sich alle politischen Akteure und gesellschaftlichen Gruppen dafür interessieren und Potentiale für die Umgestaltung des Verhältnisses zwischen Staat und Gesellschaft darin sehen (RABI 1993, SANTOS 1993).

Bei der Betrachtung von Dezentralisierungskonzepten ist darauf zu achten, daß diese in engem Zusammenhang mit dem Prozeß der Demokratisierung stehen, wobei die Demokratie eine wichtige Basis für Dezentralisierung sein kann, andererseits aber auch Dezentralisierung den Demokratisierungsprozeß fördern kann (BOISIER 1990).

Abb. 10   **Politische Systeme und Infrastrukturplanung in Brasilien bis 1985**

	Eigenschaften des politischen Systems	Infrastrukturplanung
República Velha 1889 - 1930	• Einführung des föderalen Regierungs-systems • Die Landoligarchie kontrolliert den Regierungsapparat • Auf lokaler Ebene ignoriert man die Probleme der beginnenden Urbanisierung weitgehend	• Kompetenz auf lokaler Ebene angesie-delt • Privatwirtschaftlich organisierte Service-firmen • Selektive Versorgung, ohne Berücksich-tigung marginalisierter Bereiche
Diktatur 1930 - 1945	• Zentralisierung der Macht • Industrialisierungspolitik • Kommunalverwaltungen als verlängerte Arme der Zentralregierung • Staatliche Aktivitäten konzentrieren sich auf für die Industrialisierung wichtige Stadtgebiete	• Zentralisierung der Kompetenzen im In-frastruktursektor • Durchführung von Infrastrukturmaßnah-men durch ein staatliches Dezernat (DNOS*) • Großmaßstabliche Ausbaumaßnahmen • Entkoppelung von nationalen Investitio-nen und lokalen Gebühren
Demokratie 1946 - 1964	• Wiederherstellung des föderalen Regie-rungssystems • Neuorganisation des Parteiensystems • Keine klare Kompetenzverteilung zwi-schen Staat, Bundesstaat und Munizip	• Gründung von kommunalen Wasserver-und -entsorgungsgesellschaften • Staatliche und bundesstaatliche Investi-tionen auf kommunaler Ebene vorwie-gend politisch orientiert • Infrastrukturangebot bleibt hinter der wachsenden Nachfrage im Rahmen des starken Urbanisierungsprozesses zurück • Zunehmende Infrastrukturüberlastung
Militärdiktatur 1964 - 1985	• Zentralisierung der Macht zugunsten der Militärs, der Technokratie und des Bür-gertums • Stadtentwicklungsleitziele vom Staat vorgegeben • Kommunalverwaltungen als verlängerte Arme der Zentralregierung • System konkurrierender Kompetenzen zwischen Staat, Bundesstaaten und Mu-nizipien • Gründung staatlicher Institutionen zur Formulierung und Implementierung von Stadtentwicklungspolitik	• Konzentration und Administration aller Finanzmittel auf staatlicher Ebene • Erarbeitung eines Nationalen Basisinfra-strukturplanes (PLANASA**) mit der Schaffung bundesstaatlicher Autarkien und der Unterordnung der Munizipien unter bundesstaatliche Gewalt • Geringer Umfang von Investitionen im Infrastruktursektor

* Departamento Nacional de Obras de Saneamento
** Plano Nacional de Saneamento
Quelle: verändert nach SANTOS 1993: 40 - 41

In Brasilien handelt es sich bei den aktuellen Dezentralisierungsbestrebungen nicht etwa um ein nationales Programm mit einer nachvollziehbaren Konzeption, sondern vielmehr um unterschiedlichste Ansätze auf unterschiedlichen Ebenen, die in jedem Sektor andere Ausprägungen haben können. RABI (1993) spricht daher von der „Demokratisierungs-Dialektik". Vor dem Hintergrund der föderalen Struktur Brasiliens und seiner Verfassung von 1988, in der den Munizipien als unterste Verwaltungs- und Regierungsebene umfassende politische, administrative und finanzielle Autonomien zugesprochen werden, scheint der Dezentralisierungsprozeß hier bereits relativ weit fortgeschritten zu sein. Allerdings führten gerade diese Rahmenbedingungen auch dazu, daß Dezentralisierung in Brasilien mehr im Rahmen von fiskalischen Reformen im Verhältnis zwischen den verschiedenen Regierungsebenen stattgefunden hat. Weniger Wert wurde bisher auf dezentralisierte Regierungsinstanzen und institutionelle Reformen gelegt.

Auf dem Basisinfrastruktursektor Brasiliens zeigen sich noch heute trotz beginnender Dezentralisierung in vielerlei Hinsicht die Nachwirkungen der zentralistischen Herrschaft der Militärs. Die innere Struktur und Organisation der zuständigen Versorgungsgesellschaften ist völlig überholt. Allerdings muß man zur Kenntnis nehmen, daß der Transformationsprozeß im institutionellen Bereich viel Zeit brauchen wird, um den sich wandelnden Herausforderungen entsprechen zu können. Der Fortbestand von Klientelismus und die Unfähigkeit vieler Politiker, die Wünsche und Notwendigkeiten der Bevölkerung richtig einzuschätzen, sind entscheidende Hindernisse für eine raschere Neustrukturierung von Politik und Verwaltung.

Die Munizipalisierung des Basisinfrastruktursektors, das heißt die weitgehende Übernahme der Verantwortung für die Versorgung der Bevölkerung auf kommunaler Ebene, birgt unter den oben angedeuteten Rahmenbedingungen zwei Zukunftsperspektiven in sich:

1. Den Kommunalverwaltungen wird die Autonomie zur Bewirtschaftung des Basisinfrastruktursektors übertragen, eine finanzielle Basis ist aber inexistent. Die Folge wäre schlicht die Perpetuierung des status quo, mit einer zunehmenden Überlastung der Versorgungs- und Verwaltungsstruktur.

2. Die Idealisierung des neuen Modells, nach dem es ermöglicht würde Lösungsansätze, in erster Linie auf der lokalen Ebene, durch umfangreiche partizipatorische Maßnahmen zu erreichen. Hierbei erwartet man die Verbreitung neuer Konzepte sozusagen im „*bottom up* Verfahren".

218

Tatsächlich kommt es sicherlich darauf an, beide Perspektiven so zu vereinen, daß es nicht zur völligen Abkoppelung zwischen den drei Verwaltungs- und Regierungsebenen kommt. Allerdings ist die vorrangige Förderung der munizipalen Autonomie, gerade nach den Jahrzehnten eines unerträglichen Zentralismus unabdingbar.

Grundsätzlich erhoffen sich die Kommunen von der Munizipalisierung vor allem der Wasserver- und -entsorgung Verbesserungen dadurch, daß die Nachfrage und die notwendigen Instandhaltungs- und Ausbaumaßnahmen besser beurteilt werden können und somit der Service effizienter gestaltet werden kann. Die Nähe zum Verbraucher steht hier im Vordergrund. Des weiteren soll die Versorgungsstruktur dadurch verbessert werden, daß Maßnahmen und Projekte aus dem Bereich des Infrastruktursektors direkt in die Stadtentwicklungsplanung integriert werden.

Als Alternative zu den bisher existierenden vertraglichen Bindungen der Munizipien an die bundesstaatlichen Versorgungsgesellschaften werden unterschiedliche Ansätze gesehen:

1.   Vollständige Aufkündigung aller vertraglichen geregelten Beziehungen zu bundesstaatlichen Institutionen

2.   Erhaltung der bundesstaatlichen Institutionen als Koordinierungseinheiten

3.   Gründung von Zusammenschlüssen einzelner Munizipien nach individuellen Kriterien

Im ersten Fall steht die Frage im Zentrum, wie Leistungen, die die bundesstaatlichen Versorgungsgesellschaften bis heute erbracht haben, verrechnet werden können, vor allem in Anbetracht der horrenden Schulden, mit denen die zentralen Institutionen belastet sind. Im zweiten Fall müßten Wege gefunden werden, die bundesstaatlichen Institutionen so zu reformieren, daß sowohl die Vorteile der Autonomie der Munizipien als auch die Vorteile einer integrierten Verwaltung in vollem Umfang zum Tragen kämen. Bei der dritten Lösung geht man davon aus, daß durch Zusammenschlüsse von Munizipien am ehesten sozio-ökonomische und umweltrelevante Aspekte berücksichtigt werden könnten.

Die wichtigsten Herausforderungen, denen sich die Munizipien bei der Neugestaltung des Basisinfrastruktursektors heute gegenübergestellt sehen, sind:

1. Förderung und Qualifizierung lokaler Institutionen zur Verwaltung und Betreibung von Versorgungssystemen

2. Schaffung neuer Kooperationsstrukturen zur Integration der unterschiedlichen Verwaltungsebenen

3. Integration des Basisinfrastruktursektors in die Stadtentwicklungsplanung

4. Ausweisung und Beschaffung von Finanzmitteln auf lokaler und überlokaler Ebene

5. Ausgleich der außerordentlichen Disparitäten in der Basisinfrastrukturversorgung

Gerade im Basisinfrastruktursektor ist die Situation für die Munizipien trotz der in der Verfassung formulierten Kompetenzen sehr undurchsichtig. Die Handlungsfreiräume sind dort nämlich nicht explizit formuliert. Das alltägliche Handeln der Kommunalverwaltungen orientiert sich daher zwangsläufig an den Zwängen, die durch spontane Notsituationen hervorgerufen werden oder aber an der Ausfüllung von Freiräumen, die durch den unkoordinierten Rückzug von staatlichen und bundesstaatlichen Akteuren entstehen.

Während die Gebühren für Infrastrukturleistungen wieder an die Kosten für die entsprechenden Aufwendungen gekoppelt werden sollen (bisher bestand keine Verbindung zwischen Gebühren und Aufwendungen, siehe Abb. 10), stehen die Kommunen einem wachsenden Heer von Abnehmern gegenüber, die nicht in der Lage sind, ihre Gebühren zu bezahlen. Gleichzeitig besteht die Forderung und Notwendigkeit, die bisherigen Leistungen qualitativ zu verbessern.

Vor dem Hintergrund enormer sozio-ökonomischer Disparitäten auf nationaler Ebene in Brasilien sind trotz der Bestrebungen nach Dezentralisierung und Munizipalisierung die Ansätze zu verstehen, denen zufolge auf staatlicher Ebene in größerem Umfang Koordinierungsmaßnahmen mit einer entsprechenden Institutionalisierung gefordert werden. Gerade für kleine und mittlere Städte, wie die beiden Regionalzentren Cáceres und Rondonópolis, hängen die Erfolge von Infrastrukturmaßnahmen im Zusammenhang mit zunehmender kommunaler Autonomie weitgehend von der Vorgabe übergeordneter Entwicklungsleitziele ab. Neben isoliertem lokalem Engagement auf der Grundlage demokratischer und partizipatorischer Prozesse bedürfen gerade die kleinen Städte des technischen, administrativen und finanziellen Beistands der weiterentwickelten Zentren Brasiliens.

Die Chancen in Cáceres und Rondonópolis, die Basisinfrastrukturversorgung in nächster Zeit in eigene Regie zu bringen, sind sicherlich nicht schlecht. In Anbetracht der ökonomischen Schwierigkeiten und der Defizite in der derzeitigen Infrastrukturausstattung beider Städte stellt sich allerdings die Frage, ob in absehbarer Zeit auch eine Verbesserung der Versorgung der Bevölkerung und damit die Lebensqualität für die Großzahl der Einwohner wirklich verbessert werden kann.

III.1.4 Stadtplanung oder Dokumentation des Status quo?

Unter Berücksichtigung der sich wandelnden Bedingungen für kommunale Planung in Brasilien (siehe Kap. II.2) stellt sich die Frage, wie Stadtentwicklungsplanung auf kommunaler Ebene in strukturschwachen Klein- und Mittelstädten gestaltet sein müßte, um den Erfordernissen vor Ort unter gegebenen übergeordneten Rahmenbedingungen zu entsprechen. Dieser Frage soll nun nachgegangen werden, um einen Rahmen für die Darstellung der Abläufe in der Praxis zu schaffen und um einen Maßstab für die abschließende Bewertung der beiden Fallbeispiele zu haben. In Kap. III.1.4.1 und Kap. III.1.4.2 wird die Praxis der Stadtplanung in Cáceres und Rondonópolis unter besonderer Berücksichtigung der Erstellung des jeweiligen *Plano Diretor* (Stadtentwicklungsplan) dargestellt. Im Anschluß daran sollen die beiden Fallbeispiele verglichen werden, mit dem Ziel, den Stand der Planungsentwicklung in den beiden Städten zu beurteilen, Planungsdefizite und -limitationen herauszuarbeiten, sowie die Planungsrealität an den potentiellen Möglichkeiten zu messen (Kap. III.1.4.3).

Da Planung auf unterschiedlichen Maßstabsebenen, unter unterschiedlichen politischen, wirtschaftlichen, administrativen und technologischen Bedingungen völlig unterschiedliche Charakteristika aufweisen muß, ist es das Ziel, eine möglichst auf die lokalen Verhältnisse abgestimmte Planung zu realisieren oder bei einer fehlenden Planungstradition einen angepaßten Planungsprozeß zu entwickeln. Angepaßt hieße in diesem Zusammenhang alternativ, intermediär oder auch innovativ. Diese Begriffe sind jeder für sich genommen zwar nicht ganz und gar treffend, insgesamt sollte sich angepaßte Planung aber klar von der konventionellen Planung absetzen.

Die allgemeinen Rahmenbedingungen, die für die Entwicklungsplanung in den beiden untersuchten Städten richtungsweisend sind, beziehen sich auf ihre eigene wie auch auf die regionale sozio-ökonomische Strukturschwäche, die sich in großen sozialen und wirtschaftlichen Disparitäten, einer schwachen Wirtschaftsbasis und einem insgesamt rückständigen Technologiestandard im urbanen Bereich ausdrückt. Besondere Kennzeichen der Städte sind das rapide Wachstum, die zunehmende Verbreitung städtischer Armut, Versorgungsdisparitäten in allen Sektoren und informelle Aktivitäten. Die vorhandene Planungskapazität ist häufig bei weitem nicht ausreichend, um den unmittelbaren Planungsnotwendigkeiten zu entsprechen.

Unter den politischen Verhältnissen in Brasilien vor der Verkündung der neuen Verfassung von 1988 wurden die Planungsziele in erster Linie „von oben" und mit nur geringer öffentlicher Beteiligung festgelegt, worauf die lokalen Verwaltungen einerseits dadurch reagieren konnten, daß sie sich als integrierten Teil des zentralistischen Systems (RIBBECK 1985) verstanden und versuchten, die zentralen Leitziele möglichst direkt auf die lokale Ebene zu projizieren. Andererseits konnten sich die lokalen Verwaltungen als komplementäre Instanz und innovatives Korrektiv (RIBBECK 1985) zur zentralen Planung verstehen, in dem sie versuchten, die zentralen Leitziele unter Berücksichtigung der lokalen Probleme kritisch zu überprüfen, zu modifizieren und zu ergänzen (RIBBECK 1985, CINTRA, HADDAD 1977). Seit Inkrafttreten der neuen Verfassung 1988 haben sich die politisch-administrativen Rahmenbedingungen in Brasilien wieder zugunsten der Autonomie der Kommunen entwickelt (vergleiche Kap. II.2.4 und Kap. II.2.5). Mit den Bestrebungen nach Dezentralisierung und mehr Partizipation haben auch die Kommunen eine größere Freiheit im Bereich der Planungskompetenz erhalten, was gerade in strukturschwachen Städten zunächst ungeahnte Probleme aufwerfen kann (siehe dazu Kap. III.1.4.3). Während unter der zentralistischen Herrschaft Planung von oben klar dominierte, wird unter den neuen Rahmenbedingungen in zunehmendem Maße Planung „von unten" möglich. Die „von oben" kommenden Entwicklungsleitziele sind zumindest teilweise auch schon das Ergebnis der Artikulation der Akteure an der Basis (siehe zum Beispiel die Stadtreformbewegung in Brasilien).

In Anbetracht der gering ausgeprägten Planungstradition oder Planungserfahrung sowie der fehlenden institutionellen Basis für einen konstruktiven Planungsprozeß in strukturschwachen Klein- und Mittelstädten in Brasilien und aufgrund dessen, daß ein Teil der anstehenden Probleme nicht mehr ausschließlich durch Improvisation gelöst werden können, ist der Aufbau und die Entwicklung eines funktionierenden Planungsprozesses unabdingbar. Unter dem Druck der Probleme und bei knappen Mitteln muß es das vorrangige Ziel sein, Zeit und Ressourcen für Planung und Implementierung von Entwicklungsmaßnahmen zu reduzieren. Besonderer Wert ist dabei auf eine objektive und umfassende Daten- Informationsgrundlage zur Identifizierung anstehender Probleme zu legen. Die kommunale Planung sollte sich in erster Linie mit den lokalen Notwendigkeiten auseinandersetzen und sich nicht dadurch behindern, daß Probleme behandelt werden, denen in erster Linie strukturelle Ursachen zugrunde liegen, die nur auf übergeordneten Ebenen behandelt werden können. Wichtig ist es, auf die Umsetzbarkeit von Planung zu achten, um ein Scheitern durch zu hohe Ziele oder falsch formulierte Lösungsansätze zu vermeiden.

Traditionell befaßte sich Stadtplanung in Brasilien mit stark von übergeordneter Ebene bestimmten Problemen im Rahmen staatlicher Programme wie Wohnungsbau, sanitäre Infrastruktur, Straßenbau und Industrieansiedlung. Häufig wurden an den lokalen Notwendigkeiten vorbei und unter Vernachlässigung der sozio-ökonomischen Rahmenbedingungen, lediglich an staatlichen Vorgaben orientierte Maßnahmen nur deshalb durchgeführt, weil es punktuell Finanzierungen dafür gab. Vielfach konnten einzelne Projekte nie zu Ende gebracht werden. Beispiele dafür sind das Regionalkrankenhaus in Cáceres, dessen Bau vor ca. 8 Jahren begonnen wurde und das heute immer noch im Rohbau steht und der Industriedistrikt von Cáceres, der Anfang der 80er Jahre im Zuge staatlicher Fördermaßnahmen zum Ausbau solcher Distrikte ohne ein realistisches wirtschaftliches Konzept eingerichtet wurde.

Unter der neuerdings stärker dezentral orientierten Stadtplanung erscheinen mehr innenorientierte Planungsvorhaben und deren Umsetzung auf Stadtteilebene realisierbar zu werden. Dazu gehören unter anderem der Ausbau und die Verbesserung der Basisinfrastruktur, mit dem Ziel der Verbesserung der Lebensqualität der Bevölkerung, Projekte zur Schaffung besserer Vermarktungsstrukturen für landwirtschaftliche Produkte und nicht zuletzt die Entwicklung eines Planungssystems, das die Partizipation von Vertretern aller gesellschaftlichen Gruppen einer Stadt vorsieht. Staatliche Fördermaßnahmen sollten so genutzt werden, daß lokale Ansätze damit sinnvoll ergänzt werden, nicht aber die lokalen Bedürfnisse an den staatlichen Vorgaben orientiert werden.

Die Pflicht, die Städten mit mehr als 20.000 Einwohnern in Brasilien durch die neue Verfassung auferlegt wurde, einen *Plano Diretor* (Stadtentwicklungsplan) zu erstellen, ist eine der wichtigsten und teilweise auch problematischsten Herausforderungen vor allem für die strukturschwachen Klein- und Mittelstädte. Die Auflage aus der Verfassung schafft in vielen Städten einen erhöhten „Planungsdruck". Wie man dieser Herausforderung bis heute begegnet ist, soll nun an den Beispielen von Cáceres und Rondonópolis dargestellt werden.

III.1.4.1 Stadtplanung in Cáceres

Obwohl die Stadt Cáceres zu den ältesten Städten in der Untersuchungsregion gehört - sie wurde bereits 1778 gegründet -, gibt es bis heute keine institutionalisierte Form der Stadtentwicklungsplanung.

Die Bevölkerungsdynamik der Stadt war in den ersten Jahrzehnten des Bestehens eher als moderat zu bezeichnen. Erst seit den 50er Jahren des zwanzigsten Jahrhunderts kam es zu verstärkten Migrationsströmen in die Region, die mit der landwirtschaftlichen Erschließung durch private und staatliche Kolonisationsprojekte in Verbindung zu bringen sind. Dieser Prozeß verstärkte sich in den 60er und 70er Jahren, mit der Folge der Expansion der landwirtschaftlichen Aktivitäten in der Großregion Cáceres. Dadurch kam es gerade in dieser Zeit zur Steigerung der Bevölkerungswachstumsrate der Stadt, in der es bis dahin keinen überproportionalen Anstieg der Einwohnerzahl gegeben hatte.

Daher gestaltete sich auch der Stadtentwicklungsprozeß bis zu dieser Zeit vergleichsweise unproblematisch, weil der Zugang zu Grund und Boden für alle Bewohner weitgehend gesichert war. Mit den steigenden Zuwandererzahlen der 70er und 80er Jahre kam es dann auch in Cáceres zu Interessenkonflikten zwischen den bereits längere Zeit ansässigen Bevölkerungsgruppen und den zuziehenden Migranten.

Aufgrund der Überschaubarkeit des Stadtentwicklungsprozesses bis in die 50er Jahre konnte man sich seitens der Stadtverwaltung auf spontane Entwicklungsansätze zurückziehen, eine in die Zukunft gerichtete Planung im eigentlichen Sinne war bis dahin weitgehend überflüssig.

III.1.4.1.1 Das ungelöste Problem des städtischen Grundeigentums

Der erste archivierte Grundeigentumstitel des Munizips Cáceres stammt aus dem Jahre 1876. Dabei handelt es sich um einen sogenannten *Título Definitivo de Aforamento* (CANÇADO 1995). Diese Art der Grundbesitztitel wurde bis 1923 vergeben. Unklar ist, welche Maßgaben erfüllt sein mußten, um zu einem solchen Grundbesitztitel zu kommen. Ab 1925 wurde diese Vergabeform dadurch modifiziert, daß zunächst ein vorläufiger Titel vergeben wurde. Nachdem die gesetzlichen Vorgaben erfüllt waren, kam es dann zur Vergabe des endgültigen Grundbesitztitels. Nach diesem Prinzip wurde bis in die Mitte der 70er Jahre verfahren, wobei man davon ausgehen kann, daß der Großteil des heutigen Stadtgebietes bereits frühzeitig im Besitz weniger Eigentümer war und erst im Laufe der

Zeit eine steigende Anzahl neuer Eigentümer Parzellen in der Stadt erhalten konnte. Auch die Gemeinde kam auf diese Art und Weise in den Besitz eines gewissen Anteils der Grundstücke.

1975 nahm man in Cáceres zum ersten Mal eine Erhebung aller Grundstücke und deren Eigentümer im suburbanen Bereich vor, d.h. in dem Gebiet, das als Stadterweiterungszone definiert ist. Ziel war es, ein Katasterverzeichnis zu den Grundeigentumsverhältnissen zu erstellen. Dabei wurden alle Grundstücke, die nicht eingezäunt waren, als Gemeindeeigentum identifiziert. Bei nicht vorhandenen Eigentumstiteln wurde dem aktuellen „Besitzer" das Vorkaufsrecht eingeräumt. Die Titelvergabe wurde in der gleichen Form wie auch schon zu Beginn des Jahrhunderts vorgenommen (zunächst Vergabe eines provisorischen Titels und nach Erfüllung der Vorgaben Vergabe des endgültigen Titels). Als Vorgabe für die Erteilung eines endgültigen Titels wird die Einzäunung des Grundstücks und die Bepflanzung mit einigen Obstbäumen zur Auflage gemacht.

Auf der Grundlage der o.g. Erhebungen wurde die bisher noch freie Stadterweiterungsfläche von der Präfektur parzelliert, es wurden neue Straßen im Stadtplan eingetragen und vorhandene Straßen teilweise begradigt. Den empirischen Kenntnissen der Stadt zufolge sind die genannten Maßnahmen aber so gut wie ausschließlich auf dem Reißbrett vorgenommen worden. Eine Orientierung v.a. in den Außenbezirken der Stadt anhand des Stadtplans ist weitgehend unmöglich, abgesehen davon, daß die weitere, meist spontan ablaufende Entwicklung sich nicht an den Vorgaben orientiert hatte, geschweige denn, daß von einem geplanten Stadtentwicklungsprozeß die Rede sein kann.

Wie oben bereits angesprochen, bezogen sich die genannten Maßnahmen zur Registrierung lediglich auf die Stadterweiterungsfläche. Das ältere Stadtzentrum befindet sich nach wie vor in einem Zustand absoluter Irregularität, zumindest, was die offiziellen Unterlagen und Kataster angeht. Die wenigsten Grund- und Immobilienbesitzer haben offizielle Besitztitel in diesem Bereich der Stadt (siehe Karte 46). Das erschwert natürlich viele planerische Maßnahmen und trägt dazu bei, daß die Erhebung von Grundsteuern und anderen städtischen Abgaben sich extrem schwierig gestaltet.

1978 wurde in der Präfektur von Cáceres die Abteilung für Landtitelvergabe (*Setor de Terras*) reaktiviert, und in der Folge kam es zum Verkauf eines Großteils der gemeindeeigenen Grundstücke. Hier ging die kommunale Verwaltung sogar so weit, daß sie keine Reserveflächen für öffentliche Einrichtungen in ihrem Besitz hielt, was heute dazu führt, daß im Bedarfsfall die notwendigen Flächen enteignet werden müssen.

Karte 46   Grundeigentumsverhältnisse in Cáceres

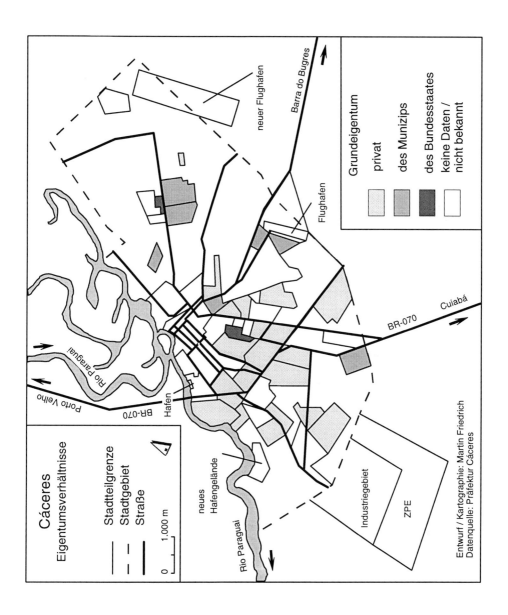

227

Die Bemühungen der Registrierung aller Eigentumstitel im Bereich des Stadterweiterungsgebietes seit 1978 müssen heute als gescheitert bezeichnet werden. Mangelnde Qualifikation der Angestellten im städtischen Katasteramt, eine schlechte Ausstattung desselben mit modernen technischen Hilfsmitteln und finanzielle Engpässe sind im Bereich der Kommunalverwaltung maßgebend dafür, daß eine sinnvolle und aktuelle Registrierung bis heute nicht umgesetzt werden konnte. Ein weiteres Hindernis für eine effiziente Arbeit des Katasteramtes ist das geltende Recht in Bezug auf die Meldepflicht von Grundstückstransaktionen. Beim Verkauf bzw. beim Kauf eines Grundstücks ist der jeweilige Käufer verpflichtet, den Erwerb beim Katasteramt zu melden und damit die Umtragung herbeizuführen. Dies geschieht allerdings in sehr vielen Fällen nicht. Aufgrund fehlender legaler Druckmittel und aufgrund der Unfähigkeit des Katasteramts, durch Kontrollmaßnahmen eine Aktualisierung des Katasters zu gewährleisten, befindet sich dieses auch nach Aussagen von Angestellten der Präfektur in einem desolaten Zustand. Würden die Notariate Eigentümerwechsel automatisch beim zuständigen Katasteramt melden, könnte die Aktualisierung wesentlich zuverlässiger durchgeführt werden.

Auch beim Genehmigungsverfahren für neue Grundstücksparzellierungen (*loteamentos*) zeigen sich weitreichende gesetzliche Lücken und Unzulänglichkeiten, die dazu führen, daß viele Parzellierungen ohne Rücksicht auf irgendwelche planerischen und urbanistischen Vorgaben durchgeführt werden. Sowohl das Verfahren zur Genehmigung von Parzellierungen an sich, wie auch der Handlungsspielraum der Präfektur zur Verhinderung von Parzellierungen stehen auf einer wenig stringenten gesetzlichen Grundlage. Das hat zur Folge, daß der Antrag für die Parzellierung eines neuen Wohngebietes erst gestellt wird, wenn die einzelnen Grundstücke bereits verkauft sind und möglicherweise schon mit der Bebauung begonnen wurde. Um soziale Härten zu vermeiden, hat sich die Präfektur bisher weitgehend kulant gezeigt, wenn es um die Genehmigung von Projekten ging, die nicht den Vorgaben entsprechen. Die Folge ist die teilweise unübersichtliche Struktur v.a. der Stadtrandgebiete, die sich ohne jede planerische Systematik weitgehend spontan entwickeln. Daraus ergeben sich zusätzlich infrastrukturelle Probleme, wenn es z.B. um die nachträgliche Installation von Stromleitungen, Leitungen zur Wasserversorgung etc. geht. Die Implementation dieser Einrichtungen im Nachhinein zeigt sich in der Praxis als extrem kostenintensiv, zumal für die Einrichtung wieder die Kommune einstehen muß.

In vielen Fällen kommt es zum Bau von Wohn- und Geschäftshäusern in noch völlig unerschlossenen Lagen. Als Zugang werden improvisierte Wege angelegt, die keinerlei Rücksicht auf das vorhandene Straßennetz nehmen. Später stehen diese Gebäude dann möglicherweise genau im Bereich der Fortsetzung einer Straße, die das neue Wohngebiet an das Stadtgebiet anschließt.

Die ineffiziente Stadtplanungspraxis in Cáceres hat in Verbindung mit den spontanen und stark spekulationsorientierten Handlungsweisen der verschiedensten privaten und wirtschaftlichen Akteure im Bereich des Immobilienhandels zu einer durch spontane Prozesse gekennzeichneten, extrem ungeordneten Stadtentwicklung geführt. Um diesen und anderen Problemen zu begegnen, ist die von der neuen brasilianischen Verfassung von 1988 geforderte Erarbeitung eines *Plano Diretor* für Städte mit über 20.000 Einwohnern eine durchaus sinnvoll erscheinende Maßgabe. Auch in Cáceres ist man dieser Verpflichtung nachgekommen. In den folgenden Ausführungen soll der bisher vorläufige Stadtentwicklungsplan für Cáceres vorgestellt werden und auf seine Potentiale und Limitationen für die zukünftige Stadtentwicklungsplanung hin untersucht werden.

III.1.4.1.2   Der *Plano Diretor*

Bevor man sich den Methoden der Erstellung und den konkreteren Inhalten des *Plano Diretor* von Cáceres widmet, ist festzustellen, daß es bis heute in der kommunalen Verwaltungsstruktur keine Abteilung für Stadtentwicklungsplanung gibt. Das ist zumindest ein Hinweis darauf, daß es von Anfang an schwer gefallen sein muß, die zuständigen Sachbearbeiter bzw. die zuständige Abteilung innerhalb der Präfektur zu identifizieren, die mit der Erarbeitung des nach der Verfassung von 1988 vorgeschriebenen *Plano Diretor* beauftragt werden konnten. Daran wird auch der geringe Stellenwert deutlich, der einer Planung im weiteren Sinne bezüglich der Formulierung von Entwicklungsperspektiven für die Stadt und das Munizip auf institutioneller Ebene beigemessen wird. Die Erfahrungen des Autors aus mehrmonatigen Feldarbeiten vor Ort bestätigen diesen Eindruck. Die Formulierung von richtungsweisenden Entwicklungsgrundsätzen ist in der Praxis häufig dem politischen Opportunismus einzelner Akteure aus Politik und Wirtschaft überlassen, zumindest was die größeren „Entwicklungsträume" angeht. Planungen für eine harmonische Entwicklung der Stadtstruktur fehlen bis heute völlig. Die kommunale Verwaltung verläßt sich im wesentlichen auf spontane und intuitive Lösungen für die von Tag zu Tag neu auftretenden Probleme. Die Vertretung öffentlicher Interessen, d.h. in der Regel die Durchsetzung weniger populärer Maßnahmen, obliegt ebenfalls der Präfektur. Persönliche Interessen werden hier sehr häufig auch auf persönlichem Wege, im direkten Kontakt zwischen privaten und politischen Akteuren und nicht selten unter der Hand vereinbart. Das Fehlen einer speziellen Abteilung für Stadtplanung macht es auch allen Akteuren schwer, den richtigen Ansprechpartner für Entwicklungs- und Veränderungsmaßnahmen zu finden, abgesehen davon, daß eine Instanz fehlt, die zunächst einmal Leitbilder der Entwicklung vorformuliert und damit eine „*think-tank*"-Funktion mit Koordinationskompetenz übernehmen könnte.

Mit der Erarbeitung des *Plano Diretor* wurde zunächst das Bau- und Infrastrukturdezernat (*Secretaria de Obras e Serviços Urbanos*) beauftragt. Nach einiger Zeit zeigte sich jedoch, daß die Mitarbeiter in diesem Amt nicht in der Lage waren, diesen zu konzipieren und zu erstellen. Einer der wichtigsten limitierenden Faktoren war sicher die fehlende Qualifikation und die mangelnde Erfahrung der Sachbearbeiter dieser Abteilung bei der Bearbeitung eines derartigen, vor allem sektoral mehrschichtigen Projekts. Es darf natürlich auch nicht außer acht gelassen werden, daß eine fundierte Arbeit in starkem Maße durch das Fehlen verläßlicher Informationsgrundlagen, Datenbanken und kartographischer Materialien beeinträchtigt wurde. Hier zeigten sich in aller Deutlichkeit die Probleme, die durch die fehlende Personalkontinuität in der Stadtverwaltung verursacht werden. In jeder der vergangenen Legislaturperioden waren auch die Amtsleiter sämtlicher Abteilungen der Präfektur als politische Beamte ausgetauscht worden. Nicht selten nahmen die ausscheidenden Stelleninhaber die von ihnen bearbeiteten Unterlagen mit. Die jeweiligen Nachfolger beginnen bei Amtsantritt in vielen Fällen mit der wiederholten Erarbeitung völlig neuer Arbeitsgrundlagen und beziehen sich nicht selten ausschließlich auf ihre persönliche Ortskenntnis.

Um der Auflage aus der Verfassung von 1988, einen eigenen *Plano Diretor* zu erstellen, nun aber gerecht zu werden, engagierte der von 1993 bis einschließlich 1996 amtierende Präfekt Antonio Carlos Souto Fontes eigens für diesen Zweck einen Experten, den er institutionell in das Dezernat für Bau und Infrastruktur integrierte. Bei diesem Experten handelte es sich um einen früheren Mitarbeiter der Präfektur, der mittlerweile auf lokaler, bundesstaatlicher und nationaler Ebene Berufserfahrung im Bereich der Formulierung von Forschungs- und Entwicklungsprojekten gesammelt hatte. Er wurde beauftragt, einen Entwurf für einen *Plano Diretor* zu erstellen.

Das Ergebnis dieser Arbeit, das als vorläufige Version des *Plano Diretor* für Cáceres seit Mitte 1996 vorliegt, wird nun nach seiner allgemeinen Struktur, dem methodischen Vorgehen bei der Erstellung und seinen wesentlichen Inhalten vorgestellt. Im Anschluß an diese Analyse wird eine kritische Stellungnahme vorgenommen bezüglich der Potentiale und Limitationen, die das Instrument des *Plano Diretor* für die zukünftige Stadtentwicklungsplanung beinhalten könnte.

Insgesamt umfaßt der *Plano Diretor* zwei Hauptteile. In Teil I wird neben einer Kurzvorstellung des Munizips Cáceres (Kapitel I) auf eine Reihe sozioökonomischer Indikatoren (Kapitel II), auf umweltrelevante Strukturen und Aktivitäten (Kapitel III), auf die wirtschaftliche Entwicklung (Kapitel IV), auf die Stadtentwicklung (Kapitel V), die soziale Entwicklung (Kapitel VI) sowie auf Wirtschaftspotentiale (Kapitel VII) eingegangen.

Kapitel VIII beinhaltet den Entwurf für ein sogenanntes Programm unmittelbar umzusetzender Maßnahmen (*Programa de Ação Imediata*). Teil II beschäftigt sich vor allem mit einer Reihe von Gesetzesgrundlagen, die auch bisher schon Geltung hatten. Es handelt sich dabei um die Hygieneverordnung (*Código Sanitário*), die kommunale Abgaben- und Gebührenordnung (*Código Tributário*) sowie die kommunale Bauordnung (*Código de Obras e Posturas Municipais*). Im Anhang findet sich ein Entwicklungsplan für die Organisation der Umgebung der Exportproduktionszone (*Zona de Processamento para Exportação, ZPE*) (siehe auch Kap. III.2) und ein Auszug aus dem bundesstaatlichen Fischereigesetz.

Erstes Ziel des *Plano Diretor* von Cáceres ist es, den Vorgaben aus der Verfassung von 1988 (Art. 182) bezüglich der Verpflichtung aller Städte über 20.000 Einwohner, einen *Plano Diretor* zu erstellen, nachzukommen. Auf der lokalen Ebene wurde diese Verpflichtung über die Aufnahme der entsprechenden Paragraphen in die kommunale Verfassung (*Lei Orgânica*) konkretisiert.

Wichtigste Grundlage für die Erstellung des *Plano Diretor* in Cáceres war ein Leitfaden, der vom *Instituto Brasileiro de Administração Municipal* 1994 mit dem Ziel publiziert wurde, kleineren Munizipien Hilfestellung bei dieser neuartigen Aufgabe zu leisten (IBAM 1994). Neben allgemeinen Informationen zur Stadtentwicklung in Brasilien liefert dieser Leitfaden eine Reihe methodischer Anleitungen zu Fragen der Munizip-Planung und zur Erarbeitung eines *Plano Diretor*.

Im Vorspann des *Plano Diretor* wird auf seine möglichen Funktionen hingewiesen. Dabei nimmt man Bezug auf seine Funktion als Instrument der Stadtentwicklungsplanung für die kommunale Verwaltung und weiterhin auf seine Funktion als Referenzpunkt für die soziale Kontrolle politischer Aktivitäten. Des weiteren wird auf die Notwendigkeit einer regelmäßigen Aktualisierung und Modifizierung entsprechend sich verändernder Rahmenbedingungen hingewiesen. Dies ist sicherlich auch vor dem Hintergrund der völlig neuartigen kommunalen Zuständigkeiten und Kompetenzen von eminenter Bedeutung.

Die Tatsache, daß es sich um den ersten *Plano Diretor* handelt und gleichzeitig auch um das erste Planungsinstrument, das in kommunaler Verantwortung erstellt wurde, ist selbstverständlich maßgebend für die methodische Vorgehensweise bei der Erarbeitung einer ersten Fassung des *Plano Diretor* und auch eine Erklärung für die Inhalte mit teilweise eher deskriptivem Charakter. Die detaillierteren, sektoral differenzierten Entwicklungsziele werden auf eine zweite, in der Zukunft anzustrebende Phase projiziert und noch nicht in die erste Fassung des *Plano Diretor* aufgenommen. Hier kommt es auf eine kontinuierliche Aktualisierung und inhaltliche Konkretisierung des *Plano Diretor* an. Nach dem Regierungswechsel in Cáceres im Januar 1997 gab es einen neuen Bürgermeister mit neuen Abteilungsleitern in den verschiedenen Fachabteilungen. Trotzdem wurde der Entwurf des *Plano Diretor* 1997 offiziell verabschiedet. Damit wurde ein erster, wichtiger Schritt getan, mit dem auch ein Ansatz zur legislaturperiodenübergreifenden Planungspolitik erreicht wurde. Von der Fähigkeit zu dieser Form von politisch-institutioneller Kontinuität hängt im wesentlichen die Umsetzung der Vorgaben aus den nationalen, bundesstaatlichen und kommunalen Verfassungen ab. Die Gewährleistung dieser Kontinuität könnte durch von oben wie von unten initiierte Partizipation am politischen Geschehen gesichert werden. Die Umstellung von traditionellen, konservativen und stark zentralistisch geprägten Strukturen hin zur Umsetzung der neuen liberaleren, progressiven und dezentralen politischen und sozialen Potentiale sollte allerdings Schritt für Schritt vor sich gehen.

Bei der Erstellung des *Plano Diretor* wurde methodisch großer Wert auf eine umfassende Strukturanalyse gelegt, die v.a. auf der Kompilation des bereits verfügbaren Daten- und Informationsmaterials sowie auf den persönlichen Regionalkenntnissen der Bearbeiter gründet. Weiterhin wurden allgemeine Richtlinien (*diretrizes*) zu einigen wichtigen Bereichen formuliert. Aus diesen Richtlinien sollen in einer späteren Etappe detailliertere, sektoral gegliederte Planungsgrundlagen und legale Instrumente ausformuliert werden. Entsprechend der Nutzung des bereits vorhandenen Informationspools, ohne Rücksicht auf Unvollständigkeiten und inhaltliche Schwerpunkte sind auch die Inhalte dieser ersten, vorläufigen Fassung des *Plano Diretor* von Cáceres inhaltlich wenig ausgewogen ausgefallen. Projekten und Maßnahmen, die bereits ausgearbeitet vorlagen, wurde durch ihre Übernahme in den *Plano Diretor* ein Gewicht beigemessen, das ihnen bezüglich ihrer allgemeinen Relevanz und im Vergleich zu anderen weniger ausführlich behandelten Themen eigentlich nicht zustünde. Wenig konkret sind auch die formulierten Richtlinien der Stadtentwicklung, da sie nicht räumlich verortet wurden und somit kein Nachvollziehen der örtlichen Realität bezüglich Strukturschwächen und Entwicklungspotentialen möglich ist. Gleichzeitig lassen sich aus dieser Art von Formulierungen keinerlei konkrete Handlungsanweisungen und Maßnahmen mit Projektcharakter ableiten.

Der räumliche Bezugsrahmen des *Plano Diretor* für Cáceres ist das gesamte Munizip, d.h. sowohl der ländliche Bereich als auch die Stadt Cáceres selbst. In den einzelnen Kapiteln wird diese räumliche Differenzierung meist nur sehr unscharf vorgenommen, was sicher mit der Zugrundelegung bereits vorhandener Dokumente für eine schnelle, pragmatische Fertigstellung einer ersten Fassung des *Plano Diretor* zusammenhängt.

Das erste inhaltliche Kapitel (Kapitel II), das sich *Informativo Municipal* nennt, ist aus einem gleichnamigen Dokument entstanden, das schon seit einigen Jahren von der Präfektur erstellt wird. Hierin wird rein deskriptiv auf die Munizipgeschichte, die physischen Verhältnisse, die demographische Entwicklung, die allgemeine wirtschaftliche Situation nach Wirtschaftssektoren, die Infrastrukturausstattung, das Kommunikationswesen und in aufzählender Form auf die vorhandenen öffentlichen Dienstleistungseinrichtungen eingegangen.

Grundsätzlich ist dieses Kapitel II eine sinnvolle Einführung, die einen Gesamteindruck über den Status quo im Munizip Cáceres liefert. Leider kommt es aber nicht zu einer sinnvollen Ergänzung der Informationen aus dem *Informativo Municipal* mit Daten und Hinweisen aus Materialgrundlagen, die in späteren Kapiteln an weniger geeigneter Stelle erscheinen. Dadurch kommt es einerseits zu unnötigen Wiederholungen und zu einer insgesamt unübersichtlichen Gliederung wichtiger Sachverhalte.

Im Anschluß folgt ein Kapitel III mit dem Titel „Umwelt: Erhebungen und Umweltbeeinträchtigungen im Munizip Cáceres". Hier werden zunächst einige institutionelle Rahmenbedingungen in völlig unvollständiger Weise angerissen. Danach wird erneut auf naturräumliche Charakteristika des Munizips eingegangen. An eine ausführliche Beschreibung des Klimas, der hydrographischen Verhältnisse und der Vegetation schließt sich ein Abschnitt zur Extraktion mineralischer Rohstoffe an. Es folgt ein Abschnitt zu vorhandenen Naturschutzeinheiten auf dem Munizipgebiet und zur Notwendigkeit weiterer Maßnahmen, um eine Zerstörung schützenswerter Orte durch unachtsame Touristen zu vermeiden. Hier werden zwar einzelne Orte konkret genannt, aber keine Anregungen für mögliche Entwicklungsperspektiven formuliert. Ergänzt wird das Kapitel noch durch die Beschreibung sehr allgemein gehaltener Prozesse und Wechselwirkungen in den Bereichen Landwirtschaft bzw. Industrie und Umwelt.

Das vierte Hauptkapitel beschäftigt sich mit Fragen zur wirtschaftlichen Entwicklung des Munizips. Die inhaltliche Vorgehensweise richtet sich nach sektoralen Kriterien, wobei, den Bedingungen des Munizips entsprechend, dem landwirtschaftlichen Sektor der größte Platz eingeräumt wird, während Industrie, Handel und Dienstleistungen in einem Unterkapitel zusammengefaßt werden. Nach einer Darstellung des vorhandenen Potentials landwirtschaftlicher Nutzung in der Region und der ebenfalls vorhandenen Restriktionen, kommen drei kurze Absätze zum Entwicklungspotential in der Landwirtschaft, zu politischen und programmatischen Leitzielen.

Die wichtigsten Entwicklungspotentiale, die in den *Plano Diretor* aufgenommen wurden, werden zur Zeit im Zusammenhang mit den Großprojekten *MERCOSUL* (*Mercado Comum do Sul*) *ZPE, Hidrovia Paraguai-Paraná* und der lokalen Freihandelszone (*Zona de livre Comércio*) (siehe auch Kap. III.2 sowie FRIEDRICH 1995, 1996) gesehen.

Im landwirtschaftlichen Sektor müßte laut *Plano Diretor* angestrebt werden, den Obst- und Gemüsebau auszubauen, um sich so von der Importabhängigkeit für Obst und Gemüse aus dem brasilianischen Südosten zu befreien. Die Beschaffung von Kreditprogrammen für Kleinbauern, die Diversifiezierung der landwirtschaftlichen Produktion und die Verbesserung der Vermarktungs- und Verarbeitungsmöglichkeiten für landwirtschaftliche Produkte sollten im Zentrum der Bemühungen stehen.

Die Formulierungen im *Plano Diretor* bringen im wesentlichen wünschenswerte Aspekte für die zukünftige Entwicklung zum Ausdruck. Es kommt aber nicht zur Formulierung von Realisierungschancen, Handlungsanweisungen oder gar zum Vorschlag von konkreten „Pilotprojekten".

Zur Konzeption und Koordination der vorgeschlagenen Maßnahmen wird die Schaffung eines Rates zur Entwicklung der Landwirtschaft (*Conselho de Desenvolvimento Agropecuário*) empfohlen. Das derzeitige Defizit im Bereich der institutionellen Basis zur Entwicklungsplanung wird durch das Fehlen solcher Institutionen noch unterstrichen.

Der Teil des *Plano Diretor* zu Industrie, Handel und Dienstleistungen beschränkt sich in starkem Maße auf die Auflistung der in Cáceres ansässigen Betriebe und die Nennung wichtiger Strukturdefizite. Auch hier gehen die Leitziele in Richtung Behebung der identifizierten Strukturprobleme. Zu den wichtigsten formulierten Zielen gehören die Gründung eines Distrikts für Klein- und Mittelbetriebe, der Ausbau der Infrastruktur in allen Bereichen, um den Standort Cáceres aufzuwerten und berufliche Fortbildungs- programme.

Einen vergleichsweise hohen Stellenwert nimmt der Teil zum Tourismus ein, was als Ausdruck der allgemeinen Bedeutung, die man dem Fremdenverkehr als Entwicklungs- potential für das Munizip beimißt, gewertet werden kann. Weiterhin ist aus den umfangrei- chen Informationen zur Tourismusinfrastruktur und zu Sehenswürdigkeiten im Munizip zu ersehen, daß auch in diesem Bereich bereits ein umfangreicher Materialpool vorlag, auf den sich die Teilkapitel im *Plano Diretor* stützen konnten. Auch auf institutioneller Ebene ist man im Bereich Tourismus schon weiter gediehen als in allen anderen Sektoren. Seit 1994 gibt es einen Kommunalen Tourismusrat (*Conselho Municipal de Turismo*), mit

Mitgliedern nicht nur aus dem Hotel- und Gaststättengewerbe, sondern auch mit Vertretern aller möglicher Dienstleistungsanbieter, die auf unterschiedliche Art und Weise für den Tourismus von Interesse sein könnten. Des weiteren gehören dem Gremium Vertreter der Präfektur, des Gemeinderates, der Polizei, von Nicht-Regierungs-Organisationen etc. an. Um die Arbeit des Tourismusrates zu stützen, wurde weiter ein Tourismus-Fond (*Fundo Municipal de Turismo*) eingerichtet. Dieser Fond verfügt über eigene Haushaltsmittel aus unterschiedlichen Quellen und soll dazu beitragen, den Ausbau des Tourismus im Munizip Cáceres zu fördern.

Abzuwarten bleibt, inwiefern eine Belebung des Tourismus zur Schaffung einer größeren Anzahl neuer Arbeitsplätze beiträgt und sich dadurch auch eine Verbesserung der sozioökonomischen Gesamtstruktur erreichen läßt. Das Entwicklungspotential des Tourismus für periphere, strukturschwache Regionen jedweder Couleur ist sicherlich begrenzt und sollte nicht als alleiniges Heilmittel für die Beseitigung umfangreicher sozio-ökonomischer Defizite interpretiert werden (vergleiche KÖHNLEIN 1992).

Die Leitziele zum Thema Tourismus im *Plano Diretor* bleiben dann aber bei allem Engagement wieder im Allgemeinen stecken. Konkrete, lokalisierbare Projekte werden nicht angesprochen. Die Formulierungen gleichen eher einem generellen Aufruf, den Tourismus zu fördern, indem man das Image der Region verbessert und auf die Attraktionen, die vor allem die Natur bietet, aufmerksam macht.

Zum Thema Transport und Verkehr enthält der *Plano Diretor* ein Kapitel, das deutlich zeigt, wie wenig systematisch einzelne Informationen erhoben und dann auch bearbeitet und präsentiert wurden. Zunächst fällt auf, daß für den Straßenbau Überschwemmungen eines der großen Probleme darstellen. Dementsprechend wird in diesem Kapitel auf die vorrangige Notwendigkeit aufmerksam gemacht, die Kanalisationssysteme auszubauen. Es fehlt eine Aufstellung des aktuellen Zustands der Straßen in Cáceres und der wichtigsten Verbindungsstraßen im Umland, zur Ermittlung möglicher Defizite und zur Projektierung konkreter Ausbaumaßnahmen. Neben der Beschreibung genereller Probleme im Straßenbau, dem Hinweis auf den katastrophalen Zustand des Maschinenparks und der Behandlung des Kanalisationssystems werden noch einige Angaben zur Verkehrsinfrastruktur zu Land, auf dem Wasser und in der Luft gemacht.

Als generelle Leitziele werden im *Plano Diretor* der Ausbau und die Asphaltierung von Straßen genannt. Im gleichen Zusammenhang wird auf die Notwendigkeit hingewiesen, den Maschinenpark der Präfektur für die anstehenden Arbeiten zu erneuern.

Was vor allem für den städtischen Bereich von Interesse sein sollte, wäre die Registrierung der vorhandenen Straßen, ihres Zustands und ihrer Auslastung, um über diese Indikatoren eine Grundlage für die Prioritätensetzung für zukünftige Straßenbauprojekte zu ermöglichen und zu rechtfertigen.

Sehr ausführlich wird auf die Entwicklung des Energieversorgungssystems in Cáceres seit Ende des 19. Jahrhunderts eingegangen. Für eine umfangreiche Strukturplanung im Rahmen des *Plano Diretor* liegen bisher noch keine ausreichenden Daten und Informationen vor, um eine zukunftsorientierte Planung zu formulieren. Eines der wichtigsten Leitziele für den Bereich der Energieversorgung ist die Erstellung einer umfangreichen Bestandsaufnahme zur Ausstattung des Munizips mit Einrichtungen und Installationen zur Energieversorgung, um notwendige Maßnahmen aus der Analyse dieser Daten abzuleiten.

Schon seit längerer Zeit hat man erkannt, daß die teilweise sehr unzuverlässige Energieversorgungsstruktur in Cáceres ein wesentlicher Faktor für den geringen Industrialisierungsgrad ist. Angesichts der Abhängigkeit von Energieproduzenten in anderen Bundesstaaten Brasiliens und von der Installation von Überlandleitungen mit ausreichenden Kapazitäten wiederum durch die nationalen und bundesstaatlichen Energieversorgungsunternehmen bleibt der Kommune in diesem Bereich allerdings wenig Spielraum zur Schaffung neuer Energiepotentiale für das Munizip.

Abschließend befaßt sich Hauptkapitel IV noch mit der Fischerei, was wohl dadurch zu erklären ist, daß durch die Lage des Munizips im Pantanal und der Stadt Cáceres am Ufer des Rio Paraguai der Fischfang für die Grundversorgung der Bevölkerung von eminenter Bedeutung ist. Probleme wie Überfischung, mangelnde Rücksicht auf Laichzeiten und Sportfischerei mit weitreichenden Folgewirkungen für das ökologische Gleichgewicht haben mit zu der Aufnahme dieses Teilkapitels in den *Plano Diretor* geführt. Wichtigstes Anliegen ist es hier, die gesamte Bevölkerung auf Potentiale wie auch auf Gefahren und Risiken der Fischerei aufmerksam zu machen.

Kapitel V ist mit Stadtentwicklung überschrieben, und man sollte erwarten, daß es sich hier um eines der zentralen Themen handelt. Leider kommt aber sofort zum Ausdruck, daß gerade hier keinerlei nachvollziehbare Konzeption bei der Art, Reihenfolge und Darstellung der Inhalte angewandt wurde. Am Anfang des Kapitels steht ein Unterkapitel, das sich mit der Frage der Munizipalisierung des Straßenverkehrswesens der Stadt Cáceres beschäftigt. Man kommt zu dem Ergebnis, daß ein entsprechender Vorstoß sinnvoll und notwendig wäre, um den lokalen Verkehr besser zu regeln und Infrastrukturmaßnahmen erfolgreicher umsetzen zu können. Für letzteres gibt es sicherlich sinnvolle Argumente, für ersteres stellt man sich bei Kenntnis des Verkehrsaufkommens in Cáceres doch die Frage, ob das Problem wirklich so vorrangig ist, um zu rechtfertigen, dieses Thema an so exponierter Stelle zu behandeln.

Die genannten Defizite machen allerdings die Notwendigkeit der Schaffung einer fundierten Planungsbasis um so deutlicher. Aus den Leitzielen für den Bereich Stadtentwicklungsplanung wird dieses Defizit recht deutlich. Die Forderungen, das Bodenkataster unter Einsetzung einer qualifizierten Equipe zu aktualisieren und zu informatisieren, sowie die notwendigen Hilfsmittel anzuschaffen, mit denen eine zuverlässige Landvermessung erst möglich wäre, zeigen, daß hier aktueller Handlungsbedarf erkannt wurde. Eine inzwischen bereits umgesetzte Vorgabe ist die Gründung eines kommunalen Planungsrates (*Conselho de Desenvolvimento Municipal*) mit Vertretern aller sozialer Gruppen des Munizips, wie es für den Tourismus bereits geschehen ist (siehe oben) und wie es sowohl die nationale als auch die kommunale Verfassung fordern. Aufgabe dieses Planungsrates sollte es sein, eine zwischen allen Akteuren der lokalen Gesellschaft einvernehmliche Perspektive für die zukünftige Entwicklung der Stadt zu erarbeiten.

Zum Schluß des Hauptkapitels V zur Stadtentwicklung stehen noch zwei Teilkapitel. Eines davon zur Müllentsorgung und Straßenreinigung, ein zweites beinhaltet die Beschreibung eines seit langem geplanten Projekts zur Einrichtung einer Müll-Recycling-Anlage.

Kapitel VI, überschrieben mit sozialer Entwicklung (*Desenvolvimento social*), befaßt sich mit Struktur und Defiziten des Gesundheitswesens, des Erziehungswesens, des Wohnungswesens (hier insbesondere mit Projekten des Sozialen Wohnungsbaus), der Stadthygiene und der Situation im Bereich kultureller Aktivitäten, sowie mit Möglichkeiten zur Wahrung der regionalen Identität durch Aufwertung kultureller Traditionen.

Auffallend ist der große Umfang des Teiles zum Gesundheits- und Erziehungswesen. An der ausführlichen Datenbasis, die überaus umfangreich im *Plano Diretor* dargestellt wird, zeigt sich, in welchen Fachreferaten der Präfektur regelmäßige Erhebungen zur Struktur der entsprechenden Zuständigkeitsbereiche gemacht wurden. Das bedeutet nicht, daß es in den beiden Bereichen Gesundheit und Erziehung keine Probleme gebe, ganz im Gegenteil, auch hier ist der Umfang der Defizite teilweise unermeßlich. Die Behandlungsmöglichkeiten sind aufgrund fehlender Räumlichkeiten und entsprechender medizinischer Geräte extrem limitiert. Die Fertigstellung des seit Jahren im Rohbau stehenden Regionalkrankenhauses wird mit Recht als oberste Priorität genannt. Im Erziehungssektor ist die wichtigste Priorität der Bau weiterer Schulen sowohl in der Stadt als auch im ländlichen Bereich des

Munizips. Die Aus- und Fortbildung von Lehrkräften muß ebenfalls im Zentrum der Bemühungen stehen.

Im Teilkapitel zum Wohnungswesen werden in einem historischen Rückblick die bis heute verabschiedeten Bauvorschriften aufgezählt. Der Liste läßt sich entnehmen, daß außer einzelnen Teilgesetzen, die hin und wieder erweitert, adaptiert oder aktualisiert wurden, niemals ein umfangreicheres Planungsinstrument für eine koordinierte Stadtentwicklungsplanung in Cáceres vorgelegen hat. Aus dieser Tatsache wird sehr deutlich, welche Bedeutung dem ersten Entwurf des *Plano Diretor* zukommt und vor welchem institutionellen Hintergrund seine Entstehung zu sehen ist.

Als Leitziel wird hier folglich hauptsächlich die Reaktivierung und umfangreiche Aktualisierung vorhandener gesetzlicher Planungsgrundlagen sowie die Schaffung der wichtigsten Grundlagen für die Implementation eines zukunftsweisenden, nachhaltigen Stadtentwicklungsprozesses vorgegeben.

Sehr deutlich wird auf das ungeordnete Stadtwachstum der letzten Jahrzehnte hingewiesen, das die Folge eines wachsenden Migrantenstroms nach Cáceres ist. Lösungen oder auch nur Gedanken zu möglichen Lösungsansätzen fehlen im *Plano Diretor* völlig.

Für die Wasserver- und -entsorgung wird ein ähnlich düsteres Bild gezeichnet, ohne auch nur einen Gedanken zur Beseitigung der drängenden Probleme zu formulieren.

Der Hinweis, daß vor allem die ärmsten Bevölkerungsschichten von den strukturellen Problemen am stärksten betroffen sind, ist sicher nicht neu. Sie müssen aufgrund der fehlenden Entwicklungskonzeptionen jede auch noch so kleine Verbesserung hart erkämpfen. Dabei kommt es je nach politischer und wirtschaftlicher Lage lediglich zur punktuellen Lösung der drängendsten Probleme, ein Konzept für längerfristige Ansätze gibt es nicht. Aufgrund ihrer prekären finanziellen Verhältnisse sind die marginalisierten Bevölkerungsgruppen besonders verwundbar und gleichzeitig in starkem Maße abhängig vom guten Willen der kommunalen Entscheidungsträger. Die wohlhabenden Bevölkerungsschichten hingegen können es sich leisten, mit Hilfe ihres Geldes und ihres politischen Einflusses eigene, persönlich orientierte Lösungen herbeizuführen.

Im Teilkapitel zur Kultur im Munizip fällt die große Anzahl von Anregungen zum Ausbau der personellen, finanziellen und institutionellen Struktur auf. Der Wunsch nach Erweiterung des kulturellen Angebots sowie die „Inwertsetzung" kulturell interessanter Aspekte stehen wohl in engem Zusammenhang mit dem Ziel, Cáceres vor allem im Bereich Tourismus attraktiver zu machen.

Im letzten Abschnitt des Teilkapitels zur Kultur kommt ein Verweis auf die nationale Verfassung, in der der *Plano Diretor* als Instrument der Verbesserung der Lebensqualität in den Städten gekennzeichnet wird. Von besonderer Bedeutung erscheint den Autoren des *Plano Diretor* von Cáceres der Schutz des historischen Erbes als Voraussetzung für die Verbesserung der Lebensqualität in der Stadt. Im Zusammenhang mit der Behandlung von Infrastrukturdefiziten und deren Behebung ist allerdings nie die Rede von der Relevanz für die Lebensqualität.

Nach dieser stark formal und inhaltlich orientierten Behandlung des *Plano Diretor* von Cáceres wird nun zunächst auf den *Plano Diretor* von Rondonópolis eingegangen. Eine abschließende Bewertung für beide Fallbeispiele und die Überprüfung beider *Planos Diretores* auf ihre Eignung als Planungsinstrumente folgt in Kapitel III.1.4.3.

III.1.4.2 Stadtplanung in Rondonópolis

Heutige stadtplanerische Maßnahmen in Rondonópolis müssen vor dem Hintergrund der jungen Geschichte dieser Stadt gesehen werden. Erst 1953 wurde das heutige Rondonópolis mit der Neugründung des Munizips gleichen Namens zum Munizip-hauptort und gewann damit erste Eigenständigkeit, was die Lenkung der Geschicke dieses Ortes angeht. Zuvor war Rondonópolis ein sogenannter städtischer Distrikt im Munizip Poxoréo gewesen.

Unter Berücksichtigung der wenigen verfügbaren Quellen und Informationen zur Stadt allgemein und insbesondere zu Fragen der Stadtplanung läßt sich ein insgesamt wenig differenzierter, jedoch über einen Zeitraum von einigen Jahrzehnten durchaus erkennbarer und nachvollziehbarer Entwicklungsprozeß im Bereich stadtplanerischer Aktivitäten feststellen. In den folgenden Darstellungen soll auf diesen Entwicklungsprozeß unter Berücksichtigung allgemeiner Rahmenbedingungen eingegangen werden.

III.1.4.2.1 Ausgangsbedingungen

Die Hauptphase der Besiedlung begann erst 1947 im Zuge der Integration der Stadt in den Prozeß der kapitalistischen Erschließung Mato Grossos (TESORO 1993: 12). Die ersten Migrantenströme waren so groß, daß ein Notprogramm des Bundesstaates zur Versorgung der Bevölkerung mit Nahrungsmitteln und Medikamenten notwendig wurde. Der Prozeß der Besiedlung ereignete sich im Rahmen der Gründung von ländlichen Siedlungsprojekten, sogenannten *colônias*. Auf dem Gebiet des heutigen Rondonópolis wurden sechs dieser *colônias* errichtet, die heute zum größten Teil in der rasch expandierenden Stadt aufgegangen sind.

Dank des politischen Einsatzes des Abgeordneten João Marinho Falcão wurde Rondonópolis per Gesetz N° 666 vom 10. Dezember 1953 zum eigenständigen Munizip ernannt. Die Gesamteinwohnerzahl betrug damals 3.000 Einwohner, von denen lediglich ca. 1.000 Einwohner in der Stadt wohnten.

Das Bevölkerungswachstum der Stadt liegt seit den 60er Jahren deutlich über dem durchschnittlichen Bevölkerungswachstum auf nationaler Ebene. Dadurch haben sich die Lebensverhältnisse in der Stadt deutlich verschlechtert. Des weiteren wird es zunehmend schwieriger, die Gesamtheit der Stadtbewohner mit einer leistungsfähigen Basisinfrastruktur zu versorgen. Die übermäßige Wertsteigerung des Grund und Bodens hat dazu geführt, daß in zunehmendem Maße ganzen Bevölkerungsgruppen der Zugang zu Grundeigentum auf legalem Wege verwehrt bleibt, was wiederum zu Landbesetzungen führt. Die Notwendigkeit der Schaffung neuer Arbeitsplätze für die zuwandernde Bevölkerung wird zu einem immer größeren Problem.

Die Entwicklungen im landwirtschaftlichen Sektor haben einen direkten Einfluß auf die Stadtentwicklung von Rondonópolis. Durch die zunehmende Mechanisierung und Landkonzentration und mit der exponentiellen Ausbreitung von Sojakulturen kommt es zur Verdrängung von Kleinbauern und zur Freisetzung in der Landwirtschaft tätiger Arbeitskräfte, die wiederum direkt in die Stadt drängen. Aufgrund des mangelhaften Zugangs zu legal erworbenen Grundstücken und Unterkünften invadieren diese Bevölkerungsgruppen freie Flächen im Stadtbereich. Das hiermit in die Stadt dringende Arbeitskräftepotential kann vom städtischen Arbeitsmarkt bei weitem nicht absorbiert werden. Einerseits besitzen diese vom Land verdrängten Arbeiter nicht die Qualifikation, die der städtische Arbeitsmarkt in der Regel fordert, andererseits gibt es aufgrund des schwach ausgebildeten sekundären Sektors ein enormes Defizit im Bereich des Arbeitsplatzangebots. So kommt es zu dem für viele Städte Brasiliens typischen Phänomen des übermäßigen Angebots an Bauarbeitern (*pedreiros*), meist ungelernte Arbeitskräfte, die sich als Hilfsarbeiter in Tagelohnverhältnissen verdingen.

Das ungeplante, oft chaotische räumliche Wachstum der Stadt sorgt für zusätzliche Probleme beim Ausbau der öffentlichen Infrastruktur. Die Expansion des bebauten Gebietes über Bachläufe und große Fernstraßen hinweg kommt durch spontane Besiedlungsprozesse zustande und zeigt die Unfähigkeit der Behörden, die Richtung der Stadtentwicklung zu lenken. Gleichzeitig mit der flächenhaften Expansion des Stadtgebietes ist aber eine zunehmende, spekulationsbedingte Zersiedelung mit einer großen Anzahl leerstehender Grundstücke festzustellen.

Die Infrastrukturausstattung der Stadt leidet ebenfalls unter enormen Defiziten. Während die Versorgung mit Strom und Wasser zumindest für den größten Teil der Bewohner gesichert ist, ist die Abwasserentsorgung praktisch inexistent, es gibt ausschließlich die sogenannte „in natura" Entsorgung, bei der die Abwässer dem natürlichen Gefälle folgend in die Bäche und Flüsse gelangen. Das Straßensystem ist vor allem durch den geringen Anteil asphaltierter Straßen in den peripheren Stadtteilen gekennzeichnet.

Im Umweltbereich wird als Hauptproblem die zunehmende Besiedlung von Uferhängen und Talauen erkannt. Dadurch kommt es zu immer schwerwiegenderen Überschwemmungskatastrophen.

Bezüglich der vorhandenen gesetzlichen Grundlagen zur Stadtentwicklungsplanung wird festgestellt, daß das letzte legal abgesicherte Dokument von 1986 stammt. In ihm werden per Kommunalgesetz hauptsächlich Vorschriften zur Parzellierung neuer Wohngebiete erlassen. Des weiteren wird der ineffiziente Einsatz vorhandener Planungsinstrumente beklagt.

Die stadtplanerischen Prozesse von 1953 bis heute lassen sich in zwei unterschiedliche Phasen unterteilen. Die erste Phase erstreckt sich über den größeren Zeitraum von 1953 bis 1988, dem Jahr der Verkündung der neuen Verfassung nach über zwanzigjähriger Militärherrschaft. Die zweite Phase bezieht sich auf den Zeitraum nach der Redemokratisierung bis heute.

Durch das boomhafte Wachstum der Stadt ist jegliche Form einer zukunftsorientierten, geordneten Stadtplanung eine enorme Herausforderung für die lokale Verwaltung. Die Betrachtung aus heutiger Sicht zeigt deutlich, daß man hier an die Grenzen der Regierbarkeit gestoßen ist oder diese zeitweise sogar überschritten wurden.

Das enorme Bevölkerungswachstum sowie die unkontrollierte Flächenexpansion des bebauten Stadtgebietes sind wesentliche Rahmenbedingungen für die stadtplanerischen Maßnahmen in den beiden oben genannten Phasen.

Die Phase vor 1988 stand unter dem Vorzeichen einer zentralistisch gesteuerten Stadtplanungspolitik und war besonders gekennzeichnet durch die Tatsache, daß Stadtplanung bis dahin in erster Linie als Reaktion auf die im wesentlichen spontan und in rasanter Geschwindigkeit ablaufenden Prozesse des Stadtwachstums ablief. Die von der Zentralregierung ausgehenden Impulse zur Erschließung bzw. Inkorporation des brasilianischen Mittelwestens beinhalteten zwar unzählige Fördermaßnahmen für den infrastrukturellen Ausbau in der Region, gleichzeitig wurden aber die Mittel für die Kommunen, die benötigt worden wären, um dem großen Andrang neuer Bevölkerungsgruppen zu begegnen, von der Zentralregierung gekürzt bzw. auf niedrigstem Niveau gehalten. Dem entsprechend beschränkten sich die planerischen Maßnahmen in Rondonópolis in dieser ersten Phase auf die reine Dokumentation des flächenhaften Stadtwachstums und den Versuch, die eine oder andere Richtlinie zur Schaffung neuer Wohn- und Nutzflächen zu erlassen. Dies spiegelt sich in den Gesetzen zur Neuabgrenzung des Stadtgebietes (*perímetro urbano*) und der Stadterweiterungsflächen (*área de expansão urbana*) von 1978, 1979 und 1985 wieder. In diesen Gesetzen wird in erster Linie den flächenhaften Stadtwachstumsprozessen ex post Rechnung getragen. Neben den genannten „Planungsinstrumenten" existierten bereits in den 70er Jahren ein Gesetz zur Regelung neuer Parzellierungen (*Lei de Aprovação de Lotea-mentos*) sowie eine Art kommunale Bauvorschrift (*Código de Obras Municipal*).

Zuständig für Belange der Stadtplanung in Rondonópolis ist die der Präfektur zugehörige *Secretaria de Planejamento Urbano*. Die *Companhia de Desenvolvimento de Rondonópolis (CODER)*, eine privatwirtschaftlich organisierte Firma der Stadt, führt zahlreiche Projekte im Stadtbereich durch. Bereits 1978 hatte diese *CODER* Beratung durch eine Firma aus São Paulo (*Projetos e Planejamento Ltda.*) erhalten. In diesem Zusammenhang kam es zur Erstellung eines sogenannten *Plano de Complementação Urbana*.

Im Zuge der Förderung des Planungsprozesses in kleineren und mittleren Städten durch die Zentralregierung erhielt Rondonópolis 1980 Unterstützung durch die *Secretaria de Articulação com os Estados e Municípios (SAREM)* in Zusammenarbeit mit dem *Instituto Brasileiro de Administração Municipal (IBAM)*. Inhalt der Unterstützung war die Erstellung der sogenannten *Diretrizes Urbanísticas*, einer Strukturanalyse der Stadt, mit dem Ziel, einen Katalog von Handlungsanweisungen zusammenzustellen, die im Zuge ihrer Umsetzung konkretisiert werden sollten.

> *„Não se pretende propor para Rondonópolis nada do género de um Plano Diretor. O mais moderno pensamento urbanístico recomenda que se estabeleça um roteiro de ações articuladas que se aprofunde a partir da sua própria aplicação."* (SAREM - IBAM 1980)

242

Es ist keineswegs das Ziel, für Rondonópolis eine Art Stadtentwicklungsplan zu entwerfen. Fortschrittliche Ansätze der Stadtplanung sehen einen
Maßnahmenkatalog vor, der erst im Zuge seiner Realisierung sukzessive
konkretisiert werden soll. (Freie Übersetzung des Autors)

Interessant ist zu vermerken, daß die Erstellung dieser *Diretrizes Urbanísticas* vorwiegend
in Rio de Janeiro, dem Sitz des *IBAM,* stattfand. Ein Mitarbeiter wurde nach Rondonópolis
als „Feldarbeiter" entsandt, um vor Ort Informationen und Daten zu sammeln, sowie in
Gesprächen mit Vertretern der lokalen Verwaltung, Unternehmern, Bewohnern etc. die
lokale Entwicklungsdynamik zu diskutieren. Dieser „Feldarbeiter" schickte seine Ergebnisse in Berichten nach Rio, wo diese ausgewertet, Karten angefertigt und Handlungsanweisungen formuliert wurden.

Die Inhalte der *Diretrizes Urbanísticas* orientierten sich sehr stark an der bisherigen
Entwicklung der Stadt und an den Prognosen eines weiterhin exponentiellen Bevölkerungswachstums. Infolgedessen ging es hier in erster Linie um die Erhebung vorhandener
Infrastruktureinrichtungen unter Berücksichtigung ihres Leistungspotentials. Nach einer
ausführlichen Bestandsaufnahme, in der einige Defizite bereits formuliert wurden, waren
am Ende der Studie Vorschläge für mögliche Leitlinien der Stadtentwicklung und ihre
gesetzliche Verankerung eingefügt worden.

Inwieweit die Anregungen der *IBAM*-Studie von den lokalen Behörden übernommen
wurden, läßt sich nicht nachvollziehen. Tendenziell sind die damaligen Prognosen aus
heutiger Sicht weitgehend richtig formuliert worden. Es wurden ebenfalls einige Empfeh-
lungen ernst genommen und zumindest versucht, in die Tat umzusetzen, was allerdings
nicht in Form elaborierter Planungsanweisungen, sondern eher in Form einzelner, isoliert
durchgeführter Maßnahmen geschah. Das hängt in erster Linie damit zusammen, daß eine
funktionierende, institutionalisierte Stadtplanungsinstanz mit der Fähigkeit, unterschiedlichste Akteure, mit unterschiedlichsten Interessen auf lokaler Ebene in den Planungsprozeß zu integrieren, fehlte. Die überwiegend inexistente personelle Kontinuität auf der
Arbeitsebene in der Präfektur trug bis heute ihren Teil zu den Problemen bei der Umsetzung einer geordneten Stadtentwicklungsplanung bei.

Noch in den 80er Jahren wurden als Reaktion auf das weiterhin starke Bevölkerungswachstum und die dadurch bewirkte flächenhafte Ausdehnung der Stadt weitere Gesetze
zur Neuabgrenzung (*Lei N° 1.148 de 28 de agosto de 1985: reorganiza e fixa os limites da
Zona Urbana da cidade*) und zur Schaffung neuer Nutzflächen (*Lei N° 1.298 de 26 de
setembro de 1986: dispõe sobre os loteamentos urbanos ...*) erlassen. In beiden Fällen

handelte es sich um rein technisch orientierte Vorgaben. Bei der Schaffung neuer Nutzflächen (*loteamentos*) wurde nicht geprüft, ob und in welchem Umfang die neu zu erschließenden Grundstücke notwendig waren.

Die zweite Phase der Stadtplanung begann mit dem Prozeß der Redemokratisierung, dessen institutioneller Höhepunkt das Inkrafttreten der neuen Verfassung von 1988 war. Im Unterschied zu der ersten Phase kann Stadtplanung seitdem als lokal gesteuerter Prozeß identifiziert werden.

Neue Grundlage für den Stadtplanungsprozeß ist seit 1988 die Rahmengesetzgebung in der staatlichen und in der bundesstaatlichen Verfassung (siehe Kap. II.2.4). Auf der kommunalen Ebene wurde 1990 die kommunale Verfassung (*Constituição de Rondonópolis / Lei Orgânica*) erlassen, die unter anderem auch die Belange der Munizipplanung (Kapitel VIII) und der Stadtpolitik (Kapitel VIII, Abschnitt I, Art. 176 bis 186) regelt. Des weiteren wird in der kommunalen Verfassung der gesetzliche Rahmen für die Erstellung eines *Plano Diretor* (Kapitel VIII, Abschnitt II, Art. 187 bis 189) abgesteckt.

Entscheidend an dieser Neuerung ist zunächst die Tatsache, daß die Kommunen mit der neuen Verfassung nach einer Jahrzehnte dauernden Phase der Abhängigkeit von zentralstaatlichen Entscheidungen nun mit umfangreichen Zuständigkeiten und Rechten ausgestattet werden. Dies entspricht dem Versuch der Wiederherstellung einer weitreichenden kommunalen Autonomie.

> „*Após a revolução de 1964, a centralização excessiva do poder, com o rígido controle da economia, sufocou os Municípios. A nova Constituição tenta resgatar a autonomia municipal, ampliando o campo de atuação do poder local e as oportunidades de participação da comunidade.*" (DUARTE 1990: 72)

> Nach der Revolution von 1964 wurden die Munizipien durch die exzessive Zentralisierung der Macht und durch rigide Kontrollen durch übergeordnete Instanzen extrem behindert. Die neue Verfassung sieht die Stärkung der kommunalen Autonomie und die Partizipation der Bürger vor. (Freie Übersetzung des Autors)

Entsprechend der nationalen, der bundesstaatlichen und der kommunalen Verfassung hat das Munizip Rondonópolis gegenüber seinen Bürgern ganz allgemein die folgenden Pflichten (Art. 3):

1.	die Rechte auf Bildung, Gesundheit, Arbeit, Freizeit, Sicherheit, Sozialvorsorge, Schutz der Mütter und Kinder, Unterstützung der Schutzlosen, Transport, Unterkunft und einer ausgeglichenen Umwelt zu sichern;

2.	das Angebot und die Instandhaltung der Basisinfrastruktur zu gewährleisten;

3.	die wirtschaftliche und soziale Entwicklung des Munizips zu fördern und

4.	über die Einhaltung der staatlichen, bundesstaatlichen und kommunalen Verfassungen und Gesetze zu wachen.

Die weiteren Aufgaben, Rechte, Funktionen etc. sind in insgesamt 332 Artikeln mehr oder weniger detailliert niedergelegt.

Die kommunale Verfassung von Rondonópolis beinhaltet folgende Artikel mit direktem Bezug zu Fragen der Stadtplanung (Art. 176 bis 186, *da política urbana*) und zum *Plano Diretor* (Art. 187 bis 189). Beide Teilbereiche werden unter dem Kapitel zu Fragen der Entwicklungsplanung des Munizips aufgeführt.

Wesentliche Aspekte der sogenannten *política urbana* beziehen sich auf das Recht der Zivilgesellschaft zur Partizipation bei ihrer Formulierung sowie auf die Sicherung der Grunddaseinsfunktionen im weitesten Sinne (Art. 176, 177). Die Ausübung des Rechts auf Eigentum muß seine soziale Funktion erfüllen, indem es den sozialen Funktionen der Stadt und den Vorgaben des *Plano Diretor* entspricht. Der Zugang zu Eigentum und Unterkunft muß jedem Bürger offenstehen, und eine gerechte Verteilung von Rechten und Pflichten im Zusammenhang mit dem Urbanisierungsprozeß muß gesichert sein (Art 177 § 1,2). Der Umwelt muß insofern Rechnung getragen werden, als unter anderem eine ausreichende Lebensqualität gesichert wird.

Art. 178 regelt die Mechanismen zur Wahrung der o.g. Rechte und Pflichten. Wesentliche Instrumente sind die progressive Besteuerung von Immobilien, Enteignung, Ausweisung von öffentlichen Flächen hauptsächlich zur Ansiedlung bedürftiger Bevölkerungsgruppen, Inventarisierung, Registrierung und Schutz von Immobilien, die Ausweisung von Schutzgebieten etc.

Grundeigentum im Stadtgebiet berechtigt nicht automatisch zur Bebauung. Bauvorhaben müssen von der lokalen Verwaltung genehmigt werden und der kommunalen Gesetzgebung entsprechen (Art. 179). In den Artikeln 182 und 183 ist die Aufgabe des Munizips festgehalten, den sozialen Wohnungsbau zu fördern, um für menschenwürdige Wohn-verhältnisse und Zugang zum ÖPNV zu sorgen und Gemeinschaftsaktionen zur Schaffung dieser Verhältnisse zu unterstützen. Artikel 184 schreibt vor, daß das Munizip für die Erstellung eines Verkehrplans der Stadt verantwortlich ist, der eine übersichtliche Kennzeichnung und Signalisierung vorsieht. Ein Immobilienkataster nebst entsprechenden Kartierungen ist zu erstellen und regelmäßig zu aktualisieren (Art. 185 II). Artikel 186 weist auf die Notwendigkeit hin, Talauen und überschwemmbare Gebiete zu identifizieren und zu schützen bzw. deren Erschließung zu verhindern.

Die Artikel 187 bis 189 regeln, wie oben erwähnt, die Rahmenbedingungen, Anforderungen und Erarbeitungskriterien des *Plano Diretor*, dessen Inhalte sich nicht ausschließlich auf das Stadtgebiet des Munizips beziehen. Darüber hinaus gibt es auch einige Passagen, die auf die Notwendigkeit der Berücksichtigung der kommunalen Rahmenbedingungen hinweisen. Dies betrifft insbesondere die wirtschaftliche Entwicklung.

In Artikel 187 ist festgehalten, daß das Munizip alle fünf Jahre seinen *Plano Diretor* erstellt. Er erstreckt sich im Wesentlichen auf die Bereiche Wohnen, Arbeit und Freizeit. Des weiteren muß der Plan folgende Aspekte beinhalten:

- städtisches Verkehrssystem,
- Stadtzonierung,
- städtische Parzellierungen,
- Bauvorschriften,
- öffentliche Dienstleistungen.

Bezüglich der ökonomischen Gesichtspunkte muß der Plan Entwürfe für die wirtschaftliche Entwicklung des Munizips und die Integration in das regionale ökonomische Szenario beinhalten. Aus sozialer Sicht müssen Normen zur Sozialfürsorge enthalten sein. Auch in verwaltungstechnischer Hinsicht muß für eine institutionalisierte Organisationsbasis gesorgt werden, die eine kontinuierliche Planung öffentlicher kommunaler Belange sicherstellt.

In Artikel 188 ist festgehalten, daß der *Plano Diretor* weiterhin die folgenden Aspekte regelt:

1.   die Makrozonierung, die Flächennutzung, die Bebauung, den Schutz der Umwelt, die Überprüfung der Einhaltung der Vorgaben und die grundsätzlichen urbanistischen Richtlinien;

2. die Ausweisung von Flächen besonderen urbanistischen, umweltrelevanten, touristischen und öffentlichen Interesses;

3. die Einschränkungen bezüglich der Nutzung der Flußuferbereiche und die Vermeidung von Überschwemmungen und Umweltschäden durch eine angemessene Nutzung dieser Bereiche.

Nach Artikel 189 muß die Erstellung des *Plano Diretor* den Normen der *ABNT* (*Associação Brasileira de Normas Técnicas*) entsprechen und die Stadtverdichtung fördern. Es ist ein Kommunaler Planungsrat (*Conselho Municipal de Planejamento*) zu gründen, dessen Mitglieder Vertreter der verschiedenen zivilgesellschaftlichen Institutionen sein sollen. Der Planungsrat wird an der Erstellung und bei der Implementation des *Plano Diretor* beteiligt (Art 189 § 1). Es obliegt der Legislative, den *Plano Diretor* mit dem Planungsrat zu diskutieren, bevor er endgültig genehmigt wird (Art 189 § 2).

III.1.4.2.2   Der *Plano Diretor*: Anspruch und Wirklichkeit

Nachdem bis jetzt im wesentlichen die gesetzlichen Rahmenbedingungen für die Erstellung des *Plano Diretor* und für die allgemeinen Obliegenheiten der kommunalen Behörden in Rondonópolis behandelt wurden, soll in den folgenden Abschnitten auf den in Rondonópolis Anfang der 90er Jahre erstellten *Plano Diretor* genauer eingegangen werden. Dabei sind methodische Vorgehensweisen sowie die wesentlichen inhaltlichen Schwerpunkte von besonderem Interesse.

Zu Beginn der 90er Jahre, mit der Verabschiedung der *Lei Orgânica*, gründete der damalige Bürgermeister von Rondonópolis, *Hermínio Barreto*, eine spezielle Kommission, die er mit der Erstellung des *Plano Diretor* beauftragte. Die Stadtplanungsabteilung der Präfektur (*Secretaria Municipal de Desenvolvimento Urbano*) hatte offiziell die Koordination dieser Arbeiten inne. Sie hatte zwischen den einzelnen Fachressorts der Präfektur zu vermitteln und für den reibungslosen Informationsfluß zwischen diesen und der multidisziplinären Sonderarbeitsgruppe zu sorgen. Von der personellen Ausstattung her wäre die Stadtplanungsabteilung sicher nicht in der Lage gewesen, in eigenständiger Arbeit einen Entwurf für den *Plano Diretor* zu erstellen. Das hängt in starkem Maße mit den völlig neuartigen Anforderungen im konzeptionellen, wie im methodischen Bereich des Planungsansatzes zusammen. Die weitgehend technokratische Planungstradition, die bis Mitte der 80er Jahre in den meisten, v.a. kleineren und mittleren Städten Brasiliens vorherrschte und die auch in Rondonópolis kennzeichnend für die Aktivitäten im Bereich

247

der Stadtentwicklungsplanung war, stellte nicht die geeignete Ausgangsbasis für die Erstellung eines *Plano Diretor* mit absolut veränderten Kriterien und methodischen Herangehensweisen dar.

Aus methodischer Sicht wurde besonders hervorgehoben, daß die Erarbeitung des *Plano Diretor* in starkem Maße von der Ortskenntnis der technischen Mitarbeiter profitieren sollte, um auf diese Weise zu vermeiden, daß wesentliche Aspekte außer acht gelassen würden.

Die Erstellung des *Plano Diretor* läßt sich in vier Hauptphasen gliedern:

1. Anfertigung einer umfassenden sozio-ökonomischen Strukturanalyse unter Einbeziehung umweltrelevanter Aspekte sowie historischer Kenntnisse;

2. Veranstaltung von öffentlichen Workshops mit der Beteiligung von Vertretern aus Wirtschaft und Gesellschaft;

3. Formulierung von Leitzielen für das Munizip im Bereich des Erziehungs- und Gesundheitswesens, für die wirtschaftliche Entwicklung, zu Fragen der Stadtgestaltung, für kulturelle Angelegenheiten und für den Umweltschutz, auf der Grundlage der Ergebnisse aus Phase 1 und 2;

4. Schaffung von Regeln zur Organisation der öffentlichen Dienstleistungen, des Verkehrswesens, des Freizeitangebots, des Sportes und des öffentlichen Wohls, des weiteren die Formulierung von Gesetzesentwürfen zur Stadtgesetzgebung.

Das Ergebnis dieser Arbeiten wurde der Exekutive und der Legislative zur Diskussion vorgelegt.

Die Expertenkommission, die für die erste Version des *Plano Diretor* verantwortlich zeichnete, hatte zunächst eine relativ unabhängige Arbeitsbasis als externe, aus der Präfektur ausgelagerte Instanz. Aus finanziellen Gründen und vor allem auch aus politischen Erwägungen heraus (1993 traten die neuen Bürgermeister in ganz Mato Grosso ihr Amt an) wurde die Kommission für den *Plano Diretor* in die Präfektur und dort in das Stadtplanungsamt (*Secretaria Municipal de Desenvolvimento Urbano*) reintegriert. Das hatte u.a. zur Folge, daß ein Teil der Mitglieder der Kommission entlassen wurde. Einige versuchten auf inoffiziellem Wege, den Kontakt zu den Arbeiten zu halten, das Engagement sank aber zusehends. Bis der *Plano Diretor* 1994 offiziell in Kraft trat, wurden noch einige politisch orientierte Korrekturen vorgenommen.

Der inzwischen vorliegende *Plano Diretor* besteht aus zwei Bänden. Der erste Band gliedert sich in insgesamt sieben Teilbereiche. In den Teilbereichen 1 bis 4 werden die Mitarbeiter genannt, die methodologischen Ansätze kurz erläutert sowie die Gründe und Ziele der Erstellung diese Planungsinstruments dargestellt. In Teilbereich 5 wird in rein deskriptiver Form die Geschichte des Munizips seit seinem Bestehen als Distrikt des Munizips Poxoréo vorgestellt. Teilbereich 6 umfaßt eine sektorale Strukturanalyse, in der Basisindikatoren aus den Bereichen des primären, sekundären und tertiären Sektors, des Erziehungs- und Schulwesens, des Gesundheitswesens, zur Umweltsituation und zur aktuellen Stadtstruktur auf der Grundlage von Daten aus der amtlichen Statistik sowie aus den Fachressorts der Präfektur präsentiert werden. Hierbei handelt es sich um den bei weitem umfangreichsten Teil. In einem relativ kurz gefaßten siebten Teilbereich werden einige allgemein gehaltene Leitziele für die zukünftige Stadtentwicklung formuliert. Diese basieren in erster Linie auf Erkenntnissen aus der Strukturanalyse zu gravierenden Defiziten hauptsächlich im Bereich der infrastrukturellen Ausstattung der Stadt.

Der zweite Band beinhaltet den gesamten Teil der Gesetzgebung. In ihm werden:

1.   das Stadtgebiet (perímetro urbano) abgegrenzt,
2.   eine generelle Zonierung vorgenommen,
3.   Rahmengesetze zur Parzellierung des städtischen Grund und Bodens genannt,
4.   Bauvorschriften veröffentlicht und
5.   weitere städtische Verordnungen erlassen.

Insgesamt zeichnet sich der *Plano Diretor* durch einen relativ geringen Detaillierungsgrad aus. Das heißt, daß man über ein deskriptives Stadium mit Hinweisen auf den generellen Handlungsbedarf in einigen „neuralgischen" Bereichen nicht hinauskommt. Der eigentliche planerische Charakter kommt hier nicht besonders zum Tragen. Trotzdem muß an dieser Stelle darauf hingewiesen werden, daß im Vergleich zu den Dokumenten, die bisher zu dem Thema in Rondonópolis angefertigt worden waren, ein deutlicher Schritt nach vorn geschafft wurde. Immerhin hat dieser *Plano Diretor* im Verlauf seines Entstehens den kommunalen Regierungswechsel 1993 überstanden, was als ein erster Schritt zu mehr kommunaler Planungskontinuität gewertet werden kann. Hierin spiegelt sich ein neues Bewußtsein für die Notwendigkeit, längerfristig zu denken und zu handeln wider, was bis dahin keinerlei Bedeutung hatte. Der 1995 gegründete Stadtentwicklungsrat (*Conselho de Desenvolvimento Urbano de Rondonópolis*) wird möglicherweise ebenfalls dazu beitragen, daß eine konsequente und kontinuierliche Stadtplanung zunehmend an Bedeutung und Kompetenz gewinnt. Sicherlich fragt man sich vorläufig noch skeptisch, inwiefern hier durch die Schaffung neuer Institutionen auch tatsächlich neue Formen der Partizipation aller betroffenen Bevölkerungsgruppen und Segmente der lokalen Wirtschaft an der Planung der zukünftigen Struktur der Stadt eröffnet werden, oder inwieweit bereits vorhandene Machtstrukturen lediglich legalisiert und vor allem verfestigt werden.

Nach einer ausführlichen Darstellung der aktuellen sozio-ökonomischen Situation in den drei Sektoren der Wirtschaft für den städtischen und ländlichen Raum sowie einer Beschreibung einiger wichtiger struktureller Eigenschaften des Stadtgebietes und seiner verschiedenen administrativen Einheiten anhand der Daten der Präfektur schließt sich Kapitel 7 mit den sogenannten "*Diretrizes Básicas*", den Grundrichtlinien der Entwicklungsplanung, an.

Auch in diesem Kapitel wird wieder nach dem sektoralen Kriterium vorgegangen. Für die drei Wirtschaftssektoren werden kurze Anweisungen formuliert, die sich auf die im vorhergehenden Teil beschriebenen Strukturdefizite beziehen. Es fehlen allerdings Handlungsrichtlinien im Sinne eines aufeinander bezogenen Maßnahmenbündels, mit dem Ziel eine nachvollziehbare, planerische Komponente zu liefern.

Jeder der Hinweise zu Entwicklungspotentialen und Ausbaunotwendigkeiten stellt bisher lediglich einen Ansatzpunkt dar, auf dessen Grundlage nun die eigentlichen planerischen Maßnahmen entwickelt werden müßten. So weit ist man aber bei der ersten Fassung des *Plano Diretor* noch nicht gediehen. Sollte es zur Fortschreibung und zur Erweiterung dieser ersten Fassung kommen, wäre es notwendig, stärker konzeptionell vorzugehen.

Die mangelnde Erfahrung im Bereich der Stadtplanung, eine sicherlich noch gering ausgeprägte lokale Identität bzw. das Fehlen identitätschaffender Strukturen in der jungen Stadt Rondonópolis tragen ihren Teil dazu bei, daß der erste *Plano Diretor* eher einem *Diagnóstico* im Sinne einer allgemeinen Strukturanalyse gleicht. Die Vorgehensweise ist im wesentlichen deskriptiv, wobei sich Teile der Aussagen ausschließlich auf das Stadtgebiet von Rondonópolis beziehen, während andere Teile das gesamte Munizip beschreiben. Als Ausgangsbasis für eine weitere Fortschreibung ist das Werk sicherlich geeignet. Nur wenn es auch wirklich zu dieser Weiterentwicklung kommt, hat sich dieser erste Ansatz gelohnt.

III.1.4.3 Grenzen der Stadtplanung in Cáceres und Rondonópolis

Nach der Betrachtung der realen Verhältnisse in der Stadtplanung von Cáceres und Rondonópolis lassen sich zunächst einige generelle Defizite feststellen. Zunächst läßt sich im Fall von Cáceres bemerken, daß im Bereich der Kommunalverwaltung bisher keinerlei institutionalisierte Planungsstruktur vorhanden ist. Damit fehlt die wichtigste Grundlage für eine koordinierte Planungsentwicklung, vor deren Hintergrund in Zukunft ein kontinuierlicher Stadtentwicklungsprozeß stattfinden könnte. Bisher hat man sich damit beholfen, in kritischen Situationen, wie zum Beispiel zu Beginn der 90er Jahre bei der Forderung nach einem *Plano Diretor,* vorübergehend qualifiziertes Personal zur Erstellung des *PD* außerplanmäßig einzustellen. Diese Strategie entspricht dem Prinzip der Improvisation, das in Cáceres im Bereich der Stadtentwicklung noch immer vorherrscht. In Rondonópolis ist man im institutionellen Bereich bereits seit einigen Jahren einen Schritt weiter. Hier gibt es in der Kommunalverwaltung ein Dezernat, das explizit mit Aufgaben der Stadtentwicklungsplanung betraut ist.

Zu den allgemeinen limitierenden Faktoren für eine effiziente Stadtentwicklungsplanung gehören Finanzknappheit, Kompetenzprobleme zwischen Institutionen verschiedener Verwaltungsebenen genauso wie Mängel im technischen und personellen Bereich und Koordinationsdefizite innerhalb der lokalen Verwaltungen. (siehe zu diesen allgemeinen limitierenden Faktoren am Beispiel von Cuiabá COY 1997: 402 ff.)

In beiden Städten existiert ein grundsätzliches Informationsdefizit, das darin besteht, daß die Datenbasis, auf deren Grundlage gearbeitet wird, teilweise lückenhaft ist oder überhaupt fehlt. Dieses Problem wird als Informationsdefizit bezeichnet, weil nicht in erster Linie Daten und Informationen fehlen oder völlig falsch sind, sondern weil vielfach die Kenntnis über Datenquellen, der Zugang zu den vorhandenen Daten oder die Fähigkeit ihrer Interpretation fehlt. So standen zum Beispiel die Daten, die dem Kapitel III.1.3 dieser Arbeit zugrunde liegen aus verschiedenen Gründen den Präfekturen von Cáceres und Rondonópolis nicht zur Verfügung. Einerseits werden diese Daten vom *IBGE (Instituto Brasileiro de Geografía e Estatística)* nicht auf der Aggregationsebene von Stadtteilen publiziert. Andererseits wird Datenerhebung in der öffentlichen Verwaltung fast ausschließlich vom Schreibtisch aus betrieben. Das heißt, daß per Fragebögen und durch wenig differenzierte schriftliche Anfragen Informationen aus unterschiedlichsten Quellen abgefragt werden. Auf der Seite der Kommunalverwaltung fehlt häufig die Kenntnis über verfügbare Daten, auf der Seite der „Datenlieferanten" mangelt es an Kenntnissen zum Datenbedarf in den lokalen Verwaltungen. Hinzu kommt, daß Daten und Informationen als Instrument zur Sicherung und zum Ausbau persönlicher Machtbestrebungen genutzt werden und somit nur zur selektiven Verbreitung kommen. Aufgrund fehlender Konzepte im Planungsbereich und mangelnder Qualifikation vieler Sachbearbeiter kommen brauchbare Datengrundlagen nur selten zustande.

Das Problem des Informationsdefizits beinhaltet mindestens zwei limitierende Faktoren für kommunale Stadtplanung. An erster Stelle steht die Datenverfügbarkeit. Datenerhebungen, die mit großem Aufwand im Rahmen von Volkszählungen durchgeführt wurden, werden den Informationssuchenden nicht ohne weiteres zugänglich gemacht. Dieses Problem liegt also im Bereich des Informationsaustauschs zwischen unterschiedlichen administrativen Ebenen. An zweiter Stelle steht die unzureichende Qualifikation der Sachbearbeiter in der Kommunalverwaltung, die dadurch zum Ausdruck kommt, daß eine genügende Vertrautheit mit planungsrelevanten Daten und Informationen fehlt. In den Fällen, in denen hochqualifizierte und vor allem motivierte Fachkräfte mit Planungsaufgaben betraut sind, kommt es aufgrund der fehlenden institutionellen Planungtradition nach deren Ausscheiden aus dem Dienst häufig zu einer Art „*brain drain*". Da Planungsabläufe und Datenbanken nicht an nachvollziehbare Konzepte gebunden sind, kommt das Ausscheiden einer kompetenten Fachkraft aus der Kommunalverwaltung dem Ende einer „Planungstradition auf Zeit" gleich. Diese Zeit entspricht in der Regel einer Legislaturperiode nach der in den meisten Präfekturen neue Dezernenten eingestellt werden. Der Aufbau eines verbindlichen Planungskonzepts, das auch einzelne Legislaturperioden überdauert, wäre die Grundlage für eine effiziente Stadtentwicklungsplanung gerade unter schwierigsten Rahmenbedingungen. Das Informationsdefizit ließe sich auch auf der lokalen Ebene dadurch erheblich verbessern, daß die einzelnen Dezernate der Kommunalverwaltung institutionell besser integriert würden. Dadurch könnte der interne Informationsfluß wesentlich effizienter gestaltet werden.

Die Betrachtung der *Planos Diretores* beider Städte zeigt ein weiteres grundlegendes Problem, das mit der Behandlung der originär lokalen Problemfelder zusammenhängt. In keinem der im *Plano Diretor* angesprochenen Bereiche hat man sich auf die Konkretisierung von Problemen und Lösungsansätzen auf Stadtteilebene eingelassen. Gründe dafür liegen zum einen wiederum in der schlechten Informationslage, viel wichtiger aber in der Sorge, sich durch zu klare Formulierungen und zu detaillierte Entwicklungsmaßnahmen in unlösbare Interessenkonflikte zu verstricken. Da die *PD's* in Rondonópolis und inzwischen auch in Cáceres als Gesetze verabschiedet wurden, mußte zum Zeitpunkt ihrer Vorlage auf höchstmögliche Unverbindlichkeit geachtet werden. Damit hat man sich seitens der Kommunalverwaltungen einen ausreichenden Manövrierfreiraum geschaffen, der es ermöglicht, die Fortschreibung und Konkretisierung des *Plano Diretor* unter Beteiligung aller Planungsakteure und -betroffenen zu betreiben. Die unverbindliche

Lösung war zum Zeitpunkt der Verabschiedung der *Planos Diretores* der einzig kompromißfähige Ansatz.

Bei solch grundlegenden Planungsdefiziten stellen sich unter anderen zwangsläufig folgende Fragen:

1. Wer sind die Akteure der Stadtentwicklung in Cáceres und Rondonópolis?

2. Gibt es lokale *pressure groups* und wenn ja, welche Rolle spielen sie?

3. Welche Probleme könnten durch eine funktionierende Planung in Cáceres und Rondonópolis gelöst werden?

4. Inwiefern eignen sich die *Planos Diretores* von Cáceres und Rondonópolis überhaupt als Planungsinstrumente?

5. Woran orientiert sich letztendlich das alltägliche Handeln der Kommunalverwaltung im Bereich der Stadtentwicklungsplanung?

Es kann hier lediglich versucht werden, allgemeine Ansätze zu erörtern, die dazu beitragen können, den begonnenen Planungsprozeß in Gang zu halten und zu konsolidieren. Konsolidieren insofern, als spätestens mit der selbständigen Erarbeitung der *Planos Diretores* auf der lokalen Ebene ein wichtiger Schritt zur Institutionalisierung von Planung gemacht wurde.

Das Spektrum der Akteure der Stadtplanung, sowohl in Cáceres, als auch in Rondonópolis, setzt sich einerseits aus „aktiven" (Politiker, Vertreter sozialer Gruppen, Vertreter der lokalen Eliten etc.) und „passiven" Akteuren (alle nur „beplanten" Bevölkerungsgruppen) und andererseits aus „offiziellen" (kommunale Angestellte und Beamte) und „inoffiziellen" Akteuren (die unterschiedlichsten *pressure groups*) zusammen. Zwischen „offiziellen" und „inoffiziellen" Akteuren sind im Rahmen zunehmend partizipativer Planungsprozesse alle Vertreter unterschiedlicher gesellschaftlicher Gruppen anzusiedeln, die ihr Interesse an der Mitwirkung bei der Vorbereitung von Maßnahmen der Stadtentwicklung artikulieren. Im Rahmen von Partizipation können aus bisher „passiven", „inoffiziellen" Akteuren wünschenswerterweise „aktive", „offizielle" Akteure werden.

253

In erster Linie obliegt die Stadtentwicklungsplanung in Cáceres und in Rondonópolis der Präfektur und den dort angesiedelten Fachdezernaten. In Cáceres, wo ein eigenständiges Planungsdezernat fehlt, funktioniert Stadtplanung durch ad-hoc-Koordination zwischen den einzelnen Fachdezernaten unter einem entsprechenden Handlungsdruck, kurzfristig und vorwiegend mit Improvisationscharakter. Hier herrscht in erster Linie noch die Strategie des „*muddling through*" vor. In Rondonópolis gibt es bereits ein eigenes Planungsdezernat in der Präfektur, durch dessen Aktivitäten der Prozeß der Stadtplanung bereits über eine Koordinationsbasis verfügt.

Fehlende Planungskonzeptionen auf der Ebene der Präfekturen eröffnen externen *pressure groups* (vergleiche Abb 11) einen vergleichsweise großen Interventionsspielraum. Dieser Spielraum gestaltet sich für die verschiedenen Akteure unterschiedlicher *pressure groups* qualitativ sehr differenziert. Lokale Eliten sehen in einer orientierungslosen Stadtplanung die Chance, persönliche Interessen im Zusammenhang mit Stadtentwicklungsmaßnahmen zu vertreten. Akteure aus der politischen Sphäre suchen geradezu nach Problemen in der Kommunalverwaltung und instrumentalisieren sie für politische Zwecke. Die Bundes- und Landesbehörden sind in vielen Fällen die entscheidenden Kompetenzträger für die Umsetzung von vielen Stadtentwicklungsmaßnahmen. Ihr Interventionsspielraum liegt in der Gewährung von Finanzmitteln für die Umsetzung von Infrastrukturprojekten etc. Ohne eine langfristige intersektoral koordinierte Konzeption geschieht die Projektimplementierung meist sehr desintegriert. Die Akteure aus den lokalen Randgruppen haben sicherlich die schwächste Position. Ihre Interessen und Forderungen richten sich in erster Linie an den größten lokalen Mißständen aus. Ihr Interventionsspielraum wird in dem Maße größer, in dem sie sich organisieren und breitenwirksame Aktivitäten entwickeln. In selteneren Fällen gelingt es auch Einzelpersonen aus lokalen Randgruppen, persönliche Wünsche oder Forderungen im Rahmen von Spontanhilfemaßnahmen durchzusetzen. Generell könnte man sagen, daß die Akteure aus den lokalen Eliten vorwiegend in eigener Sache unter Verfolgung mittel- und langfristiger Ziele auf die kommunale Stadtplanung Einfluß nehmen. Die Vertreter der politischen Sphäre verfolgen eher politisch orientierte, langfristige und strategische Ziele, die sich nicht in erster Linie auf ihre persönlichen Interessen beziehen. Die Bundes- und Landesbehörden lenken kommunale Stadtplanung indirekt durch Genehmigung oder Ablehnung von Entwicklungsprojekten. Die Akteure der lokalen Randgruppen sorgen aufgrund fehlender Alternativen für die „Kontinuität" spontaner Notmaßnahmen.

Geht man von der Bereitschaft der Kommunalverwaltung aus, den Aufbau und die Entwicklung eines kontinuierlicheren Planungsprozesses fördern und konsolidieren zu wollen, liegen die Potentiale für kurz- und mittelfristige Lösungsansätze in einer vor allem auf die

Abb. 11 Akteure und *pressure groups* in der kommunalen Stadtplanung in Cáceres und Rondonópolis

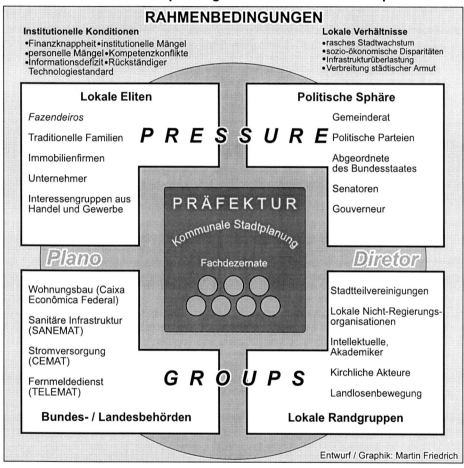

Kommunale Stadtplanung in Cáceres und Rondonópolis

RAHMENBEDINGUNGEN

Institutionelle Konditionen
- Finanzknappheit • institutionelle Mängel
- personelle Mängel • Kompetenzkonflikte
- Informationsdefizit • Rückständiger Technologiestandard

Lokale Verhältnisse
- rasches Stadtwachstum
- sozio-ökonomische Disparitäten
- Infrastrukturüberlastung
- Verbreitung städtischer Armut

Lokale Eliten

Fazendeiros

Traditionelle Familien

Immobilienfirmen

Unternehmer

Interessengruppen aus Handel und Gewerbe

Politische Sphäre

Gemeinderat

Politische Parteien

Abgeordnete des Bundesstaates

Senatoren

Gouverneur

P R E S S U R E

PRÄFEKTUR

Kommunale Stadtplanung

Fachdezernate

Plano

Diretor

Wohnungsbau (Caixa Econômica Federal)

Sanitäre Infrastruktur (SANEMAT)

Stromversorgung (CEMAT)

Fernmeldedienst (TELEMAT)

Bundes- / Landesbehörden

Stadtteilvereinigungen

Lokale Nicht-Regierungsorganisationen

Intellektuelle, Akademiker

Kirchliche Akteure

Landlosenbewegung

Lokale Randgruppen

G R O U P S

Entwurf / Graphik: Martin Friedrich

255

lokalen Verhältnisse ausgerichteten Stadtplanung auf Stadtteilebene. Im Rahmen solcher Aktivitäten wäre es wichtig, die Aktivitäten stärker als bisher auf zwei Schwerpunkte zu konzentrieren. Einer der Schwerpunkte beinhaltet stärker technisch orientierte Maßnahmen wie den Aufbau einer zuverlässigen Datenbank, eines umfangreichen Plankartenwerks, der detaillierten Identifizierung von Problembrennpunkten, der Formulierung von konkreten Maßnahmen und Projekten inklusive Finanzierungsrahmen und Implementierungsanweisungen, der Schaffung von Gemeinschaftsprojekten in Nachbarschaftshilfe etc. Der zweite Schwerpunkt hat zwar nur indirekt mit Stadtentwicklung im engeren Sinne zu tun, ist aber die Grundbedingung für den Erfolg im Bereich der technischen Maßnahmen. Es handelt sich hierbei um die Motivation aller Akteure, zu einer von der gesamten städtischen Gesellschaft getragenen Stadtentwicklung beizutragen. Hier spielen Bewußtseinsbildung und Förderung lokaler Identität, Mediation zwischen unterschiedlichen Interessengruppen und vor allem die Integration eines größtmöglichen Anteils der Stadtbevölkerung eine entscheidende Rolle. Gerade in kleineren und mittleren Städten besteht aufgrund ihrer relativen Überschaubarkeit noch die Chance, einen vergleichsweise umfangreichen *common sense* zu kreieren. Bei der Bewußtseinsbildung kommt es in starkem Maße darauf an, ein positives Verhältnis zu Planung als solcher zu schaffen, da aufgrund der politischen Erfahrungen der vergangenen dreißig Jahre in Brasilien mit Planung immer auch zentralstaatliche Bevormundung assoziiert wird.

Anreize zur konstruktiven Beteiligung an der Stadtentwicklungsplanung könnten dadurch geschaffen werden, daß die bisherigen Aktivitäten der unkoordiniert agierenden Interessengruppen in koordinierter Form in die „offizielle" Planung miteinbezogen werden. Motivation könnte hier durch praktizierte Partizipation geschaffen werden. Den Präfekturen käme beim Aufbau eines Planungsprozesses in erster Linie die Aufgabe zu, Aktivitäten und Potentiale innerhalb und außerhalb der Kommunalverwaltungssphäre zu koordinieren.

Berücksichtigt man, daß es sich bei den *Planos Diretores* in Cáceres und auch in Rondonópolis um die jeweils erste Fassung handelt, die vor dem Hintergrund einer defizitären technischen und personellen Infrastruktur entstanden sind, kann man sie als guten Ansatz für den Aufbau beziehungsweise die Entwicklung des Planungsprozesses auf der jeweiligen lokalen Ebene betrachten. Der Prozeß der Erarbeitung hat zwei Dinge bewußt gemacht: erstens hat sich deutlich gezeigt, wo die ortsspezifischen institutionellen Defizite liegen und zweitens hat man erkannt, daß eine Systematisierung von Stadtentwicklung durch die Identifizierung von Problemfeldern und die erste Formulierung von Entwicklungsleitzielen ein beachtliches Maß an Übersichtlichkeit schaffen kann. Vor den mit dem *Plano Diretor* in Verbindung stehenden Herausforderungen haben die für die Stadtentwicklung Verantwortlichen auch erkannt, daß die Beteiligung aller gesellschaftlicher

Gruppen am Planungsprozeß zur Herausbildung „konstruktiver Allianzen" führen kann. So erkannte man zum Beispiel, in welch produktiver Form in manchen Teilfragen die Kommunalverwaltung und die örtlichen Universitäten zusammenarbeiten können.

Entscheidend dafür, daß die nun in Cáceres und Rondonópolis vorliegenden Stadtentwicklungspläne zu echten planerischen Instrumenten werden, ist die kontinuierliche inhaltliche Verbesserung und Fortschreibung. Hierdurch würde gewährleistet, daß zunehmende Kontinuität im Planungsprozeß geschaffen würde. Die Intensivierung der „flankierenden" Maßnahmen wie Bürger- und Stadtentwicklungsforen, die Erweiterung der interinstitutionellen Zusammenarbeit und der Ausbau der „konstruktiven Allianzen" sowie die Initiierung neuer Gemeinschaftsprojekte auf Stadtteilebene könnten den Stadtplanungsprozeß in Zukunft konsolidieren.

Besonderes Augenmerk muß auf die Synchronisation von Leitzielformulierungen und konkreten Entwicklungsmaßnahmen gelegt werden. Die Gefahr neben der Formulierung hochtrabender Ziele, ihre tatsächliche Realisierung aus den Augen zu verlieren, ist latent.

Entscheidende Hemmnisse kommunaler Stadtentwicklungsplanung liegen in den allgemeinen Rahmenbedingungen, unter denen die gesamte Kommunalverwaltung in Brasilien zu leiden hat. Latente Finanzknappheit, noch nicht behobene Kompetenzkonflikte, gepaart mit einem raschen Stadtwachstum und der Zunahme sozio-ökonomischer Disparitäten unter anderen, sind Faktoren, die den Alltag der lokalen Administratoren teilweise unerträglich machen. Unerträglich ist allerdings auch, in welchem Maße politische Verantwortungsträger diese Verantwortung mißbrauchen, sei es, um sich selbst zu bereichern, um ihre eigene politische Karriere zu fördern oder einfach um den Weg des geringsten Widerstandes zu gehen.

Die Gegenüberstellung teils fast „visionärer" oder vielleicht sogar „traumtänzerischer" Lösungsansätze auf der einen und limitierender Faktoren auf der anderen Seite könnte zu der Frage führen, ob es überhaupt eine Chance gibt, durch die Reformierung von Planungsprozessen die erdrückenden sozio-ökonomischen Verhältnisse in Klein- und Mittelstädten sukzessive zu verbessern. Vielleicht aber bieten gerade Städte dieser Größe, zu denen auch die beiden untersuchten Fallbeispiele zu zählen sind, ein besonderes Potential zur Realisierung von Visionen. Ihre absolute Größe und das Ausmaß der Probleme haben noch nicht den Umfang der Schwierigkeiten in den Großstädten erreicht. Gerade in dieser peripheren Region in Mato Grosso, wo das Problem nicht die Knappheit natürlicher Ressourcen ist, sollte die Chance genutzt werden, möglichst rasch von der reinen „Extraktionsmentalität" abzurücken und die Potentiale, die sich hier bieten, im Sinne einer positiven Inwertsetzung zu nutzen.

Durch die oben angeführten Ansätze soll natürlich nicht angestrebt werden, die Isolation der kommunalen Ebene zu bewirken. Selbstverständlich müssen alle angesprochenen Maßnahmen und Ansätze integriert sein in die übergeordneten Verwaltungs- und Aktionsebenen. Hier ging es aber um die Darstellung planungsrelevanter Defizite und um Potentiale zu deren Behebung. Daher soll die ausführliche Einbindung in das Gesamtsystem einer nationalen oder gar globalen Planungssystematik hier nicht behandelt werden.

III.2 Entwicklungsstand und Zukunftsperspektiven der Regionalzentren Cáceres und Rondonópolis

Die Entwicklung der Regionalzentren Cáceres und Rondonópolis muß in erster Linie vor dem Hintergrund ihrer peripheren Lage gesehen werden. Dabei bezieht sich peripher bei der Betrachtung der nationalen Maßstabsebene einerseits auf die Randlage des Bundesstaates Mato Grosso im Raumsystem Brasiliens und andererseits auf die Randlage der Ökonomie Mato Grossos innerhalb des brasilianischen Wirtschaftssystems. Die wirtschaftliche Randlage kommt in der weitgehend außengesteuerten und außengerichteten Funktion Mato Grossos als „Rohstofflieferant" an der „Ressourcenfront" (*fronteira de recursos ou região de novas oportunidades*) (BECKER, EGLER 1993) zum Ausdruck (COY 1997).

Die Städte in Mato Grosso entwickelten sich weitgehend als Funktion exogener geostrategischer und wirtschaftlicher Interessen. Der zyklische Verlauf der Erschließung dieser Region an der Peripherie bestimmte in starkem Maße die Genese und heutige Struktur der Städte Mato Grossos. Vorwiegend in den dynamischen Phasen der Erschließung kam es zur Gründung neuer Siedlungen. In den immer wieder auftretenden Stagnationsphasen konnte es entweder zur Konsolidierung oder zum Verfall der jungen Siedlungen kommen.

Abschnitte der Erschließungsgeschichte Mato Grossos, die für die Stadtentwicklung im Untersuchungsgebiet von Bedeutung waren, sind die Extraktionszyklen des 18. und 19. Jahrhunderts, mit der Ausbeutung von Gold- und Diamantenlagerstätten sowie der Holz- und Kautschukextraktion. Die Agrarkolonisation im Rahmen des *Marcha para Oeste* in den 40er und der *Operação Amazônia* in den 60er Jahren diente als Ersatz für die nie realisierte Agrarreform in Brasilien. In der letzten Zeit laufen die dynamischsten Prozesse in den Bereichen der modernisierten Landwirtschaft ab. In allen Fällen spielen außengesteuerte Maßnahmen oder aber eine außengerichtete Produktion die entscheidende Rolle für die Regionalentwicklung. In jüngster Zeit nimmt die Bedeutung der Integration im Rahmen des gemeinsamen südamerikanischen Marktes (*Mercado Comum do Sul, MERCOSUL*) als exogener entwicklungssteuernder Faktor für das Untersuchungsgebiet zu.

Auf der Maßstabsebene des Untersuchungsgebietes haben sich im Rahmen der Regionalentwicklung die Schwerpunkte der Entwicklungsdynamik infolge der Verände-rung der Nutzungsprioritäten räumlich verlagert (siehe Abb. 12).

Abb. 12   Räumliche Dynamik im Einzugsgebiet des Oberen Rio Paraguai

Räumliche Dynamik
im Einzugsgebiet des Oberen Rio Paraguai

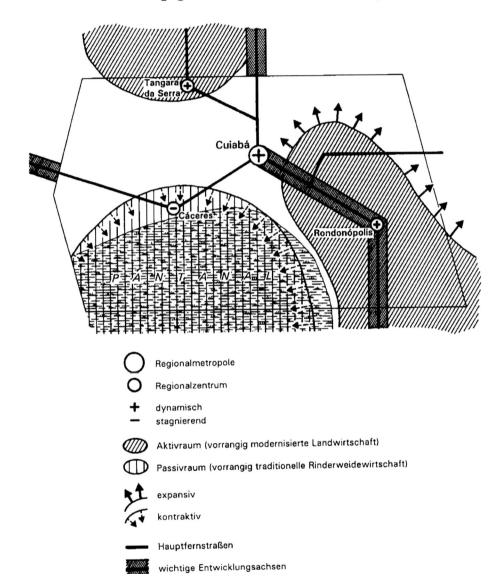

○ Regionalmetropole

○ Regionalzentrum

+ dynamisch
− stagnierend

Aktivraum (vorrangig modernisierte Landwirtschaft)

Passivraum (vorrangig traditionelle Rinderweidewirtschaft)

expansiv

kontraktiv

Hauptfernstraßen

wichtige Entwicklungsachsen

Entwurf: Pantanal-Projekt 1994
Zeichnung: Martina Neuburger

Die ehemaligen Aktivräume zeichnen sich durch ausgeprägte wirtschaftliche Kontraktionsprozesse aus und wandeln sich somit zu heutigen Passivräumen. Früher weitgehend ungenutzte *Cerrado*-Gebiete weisen im Zuge der Modernisierung der Landwirtschaft dynamische Expansionstendenzen auf. Mit der Verlagerung des Zentrums der Dynamik aus dem Pantanal in die östlich und nördlich davon gelegenen Gebiete veränderte sich auch die Stadtentwicklungsdynamik der jeweiligen Regionalzentren Cáceres und Rondonópolis. Dadurch befindet sich Cáceres als Zentrum des „Hochpantanals" aufgrund der kontraktiven wirtschaftlichen Entwicklung seines Umlandes in einem Stadium relativer Stagnation, während Rondonópolis die relative Dynamik seiner Stadtentwicklung dem wirtschaftlichen Expansionsprozeß im direkten und im erweiterten Einzugsbereich verdankt. In beiden Städten ist also eine Stadtentwicklung festzustellen, die nicht losgelöst von der Regionalentwicklung gesehen werden kann. Auf der Maßstabsebene der Einzugsbereiche der beiden untersuchten Regionalzentren zeigt sich, daß die Region selbst mit all ihren Potentialen und Akteuren unmittelbar stadtbestimmend ist. Dabei darf in diesem speziellen Fall nicht vergessen werden, daß der mittelbare Einfluß, der von der überregionalen und von der extraregionalen Ebene ausgeht, weichenstellend für die regionalen Prozesse ist. Gerade diese Tatsache macht das periphere *setting* im Untersuchungsgebiet aus.

Der Wandel auf der lokalen Ebene in Cáceres und Rondonópolis unterliegt einerseits direkt oder indirekt zahlreichen extraregionalen Einflüssen und ist andererseits im Zusammenhang mit einer Reihe intraregionaler Prozesse zu verstehen (siehe Abb. 13). Die extraregionalen Einflüsse ergeben sich aus den problematischen Entwicklungen in den brasilianischen Zentren und den dort entwickelten Lösungsansätzen. Der Ressourcenknappheit als Folge der Industrialisierung und Metropolisierung in den Zentren Brasiliens begegnete man mit dem Ansatz umfassender Inkorporationsmaßnahmen peripherer Regionen (KOHLHEPP 1987, COY 1991, BECKER, EGLER 1993).

> *„Mit Inkorporation ist die Unterordnung von Regional- und Stadtentwicklung an der Peripherie unter eine Zentrumsbestimmung und die funktionale Ausrichtung wirtschaftlicher Strukturen, sozialer Funktionen und regionalpolitischer Leitziele auf die Interessen des dominierenden Zentrums gemeint".* (COY 1992: 210)

Die Regionalmetropole Cuiabá, die im Laufe der Zeit durch sich verstärkende wirtschaftliche und politische Verflechtungen zwischen Zentrum und Peripherie eine ausgesprochene Drehscheibenfunktion einnimmt, reagiert weit weniger sensibel auf intraregionale Veränderungen als die beiden Regionalzentren Cáceres und Rondonópolis.

Abb. 13   Determinanten der Stadtentwicklung von
Cáceres und Rondonópolis

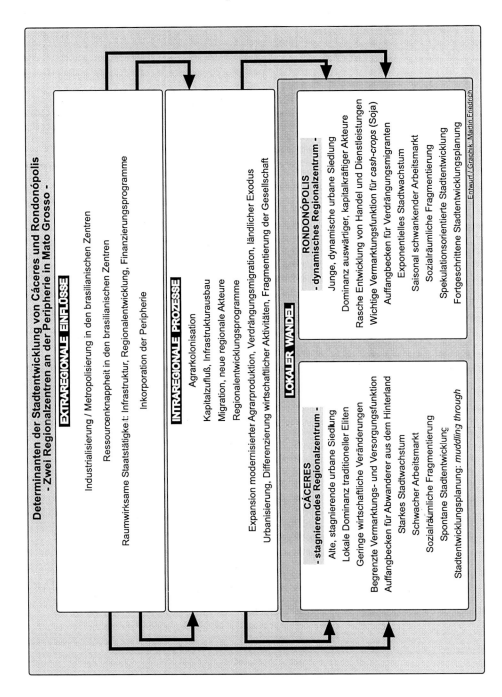

Determinanten der Stadtentwicklung von Cáceres und Rondonópolis
- Zwei Regionalzentren an der Peripherie in Mato Grosso -

EXTRAREGIONALE EINFLÜSSE

Industrialisierung / Metropolisierung in den brasilianischen Zentren

Ressourcenknappheit in den brasilianischen Zentren

Raumwirksame Staatstätigkeit: Infrastruktur, Regionalentwicklung, Finanzierungsprogramme

Inkorporation der Peripherie

INTRAREGIONALE PROZESSE

Agrarkolonisation

Kapitalzufluß, Infrastrukturausbau

Migration, neue regionale Akteure

Regionalentwicklungsprogramme

Expansion modernisierter Agrarproduktion, Verdrängungsmigration, ländlicher Exodus

Urbanisierung, Differenzierung wirtschaftlicher Aktivitäten, Fragmentierung der Gesellschaft

LOKALER WANDEL

RONDONÓPOLIS
- dynamisches Regionalzentrum -

Junge, dynamische urbane Siedlung

Dominanz auswärtiger, kapitalkräftiger Akteure

Rasche Entwicklung von Handel und Dienstleistungen

Wichtige Vermarktungsfunktion für *cash-crops* (Soja)

Auffangbecken für Verdrängungsmigranten

Exponentielles Stadtwachstum

Saisonal schwankender Arbeitsmarkt

Sozialräumliche Fragmentierung

Spekulationsorientierte Stadtentwicklung

Fortgeschrittene Stadtentwicklungsplanung

CÁCERES
- stagnierendes Regionalzentrum -

Alte, stagnierende urbane Siedlung

Lokale Dominanz traditioneller Eliten

Geringe wirtschaftliche Veränderungen

Begrenzte Vermarktungs- und Versorgungsfunktion

Auffangbecken für Abwanderer aus dem Hinterland

Starkes Stadtwachstum

Schwacher Arbeitsmarkt

Sozialräumliche Fragmentierung

Spontane Stadtentwicklung

Stadtentwicklungsplanung: *muddling through*

Entwurf / Graphik: Martin Friedrich

Diese beiden Städte unterliegen aufgrund ihrer „Mittlerfunktionen" (COY 1992: 211) als Vermarktungsplätze für die Produktion des ländlichen Raumes, als Standorte des umlandbezogenen Dienstleistungssektors und als Lieferanten von Vorleistungsgütern in das Umland auch direkt den Veränderungen und Transformationsprozessen in ihrem jeweiligen Hinterland.

Sowohl Cáceres als auch Rondonópolis können aufgrund ihrer funktionalen Struktur und ihrer Bedeutung als Regionalzentren in die Kategorie der Mittelstädte eingeordnet werden.

Betrachtet man den heutigen Stand der innerstädtischen Differenzierung von Cáceres und Rondonópolis, sind insgesamt sieben wichtige Struktur-Elemente besonders hervorzuheben, die bis auf eines in beiden Städten vorkommen, sich allerdings bezüglich ihrer charakteristischen Struktur-Merkmale unterscheiden (siehe Abb. 14).

Die wichtigsten Unterschiede, die sich beim Vergleich von Cáceres und Rondonópolis feststellen lassen, sind:

- die Stagnation im „Stadtzentrum" von Cáceres gegenüber der Dynamik im „Stadtzentrum" von Rondonópolis,

- die in Rondonópolis vorhandenen „ausgelagerten Oberschichtviertel", die es in Cáceres nicht gibt; in Rondonópolis gibt es dadurch erste Ansätze zur Auflösung der ringförmigen Gliederung in der Innenstadt,

- die Persistenz einer zellenartigen Erschließungsstruktur im „äußeren Expansionsgürtel" von Cáceres im Gegensatz zur raschen Konsolidierung und Verdichtung des „äußeren Expansionsgürtels" von Rondonópolis,

- die differenzierte Dynamik im „außenorientierten Servicesektor" von Rondonópolis gegenüber einem kurzfristigen Dienstleistungsangebot im gleichen Sektor von Cáceres.

Die differenziertere Stadtstruktur von Rondonópolis entspricht weitgehend den dynamischen Entwicklungsprozessen im Einflußbereich der Stadt. Ebenso spiegelt sich die stagnierende Regionalentwicklung im Einflußbereich von Cáceres in der inneren Struktur und Dynamik dieser Stadt wider.

Abb. 14   Struktur - Elemente von Regionalzentren in Mato Grosso

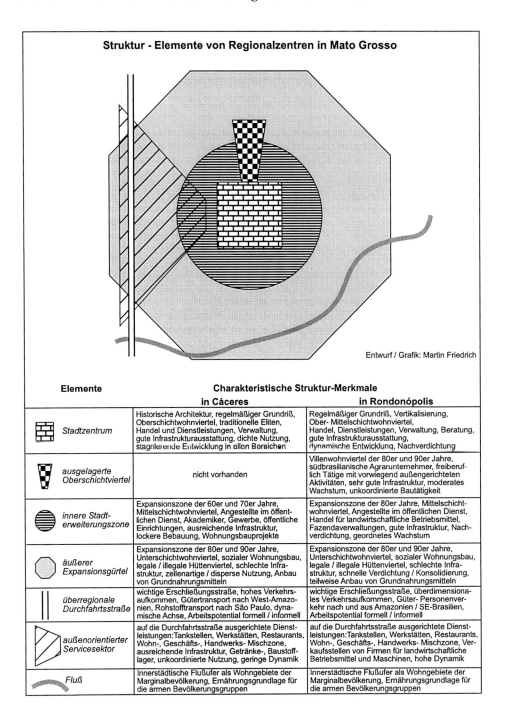

Struktur - Elemente von Regionalzentren in Mato Grosso

Entwurf / Grafik: Martin Friedrich

Elemente	Charakteristische Struktur-Merkmale	
	in Cáceres	in Rondonópolis
Stadtzentrum	Historische Architektur, regelmäßiger Grundriß, Oberschichtwohnviertel, traditionelle Eliten, Handel und Dienstleistungen, Verwaltung, gute Infrastrukturausstattung, dichte Nutzung, stagnierende Entwicklung in allen Bereichen	Regelmäßiger Grundriß, Vertikalisierung, Ober- Mittelschichtwohnviertel, Handel, Dienstleistungen, Verwaltung, Beratung, gute Infrastrukturausstattung, dynamische Entwicklung, Nachverdichtung
ausgelagerte Oberschichtviertel	nicht vorhanden	Villenwohnviertel der 80er und 90er Jahre, südbrasilianische Agrarunternehmer, freiberuflich Tätige mit vorwiegend außengerichteten Aktivitäten, sehr gute Infrastruktur, moderates Wachstum, unkoordinierte Bautätigkeit
innere Stadterweiterungszone	Expansionszone der 60er und 70er Jahre, Mittelschichtwohnviertel, Angestellte im öffentlichen Dienst, Akademiker, Gewerbe, öffentliche Einrichtungen, ausreichende Infrastruktur, lockere Bebauung, Wohnungsbauprojekte	Expansionszone der 80er Jahre, Mittelschichtwohnviertel, Angestellte im öffentlichen Dienst, Handel für landwirtschaftliche Betriebsmittel, Fazendaverwaltungen, gute Infrastruktur, Nachverdichtung, geordnetes Wachstum
äußerer Expansionsgürtel	Expansionszone der 80er und 90er Jahre, Unterschichtwohnviertel, sozialer Wohnungsbau, legale / illegale Hüttenviertel, schlechte Infrastruktur, zellenartige / disperse Nutzung, Anbau von Grundnahrungsmitteln	Expansionszone der 80er und 90er Jahre, Unterschichtwohnviertel, sozialer Wohnungsbau, legale / illegale Hüttenviertel, schlechte Infrastruktur, schnelle Verdichtung / Konsolidierung, teilweise Anbau von Grundnahrungsmitteln
überregionale Durchfahrtsstraße	wichtige Erschließungsstraße, hohes Verkehrsaufkommen, Gütertransport nach West-Amazonien, Rohstofftransport nach São Paulo, dynamische Achse, Arbeitspotential formell / informell	wichtige Erschließungsstraße, überdimensionales Verkehrsaufkommen, Güter- Personenverkehr nach und aus Amazonien / SE-Brasilien, Arbeitspotential formell / informell
außenorientierter Servicesektor	auf die Durchfahrtsstraße ausgerichtete Dienstleistungen:Tankstellen, Werkstätten, Restaurants, Wohn-, Geschäfts-, Handwerks- Mischzone, ausreichende Infrastruktur, Getränke-, Baustofflager, unkoordinierte Nutzung, geringe Dynamik	auf die Durchfahrtsstraße ausgerichtete Dienstleistungen:Tankstellen, Werkstätten, Restaurants, Wohn-, Geschäfts-, Handwerks- Mischzone, Verkaufsstellen von Firmen für landwirtschaftliche Betriebsmittel und Maschinen, hohe Dynamik
Fluß	Innerstädtische Flußufer als Wohngebiete der Marginalbevölkerung, Ernährungsgrundlage für die armen Bevölkerungsgruppen	Innerstädtische Flußufer als Wohngebiete der Marginalbevölkerung, Ernährungsgrundlage für die armen Bevölkerungsgruppen

In beiden Städten gibt es eine starke Tendenz zur Zweiteilung der Gesellschaft. Der deutlich kleinere Teil besteht aus der Gruppe der „Gewinner", der die Gruppe der „Verlierer" gegenübersteht.

Die „Gewinner" in Cáceres sind im wesentlichen Angehörige traditioneller Eliten, die vor allem vom Ersparten leben und es vor diesem Hintergrund geschafft haben, mit den sich wandelnden Rahmenbedingungen Schritt zu halten und sich den neuen Herausforderungen zu stellen. Diese Bevölkerungsschicht zeichnet sich in Cáceres durch ihre Pemanenz im Stadtzentrum aus.

Die „Gewinner" in Rondonópolis sind vor allem die Vertreter des *Agrobusiness*. Sie haben es verstanden, ihre Aktivitäten, mit denen sie in der Regel bereits in Südbrasilien befaßt waren, mit Hilfe staatlicher Subventionen nach Mato Grosso auszudehnen. Ihren Ansprüchen entsprechend wirken sie auf die Gestaltung und Umgestaltung der Stadt Rondonópolis ein. Die *Sulistas* (Südbrasilianer) mischen sich in zunehmendem Maße in das politische Geschehen in der Region ein.

Die „Verlierer" sind in beiden Städten an der Peripherie zu finden. In beiden Fällen sind es meist ehemalige Kleinbauern oder Landarbeiter, die durch den Modernisierungsprozeß in der Landwirtschaft, durch Landkonzentration und die Expansion von *cash-crop* Anbau sowie modernisierter Rinderweidewirtschaft ihre Lebensgrundlage verloren haben. In der Hoffnung auf eine neue Überlebensbasis drängen diese Bevölkerungsgruppen in die Städte. Ebenfalls zu den „Verlierern" zu zählen ist in Cáceres der Teil der Angehörigen der traditionellen Eliten, dem es nicht gelungen ist mit den veränderten sozioökonomischen Parametern Schritt zu halten und der heute in zunehmendem Maße von ernsthafter Verarmung bedroht ist.

Zwischen „Gewinnern" und „Verlierern" gibt es noch eine verhältnismäßig kleine Gruppe von „Dienstleistungsträgern", die der Mittelschicht zuzuordnen sind. Mit Service- und Beratungstätigkeiten versuchen sie, am Erfolg der „Gewinner" teilzuhaben. Sie wohnen meist in der „inneren Stadterweiterungszone" und sehen die Regionalzentren in Mato Grosso lediglich als Zwischenstation auf ihrem beruflichen Weg.

Betrachtet man den heutigen Stand der Entwicklung und innerstädtischen Differenzierung von Cáceres und Rondonópolis, so wird klar, daß Cáceres sich in einer absolut stagnierenden Entwicklungsphase befindet. Rondonópolis hingegen hat einen kritischen Punkt in seiner Entwicklung erreicht, an dem sich die Frage stellt, mit welchen Mitteln in Zukunft verhindert werden kann, daß die Begleiteffekte der „Erfolge" der Landwirtschaft Mato

Grossos wie die Verdrängung von Kleinbauern, zunehmende Landkonflikte und der ländliche Exodus die Stadt mit den daraus resultierenden Problemen nicht sukzessive „erdrücken". Ausgewählte Kennzahlen zur Entwicklung des Agrarsektors von Mato Grosso zeigt Tab 13.

In den Kapiteln III.2.1 und III.2.2 wird nun abschließend auf die Zukunftsperspektiven von Cáceres und Rondonópolis eingegangen.

III.2.1 Cáceres: Entwicklung vom Rand Brasiliens in die Mitte Lateinamerikas?

Seit der Gründung von Cáceres 1778 am Rande des portugiesischen Territoriums in Südamerika entwickelte sich die Stadt zunächst langsam. Die Konsolidierung der Siedlung stand in engem Zusammenhang mit der Internationalisierung der Schiffahrt auf dem Rio Paraguai und den damit in Verbindung stehenden Handelsaktivitäten. Die Lage am Rio Paraguai und das wirtschaftliche Geschick einer lokalen gesellschaftlichen Elite, die Lage der Stadt an der Schnittstelle zwischen der Extraktionsfront und den nationalen und internationalen Märkten zu nutzen, führten Anfang des 20. Jahrhunderts zur ersten Konsolidierung der Stadtstruktur. Diese Funktion der Handelsstadt konnten die Cacerenser bis Mitte des 20. Jahrhunderts weiter ausbauen. Basis der Entwicklung war die Rinderweidewirtschaft im Pantanal und der Handel mit Produkten, die die Natur bereithielt (Tierhäute, Brechwurz, Kautschuk, Holz).

Innerhalb des „weitmaschigen" Städtenetzes, das bis zum Beginn der 1970er Jahre im südlichen Mato Grosso existierte, stand Cáceres in keinerlei Konkurrenzsituation zu anderen Städten der Region und konnte so seine Position als „Subregionalzentrum mit partieller Ausstattung und großer Reichweite" (LÜCKER 1990) sukzessive konsolidieren. Zunächst profitierte die Stadt noch von den Kolonisationsaktivitäten der 50er und 60er Jahre im Hinterland von Cáceres. Größere Kolonisationsfirmen siedelten sich in der Stadt an und betrieben von hier aus ihre Geschäfte. Die Erschließung des Cacerenser Hinterlandes war mit einem gewissen Arbeitskräftebedarf verbunden, der mit dem vorhandenen Potential gedeckt werden konnte.

Die damit einhergehende Einkommenssicherung hatte ebenfalls ihren Anteil an der Konsolidierung der innerstädtischen Struktur von Cáceres. Es entwickelte sich eine begrenzte Handelsstruktur, die auf die Bedürfnisse der lokalen Bevölkerung abgestimmt war. Die umfangreichen landwirtschaftlichen Aktivitäten im unmittelbaren Stadtrandbereich und die überwiegende Tätigkeit der Stadtbewohner im landwirtschaftlichen Sektor

Tab. 13   Kennzahlen der Landwirtschaft Mato Grossos

Ausgewählte Kennzahlen der Landwirtschaft Mato Grossos 1970, 1980, 1996

Jahr	1970*	1980	1996
Zahl der Betriebe	106.104	63.383	77.760
Eigentumsverhältnisse			
Eigentümer	52.803	35.737	67.301
Pächter	23.391	9.820	1.587
Arbeits- / Teilpächter	23.391	3.887	966
Besetzer	22.222	13.939	7.906
Landwirtschaftliche Fläche (ha)	45.752.567	34.554.549	49.418.115
Dauerkulturen (ha)	60.633	129.800	157.081
Jahreskulturen (ha)	693.116	1.423.448	2.769.845
Brache (ha)	-	297.885	486.611
Naturweiden (ha)	26.892.613	10.086.383	6.111.285
Kunstweiden (ha)	4.695.690	4.693.320	15.085.179
Beschäftigte	373.039	318.570	322.854
Traktoren	4.386	11.156	32.337
Rinder	9.428.840	5.243.044	14.248.054
Schweine	815.740	535.236	659.544
Geflügel	4.554.000	2.964.000	13.006.000

Quelle: IBGE 1998: Censo Agropecuário 1995/96 unter http://www.ibge.gov.br
* incl. Mato Grosso do Sul;   - Daten nicht verfügbar

gaben Cáceres bis in die 70er Jahre den Charakter einer ausgesprochenen Landstadt. Gleichzeitig verliehen die Lebensgewohnheiten der lokalen Eliten, durch ihre engen Handelskontakte mit den brasilianischen Zentren in São Paulo und Rio de Janeiro der Stadt, vor allem im Zentrum, einen ausgesprochen urbanen Charakter, der sich insbesondere in der Architektur widerspiegelte.

Die Neugründung zahlreicher Munizipien im Hinterland von Cáceres seit den 70er Jahren führte zu einem gewissen Bedeutungsverlust der Stadt innerhalb ihres Einflußbereichs. Obwohl die letzten Munizipneugründungen erst 1993 stattgefunden haben, zeigt sich schon heute, daß viele der neuen Verwaltungseinheiten nicht in der Lage waren, eine eigenständige Wirtschaftsstruktur zu entwickeln. Die sukzessive Landkonzentration im Cacerenser Hinterland mit der Freisetzung zahlreicher Arbeitskräfte bewirkt heute nicht nur im ländlichen Bereich der entsprechenden Munizipien rückläufige Einwohnerzahlen, sondern die Bevölkerung der Munizipien insgesamt nimmt ab. Die kleinen Muniziphauptorte bieten den vom Land Vertriebenen keine ausreichenden Potentiale zur Sicherung ihres Lebensunterhaltes. Die Abwanderung in andere Munizipien, darunter auch Cáceres als erste Station, ist die Folge.

Mit dem Ende der kleineren Muniziphauptorte nimmt zwar der Bedeutungsüberschuß von Cáceres wieder geringfügig zu, aber mit den in die Stadt strömenden Migranten nehmen vor allem die Probleme (menschenwürdige Unterbringung, Arbeitsplatzbeschaffung) rapide zu.

Heute blickt man in Cáceres in eine weitgehend ungewisse Zukunft. Die territoriale Desintegration durch die Neugründung von Munizipien beruht vorwiegend auf politischen Interessen; fundierte regionale und lokale Entwicklungsperspektiven fehlen in den meisten Fällen.

Vor dem Hintergrund dieser unsicheren Zukunft entwickeln die Politiker auf lokaler und bundesstaatlicher Ebene immer neue Projekte, in deren Gefolge für Cáceres und sein Hinterland ein neuer Entwicklungsschub erhofft wird.

Aufgrund der Lage in der geodätischen Mitte Südamerikas und direkt am Rio Paraguai „träumt" man in Cáceres seit dem Beginn der 90er Jahre von folgenden entwicklungsfördernden Projekten:

- Wasserstraße von Cáceres bis nach Nueva Palmira (Uruguay) über den Rio Paraguai / Paraná (*Hidrovia Paraguai - Paraná*) (vergleiche FRIEDRICH 1995, 1996)

- Hafenausbau in Cáceres
- Exportproduktionszone in Cáceres (*Zona de Processamento para Exportação*)
- Ausbau des Industriegebietes von Cáceres
- Verbindungsstraße an den Pazifik in Peru oder Chile (*Saída para o Pacífico*)
- Internationaler Flughafen

Von der Realisierung all der genannten Projekte erhofft man sich in Cáceres einen neuerlichen Entwicklungsschub. Dabei werden die Chancen zur Umsetzung für alle oder Teile der Projekte vor allem an den Fortschritten festgemacht, die zur Zeit im Rahmen der Aktivitäten zur lateinamerikanischen Integration, des *MERCOSUL*, auf internationaler Ebene ablaufen. Von der Öffnung der Märkte erhofft man sich eine Zunahme interregionaler und internationaler Warenströme im Innersten Südamerikas.

Alle Projekte haben die Gemeinsamkeit, daß ihnen keine endogenen Lösungsansätze zugrunde liegen, sondern daß jedes Projekt für sich direkt oder indirekt von einem der anderen Projekten des „Paketes" abhängt und alle wiederum von vorrangig (wirtschafts)politischen Entscheidungen auf nationaler und sogar internationaler Ebene abhängen.

Des weiteren trifft allerdings für alle Projekte ebenfalls zu, daß die wirtschaftlichen Rahmenbedingungen, die solche Infrastrukturausbaumaßnahmen rentabel machen könnten und diese später auch zu erhalten in der Lage wären, in der Region nicht gegeben sind.

Der Ausbau des Rio Paraguai zur Wasserstraße in Brasilien scheiterte Anfang 1998 am Widerstand lokaler, nationaler und internationaler Projektgegner, die mit ihrem Protest die Überschwemmungssavanne des Pantanal schützen wollen. Damit ist auch der Ausbau des Hafens in Cáceres weitgehend sinnlos geworden. Die *ZPE* ist zwar legal bereits existent, die Implementation von konkreten Maßnahmen scheitert aber bis heute an den ausbleibenden Investoren. Die Straße an den Pazifik existiert zumindest als Erdstraße bereits. Unter wirtschaftlichen Kriterien ist sie allerdings bis heute nicht tragbar; Entwicklungsimpulse für Cáceres liefert diese Straße sicher nicht.

Angesichts dieser pessimistischen Einschätzungen stellt sich die Frage nach den **realistischen** Alternativen für die zukünftige Entwicklung von Cáceres und seinem Umland. Ansätze dafür liegen möglicherweise im Bereich des Fremdenverkehrs, der bisher allerdings nur von geringer Bedeutung ist (zum Tourismus als endogenem Entwicklungspotential im Pantanal siehe KÖHNLEIN 1992).

Cáceres bietet sich als Stadt mit historischer Architektur und den „Spuren" der ersten Erschließung Mato Grossos als touristisches Ziel geradezu an. Die Attraktivität der Natur in der direkten Umgebung gibt die Gelegenheit zu ein- oder mehrtägigen Ausflügen. Die Überreste alter Fazendasitze und Zuckerdestillerien bergen ein hohes touristisches Potential als Anschauungsobjekte der wirtschaftlichen Entwicklung Mato Grossos seit dem 18. Jahrhundert. EGLI-BROZ (1993) beschäftigte sich mit dem Potential von Freilichtmuseen für die Regionalentwicklung peripherer Räume an einem Schweizer Beispiel unter Bezugnahme auf weitere europäische Erfahrungen und stellt einen, wenn auch moderaten, Erfolg in Bezug auf die entwicklungsfördernde Wirkung solcher Einrichtungen fest (siehe ergänzend unter anderen auch EDELER 1988).

Vor dem Hintergrund der Abgeschiedenheit von Cáceres und seinem Umland muß eingestanden werden, daß auch der Ansatz von Freilichtmuseen oder Ecomusées in der Anfangsphase ein ausreichendes Maß an Idealismus erfordern würde. Das Bewußtsein für „historische" Denkmäler und eine regionsbezogene Identität fehlen bis heute weitgehend. Trotzdem erscheint der Ansatz nicht ganz aussichtslos.

Mit der Realisierung des Neubaus eines Flughafens, auf dessen Rollfeld Düsenjets landen können, hat Cáceres 1997 zumindest eine Grundlage schaffen können, die auch die Anreise von Touristen aus anderen Regionen des Landes grundsätzlich ermöglicht. Bis heute kam es allerdings noch nicht zur Einbindung dieses Flughafens in das innerbrasilianische Linienflugverkehrsnetz.

Die Wandlung der Stadt Cáceres vom Regionalzentrum an der Peripherie Brasiliens zu einer Drehscheibe im Rahmen der südamerikanischen Integration steht also sicher nicht unmittelbar bevor. Mittelfristig scheint Cáceres noch eine weitere Phase der Stagnation überstehen zu müssen. Die längerfristige Entwicklung hängt von der Innovationsfähigkeit und vom Ideenreichtum „neuer" lokaler Akteure ab, die in der Lage sein müssen, die Extraktionsmentalität zugunsten konstruktiver, angepaßter Entwicklungsmaßnahmen mit endogenen Wurzeln abzulegen.

III.2.2 Rondonópolis: Soja-Boom und was dann?

Nach der Gründung des Siedlungskerns des heutigen Regionalzentrums Rondonópolis Anfang des 20. Jahrhunderts verharrte der Ort zunächst einige Jahrzehnte in Stagnation. Zur Stadt im formalen Sinne wurde Rondonópolis 1953 mit der Neugründung des Munizips gleichen Namens. Erst seit Beginn der 1980er Jahre begann die dynamische Phase der Stadtentwicklung im Zusammenhang mit der Zuwanderung südbrasilianischer Agrarunternehmer, die zum großen Teil aus Santa Catarina und Rio Grande do Sul stammten. Dort hatten bereits in den 70er Jahren viele der Vorfahren der heute in Mato Grosso ansässigen *Fazendeiros* mit dem in Monokultur betriebenen Sojaanbau Erfahrungen gesammelt (vergleiche LÜCKER 1986). Über eine Zwischenstation im Bundesstaat Paraná kamen ab 1980 unter Nutzung staatlicher Zuschüsse und moderner Anbaumethoden die ersten Agrarunternehmer nach Mato Grosso. In Rondonópolis fanden sie eine geeignete „Aktionsbasis" im Bereich des *Cerrado* von Mato Grosso, der durch Einsatz modernster Technik und neuer Saatgutsorten großflächig „inwertgesetzt" wurde.

In kürzester Zeit siedelten sich in Rondonópolis Dienstleistungsunternehmen, Banken, Händler für landwirtschaftliche Betriebsmittel und freiberufliche Agrarberater, Juristen und Ärzte an. Rondonópolis entwickelte sich mithin physiognomisch und funktional zur Stadt. Die Zuwanderung südbrasilianischer Akteure war somit Ausdruck von wirtschaftlichem Wachstum und Wohlstand.

Die Kehrseite der Medaille des wirtschaftlichen Erfolgs in Rondonópolis zeigt die Begleiteffekte des sogenannten Fortschritts in Mato Grosso. Zunehmende Landkonzentration und Technisierung in der Landwirtschaft führten sukzessive zur Verdrängung zahlreicher Kleinbauern und Pächter von ihrem Land. Sie wanderten in die Städte ab, um dort eine neue Erwerbsgrundlage zu suchen. In den meisten Fällen waren Gelegenheitsbeschäftigungen im Baugewerbe die einzige Chance für die Landarbeiter ohne Berufsausbildung.

In Rondonópolis, einer Stadt, die im Lauf der letzten Jahre zu einem der wichtigsten Vermarktungszentren für landwirtschaftliche Produkte in Mato Grosso geworden ist und deren wirtschaftlicher Schwerpunkt im Bereich der Dienstleistungen liegt, ist bisher für ungelernte Hilfsarbeiter kein Platz. Qualifiziertes Fachpersonal wird weiterhin in den südbrasilianischen Zentren rekrutiert.

Die in Mato Grosso fortschreitende Entvölkerung des ländlichen Raumes führt somit in den Städten zu ernsthaften Problemen. Das Dilemma der Freisetzung und Verdrängung ländlicher Bevölkerung ohne die Schaffung neuer Erwerbsalternativen kann allerdings nicht nur in den Städten selbst gelöst werden. Heute zeigt sich in Mato Grosso sehr deutlich, daß die Umgehung einer Landreform in Brasilien durch Kolonisationsmaßnahmen in bisher unerschlossenen Landesteilen lediglich zur Verschiebung beziehungsweise Verlagerung, nicht aber zur Lösung von tiefgreifenden sozio-ökonomischen Problemen führt. Die Städte an der Peripherie sind heute zu Kristallisationspunkten umfassender gesellschaftlicher Konflikte geworden und stehen somit der Herausforderung, Lösungsansätze zu entwickeln, direkt entgegen. Damit steht auch die zukünftige Stadtentwicklung von Rondonópolis in direktem Zusammenhang mit den Entwicklungen im ländlichen Bereich.

Nachdem nun seit einigen Jahren der Sojaanbau nach Nord-Mato Grosso und Bolivien expandiert, stellt sich für Rondonópolis die Frage, ob die Tage ihres „Wohlstands" heute bereits gezählt sind. Da die Sojaproduktion der *Chapada dos Parecis* im nördlichen Mato Grosso mit einem hohen Anteil an der Gesamtsojaproduktion des Bundesstaates auch nicht mehr nach Südbrasilien, sondern Richtung Norden nach Belém abtransportiert wird, verliert Rondonópolis teilweise an Bedeutung als Vermarktungszentrum in Mato Grosso. Dadurch hängt die zukünftige Entwicklung der Stadt in starkem Maße vom Diversifizierungspotential der regionalen Landwirtschaft und den damit in Verbindung stehenden Begleitaktivitäten ab.

Betrachtet man die aktuellen Trends, so scheint sich Rondonópolis als Standort für Vertrieb und Entwicklung von landwirtschaftlichen Betriebsmitteln zu konsolidieren. Heute beschäftigen sich viele der landwirtschaftlichen Betriebe mittlerer Größe im Hinterland von Rondonópolis mit der Entwicklung neuer Saatgutsorten, alternativer Anbaumethoden und moderner Pflanzenschutzmittel.

Hinweise auf die Diversifizierung der landwirtschaftlichen Produktion gibt der gerade publizierte Agrarzensus 1995/96 für Mato Grosso (siehe auch Tab. 13). Danach nimmt die Bedeutung der Viehzucht in den letzten Jahren beträchtlich zu. Neben der Rinderhaltung erfreut sich auch die Schweine- und vor allem die Geflügelzucht zunehmender Beliebtheit. Gerade die Geflügelzucht muß als Ergänzung zur Sojaproduktion gesehen werden.

Eine harmonische Stadt- und Regionalentwicklung in Mato Grosso und insbesondere in Rondonópolis hängt heute allerdings nicht nur von Innovationen im agrarisch-technischen Bereich mit neuen Chancen für wenige qualifizierte Bevölkerungssegmente ab, sondern bedarf vor allem drastischer gesellschaftlicher Transformationen und „sozialwirksamer Innovationen". Grundlage dafür könnten neue Industrien zur Verarbeitung landwirtschaftlicher Produkte sein, die auf das Arbeitskräftepotential in der Stadt zurückgreifen müßten.

Niemand zweifelt am Innovationspotential auf dem agrarischen und technischen Sektor. Die wahre Herausforderung für Mato Grosso und seine Städte als Auffangbecken der Verdrängten und Marginalisierten richtet sich aber auf die „soziale" Konsolidierung" als Ergänzung zu den laufenden Erschließungsprozessen.

Rondonópolis bietet aufgrund der bereits vorhandenen Infrastruktur und durch die wirtschaftlichen Erfolge in der Region gute Rahmenbedingungen für eine wirtschaftliche und soziale Konsolidierung in der Zukunft.

Es hat sich gezeigt, daß die Analyse von Klein- und Mittelstädten in Brasilien nur unter besonderer Berücksichtigung des regionalen *backgrounds* möglich ist. Zu groß sind die sozio-ökonomischen Disparitäten zwischen den Großregionen Brasiliens, um umfassend verallgemeinerbare Aussagen über die Entwicklung, vor allem der entsprechenden Regionalzentren, machen zu können. Da die Region selbst stadtbestimmend ist, kann eben Stadtentwicklung nicht losgelöst von Region und Regionalentwicklung gesehen werden (WOLF 1989). In dieser starken Differenzierung und „Regionsorientierung" liegt wohl einerseits die Ursache für das vielfältige Bezeichnungsspektrum für Mittel- und Regionalstädte (Mittelstadt, Regionalzentrum, Sekundärzentrum, *regional growth centre* um nur einige zu nennen). Andererseits leitet sich davon auch die Problematik der Schaffung eines Modells der sozialräumlichen Entwicklung, Struktur und Gliederung von Mittelstädten in Lateinamerika ab. Nicht umsonst weisen BÄHR, MERTINS (1995) darauf hin, daß die zahlreichen Studien zu unterschiedlichen Mittelstädten in Lateinamerika (KÖSTER 1978, BISCHOFF 1996, MÜLLER 1994, SCHENCK 1997 unter anderen) nicht den Anspruch erheben können, modellhafte Ergebnisse zu präsentieren. Um dies zu erreichen, bedürfte es entweder einer Revision und Schärfung des Mittelstadtbegriffs, der heute weitgehend unscharf definiert ist (siehe Kapitel I.3.1), um sich **einem** Modell anzunähern, oder es werden Teilmodelle für unterschiedliche Typen von Mittelstädten, unter Berücksichtigung regionaler Spezifika, angestrebt (siehe Abb. 14).

BÄHR, MERTINS (1995: 196 ff.) beschreiben nun insgesamt sieben typische Merkmale für die raum-zeitlich mit unterschiedlicher Intensität ablaufenden Entwicklungsprozesse, die den Wandel von der Mittel- zur Großstadt dokumentieren sollen (vergleiche auch Kapitel I.3.2). Allerdings wird bei der Darstellung dieser raum-zeitlichen Unterschiede implizit unterstellt, daß der Wandel von der Mittelstadt zur Großstadt in jedem Falle ablaufen muß. Schon das erste Merkmal - die beginnende Auflösung der traditionell ringförmigen Gliederung im Stadtkern - zeigt die Bandbreite der Entwicklungsmöglichkeiten auf, die entsprechend verschiedener empirischer Befunde von der völligen Auflösung bis hin zu ausgesprochenen Beharrungstendenzen reicht.

Gerade die Beispiele Groß-Tucumán und Popayán (vergleiche BÄHR, MERTINS 1995: 196) zeigen anhand ihres unterschiedlichen Grades der Auflösung der ringförmigen Gliederung im Stadtkern und der Abwanderung der Oberschicht aus dem Zentrum, daß nicht jede Stadt unbedingt die Entwicklung von der Klein- über die Mittel- zur Großstadt durchmacht. Vielmehr steht doch Groß-Tucumán als Beispiel für die dynamische Mittelstadt auf dem Weg zur Großstadt, während Popayán den Typ der traditionellen Mittelstadt verkörpert, deren Entwicklung eher das Beharren in der Kategorie der Mittelstädte vorzeichnet.

An den beiden hier vorgestellten Regionalzentren Cáceres und Rondonópolis, im brasilianischen Bundesstaat Mato Grosso, konnte der Unterschied zwischen Beharrungstendenzen und intensiver Dynamik der Stadtentwicklung in zwei Mittelstädten aufgezeigt werden. Dabei steht Cáceres für den Typ Mittelstadt, der bis heute durch traditionelle Strukturen und Akteure geprägt ist, während Rondonópolis in wenigen Jahren eine dynamische Entwicklung mit umfangreichen innerstädtischen Transformationsprozessen erlebt hat. Allerdings sei besonders betont, daß weder Cáceres noch Rondonópolis heute an „der Schwelle zur Großstadt" stehen. Unter Berücksichtigung der regionalen Entwicklungsdynamik im brasilianischen Mittelwesten und in Mato Grosso stehen die Zeichen für Cáceres auch in Zukunft eher für Stagnation, während in Rondonópolis ein gutes Potential für die Fortsetzung der dynamischen Entwicklung existiert. Eine gewisse Abhängigkeit von der regionalen Entwicklung im Soja-Bereich bedeutet für Rondonópolis allerdings, daß die Gefahr der Degradierung durchaus latent vorhanden ist.

Trotz der zahlreichen Unterschiede im Verlauf ihrer spezifischen Stadtentwicklungsprozesse, sind die beiden Regionalzentren durch typische Merkmale gekennzeichnet, die der Struktur und Funktion von Mittelstädten entsprechen (vergleiche auch KOHLHEPP et al. 1993). Dazu gehören Charakteristika wie das gleichzeitige Vorhandensein städtischer und ländlicher Lebens- und Wirtschaftsformen ebenso wie die Aufgabe eines regelmäßigen Grundrisses in Richtung der Stadtränder. Das Stadtzentrum bleibt in beiden Städten der „Motor der Entwicklung". Dieser „Motor" läuft allerdings in Cáceres eher im „Standgas", während in Rondonópolis eine moderate „Beschleunigung" festzustellen ist.

Wie mit der detaillierten Darstellung der Verhältnisse im Bereich der Basisinfrastrukturausstattung in beiden Städten gezeigt wurde, stehen gerade die Regionalzentren der Peripherie heute bei der Wahrung und Wiederherstellung menschenwürdiger Lebensverhältnisse im Stadtgebiet enormen Herausforderungen gegenüber. Diese Herausforderungen stehen in direktem Zusammenhang mit dem intensiven Verstädterungsprozeß und den durch eine fehlende Stadtplanungstradition sowie durch bisher nur unzureichend entwickelte Stadtentwicklungsinstrumente verschärften Rahmenbedingungen des Stadtwachstums.

Cáceres und Rondonópolis fungieren als regionale Verwaltungs- und Dienstleistungszentren. Bezogen auf die Einordnung in die noch stark zentralistisch organisierte Verwaltungshierarchie staatlicher und bundesstaatlicher Institutionen können beide Städte als „Verwaltungsfilialen" mit einem subregionalen Einflußbereich bezeichnet werden.

Auf dem wirtschaftlichen Sektor ist die Vermarktungsfunktion für landwirtschaftliche Produkte und die Distributionsfunktion von Waren und Dienstleistungen charakteristisch. Der sekundäre Sektor spielt eine untergeordnete Rolle. Dagegen hat der tertiäre Sektor ein vergleichsweise hohes Gewicht, vor allem bezogen auf die Zahl der Dienstleistungsbetriebe und der dort Beschäftigten.

Eine wichtige Funktion nehmen Cáceres und Rondonópolis als Versorgungs- oder *Service*-Stationen für den Durchgangsverkehr ein. Tankstellen, Werkstätten, Restaurants und billige Hotels säumen in beiden Städten die überregionale Durchfahrtsstraße. Die „Durchfahrt" ist ohnehin eines der wichtigsten „Bilder", das die Städte an der Erschließungs- und Extraktionsfront charakterisiert.

Als Städte verkörpern sowohl Cáceres als auch Rondonópolis äußerst sensible Systeme mit einer ausgeprägten Außenabhängigkeit und einem vorwiegend regionsorientierten Aktionsspektrum.

Traditionalität steht in Cáceres für ein Maß an lokaler Identität, wie es sich in Rondonópolis bis heute noch nicht ausbilden konnte. Während die Stadt Cáceres in ihrer Region heute in starkem Maße isoliert ist, lebt Rondonópolis von der Integration in überregionale und sogar internationale Kommunikationssysteme, was die Ausbildung einer lokalen Identität vor allem in den wirtschaftlich dominierenden Gesellschaftsschichten weitgehend verhindert.

In der politischen Sphäre haben sich in Mato Grosso die Vertreter der traditionellen Eliten bisher behaupten können. Das äußert sich unter anderem darin, daß sowohl in der bundesstaatlichen Regierung in Mato Grosso als auch auf nationaler Ebene Politiker aus Cáceres traditionell vertreten sind. Die Gunst der Wähler von Rondonópolis suchten dagegen lange Zeit die Politiker, die keine feste Wählerbasis in Mato Grosso besaßen. Mit der Konsolidierung ihrer wirtschaftlichen Aktivitäten beginnen nun auch lokale Vertreter südbrasilianischer Herkunft in das politische „Geschäft" vorzudringen.

Mit dem zunehmenden Wachstum der Regionalzentren wird auch die Notwendigkeit des Aufbaus einer kompetenten Stadtentwicklungs- und Stadtplanungsstruktur immer deutlicher. Dabei kommt den zuständigen Institutionen zunächst die Aufgabe der Wachstumsverteilung zu. Nicht zu vernachlässigen sind allerdings Aufgaben im Bereich der Konfliktvermeidung und -bewältigung. Fortschreitende Segregations- und Fragmentierungsprozesse in Raum und Gesellschaft können nur durch kompetente Mediationsanstrengungen „kontrolliert" werden.

An den Fallbeispielen Cáceres und Rondonópolis konnten wichtige Merkmale des Stadtentwicklungsprozesses auf subregionaler Ebene an der Peripherie Brasiliens aufgezeigt werden. Die Behandlung von Problemen und Potentialen der Stadtentwicklungsplanung auf kommunaler Ebene kann dazu beitragen, laufende Prozesse zu erklären und zukünftige Entwicklungen vorauszusehen.

Cáceres und Rondonópolis zeigen beispielhaft, wie es im Rahmen der Neustrukturierung regionaler Städtesysteme durch den Wandel allgemeiner Rahmenbedingungen auf nationaler, regionaler und lokaler Ebene zur Fragmentierung zwischen dynamischen „Innovationszentren" und stagnierenden „Städten am Rande" kommen kann.

V LITERATURVERZEICHNIS

AGUIAR, T.C. (1980): Urbanização em Mato Grosso. Um exemplo: Rondonópolis. - Rio de Janeiro.

ALBERS, Ch. (1996): Kommunale Planung im Alto Valle de Rio Negro y Neuquén, Argentinien. - Berliner Geographische Studien 43, Berlin

ALBERS, G. (1992): Stadtplanung. Eine praxisorientierte Einführung. - Darmstadt

ALTAMANN, W. (1988): Municipalismo e descentralização político-administrativa no Brasil. - São Paulo em Perspectiva, 14 - 17, São Paulo

ALTENBURG, T. & J. OSSENBRÜGGE (1987): Komponenten einer ökologisch orientierten Regionalentwicklung für Lateinamerika. - In: HENSKE, H. (Hrsg.): Ernte Dank? Landwirtschaft zwischen Agrobusiness, Gentechnik und traditionellem Landbau, S. 185 - 203, Giessen

ALVES, G.L. (1984): Mato Grosso e a história: 1870 - 1929. Ensaio sobre a transição do domínio da casa comercial para a hegemonia do capital financeiro. - Boletim Paulista de Geografia, 61, S. 5 - 81, São Paulo

AMARO, N. (1995): Descentralización y Gobierno Local: Logros y Agenda Futura. - Corporación de promoción universitaria, Estudios Sociales, 86, 4

AMMANN, S. Bezerra (1991): Movimento popular de bairro. De frente para o Estado, em busca do Parlamento. - São Paulo

ANDRADE, L.G. & S. Azevedo (1984): Lei de desenvolvimento urbano: Análise política preliminar. - Espaço e Debates, 11, São Paulo

ARMSTRONG, W. & T.G. MCGEE (1985): Cities: theatres of accumulation, centres of diffusion. - In: ARMSTRONG, W. & T.G. MCGEE (Hrsg.) (1985): Theatres of accumulation - Studies in Asian and Latin American urbanization, S. 41 - 60, London, New York

ARRUDA, G. Pinto de (1938): Um trecho do Oeste Brasileiro. São Luiz de Cáceres Matto Grosso. - Rio de Janeiro

AYALA, S. Cardoso & F. SIMON (1914): Album Graphico do Estado de Matto Grosso - E.E.U.U. do Brazil. - Corumbá, Hamburg

BÄHR, J. (Hrsg.) (1988): Wohnen in lateinamerikanischen Städten. - Kieler Geographische Schriften, H. 68, Kiel

BÄHR, J. & G. MERTINS (1981): Idealschema der sozialräumlichen Differenzierung lateinamerikanischer Großstädte. - Geographische Zeitschrift 69, S. 1 - 33, Wiesbaden

BÄHR, J. & G. MERTINS (1991): Socioeconomic structures and the action space of residents of low-income housing developments in Greater Recife, Brazil. - In: KLEINPENNING, J.M.G. (Hrsg.): The incorporative drive. Examples from Latin America. Nijmegen Studies in Development and Cultural Change, Vol. 8, S. 275 - 291, Saarbrücken, Fort Lauderdale

BÄHR, J. & G. MERTINS (1995): Die lateinamerikanische Großstadt: Verstädterungsprozesse und Stadtstrukturen. - Erträge der Forschung, 228, Darmstadt

BARTELS, D. (1979): Theorien nationaler Siedlungssysteme und Raumordnungspolitik. - Geographische Zeitschrift, 67, 2, S. 110 - 146

BECKER, B.K. (1985): Fronteira e urbanização repensadas. - Revista Brasileira de Geografia, 47, 3/4, S. 357-371, Rio de Janeiro

BECKER, B.K. (1987): O papel das cidades na ocupação da Amazônia. - Manaus

BECKER, B.K. (1990): Amazônia. - São Paulo

BECKER, B.K.; MIRANDA, M. & L. OSORIO MACHADO (1990): Fronteira amazônica. Questões sobre a gestão do território. - Brasília

BECKER, B.K. & C.A.G. EGLER (1993): Brasil. Uma nova potência na economia mundo. - São Paulo

BÉNEKER, T.; LINDERT P. van & O. VERKOREN (1997): Migrant-Native differences on the labour- markets of small Latin American towns. - In: LINDERT, P. van & O. VERKOREN (Hrsg.): Small towns and beyond. Rural transformations and small urban centres in Latin America, S. 101 - 110, Amsterdam

BENNISON, D.J. (1978): The measurement of settlement centrality. - Professional Geographer, 30, 4, S. 371 - 376

BERTRAN, P. (1988): Uma introdução à história econômica do Centro-Oeste do Brasil. - Brasília

BISCHOFF, B. (1996): Zur Rolle der Sekundärzentren im Rahmen des Dezentralisierungsprogrammes in Kolumbien: Das Beispiel Manizales. - In: BRICKS, W. & P. GANS (1996): Regionale Entwicklung in Lateinamerika / Regional Development in Latin America (= Erfurter Geographische Studien, Heft 4), S. 267 - 279, Erfurt

BLOTEVOGEL, H.H. (1980): Untersuchungen zur Entwicklung des deutschen Städtesystems im Industriezeitalter. - Bochum

BLOTEVOGEL, H.H. (1996): Zentrale Orte: Zur Karriere und Krise eines Konzepts in Geographie und Raumplanung. - Erdkunde, 50, 1, S. 9 - 25

BLOTEVOGEL, H.H. & M. HOMMEL (1980): Struktur und Entwicklung des Städtesystems. - Geographische Rundschau 32, 4, S. 155 - 164

BLOTEVOGEL, H.H. & H. MÖLLER (1992): Regionale und nationale Städtesysteme. - In: KÖCK, H. (Hrsg.): Handbuch des Geographieunterrichts Band 4: Städte und Städtesysteme. Köln

BOISIER, S. (1990): Territorio, etado y sociedad: reflexiones sobre descentralización y desarrollo regional en Chile. - Santiago de Chile

BORCHERDT, C. ; KULINAT K. & H. SCHNEIDER (1985): Die Städte der venezolanischen Llanos. - In: BORCHERDT, C. (Hrsg.): Geographische Untersuchungen in Venezuela (II). Stuttgarter Geographische Studien 103, S. 143 - 238, Stuttgart

BORGES, D.R. (1987): Rio Araguaia, corpo e alma. - São Paulo

BORGES, F.T. de Miranda (1991): Do extrativismo à pecuária: algumas observações sobre a história econômica de Mato Grosso (1870 a 1930). - Cuiabá

BORSDORF, A. (1976): Valdivia und Osorno. Strukturelle Disparitäten und Entwicklungsprobleme in chilenischen Mittelstädten. - Tübinger Geographische Studien 69, Tübingen

BORSDORF, A. (1986): Las ciudades medianas en el proceso de urbanización sudamericano. In: BENECKE, W. et al. (Hrsg.): Desarrollo demográfico, migraciones y urbanización en América Latina. - Eichstätter Beiträge 17, S. 273 - 286, Regensburg

BORSDORF, A. (1991): Stadtkrise oder Kulturkrise? Reflexionen über die Bedeutung der Stadt für Kultur und Entwicklung in Lateinamerika. - In: KOHLHEPP, G. (Hrsg.): Lateinamerika. Umwelt und Gesellschaft zwischen Krise und Hoffnung. Tübinger Geographische Studien, H. 107, S. 133 - 156, Tübingen

BREMAEKER, F.E.J. de (1984): Os municípios brasileiros mais populosos: os domicílios ligados à rede de água.- Revista de Administração Muicipal, 31, 173, S. 54 - 75

BREMAEKER, F.E.J. de (1985): Os municípios brasileiros mais populosos: os domicílios com esgoto sanitário.- Revista de Administração Municipal, 32, 174, S. 78 - 97

BREMAEKER, F.E.J. de (1988): As regiões metropolitanas: os domicílios com telefones e automóveis. - Revista de Administração Municipal, 35, S. 70 - 88, Rio de Janeiro

BRIESEMEISTER, D., G. KOHLHEPP et al. (Hrsg.) (1994): Brasilien heute. Politik, Wirtschaft, Kultur. - Bibliotheca Ibero-Americana, Bd. 53, Frankfurt am Main

BROMLEY, R.J. (1985): Circulation within systems of periodic and daily markets: The case of Central Highland Ecuador. - In: PROTHERO, R.M. & M. CHAPMAN (Hrsg.): Circulation in Third World Countries, S. 325 - 349, London

BROWDER, J.O. & B.J. GODFREY (1990): Frontier urbanization in the Brazilian Amazon: a theoretical framework for urban transition. - Yearbook, Conference of Latin Americanist Geographers 16, S. 56 - 66

BROWDER, J.O. & B.J. GODFREY (1997): Rainforest cities: urbanization, development and globalization of the Brazilian Amazon. - New York

BROWN, L.A., SIERRA D. & S. DIGIACINTO (1994): Urban system evolution in frontier settings. - Geographical Review 84, 3, S. 249 - 265

BUNDEMINSTERIUM FÜR WIRTSCHAFTLICHE ZUSAMMENARBEIT (1987): Umwelt und Entwicklung. - Materilien Nr. 77, Bonn

CAIRNCROSS, S. (1990): Water supply and the urban poor. - In: HARDOY, J.; CAIRNCROSS, S. & D. SATTERTHWAITE (Hrsg.): The poor die young: Housing and health in the Third World. London

CÂMARA DE VEREADORES, MUNICÍPIO DE RONDONÓPOLIS, MATO GROSSO (1990): Constituição de Rondonópolis. - Rondonópolis

CANÇADO, W. (1995): Desenvolvimento urbano / rural e gestão municipal. O Plano Diretor do município de Cáceres. - Cáceres

CARDOSO, M.F.T. (1989): Organização urbana. In: IBGE (Hrsg.): Geografia do Brasil, Vol.1, Região Centro-Oeste, S. 189 - 239, Rio de Janeiro

CARDOSO, F. H. (1975): Aspectos Políticos do Planejamento. - In: LAFER, B.M. (Hrsg.): Planejamento no Brasil.- São Paulo

CARLOS, A.F.A. (Hrsg.) (1994): Os caminhos da reflexão sobre a cidade e o urbano. - São Paulo

CARRIÓN, F. (1989): La investigación urbana en América Latina. Cambios recorridos y por recorrer. Una aproximación desde los paises. - PLERUS, XXI, S. 1 - 24

CASTELLO BRANCO, M.L. & M.M. O'NEILL. (1993): A distribuição de serviços de infraesrtutura social no Brasil: o abastecimento de água e a coleta de lixo. - In: MESQUITA, O.V. & S. SILVA: Geografia e questão ambiental, S. 85 - 113, Rio de Janeiro

CASTELLS, M. (1985): High technology, economic restructuring and the urban regional process. High technology, space and society. - Beverly Hills

CAVALCANTI, R. & C. Vasconcelos (1976): Desenvolvimento Regional no Brasil. - Estudos para o Planejamento, 16, Brasília

CHADWICK, G. (1987): Models of urban and regional systems in developing countries. - Oxford

CINTRA, A.O. & P.R. HADDAD (1977): Dilemmas do planejamento urbano e regional no Brasil. - Rio de Janeiro

CORRÊA, R.L. (1988): O estudo da rede urbana: Uma proposição metodológica. - Revista Brasileira de Geografia, 50, 2, S. 107 - 124

CORRÊA, R.L. (1994): Hinterlândias, Hierarquias e Redes: Uma avaliação da produção geográfica brasileira. - In: CARLOS, A.F.A. (Hrsg.): Os caminhos da reflexão sobre a cidade e o urbano, S. 323 - 359, São Paulo

CORRÊA, V. Filho (1994): História de Mato Grosso. - Várzea Grande

COSTA, M.F. (1991): Ocupação Histórica da Bacia do Alto Rio Paraguai - MT. - Cuiabá

COSTA, S. (1997): Dimensionen der Demokratisierung. Öffentlichkeit, Zivilgesellschaft und lokale Partizipation in Brasilien. - Frankfurt am Main

COY, M. (1987): Junge Pionierfrontentwicklung in Amazonien. Rondônia: Ursachen und Konsequenzen der neuen „Marcha para Oeste". - In: KOHLHEPP, G. (Hrsg.): Brasilien. Beiträge zur regionalen Struktur- und Entwicklungsforschung.- Tübinger Geographische Studien 93 (=Tübinger Beiträge zur Geographischen Lateinamerika-Forschung 1), S. 275 - 302, Tübingen

COY (1988): Regionalentwicklung und regionale Entwicklungsplanung an der Peripherie in Amazonien. Probleme und Interessenkonflikte bei der Erschließung einer jungen Pionierfront am Beispiel des brasilianischen Bundesstaates Ronônia. - Tübinger Geographische Studien, H. 97, Tübingen

COY, M. (1989): Relações entre campo e cidade em áreas de colonização governamental e particular. Os exemplos de Rondônia e do Norte Matogrossense. - Actas Latinoamericanas de Varsovia, 7, S. 43-67, Warschau (CESLA).

COY, M. (1990): Pionierfront und Stadtentwicklung. Sozial- und wirtschaftsräumliche Differenzierung der Pionierstädte in Nord-Mato Grosso (Brasilien). - Geographische Zeitschrift, 78, 2, S. 115-135

COY, M. (1991): Sozio-ökonomischer Wandel und Umweltprobleme in der Pantanal-Region Mato Grossos (Brasilien). - Geographische Rundschau, 43,3, S. 174 - 182

COY, M. (1991): The frontier of North Mato Grosso between soybean production, timber extraction and gold mining. Incorporation and differentiation of new social spaces by private colonization and spontaneous processes. - In: KLEINPENNING, J.M.G. (Hrsg.): The incorporative drive: examples from Latin America. Nijmegen Studies in Development and Cultural Change, 8. S. 40-58, Saarbrücken, Fort Lauderdale

COY, M. (1992): Pioneer front and urban development. Social and economic differentiation of pioneer towns in Northern Mato Grosso (Brazil). - Applied Geography and Development, 39. S. 7-29, Tübingen (IWZ)

COY, M. (1992): Ein neues Eldorado in Amazonien? Pionierfronten zwischen Entwicklung und Degradierung. Das Beispiel Nord-Mato Grosso. - In: ENDLICHER, W. (Hrsg.): Amazonien. Mensch, Natur, Entwicklung, S. 27-53, Marburg (CEILA)

COY, M. (1992): Cuiabá (Mato Grosso): wirtschafts- und sozialräumlicher Strukturwandel einer Regionalmetropole im brasilianischen Mittelwesten. - In: Zeitschrift für Wirtschaftsgeographie, 36, H. 4, S. 210 - 228

COY, M. (1993): Die Entstehung und Differenzierung ländlicher Sozialräume an der Pionierfront. Das Beispiel Nord Mato Grosso. - In: COY, M. & R. LÜCKER: Der brasilianische Mittelwesten. Wirtschafts- und sozialgeographischer Wandel eines peripheren Agrarraumes.- Tübinger Geographische Studien 108 (= Tübinger Beiträge zur Geographischen Lateinamerika-Forschung 9), S. 169 - 272, Tübingen

COY, M. (1995): Sozio-ökonomische und ökologische Probleme der Pionierfrontentwicklung in Amazonien. Beispiele aus Rondônia und Nord-Mato Grosso. - In: BRIESEMEISTER, D. & S.P. ROUANET (Hrsg.): Brasilien im Umbruch: Akten des Brasilien-Kolloquiums vom 20. - 22. September 1995, S. 141-163, Frankfurt am Main

COY, M. (1995): Von der Interiorstadt zur Regionalmetropole. Stadtverfall, Stadterweiterung und Konzepte einer Stadterneuerung in Cuiabá. - In: KOHLHEPP, G. (Hrsg.): Mensch-Umwelt-Beziehungen in der Pantanal-Region von Mato Grosso / Brasilien. Beiträge zur angewandten geographischen Umweltforschung.- Tübinger Beiträge zur Geographischen Lateinamerikaforschung, H. 12 (= Tübinger Geographische Studien, H. 114) S. 279 - 314, Tübingen

COY, M. (1996): Periphere Stadtentwicklung und Planung zwischen Ökonomie und Ökologie. Das Beispiel der Regionalmetropole Cuiabá. - In: BRICKS, W. & P. GANS: Regionale Entwicklung in Lateinamerika / Regional Development in Latin America (= Erfurter Geographische Studien, Heft 4), S. 297 - 315, Erfurt

COY, M. (1997): Stadtentwicklung an der Peripherie Brasiliens - Wandel lokaler Lebenswelten und Möglichkeiten nachhaltiger Entwicklung in Cuiabá (Mato Grosso).- . (unveröffentlichte Habilitationsarbeit) Tübingen

COY, M. & R. LÜCKER (1993): Der brasilianische Mittelwesten. Wirtschafts- und sozialgeographischer Wandel eines peripheren Agrarraumes. - Tübinger Geographische Studien 108 (= Tübinger Beiträge zur Geographischen Lateinamerika-Forschung 9), Tübingen

COY, M.; Friedrich, M.; Röper, M.; Schier, M. & M.V. AGUIAR, (1994): Questão Urbana na Bacia do Alto Rio Paraguai. - Cuiabá, Tübingen

COY, M.; FRIEDRICH, M. & R. LÜCKER (1997): Town and countryside in the Brazilian Midwest. Modernization and urbanization of a pioneer region.- In: LINDERT, P. van & O. VERKOREN (Hrsg.): Small towns and beyond. Rural transformations and small urban centres in Latin America, S. 31 - 52, Amsterdam

COY, M. & M. FRIEDRICH (1998): Migração na periferia brasileira. Tendências atuais e consequências para o desenvolvimento regional. - In: MERTINS, G. & M. SKOCZEK (Hrsg.): Migraciones de la población latinoamericana y sus efectos socio-económicos, S. 141-164, Warschau

CURBELO, J.L. (1986): Economía política de la descentralización y planificación del desarrollo regional. - In: Pensamiento Iberoamericano, Nr. 10

CURY, C. (1972): Do Bororo ao Prodoeste. - Rondonópolis

CZERNY M.; LINDERT P. van & O. VERKOREN (1997): Small and intermediate towns in Latin American rural and regional development. - In: LINDERT, P. van & O. VERKOREN (Hrsg.): Small towns and beyond. Rural transformations and small urban centres in Latin America, S. 1 - 14, Amsterdam

DAVIDOVICH, F.R. (1992): Contextos regionais. - Comunicação no simpósio promovido pela Comissão de Geografia do IPGH, Rio de Janeiro

DECANIA DO CENTRO DE CIÊNCIAS JURÍDICAS E ECONÔMICAS (1987): Crise urbana e a privatização dos serviços públicos.- Rio de Janeiro

DINIZ, C. Campolina (1994): Polygonized development in Brazil: neither decentralization nor continued polarization. - International Journal of Urban and Regional Research, 18, 2, S. 293 - 314

DI PACE, M.; FEDEROVISKY, S.; HARDOY, J.E.; MORELLO, J.H. & A. STEIN (1992): Latin America. - In: STREN, R.; WHITE, R. & J. WHITNEY: Sustainable Cities. Urbanization and the environment in international perspective, S. 205 - 228, Boulder, Oxford

DELLA CAVA A. (1989): "The People's Church, the Vatican and Abertura". - In: STEPAN, A. (Hrsg.): Democratizing Brazil, S. 143 - 167, New York, Oxford

DOIMO, A.M. (1995): A vez e a voz do popular. Movimentos sociais e participação política no Brasil pós-70. - Rio de Janeiro

DÓRIA, O. (1992): Município: O Poder Local. Quinhentos anos de conflitos entre o município e o poder central. - São Paulo

DUARTE, A.C. (1977): Hierarquia de localidades centrais em áreas subpovoadas: o caso de Rondônia. - Revista Brasileira de Geografia, 39, 2, S. 135 - 146

DUARTE, G.D. (1990): A Constituição. Explicada ao cidadão e ao estudante. - Belo Horizonte

EDELER, J. (1988): Zur Typologie des kulturhistorischen Museums, Freilichtmuseen und kulturhistorische Räume.- Frankfurt am Main

EGLI-BROŽ, H. (1993): Wirtschaftsgeographische Auswirkungen des schweizerischen Freilichtmuseums Ballenberg auf die Standortregion.- Wirtschaftsgeographie und Raumplanung, 18, Zürich

ESTABA, R.M. (1991): La descentralización: un tema inicial de inminente transcendencia para la geografía. - In: Revista Geográfica Venezolana, 32, 1, S. 21 - 31

EVANS, H.A. (1989): Farm towns, mining towns and rural development in the Potosí Region, Bolivia. - In: MAY, R. (Hrsg.): The urbanization revolution, S. 91 - 111, New York

FAUSTO, B. (1995): História do Brasil. - São Paulo

FIGUEIREDO, R. & B. LAMOUNIER (1996): As cidades que dão certo. Experiências inovadoras na administração pública brasileira. - Brasília

FLORENCE, H. (1977): Viagem fluvail do Tietê ao Amazonas 1825 a 1829. - São Paulo

FREDRICH, O.M. & F. DAVIDOVICH (1982): A configuração espacial do sistema urbano brasileiro como expressão no território da divisão social do trabalho. - Revista Brasileira de Geografia, 44, 4, S. 541 - 590

FRIEDMANN, J. (1972): The spatial organization of power in the development of urban systems. - Comparative Urban Research, 1, 2, S. 5 - 42

FRIEDRICH, M. (1995): Hidrovia Paraguai-Paraná. Wirtschaftliche, soziale und ökologische Konsequenzen für das Pantanal und das Einzugsgebiet des Oberen Rio Paraguai. - In: KOHLHEPP, G. (Hrsg.): Mensch-Umwelt-Beziehungen in der Pantanal-Region von Mato Grosso / Brasilien. Beiträge zur angewandten geographischen Umweltforschung. Tübinger Beiträge zur Geographischen Lateinamerikaforschung, H. 12 (= Tübinger Geographische Studien, H. 114) S. 125 - 156, Tübingen

FRIEDRICH, M. (1996): Hidrovia Paraguai-Paraná und die lateinamerikanische Integration. - In: BRICKS, W. & P. GANS: Regionale Entwicklung in Lateinamerika / Regional Development in Latin America (= Erfurter Geographische Studien, Heft 4), S. 127 - 142, Erfurt

FRIEDRICHS, J. (1995): Stadtsoziologie. - Opladen

FUNDAÇÃO CÂNDIDO RONDÓN (FCR) (1985): História da ocupação do Estado de Mato Grosso. - Cuiabá

FUNDAÇÃO CÂNDIDO RONDÓN (FCR) (1990): Anuário Estatístico de Mato Grosso, 1990. - Cuiabá

GALLUS, B. (1995): Die Vermarktung von Frischobst und -gemüse in Cuiabá. Strukturelle Vermarktungsprobleme kleinbäuerlicher Erzeuger in den Munizipien Chapada dos Guimarães und Santo Antonio de Leverger. - In: KOHLHEPP, G. (Hrsg.): Mensch-Umwelt-Beziehungen in der Pantanal-Region von Mato Grosso / Brasilien. Beiträge zur angewandten geographischen Umweltforschung. Tübinger Beiträge zur Geographischen Lateinamerikaforschung, H. 12 (= Tübinger Geographische Studien, H. 114) S. 315 - 336, Tübingcn

GASKIN-REYES, C.E. (1986): Der informelle Wirtschaftssektor in seiner Bedeutung für die neuere Entwicklung in der nordperuanischen Regionalstadt Trujillo und ihrem Hinterland. - Bonner Geographische Abhandlungen, Bd. 27, Bonn

GEIGER, P.P. (1963): Evolução da rede urbana brasileira. - Rio de Janeiro

GEIGER, P.P. (1995): A urbanização brasileira nos novos contextos contemporâneos. - In: GONÇALVES, M.F. (Hrsg.): O novo Brasil urbano: Impasses, dilemas, perspectivas. Porto Alegre

GHISI, A. Paladini (1991): O município e a sua evolução. - Revista de Administração Municipal, 38 (200), S. 8 - 16, Rio de Janeiro

GIERHAKE, K. (1991): El desarrollo regional en la selva peruana: el proyecto Pichis-Palcazú. - Revista Interamericana de Planificación XXIV, 93, S. 159 - 171, Quito

GILBERT, A. (1995): Debt, poverty and the Latin American City. - Geography, 80, 4, S. 323 - 333

GOHN, M. da Glória (1991): Movimentos sociais e lutas pela moradia. - São Paulo

GOMES, C. Carvalho de (Hrsg.) (1993): Constituição do Estado de Mato Grosso e Leis Complementares. - CEJUP, Belém.

GONÇALVES, M.F. (1976): Papel do município no quadro governamental brasileiro. - Revista de Administração Municipal, 43, 218, S. 76 - 84

GONÇALVES, M.F. (1993): Análise do marco legal para a privatização de serviços urbanos. - In: SANTOS, A. & R.C. GARCIA (Hrsg.): Anais do Seminário municipalização das políticas públicas, S. 127 - 140, Rio de Janeiro

GONÇALVES, M.F. (Hrsg.) (1995): O novo Brasil urbano: Impasses, dilemas, perspectivas. - Porto Alegre

GONÇALVES BOTAFOGO, F. (1992): Algumas considerações sobre a administração dos resíduos sólidos no Brasil. - Desenvolvimento e meio ambiente, 1,6, S. 1 - 4

GONDIM, L.M. Pontes de (1986): Planners in the face of power: The case of the metropolitan region of Rio de Janeiro. - Cornell University

GONDIM, L. Pontes de (1989): Modelos alternativos de planejamento e gestão urbana: tendências, possibilidades e limitações.- Revista de Administração Municipal, 36, 191, S. 6 - 15

GONDIM, L. Pontes de (1990): Plano Diretor e o município: novos tempos, novas práticas.- Rio de Janeiro

GONDIM, L.M. Pontes de (1991): Entra em cena a participação popular. - In: GONDIM, L.M. Pontes de (Hrsg.): Plano Diretor e o Município: novos tempos, novas práticas, S. 81 - 95, Rio de Janeiro

GORMSEN, E. (1971): Zur Ausbildung zentralörtlicher Systeme beim Übergang von der semiautarken zur arbeitsteiligen Gesellschaft. - Erdkunde 25, S. 108 - 118

GORMSEN, E. (1982): Die Städte im spanischen Amerika. Ein zeit-räumliches Entwicklungsmodell der letzten hundert Jahre. - Erdkunde, 35, S. 290 - 303

GORMSEN, E. (1982): Periodische Märkte in verschiedenen Kulturkreisen - Einführungen und Schlußfolgerungen. - In: GORMSEN, E. (Hrsg.): Periodosche Märkte in verschiedenen Kulturkreisen. Mainzer Geographische Studien 21, S. 7 - 12, Mainz

GOVERNO DO ESTADO DE MATO GROSSO (Hrsg.) (1991): Proposta de regionalização administrativa para fins de planejamento - Estado de Mato Grosso. - Cuiabá

GRAZIA, G. de (Hrsg.) (1990): Plano Diretor: Instrumento de reforma urbana. - Rio de Janeiro

GRIMM, F. (1985): Voraussetzungen und Ansatzpunkte zur Erforschung der Struktur und Funktion nationaler Siedlungssysteme. - In: Strukturen und Prozesse im Wirtschafts- und Naturraum. (= Beiträge zur Geographie 32), S. 7 - 50

GUTBERLET, J. (1995): Traditionelle kleinbäuerliche Landnutzung im cerrado. Entwicklungsprozesse und sozioökologische Konflikte am Beispiel Acorizal. - In: KOHLHEPP, G. (Hrsg.): Mensch-Umwelt-Beziehungen in der Pantanal-Region von Mato Grosso / Brasilien. Beiträge zur angewandten geographischen Umweltforschung. Tübinger Beiträge zur Geographischen Lateinamerikaforschung, H. 12 (= Tübinger Geographische Studien, H. 114) S. 189 - 220, Tübingen

HAAS, H.D. & M. ERNST (1990): Das Problem Müll in den Großstädten der Dritten Welt: Beispiele aus Ecuador und der Dominikanischen Republik. - Zeitschrift für Wirtschaftsgeographie, 34, S. 137 - 150

HALDENWANG, Ch. von (1994): Dezentralisierung und Anpassung in Lateinamerika: Argentinien und Kolumbien. - (Demokratie und Entwicklung; 14) Münster, Hamburg

HARDOY, J.E. & D. SATTERTHWAITE (1986): Small and intermediate urban centres: Their role in national and regional development in the Third World. - London, Sydney, Auckland, Toronto

HARDOY, J.E. & D. SATTERTHWAITE (1989): Squatter Citizen. - London

HARDOY, J.E.; CAIRNCROSS, S. & D. SATTERTHWAITE (Hrsg.) (1990): The poor die young: Housing and health in the Third World. - London

HAUSER, J. (1990): Bevölkerungs- und Umweltprobleme in der Dritten Welt. - Bd. 1, Bern, Stuttgart

HEINEBERG, H. (1989): Stadtgeographie. - Grundriß Allgemeine Geographie Teil X, Paderborn

HEINRITZ, G. (1979): Zentralität und zentrale Orte. - Stuttgart

HENKEL, R. & W. HERDEN (Hrsg.) (1989): Stadtforschung und Regionalplanung in Industrie- und Entwicklungsländern. - Vorträge des Festkolloquiums zum 60. Geburtstag von Werner Fricke (=Heidelberger Geographische Arbeiten, 85), Heidelberg

HENNINGS, G.; JENSSEN, B. & K.R. KUNZMANN (1980): Dezentralisierung von Metropolen in Entwicklungsländern. Eine Strategie zur Förderung von Entlastungsorten. - Raumforschung und Raumordnung, 38, S. 12 - 26

HINDERINK, J. & M.J. TITUS (1988): Paradigms of regional development and the role of small centres. - In: Development and Change, 19, 3, S. 401 - 424

HOFMEISTER, B. (1980): Die Stadtstruktur: ihre Ausprägung in den verschiedenen Kulturräumen der Erde. - Darmstadt

HOGAN, D.J. (1992): Migração, ambiente e saúde nas cidades brasileiras. - In: HOGAN, D.J. & P. FREIRE VIEIRA (Hrsg.): Dilemas socioambientais e desenvolvimento sustentável, S. 149 - 170, Campinas

HOGAN, D.J. & P. FREIRE VIEIRA (Hrsg.) (1992): Dilemas socioambientais e desenvolvimento sustentável. - Campinas

IBGE (1971): Sinopse Estatística do Brasil. - Rio de Janeiro

IBGE (1972): Divisão do Brasil em regiões funcionais urbanas. - Rio de Janeiro

IBGE (1976): Proposição metodológica para a revisão da divisão do Brasil em regiões funcionais urbanas. - Revista Brasileira de Geografia, 38, 2, S. 100 - 129

IBGE (1976): Avaliação da metodoligia proposta para a revisão da divisão do Brasil em regiões funcionais urbanas. - Revista Brasileira de Geografia, 38, 3, S. 3 - 30

IBGE (1982): Censo Demográfico de Mato Grosso 1980. - Rio de Janeiro

IBGE (1987): Regiões de Influência das cidades. - Rio de Janeiro

IBGE (1989) (Hrsg.): Geografia do Brasil, Vol.1, Região Centro-Oeste. - Rio de Janeiro

IBGE (1991): Censo Demográfico do Brasil. - Rio de Janeiro

IBGE (1991): Anuário Estatístico do Brasil 1991. - Rio de Janeiro

IBGE (1991): Sinopse perliminar do Censo Demográfico de Mato Grosso 1991. - Rio de Janeiro

IBGE (1993): Anuário Estatístico do Brasil 1992. - Rio de Janeiro

IBGE (1994): Censo Demográfico 1991, Número 1, Brasil. - Rio de Janeiro

IBGE (1995): Anuário Estatístico do Brasil 1995. - Rio de Janeiro

IBGE (1995): Brasil. Uma visão geográfica nos anos 80. - Rio de Janeiro

IBGE (1996): Censo Demográfico de Mato Grosso 1991. - Rio de Janeiro

IBGE (1996): Censo Demográfico de Goiás 1991. - Rio de Janeiro

IBGE (1996): Censo Demográfico de Mato Grosso do Sul 1991. - Rio de Janeiro

IBGE (1996): Censo Demográfico do Distrito Federal 1991. - Rio de Janeiro

IBGE (1997): Contagem da População 1996. - Rio de Janeiro

INSTITUTO BRASILEIRO DE ADMINISTRAÇÃO MUNICIPAL (IBAM) (1980): Rondonópolis, diretrizes urbanisticas.- Rio de Janeiro

JUCHEM, P.A. (1992): Algumas possibilidades e perspectivas para a avaliação de impactos ambientais em nível municipal. - Revista de Administração Municipal, 39, 204, S. 79 - 87

KAISER, W. (1995): Urbanisierung, Regionalentwicklung und Stadtentwicklungspolitik: Brasilien im räumlichen Wandel. - In: SEVILLA, R. & D. RIBEIRO (1995) (Hrsg.): Brasilien: Land der Zukunft?, S. 67 - 89, Bad Honnef

KLAK, Th. (1990): An introduction to current research on Latin American cities. - Economic Geography, 66, 4, S. 305 - 309

KÖHNLEIN, K. (1992): Entwicklungspotential und Umweltbeeinflussung des Tourismus im Pantanal und in der Chapada dos Guimarães (Mato Grosso, Brasilien). Kleinere Arbeiten aus dem Geographischen Institut Tübingen, 14, Tübingen

KÖHNLEIN, K. (1995): Der Pantanal-Tourismus. Chancen für eine ökologische Regionalentwicklung im nördlichen Pantanal? - In: KOHLHEPP, G. (Hrsg.): Mensch-Umwelt-Beziehungen in der Pantanal-Region von Mato Grosso / Brasilien. Beiträge zur angewandten geographischen Umweltforschung. Tübinger Beiträge zur Geographischen Lateinamerikaforschung, H. 12 (= Tübinger Geographische Studien, H. 114) S. 31 - 64, Tübingen

KOHLHEPP, G. (1978): Siedlungsentwicklung und Siedlungsplanung im zentralen Amazonien. Gedanken zum zentralörtlichen System „Agrovila-Agrópolis-Rurópolis". - Frankfurter Wirtschafts- und Sozialgeographische Schriften 28, S. 171 - 191, Frankfurt

KOHLHEPP, G. (1978a): Wirtschafts- und sozialgeographische Aspekte des brasilianischen Entwicklungsmodells und dessen Eingliederung in die Weltwirtschaftsordnung. - Die Erde, 109, 3 - 4, S. 353 - 375

KOHLHEPP, G. (1982): Bevölkerungsentwicklung und Verstädterung in Brasilien. - Geographische Rundschau, 34, 8, S. 342 - 351

KOHLHEPP, G. (1983): Strategien zur Raumerschließung und Regionalentwicklung im Amazonasgebiet. Zur Analyse ihrer entwicklungspolitischen Auswirkungen. - In: BUISSON, I. & M. MOLS (Hrsg.): Entwicklungsstrategien in Lateinamerika in Vergangenheit und Gegenwart (=Internationale Gegenwart, 5), S. 175 - 193. Paderborn

KOHLHEPP, G. (1987): Amazonien. Regionalentwicklung im Spannungsfeld ökonomischer sowie sozialer und ökologischer Notwendigkeiten. - Problemräume der Welt 8, Köln

KOHLHEPP, G. (1994): Verstädterung in Brasilien. - In: BRIESEMEISTER, D., KOHLHEPP, G. et al. (Hrsg.): Brasilien heute. Politik, Wirtschaft, Kultur. Bibliotheca Ibero-Americana, Bd. 53, S. 49 - 69, Frankfurt am Main

KOHLHEPP, G. (Hrsg.) (1995): Mensch-Umwelt-Beziehungen in der Pantanal-Region von Mato Grosso / Brasilien. - Tübinger Beiträge zur Geographischen Lateinamerikaforschung, H. 12 (Tübinger Geographische Studien H. 114) Tübingen

KOHLHEPP, G. (1995a): Raumwirksame Staatstätigkeit in Lateinamerika. - In: MOLS, M. & J. THESING (Hrsg.): Der Staat in Lateinamerika, S. 195 - 210

KOHLHEPP, G.; KAISER, W. & W.D. SAHR (1993): Die Mittelstädte Brasiliens in ihrer Bedeutung für die Regionaletnwicklung. - Tübingen (unveröff. Forschungsbericht)

KOHLHEPP, G. & M. COY (Hrsg.) (1996): Stadt- und Regionalentwicklung in Mato Grosso (Brasilien). - (unveröff. Praktikumsbericht) Tübingen

KÖSTER, G. (1978): Santa Cruz de la Sierra. Entwicklung, Struktur und Funktion einer tropischen Tieflandsstadt. - Aachener Geographische Arbeiten, H. 12, Aachen

KÖSTER, G. (1995): Bevölkerungsstruktur, Migrationsverhalten und Integration der Bewohner von Mittel- und Oberschichtvierteln in der lateinamerikanischen Stadt. Das Beispiel La Paz, Bolivien. - Aachener Geographische Arbeiten 30, Aachen

KUMAR, S. (1989): How poorer groups find accomodation in Third World cities: a guide to literature. - Environment and Urbanization, 1,2, S. 71 - 85

LAVINAS, L. et al. (Hrsg.) (1993): Reestruturação do espaço urbano e regional no Brasil.- São Paulo

LENHARO, A. (1986): Colonização e trabalho no Brasil: Amazônia, Nordeste e Centro-Oeste. - Campinas

LENHARO, A. (1982): Crise e mudança na frente oeste de colonização. - Cuiabá

LICHTENBERGER, E. (1986): Stadtgeographie - Perspektiven. - Geographische Rundschau 38, S. 388 - 394

LICHTENBERGER, E. (1991): Stadtgeographie. Bd. 1: Begriffe, Konzepte, Modelle, Prozesse. - Teubner Studienbücher Geographie, Stuttgart

LINDERT P. van & O. VERKOREN (1991): Presentación: Ciudades intermedias y pequeñas, relaciones rural-urbanas y desarrollo regional en América Latina. - Revista Interamericana de Planificación XXIV, 93, S. 7 - 20

LINDERT, P. van & O. VERKOREN (Hrsg.) (1997): Small towns and beyond. Rural transformations and small urban centres in Latin America. - Amsterdam

LOWDER, S. (1997): Development planning and its implication for intermediate centres in Ecuador. - In: LINDERT, P. van & O. VERKOREN (Hrsg.): Small towns and beyond. Rural transformations and small urban centres in Latin America, S. 77 - 100, Amsterdam

LÜCKER, R. (1990): Steuerungsfaktoren des Urbanisierungsprozesses in ländlich-peripheren Räumen. Dargestellt an der Entwicklung von Regionalzentren im brasilianischen Mittelwesten. - Ibero-Amerikanisches Archiv, 16,3, S. 399 - 420

LÜCKER, R. (1993): Die Entstehung und Überprägung ländlicher Sozialräume im südlichen Mittelwesten. Die Beispiele Süd-Goiás und südliches Mato Grosso do Sul. - In: COY, M. & R. LÜCKER: Der brasilianische Mittelwesten. Wirtschafts- und sozialgeographischer Wandel eines peripheren Agrarraumes.- Tübinger Geographische Studien 108 (= Tübinger Beiträge zur Geographischen Lateinamerika-Forschung 9), S. 65 - 168, Tübingen

MACHADO, L.O. (1996): O comércio ilícito de drogas e a geografia da integração financeira: uma simbiose? - In: CASTRO, E.; GOMES, P.C. & R.L. CORRÊA (Hrsg.): Brasil: questões atuais da reorganização do território, S. 15 - 64, Rio de Janeiro

MANSHARD, W. & R. MÄCKEL (1995): Umwelt und Entwicklung in den Tropen. Naturpotential und Landnutzung. - Darmstadt

MANZANAL, M. & C.A. VAPÑARSKY (1986): The development of the Upper Valley of Rio Negro and ist periphery within the Comahue Region, Argentina. - In: HARDOY, J.E. & D. SATTERTHWAITE: Small and intermediate urban centres: Their role in national and regional development in the Third World, S. 18 - 79, London, Sydney, Auckland, Toronto

MARICATO, E. (1994): Reforma Urbana: Limites e possibilidades - Uma trajetória incompleta. - In: QUEIROZ RIBEIRO de, L.C. & O. Alves SANTOS Júnior dos (Hrsg.): Globalização, fragmentação e reforma urbana: o futuro das cidades brasileiras na crise, S. 309 - 325, Rio de Janeiro

MARTINE, G. (1993) (Hrsg.): População e meio ambiente: verdades e contradições. - Campinas

MARX, M. (1991): Cidade no Brasil - terra de quem? - São Paulo

MATUS, C. (1993): Política, planejamento e governo.- Brasília

MCGRANAHAN, G. (1991): Environmental Problems and the urban household in Third World countries. - Stockholm

MELO, M.A.B.C. de (1995): Ingovernabilidade: Desagregando o argumento. - In: VALLA-DARES, L. & M.P. COELHO (Hrsg.): Governabilidade e pobreza no Brasil, S. 23 - 48, Rio de Janeiro

MENDES, N. Ferreira (1991): Cáceres: Origem, evolução, presença da força armada. - Cáceres

MENDES, N. Ferreira (1992): Efemérides Cacerenses.- Bd. 1 und 2, Brasília

MERTINS, G. (1991): Contribuciones al modelo de diferenciación socio-espacial de ciudades intermedias de América Latina: Ejemplos colombianos. - Revista Interamericana de Planificación 24, 93, S. 172 - 194

MERTINS, G. (1995): La diferenciación socioespacial y funcional de las ciudades interme-dias latinoamericanas: ejemplos del noroeste argentino. - Revista Interamericana de Planificación, XXVIII, 112, S. 55 - 68

MERTINS, G. (1996): Traditionelle Kleinzentren in der zentralen Kaffeeregion Kolumbiens (Dpto. Quindío) und Parameter ihrer jüngeren Entwicklung. - In: BRICKS, W. & P. GANS (1996): Regionale Entwicklung in Lateinamerika / Regional Development in Latin Ameri-ca (= Erfurter Geographische Studien, Heft 4), S. 281 - 296, Erfurt

MINISTÉRIO DO INTERIOR (1987): Programa de desenvolvimento da região Centro-Oeste 1988 - 1993.- Brasília

MINKNER-BÜNJER, M. (1997): Chile: Die "Illusion" vom dezentralisierten partizipativen Einheitsstaat. - In: Nord-Süd aktuell XI, 1, S. 114 - 131

MONBEIG, P. (1952): Pionniers e palnteurs de São Paulo. - Paris

MOREIRA DOS SANTOS, S.S.; SILVA C.S. da & N.L. CÂMARA (1992): Saneamento básico e problemas ambientais na região metropolitana de Belém. - Revista Brasileira de Geogra-fia, 54, 1, S. 25-73

MORRIS, A. (1997): Market behaviour and market systems in State of Mexico. - In: LINDERT, P. van & O. VERKOREN (Hrsg.): Small towns and beyond. Rural transformations and small urban centres in Latin America, S. 123 - 132, Amsterdam

MORRIS, A. (1991): Acceso al mercado en municípios del Estado de México. - Revista Intermaricana de Planificación XXIV, 93, S. 73 - 85

MÜLLER, U. (1994): Stadtentwicklung und Stadtstruktur von Groß-San Miguel de Tucumán, Argentinien. - Marburger Geographische Schriften 127, Marburg

MUELLER, Ch.C. (1992): Centro-Oeste: evolução, situação atual e perspectivas de desenvolvimento sustentável. - In: VELLOSO DOS REIS, J.P. (Hrsg.): A ecologia e o novo padrão de desenvolvimento no Brasil, S. 89 - 128, São Paulo

NAJAR, A.L. & C. MELAMED (1987): Saneamento básico. Um direito de quem?- Rio de Janeiro

NASCIMENTO, E. Pinheiro do & I. ALENCAR (Hrsg.) (1993): Brasil urbano. Cenários da ordem e da desordem. - Rio de Janeiro

NEUBURGER, M. (1995): Traditionelle Gemeinden des Pantanal-Randgebietes im Umbruch. Das Beispiel Santo Antonio de Leverger. - In: KOHLHEPP, G. (Hrsg.): Mensch-Umwelt-Beziehungen in der Pantanal-Region von Mato Grosso / Brasilien. Beiträge zur angewandten geographischen Umweltforschung. Tübinger Beiträge zur Geographischen Lateinamerikaforschung, H. 12 (= Tübinger Geographische Studien, H. 114) S. 65 - 88, Tübingen

NOGUEIRA, O. (1962): Contribuição à história do municipalismo no Brasil. - Revista Brasileira dos Municípios, 59 / 60, XV

NUHN, H. (1997): Policies of decentralization and development of secondary cities in Central America: the case of Costa Rica. - In: LINDERT, P. van & O. VERKOREN (Hrsg.): Small towns and beyond. Rural transformations and small urban centres in Latin America, S. 67 - 76, Amsterdam

NUHN, H. (1978): Regionalisierung und Entwicklungsplanung in Costa Rica. Ein Beitrag zur Angewandten Geographie und Regionalplanung unter Einsatz von EDV. - Beiträge zur Geographischen Regionalforschung in Lateinamerika 2, Hamburg

NUHN, H. (1987): Räumliche Dezentralisierung im Dienstleistungsbereich und ihre Bedeutung für die Entwicklung des zentralörtlichen Systems in Costa Rica 1970 - 1985. - In: NUHN, H. & J. OßENBRÜGGE (Hrsg.): Polarisierte Siedlungsentwicklung und Dezentralisierungspolitik in Lateinamerika. Teil 1: Regionalstruktur und Effekte von Planugsmaßnahmen in Costa Rica, Panama und Belize. Beiträge zur Geographischen Regionalforschung in Lateinamerika 5, S. 73 - 134, Hamburg

NUHN, H. & J. OßENBRÜGGE (1987/1988) (Hrsg.): Polarisierte Siedlungsentwicklung und Dezentralisierungspolitik in Lateinamerika. - Teil 1 und 2, Hamburg

OLIVEIRA, D. Senna de (1991): Planejamento Municipal. - Textos de Administração Municipal, 4, IBAM, Rio de Janeiro

OLIVEIRA, C.A. (1991): Partidos políticos, autonomia municipal e a possibilidade democrática. - Revista de Administração Municipal, 38 (200), S. 17 - 35

OßENBRÜGGE, J. (1988): Ansatzpunkte für eigenständige regionale Entwicklungsperspektiven: Fallstudien aus der Peripherie Costa Ricas. - In: NUHN, H. & J. OßENBRÜGGE (Hrsg.): Polarisierte Siedlungsentwicklung und Dezentralisierungspolitik in Lateinamerika. Teil 1: Regionalstruktur und Effekte von Planugsmaßnahmen in Costa Rica, Panama und Belize. Beiträge zur Geographischen Regionalforschung in Lateinamerika 5, S. 111 - 170, Hamburg

PACHNER, H. (1982): Hüttenviertel und Hochhausquartiere als Typen neuer Siedlungszellen der venezolanischen Stadt. - Stuttgarter Geographische Studien, H. 99, Stuttgart

PASCA, D. (1995): Die Garimpeiros von Poconé. Soziale Organisation und Umweltbelastung der informellen Goldextraktion am Rande des Pantanal. - In: KOHLHEPP, G. (Hrsg.): Mensch-Umwelt-Beziehungen in der Pantanal-Region von Mato Grosso / Brasilien. Beiträge zur angewandten geographischen Umweltforschung. Tübinger Beiträge zur Geographischen Lateinamerikaforschung, H. 12 (= Tübinger Geographische Studien, H. 114) S. 89 - 124, Tübingen

PEREIRA, L.P. Leite (1978): Vila Maria dos meus maiores.- São Paulo

PFEIFER, G. (1966): Observaciones a lo largo de las nuevas fronteras de colonización en Paraná y Mato Grosso. - In: UGI (Hrsg.): Conferencia Regional Latino Americana Tomo I: La geografía y los problemas de población, S. 314-328, México / D.F.

POPP, J. (1996): Etappen der Innenstadtentwicklung von Salta (Nordwest-Argentinien) als Beispiel einer lateinamerikanischen Mittelstadt. - In: GANS, P. (Hrsg.): Regionale Entwicklung in Lateinamerika. Erfurter Geographische Studien, Bd. 4, S. 333 - 341, Erfurt

PITALUGA, P. & J.C.V. FERREIRA (1994): Breve história de Mato Grosso e de seus municípios. - Cuiabá

POTTER, R.B. (1990): Cities, convergence, divergence and Third World development. - In: POTTER, R.B. & A.T. SALAU (Hrsg.): Cities and development in the Third World, S. 1 - 11, London, New York

PÓVOAS, L.C. (1985): História de Mato Grosso. - Cuiabá

PÓVOAS, L.C. (1994): História da cultura matogrossense. - Cuiabá

PRATES, A. & L. Andrade (1985): Notas sobre o modelo de planejamento participativo: O caso de Minas Gerais. - Revista de Administração Pública, 2, S. 132 - 152

PRICE, M. (1994): Ecopolitics and environmental nongovernmental organizations in Latin America. - Geographical Review, January, S. 42 - 58

PREFEITURA DE RONDONÓPOLIS (1994): Plano Diretor de desenvolvimento urbano de Rondonópolis. - Rondonópolis

QUEIROZ RIBEIRO, L.C. (1994): Reforma Urbana na cidade da crise: Balanço teórico e desafios. - In: QUEIROZ RIBEIRO, L.C. & O. ALVES, Santos Júnior dos (Hrsg.): Globalização, fragmentação e reforma urbana: o futuro das cidades brasileiras na crise. S. 261 - 291, Rio de Janeiro

QUEIROZ RIBEIRO, L.C. (1995): A (In) Governabilidade da cidade? Avanços e desafios da Reforma Urbana. - In: VALLADARES, L. & M.P. COELHO (Hrsg.): Governabilidade e pobreza no Brasil, S. 107 - 160, Rio de Janeiro

QUEIROZ RIBEIRO, L.C. & A.L. CARDOSO (1990): Plano Diretor e Gestão Democrática da cidade. - In: GRAZIA, G. de (Hrsg.) (1990): Plano Diretor: Instrumento de Reforma Urbana. S. 70 - 88, Rio de Janeiro

QUEIROZ RIBEIRO, L.C. & O. ALVES, Santos Júnior dos (Hrsg.) (1994): Globalização, fragmentação e reforma urbana: o futuro das cidades brasileiras na crise. - Rio de Janeiro

RABI ALBESA N.I. de (1993): Municipalizção de Serviços Públicos. - In: SANTOS, A. & R.C. GARCIA (Hrsg.): Anais do Seminário municipalização das políticas públicas, S. 102 - 108, Rio de Janeiro

RABI ALBESA N.I. de (1991): O Plano Diretor e o artigo 182 da Constituição Federal. - Revista de Administração Municipal Vol. 38, N° 200, S. 41 - 48

RADCLIFFE, S.A. (1997): City-country relationships, peasant survival strategies and female migrants in Cuzco, Peru. - In: LINDERT, P. van & O. VERKOREN (Hrsg.): Small towns and beyond. Rural transformations and small urban centres in Latin America, S. 111 - 122, Amsterdam

REMPPIS, M. (1995): Fazendas zwischen Tradition und Fortschritt. Umweltauswirkungen der Rinderweidewirtschaft im nördlichen Pantanal. - In: KOHLHEPP, G. (Hrsg.): Mensch-Umwelt-Beziehungen in der Pantanal-Region von Mato Grosso / Brasilien. Beiträge zur angewandten geographischen Umweltforschung. Tübinger Beiträge zur Geographischen Lateinamerikaforschung, H. 12 (= Tübinger Geographische Studien, H. 114) S. 1 - 30, Tübingen

RICARDO, C. (1970): Marcha para oeste. A influência de bandeira na formação social e política do Brasil.- Bd. 1 und Bd. 2, São Paulo

RIBBECK, E. (1985): Planung und Planungsförderung in brasilianischen Mittelstädten. Analysen und Konzepte zum Problem einer angepaßten Planung in strukturschwachen Mittelstädten. - Heidelberg

RIBBECK, E. (1993): Stadtplanung in Lateinamerikanischen Mittelstädten: Zwischen Resignation und Innovation. - Trialog, 39, S . 26 - 31

RICHARDSON, H.W. (1972): Optimality in city size, systems of cities and urban policy: a sceptics view. - Urban Studies 9, 1, 2, S. 29 - 48

RIDGLEY, M.A. (1989): Evaluation of water-supply and sanitation options in Third World cities: an example from Cali, Colombia. - Geo-Journal 18,2, S. 199 - 211

RITTGEROTT, M. (1997): Die Kleinstadt Mirassol d'Oeste (Mato Grosso / Brasilien). Auswirkungen der Stagnation der einst kleinbäuerlichen Pionierfront auf die Funktion und innere Struktur der Stadt. - (unveröff. Diplomarbeit), Tübingen

ROBERTS, B. (1996): The social context of citizenship in Latin America. - International Journal of Urban and Regional Research, 20, 1, S. 38 - 65

ROBERTS, J.T. (1992): Squatters and urban growth in Amazonia. - Geographical Review, october, S. 441 - 457

RODRIGUES, C.M.B. (1992): Der städtebauliche Planungsprozeß als Steuerungsproblem. Dargestellt am Beispiel Brasilien. - Dortmund

RÖPER, M. (1993): Informelle Abfallentsorgung in Cuiabá / Mato Grosso (Brasilien). Strukturmerkmale und Handlungsspielräume kommunaler Wirtschaftspolitik. - (unveröff. Diplomarbeit) Tübingen

RÖPER, M. (1995): Die MüllsammlerInnen von Cuiabá im Spannungsfeld zwischen Überlebensökonomie und „ökologischer" Abfallwirtschaft. - In: KOHLHEPP, G. (Hrsg.): Mensch-Umwelt-Beziehungen in der Pantanal-Region von Mato Grosso / Brasilien. Beiträge zur angewandten geographischen Umweltforschung. Tübinger Beiträge zur Geographischen Lateinamerikaforschung, H. 12 (= Tübinger Geographische Studien, H. 114) S. 337 - 366, Tübingen

ROLNIK, R. (1994): Planejamento urbano nos anos 90: novas perspectivas para velhos temas. - In: QUEIROZ RIBEIRO, L.C. & O. ALVES, Santos Júnior dos (Hrsg.): Globalização, fragmentação e reforma urbana: o futuro das cidades brasileiras na crise. S. 351 - 371, Rio de Janeiro

ROMEIN, A. (1995): Labour markets and migrant absorption in small towns: The case of norther Costa Rica. - Nederlandse Geografische Studies 192, Utrecht

ROMEIN, A. (1997): The Role of central places in the development of regional production structures: The case of Huetar Norte, Costa Rica. - In: LINDERT, P. van & O. VERKOREN (Hrsg.): Small towns and beyond. Rural transformations and small urban centres in Latin America, S. 53 - 66, Amsterdam

RONDINELLI, D.A. (1983): Secondary cities in Developing Countries: Policies for diffusing urbanization. - Beverly Hills

RONDINELLI, D.A. (1989): Decentralizing public services in Developing Countries: Issues and opportunities. - The Journal of Social, Political and Economic Studies, Vol. 14, Nr. 1

ROOSEVELT, Th. (1943): Nas selvas do Brasil. - Rio de Janeiro

ROTHER, K. (1977): Gruppensiedlungen in Mittelchile. Erläutert am Beispiel der Provinz O'Higgins. - Düsseldorfer Geographische Studien 9, Düsseldorf

SAFIER, M. (1985): Haciendo ciudades: sobre la planificación positiva del desarrollo urbano. - PLERUS, Vol. XIX, N° 142, S. 117 - 152, Puerto Rico

SANTOS, A. & R.C. GARCIA (1993) (Hrsg.): Anais do Seminário municipalização das políticas públicas. - Rio de Janeiro

SANTOS, A. (1993): Descentralização e Municipalização: Habitação, Saneamento e Transporte. - In: SANTOS, A. & R.C. GARCIA (Hrsg.): Anais do Seminário municipalização das políticas públicas, S. 39 - 52, Rio de Janeiro

SANTOS, M. (1993): A urbanização brasileira. - São Paulo

SANTOS, M. (1994): Tendências da urbanização brasileira no fim do século XX. - In: CARLOS, A.F.A. (Hrsg.): Os caminhos da reflexão sobre a cidade e o urbano. S. 17 - 26, São Paulo

SCHÄFFER, N. Otero (1993): Urbanização na fronteira. Expansão de Sant'Ana do Livramento / RS. - Porto Alegre

SCHENCK, F.S. (1997): Strukturveränderungen spanisch-amerikanischer Mittelstädte untersucht am Beispiel der Stadt Cuenca, Ecuador. - Kieler Geographische Schriften 94, Kiel

SCHIER, M. (1995): Die alltäglichen Umweltbeziehungen im weiblichen Lebenszusammenhang. Am Beispiel des Stadtviertels Jardim Vitória in Cuiabá. - In: KOHLHEPP, G. (Hrsg.): Mensch-Umwelt-Beziehungen in der Pantanal-Region von Mato Grosso / Brasilien. Beiträge zur angewandten geographischen Umweltforschung. Tübinger Beiträge zur Geographischen Lateinamerikaforschung, H. 12 (= Tübinger Geographische Studien, H. 114) S. 367 - 386, Tübingen

SCHMIEDER, O. (1968): Die Neue Welt, 1. Teil: Mittel- und Südmaerika. - München

SCHNEIDER, H. & K. VORLAUFER (Hrsg.) (1997): Employment and Housing. Central aspects of urbanization in secondary cities in cross-cultural perspective. - Brookfield, Hong Kong, Singapur, Sydney

SCHNEIDER, H. & K. VORLAUFER (1997): Secondary city urbanization in cross-cultural perspective. - In: SCHNEIDER, H. & K. VORLAUFER (Hrsg.) (1997): Employment and Housing. Central aspects of urbanization in secondary cities in cross-cultural perspective, S. 1 - 20, Brookfield, Hong Kong, Singapur, Sydney

SCHNELLER, T. (1995): Kleinbauern und Genossenschaften. Auswirkungen einer kleinbäuerlichen Milchkooperative auf Stadt-Land-Verflechtungen in der Umgebung Cuiabás. - In: KOHLHEPP, G. (Hrsg.): Mensch-Umwelt-Beziehungen in der Pantanal-Region von Mato Grosso / Brasilien. Beiträge zur angewandten geographischen Umweltforschung. Tübinger Beiträge zur Geographischen Lateinamerikaforschung, H. 12 (= Tübinger Geographische Studien, H. 114) S. 247 - 278, Tübingen

SCHOOP, W. (1980): Die bolivianischen Departementszentren im Verstädterungsprozeß des Landes. - Acta Humboldtiana, Bd. 7, Wiesbaden

SCHULZ, I. (1994): Öffentliche Verwaltung. - In: BRIESEMEISTER, D., KOHLHEPP, G. et al. (Hrsg.): Brasilien heute. Politik, Wirtschaft, Kultur, S. 216 - 228, Frankfurt am Main

SEABRA, O.C. & S.M. MARTINS (1993): A cidade sem infância no universo pioneiro da soja. - Travessia. Revista do Migrante, 6, 15, S. 19 - 21

SEELE, E. (1994): Periodische Märkte im Hochland von Mexiko. Verbreitung, Stellenwert und Funktion im Raum Puebla-Tlaxcala. - In: DOMRÖS, M. & W. KLAER (Hrsg.): Festschrift für Erdmann Gormsen zum 65. Geburtstag. Mainzer Geographische Studien 40, S. 279 - 294, Mainz

SERRA, G. (1991): Urbanização e centralismo autoritário. - São Paulo

SIERRA, M. & A.T. CUSA (1993): El crecimiento urbano y los servicios de saneamiento basico en San Miguel de Tucumán (1960/91). - Revista Geográfica, 118, S. 23 - 42

SIMMONS, J.W. (1982): The organization of the urban system. - In: BLOWERS, A., Ch. BROOK, P. DUNLEAVY & L. MCDOWELL (Hrsg.): Urban change and conflict: an interdisciplinary reader.- London

SOUZA, C.M. de (1989): Gestão Urbana na Constituição de 1988. - Revista de Administração Municipal, 36, 192, S. 12 - 27

SOUZA, M.J. Lopes de (1993): Armut, sozialräumliche Segregation und sozialer Konflikt in der Metropolitanregion von Rio de Janeiro. Ein Beitrag zur Analyse der „Stadtfrage" in Brasilien. - Tübinger Geographische Studien, H. 111 (= Tübinger Beiträge zur Geographischen Lateinamerika-Forschung, H. 10), Tübingen

SOUZA, M.J. Lopes de (1995): Die fragmentierte Metropole. Der Drogenhandel und seine Territorialität in Rio de Janeiro. - Geographische Zeitschrift, 83, 3/4, S. 238 - 249

SOUZA, M.A.A. de (1994): A identidade da metrópole. A verticalização em São Paulo. - São Paulo

STAFFORD, H.A. Jr. (1963): The functional bases of small towns. - Economic Geography, 39, 2, S. 165 - 175

STEPAN, A. (Hrsg.) (1989): Democratizing Brazil. - New York, Oxford

STREN, R.; WHITE, R. & J. WHITNEY (1992): Sustainable Cities. Urbanization and the environment in international perspective. - Boulder, Oxford

STRUCK, E. (1992): Mittelpunktsiedlungen in Brasilien. Entwicklung und Struktur in drei Siedlungsräumen Espirito Santos. - Passauer Schriften zur Geographie 11, Passau

TESORO, L.L. Lopes Martins (1993): Rondonópolis - MT: um entroncamneto de mão única - lembranças e experiências dos pioneiros. - São Paulo.

TIMMONS, J. Roberts (1992): Squatters and urban growth in Amazonia.- Geographical Review, october, S. 441 - 457

UNITED NATIONS (1970 / 1994): Demographic Yearbook. - New York

VALLADARES, L. & M.P. COELHO (Hrsg.) (1995): Governabilidade e pobreza no Brasil. - Rio de Janeiro

VARSANO, R. (1989): O impacto da reforma constitucional sobre as receitas municipais. - Revista de Administração Municipal, 36, 193, S. 44 - 54

VELLOSO DOS REIS, J.P. (Hrsg.) (1992): A ecologia e o novo padrão de desenvolvimento no Brasil. - São Paulo

VERDUZCO, G. (1984): Crecimiento urbano y desarrollo regional: el caso de Zamora, Michoacán. - Revista Intermaricana de Planificación, S. 67 - 80

VOLBEDA, S. (1986): Pioneer towns in the jungle. Urbanization at an agricultural colonization frontier in the Brazilian Amazon. - Revista Geografica, 104, S. 115 - 140

VOLBEDA, S. (1997): A comparison between Pioneer Towns and Rural Service Centres in the Amazon Region of Brazil. - In: LINDERT, P. van & O. VERKOREN (Hrsg.): Small towns and beyond. Rural transformations and small urban centres in Latin America, S. 15 - 30, Amsterdam

WADEHN, M. (1980): Stadt- und Regionalentwicklung in Brasilien: Die Politik der mittleren Zentren. - Raumforschung und Raumordnung, 38, 1/2, S. 32 - 40

WAIBEL, L. (1958): Uma viagem de reconhecimento ao sul de Goiás. - In: WAIBEL, L. (Hrsg.): Capítulos de geografia tropical e do Brasil, S. 131-158, Rio de Janeiro (zuerst erschienen in Revista Brasileira de Geografia 9 (1947) 3)

WEFFORT, F. (1988): "Por que Democracia?" - In: STEPAN, A. (Hrsg.): Democratizando o Brasil, S. 483 - 520, Rio de Janeiro, São Paulo

WEHRHAHN, R. (1993): Ökologische Probleme in lateinamerikanischen Großstädten. - Petermanns Geographische Mitteilungen, 137, 2, S. 79 - 94

WHITE, R. & J. WHITNEY (1992): Cities and the environment: an overview. - In: STREN, R.; WHITE, R. & J. WHITNEY: Sustainable Cities. Urbanization and the environment in international perspective, S. 8 - 52, Boulder, Oxford

WILHEIM, J. (1992): Perspectivas urbanas: infra-estrutura, atividades e ambiente. - In: VELLOSO, J.P. (Hrsg.): A ecologia e o novo padrão de desenvolvimento no Brasil, S. 79 - 88, São Paulo

WILHELMY, H. (1952): Südamerika im Spiegel seiner Städte. - Stuttgart

WILHELMY, H. & A. BORSDORF (1984): Die Städte Südamerikas. Teil 1. Wesen und Wandel. - Berlin, Stuttgart

WOLF, K. (1989): Stadt und Region. Entwicklungstendenzen am Ende der achtziger Jahre. - In: HENKEL, R. & W. HERDEN (Hrsg.): Stadtforschung und Regionalplanung in Industrie- und Entwicklungsländern, S. 33 - 46

XAVIER, H.N. (1993): Municipalização dos serviços urbanos: Perspectivas extraídas de algumas experiências municipais. - In: SANTOS, A. & R.C. GARCIA (Hrsg.): Anais do Seminário municipalização das políticas públicas, S. 72 - 78, Rio de Janeiro

ZINNEL, J. (1986): Der Beitrag der Klein- und Mittelstädte zur nationalen Entwicklung.- In: ILLY, H.F. & K. SCHMITZEK (Hrsg.): Entwicklung durch Dezentralisierung? Studien zur Kommunal- und Regionalverwaltung in der Dritten Welt, S. 93 - 139, München

RESUMO

O presente trabalho resulta de um estudo de caso realizado na área do Pantanal Matogrossense e bacia hidrográfica do Alto Rio Paraguai, no âmbito do projeto de pesquisas denominado "Estrutura sócio-econômica e dinâmica dos impactos ambientais na bacia do Alto Rio Paraguai, Mato Grosso / Brasil", bilateralmente financiado pelos governos brasileiro e alemão.

O desenvolvimento da área em questão está diretamente relacionado à política do governo brasileiro voltada à incorporação do Oeste da Amazônia e do Centro-Oeste Brasileiro à economia nacional. Os programas de construção de auto-estradas e de implantação de projetos de colonização agrária, com concessão de créditos a grandes proprietários de terra, proporcionaram, a partir dos anos 60 deste século, uma fase de *boom* no desenvolvimento da região. A construção das estradas que ligam Cuiabá (MT) a Porto Velho (RO) e Cuiabá a Santarém (PA), assim como a rápida expansão da agricultura moderna nas áreas do cerrado, resultam essencialmente dessa fase. Como consequência, ocorreu uma intensa migração de compradores de terras do Sul do Brasil, os quais, a partir dos anos 70, e, sobretudo nos anos 80, iniciaram o processo de modernização da agricultura. Numerosas iniciativas da parte do governo nacional e de organizações internacionais introduziram uma dinâmica de desenvolvimento que, hoje, se estende por todo o Centro-Oeste brasileiro. Atualmente alguns empresários brasileiros já ultrapassaram a fronteira boliviana a fim de poderem, lá, dar continuidade ao processo de expansão da monocultura de soja.

Com a modernização e mecanização da agricultura, ocorreu uma forte concentração de terras nas mãos dos grandes empresários, provocando assim um processo de desagregação da população sem terra, a qual é obrigada a migrar para as cidades vizinhas. Com isso, aumenta o exército de migrantes tanto na capital do estado de Mato Grosso, Cuiabá, quanto nas cidades de médio porte da região, entre as quais encontram-se os centros regionais de Cáceres e Rondonópolis.

No contexto desse crescimento exponencial, surgem nessas cidades inúmeras dificuldades; entre outras pode-se citar: sobrecargas na infra-estrutura urbana, que às vezes nem se quer existem, processos de marginalização e até sérios entraves em sua governabilidade (*governability*). A maior parte da população encontra trabalho somente no setor informal da economia, o qual tornou-se, com o tempo, um importante fator da economia regional.

Tomando-se por base as cidades de Cáceres e Rondonópolis, são analisadas as formas nas quais se desenvolveram e se transformaram pequenas e médias cidades, no âmbito de processos regionais que resultaram em profundas transformações econômicas e estruturais e as perspectivas futuras que se abrem a estas cidades. O conceito de cidade tem mudado de acordo com determinantes de ordem econômica, geopolítica e geostratégica. Esse fato se faz notar claramente no caso dessas duas cidades, as quais surgiram em momentos históricos distintos, caracterizando duas fases de desenvolvimento da região. Enquanto Cáceres foi fundada no final do século XVIII, como forma de garantir a posse territorial aos portuguêses na região, Rondonópolis surge somente na primeira metade do século XX, vindo a ganhar maior importância funcional sobretudo a partir dos anos setenta, com a modernização da agricultura no Estado de Mato Grosso.

Enquanto Cuiabá, com sua concentração das principais funções políticas, administrativas, econômicas etc. apresenta , tendencialmente, uma dinâmica de crescimento contínuo, no caso de Cáceres e Rondonópolis pode-se observar indícios de diferentes ciclos de desenvolvimento, os quais serão analisados ao longo deste trabalho.

Uma comparação da estrutura e desenvolvimento das duas cidades faz-se necessária. Apesar de ambas ocuparem uma posição equivalente na rede urbana regional e encontrarem-se diretamente na área de influência da metrópole regional de Cuiabá, representam dois tipos de cidades bastante distintos. Tanto no que se refere à gênese e dinâmica de desenvolvimento, como nas suas atuais estruturas, observa-se caraterísticas típicas do contexto social e econômico de suas respectivas áreas de influência imediata. As convergências e divergências do desenvolvimento dessas duas cidades também são minuciosamente apresentadas e a comparação entre elas contribuirá para o esclarecimento da importância das mudanças de estruturas sócio-econômicas regionais para o processo de desenvolvimento das cidades.

Quais são os fatores decisivos que estimulam o desenvolvimento, e quais são aqueles que o dificultam? Qual o poder de decisão que a comunidade tem no âmbito dos planos de desenvolvimento local? Que função e posição ocupam os centros regionais na periferia da rede urbana regional? Como as instituições públicas tratam os inúmeros problemas surgidos com o desenvolvimento das pequenas e médias cidades? Onde se encontram os problemas e os potenciais do desenvolvimento dessas cidades? Como se manifestam os chamados desenvolvimentos e problemas nas estrutruras sociais e espaciais dessas cidades? Essas questões são analisadas no presente trabalho, com bases nos exemplos de Cáceres e Rondonópolis.

No Capítulo I tratamos da parte teórica do trabalho onde, por um lado, são apresentados questionamentos com base nos estudos de geografia urbana sobre a América Latina como um todo, e, por outro, tentamos distinguir pequenas e médias cidades dentro do sistema urbano e o seu significado para o desenvolvimento das áreas periféricas. No Capítulo II.1., procuramos posicionar a região de estudos no contexto do processo da urbanização brasileira. A partir do estudo dos principais fatores desse processo, é analisado o desenvolvimento do sistema urbano brasileiro como um todo e, em especial, o subsistema do Centro-Oeste, com o objetivo de esclarecer em que contexto está encaixado o desenvolvimento do sistema urbano regional.

No Capítulo II.2. a questão do planejamento urbano no Brasil foi tratada de forma relativamente aprofundada, pelo fato de que mudanças constitucionais, institucionais e na política de desenvolvimento do país sempre têm sido um ponto central na sua história, e principalmente no que se refere ao desenvolvimento de sua periferia. Com o distanciamento dos centros de decisões políticas e econômicas, diminue-se o potencial de participação na determinação dos objetivos almejados no planejamento e no desenvolvimento urbano. Mudanças no sistema político nacional e na autonomia a nível local podem fortalecer ou enfraquecer esse potencial. Alterações na autonomia dos municípios, conceitos e instrumentos de planejamento urbano, antigos e atuais, plano diretor, assim como conceitos de descentralização, participação etc. são fatores determinantes na governabilidade das cidades no Brasil, que caracterizam não só a rede urbana como um todo, mas também cada uma das cidades separadamente. Os problemas de planejamento urbano a nível local estão diretamente relacionados à política de planejamento a nível nacional.

O Capítulo III do trabalho foi subdividido em duas partes, onde tratamos das duas cidades tomadas como exemplo. Na primeira parte (Capítulo III.1) confrontamos Cáceres e Rondonópolis, tomando por base aspectos relacionados à gênese, estrutura e função das mesmas. Além disso, são tratados também processos específicos e estruturas de planejamento, além dos problemas daí decorrentes em escala local. A partir disso, nos foi possível estabelecer um esquema representativo do desenvolvimento e da estrutura urbana de Cárceres e Rondonópolis, com base no qual podemos comparar estas duas cidades e sintetizar as causas do desenvolvimento das mesmas. Na segunda parte (Capítulo III.2) foi feita uma análise do atual estado de desenvolvimento de Cáceres e Rondonópolis e tratou-se também da questão do potencial de desenvolvimento e das perspectivas futuras destas duas cidades. Neste caso, fatores sócio-econômicos, ecológicos e geopolíticos desempenham um papel fundamental. Também de grande importância na história das duas cidades em questão (assim como na de outras), são os grandes projetos, idéias visionárias, estratégias políticas, os processos de readaptação social e os problemas daí decorrentes.

O estudo das estruturas espaciais representa um tema central no âmbito das pesquisas geográficas; sua realização exige, porém, antes de mais nada, a compreenção e sintetisação destas mesmas estruturas. Dado este fato, este trabalho toma por base várias pesquisas sobre processos e estruturas sociais e espaciais, as quais apresentam relevâncias para o desenvolvimento das cidades da região em estudo. No âmbito dos trabalhos efetuados na realização de uma análise estrutural e sócio-econômica da nossa área de estudos, foi possível acumular conhecimentos valiosos sobre a gênese e problemas estruturais de todas as cidades da região. A análise estrutural e sócio-econômica aqui citada, resultou de um amplo trabalho realizado por colegas brasileiros e alemães (entre os quais inclui-se o autor deste trabalho) de diferentes disciplinas . Ao longo deste trabalho foi criado um banco de dados, com diversos indicadores sobre o desenvolvimento e estrutura sócio-econômica das cidades da bacia hidrográfica do Alto Rio Paraguai, que nos serviu de base para a análise da rede urbana regional.

306

No início do trabalho empírico foram realizadas diversas pesquisas em arquivos e outras fontes não publicadas oficialmente. Isso se fez necessário pelo fato de que, para a região em estudo, e sobretudo para as duas cidades tomadas como exemplos, quase não existe literatura primária, e a literatura secundária disponível é bastante limitada. Esse fato assinala a condição de área periférica em que se insere a região em estudo. Os dados obtidos nos levantamentos demográficos dos anos 1970, 1980, 1991 e 1996 poderam ser utilizados para uma descrição mais generalizada da estrutura sócio-econômica até ao nível do município. Os dados mais atuais sobre demografia foram publicados no censo demográfico de 1991 e, por falta de recursos finaceiros, o censo econômico planejado para o ano de 1990 ainda não foi realizado. Consequentemente, os dados mais recentes do IBGE para esta área originam do ano de 1985. Essa base de dados foi complementada pelos processamentos realizados pelos departamentos de estatística do Estado de Mato Grosso.

Com um esforço relativamente grande, conseguiu-se explorar o formulário oficial do censo de 1991. Isso se fez necessário uma vez que, nos resultados publicados do levantamento, todos os dados são agregados ao nível do distrito e município; deste modo, diferenciações intraurbanas são impossíveis. A vantagem de se utilizar o formulário oficial, frente à realização de um levantamento próprio, se dá pelo fato de que o mesmo nos proporciona, sem maiores esforços, o acesso a informações de áreas extensas, que podem ser diretamente confrontadas na comparação entre as duas cidades estudadas. Uma grande parte dos indicadores extraídos do referido formulário foi utilizada na ilustração e localização espacial de alguns indicadores, assim como na comparação de diferentes estruturas impressas em mapas temáticos das referidas cidades. O questionário principal distribuido em cada residência continha um total de 27 perguntas relativas à condição do domicílio. Através destas perguntas foram levantadas informações sobre o tipo de residência, a quantidade de moradores, assim como sobre o equipamento técnico, infraestrutural e sanitário de cada domicílio. O questionário para a pesquisa de amostras foi entregue a um em cada dez domicílios e continha diversas perguntas sobre a situação pessoal de cada membro da família. Neste caso, utilizamos somente informações relativas ao chefe de família como representativas para o domicílio. Desse questionário foram retirados dados sobre a profissão e procedência dos chefes de família. De posse dessas informações, pôde-se caraterizar a totalidade das duas cidade de acordo com os indicadores acima mencionados.

Nossa análise apoia-se não só nas informações adquiridas em literatura primária, secundária e nas estatísticas oficiais, mas também em uma ampla pesquisa empírica realizada junto a diferentes atores, tais como, representantes dos governos estaduais e locais e de instituições administrativas, sindicatos, associações comerciais e de serviços, universidades, além de movimentos sociais e de organizações não governamentais (ONGs). Às entrevistas aos representantes dessas instituições acrescentou-se ainda um levantamento de dados junto às bibliotecas das mesmas e consultas a relatórios, descrições de projetos, planos, etc.

Através de inúmeras entrevistas a moradores de Cáceres e Rondonópolis, foi possível levantar informações diretas sobre a qualidade de vida das pessoas em diferentes bairros dessas duas cidades. No âmbito dessas entrevistas (realizadas de forma aberta e semi-padronizada) procurou-se, em especial, caracterizar quem são os moradores de determinados bairros, de onde eles vêm, como analisam a situação pessoal e da família, e qual a experiência e o relacionamento que têm com as instituições públicas locais. Essas informações são muito importantes, pois ajudam a relativizar as afirmações dos representantes das instituições públicas no que se refere a sua atuação junto a diferentes partes das cidades. Com base nessas informações pode-se verificar também como a população aceita as medidas públicas voltadas à satisfação das necessidades básicas *(basic needs)*.

Um amplo levantamento cartográfico das funções sociais e espaciais da cidade foi realizado com a intenção de contribuir para um melhor entendimento e visualização das estruturas espaciais das duas cidades. Neste sentido, efetuou-se um mapeamento detalhado das estruturas e funções importantes do centro das duas cidades, um mapeamento das áreas de risco e de conflitos sociais e ambientais, além do processamento de informação sobre infra-estrutura e diferenciação espacial das referidas cidades.

Muito importante para a realização dos trabalhos empíricos foram as diversas discussões realizadas com colegas da Universidade de Cuiabá e das Universidades de Cáceres e de

Rondonópolis. Resultados parciais dos trabalhos foram apresentados e debatidos em várias palestras abertas ao público das três referidas universidades.

Ao longo deste trabalho, percebemos que a análise de pequenas e médias cidades no Brasil só se faz possível se considerarmos também os problemas que estão acontecendo a nível regional. Dadas as enormes disparidades sócio-econômicas existentes entre as macroregiões do Brasil, é impossível se fazerem afirmações generalizadas sobre o desenvolvimento das mesmas e em especial dos seus respectivos centros regionais. Já que a região determina as cidades, o desenvolvimento urbano não pode ser analisado isoladamente do desenvolvimento regional. No bojo dessa forte diferenciação e "orientação regional" (Regionsorientierung) encontram-se também as explicações para as diferentes denominações de cidades, mais diretamente relacionadas ao tamanho das mesmas, como por exemplo, cidade média, centro regional, centro secundário, regional growth centre, etc.

Nos dois centros regionais aqui examinados, é verificada a diferença entre uma intensiva dinâmica de desenvolvimento urbano e a tendência de persistência. Assim, enquanto Cáceres (tipo cidade média) é caracterizada até hoje pelos seus atores e estruturas tradicionais, Rondonópolis presenciou, em poucos anos, um dinâmico desenvolvimento seguido de um amplo processo de transformação intraurbana. Com efeito, enfatiza-se que nenhuma das duas encontra-se próxima de se tornar uma grande cidade. No âmbito da dinâmica de desenvolvimento da região Centro-Oeste e do Estado de Mato Grosso, os indicadores de desenvolvimento da cidade de Cáceres a colocam numa situação de estagnação (não só no presente mas também no futuro próximo), enquanto que em Rondonópolis existe um bom potencial para a continuidade de um desenvolvimento dinâmico. Todavia, este desenvolvimento encontra-se, de certa forma, dependente do desenvolvimento da produção regional de soja, caraterizando, com isso, a existência do perigo de degradação de Rondonópolis.

Apesar do diferenciado processo de desenvolvimento urbano dos dois referidos centros regionais, os mesmos apresentam uma determinada semelhança em suas funções e estruturas: ambos apresentam características típicas de cidades de porte médio, como vida e formas econômicas simultâneamente rurais, e um traçado urbano que passa a se desenvolver irregularmente a medida que se distancia do centro. Os centros das duas cidades representam até hoje o "motor de desenvolvimento" das mesmas. Com efeito, esse "motor" encontra-se em Cáceres meio que em "ponto morto", enquanto que em Rondonópolis pode-se notar uma certa aceleração do mesmo.

Justo nos centros regionais das periferias encontram-se, hoje, enormes desafios frente aos anseios de reestabelecimento e preservação de formas de vida urbana mais dignas. Esses desafios encontram-se diretamente ligados ao intensivo processo de urbanização e às condições de crescimento das cidades, condições essas que são agravadas pela inexistência de uma tradição de planejamento urbano e pelos insuficientes instrumentos de desenvolvimento das cidades realizados até hoje.

Cáceres e Rondonópolis desempenham a função de centros regionais administrativos e de serviços. Na verdade, no arranjo geral da hierarquia administrativa das instituições públicas do Estado de Mato Grosso (centralizadamente organizada), ambas as cidades podem ser caraterizadas como "filiais administrativas", cada uma com sua respectiva esfera de influência sub-regional.

O setor econômico é caracterizado pelas funções comercial e distributiva, respectivamente para produtos da agricultura e para mercadorias e serviços . O setor industrial desempenha um papel secundário, enquanto que o terciário apresenta, comparativamente, grande importância, principalmente no que se refere ao número de empresas de serviços e de pessoas lá empregadas.

As duas cidades em questão desempenham a importante função de estação de serviços ou de abastecimento para o transporte interregional. Às margens das estradas regionais que cortam as mesmas, encontram-se postos de gasolina, oficinas mecânicas, restaurantes e hoteis de preços baixos. A "travessia" é aliás um dos mais importantes símbolos que caraterizam as cidades nas frentes pioneiras de urbanização e de extração.

Como cidades, tanto Cáceres como Rondonópolis representam um sistema extremamente sensível, com uma forte dependência externa e uma base econômica orientada principalmente para a região. Tradições se desenvolveram e se enraizaram na cidade de Cárceres de tal modo que até hoje não se pôde fazer semelhante em Rondonópolis. Enquanto Cáceres encontra-se bastante isolado na região, Rondonópolis usufrui da integração aos sistemas de comunicação supra-regionais e até internacionais, os quais impedem a formação de uma identidade local, principalmente nas camadas sociais economicamente dominantes.

Até o momento, representantes da elite tradicional têm conseguido se impôr na esfera política matogrossense. Isso se manifesta no fato de que, tanto no governo estadual como no federal, tradicionalmente encontram-se representantes políticos da cidade de Cáceres. Já para a cidade de Rondonópolis, os eleitores procuraram, por longo tempo, eleger políticos que não possuíssem base eleitoral fixa no Estado de Mato Grosso. Com a consolidação de suas atividades econômicas, representantes locais originais do sul do país, têm procurado também ganhar terreno no "negócio" político.

Com o progressivo crescimento dos centros regionais, faz-se cada vez mais evidente a necessidade de se efetuar uma estrutura de desenvolvimento e planejamento urbano mais competente. Nesse sentido, cabe às instituições responsáveis, em primeiro lugar, a tarefa de "distribuição dos ganhos do crescimento". Também não se pode esquecer a responsabilidade dessas instituições no que diz respeito à resolução de possíveis conflitos. O contínuo processo de segregação e fragmentação social e espacial só poderá ser controlado através de um competente esforço mediador.

Com o exemplo de Cáceres e Rondonópolis são mostradas importantes características do processo de desenvolvimento urbano a nível subregional da periferia brasileira. A análise dos problemas e dos potenciais do planejamento e desenvolvimento urbano, em escala municipal, pode contribuir no esclarecimento do processo em andamento e também na previsão do desenvolvimento futuro.

Cáceres e Rondonópolis mostram, exemplificadamente, como a reestruturação do sistema urbano regional, causada pelas mudanças gerais ocorridas a nível nacional, regional e local, pode contribuir para a fragmentação entre "centros dinâmicos de inovação" e "cidades periféricas" em estado de estagnação.

SUMMARY

The Pantanal region and its catchment area in the federal state of Mato Grosso/ Brazil form the spatial frame of reference for this work. It is a case study, which has been undertaken within the framework of the German-Brazilian bilateral reasearch project "Socio-economic Structure and its Environmental Impacts in the Upper River Paraguay Basin, Mato Grosso, Brazil".

The development of the study area is closely connected with the measures taken by the Brazilian government in order to promote the economic incorporation of West-Amazonia and the Brazilian Mid-West into the national economy. The concentration of land property as a direct consequence of the modernization and mechanization of agriculture has triggered a process of displacement, due to which a large number of people without land or property have migrated to the cities of the surrounding area. This is why the army of immigrants in the capital city of Mato Grosso, Cuiabá, as well as in the minor cities has increased in size.

With the example of the cities of Cáceres and Rondonópolis the question of how settlements of small and medium size have developed and changed in the face of far-reaching regional economic and structural transformation processes and the question of future perspectives for these cities will be investigated. With the chosen examples, the changing significance of cities in dependency on economic and geo-political as well as geo-strategic determinants can be demonstrated particularly well, because they represent two important phases of development within the study area. While Cáceres was founded at the end of the 18th century in order to secure the Portuguese territories in South America, Rondonópolis did not start its history until the first half of the 20th century. It has particularly increased its functional significance with the modernization of agriculture in Mato Grosso since the 1970s. The comparison of the structures and the development of the two cities is a main focus of this study.

How large is the space for manoeuvre in making decisions for local authorities in the area of local development planning? Which function and position do peripheral regional centres in the urban system take on? How do local authorities deal with developmental problems in the cities? What are the problems and what are the potentials of these cities? In what ways do the developments and problems mentioned above manifest themselves in the spatial and social structure of these cities? By using the examples of Cáceres and Rondonópolis by way of comparison, all of these questions will be investigated in this case study.

312

Tübinger Geographische Studien

Heft 1	M. König:	Die bäuerliche Kulturlandschaft der Hohen Schwabenalb und ihr Gestaltswandel unter dem Einfluß der Industrie. 1958. 83 S. Mit 14 Karten, 1 Abb. u. 5 Tab. **vergriffen**
Heft 2	I. Böwing-Bauer:	Die Berglen. Eine geographische Landschaftsmonographie. 1958. 75 S. Mit 15 Karten **vergriffen**
Heft 3	W. Kienzle:	Der Schurwald. Eine siedlungs- und wirtschaftsgeographische Untersuchung. 1958. Mit 14 Karten u. Abb. **vergriffen**
Heft 4	W. Schmid:	Der Industriebezirk Reutlingen-Tübingen. Eine wirtschafts-geographische Untersuchung. 1960. 109 S. Mit 15 Karten **vergriffen**
Heft 5	F. Obiditsch:	Die ländliche Kulturlandschaft der Baar und ihr Wandel seit dem 18. Jahrhundert. 1961. 83 S. Mit 14 Karten u. Abb., 4 Skizzen **vergriffen**
Sbd. 1	A. Leidlmair: (Hrsg.):	Hermann von Wissmann – Festschrift. 1962. Mit 68 Karten u. Abb., 15 Tab. u. 32 Fotos **DM 29,–**
Heft 6	F. Loser:	Die Pfortenstädte der Schwäbischen Alb. 1963. 169 S. Mit 6 Karten u. 2 Tab. **vergriffen**
Heft 7	H. Faigle:	Die Zunahme des Dauergrünlandes in Württemberg und Hohenzollern. 1963. 79 S. Mit 15 Karten u. 6 Tab. **vergriffen**
Heft 8	I. Djazani:	Wirtschaft und Bevölkerung in Khuzistân und ihr Wandel unter dem Einfluß des Erdöls. 1963. 115 S. Mit 18 Fig. u. Karten, 10 Fotos **vergriffen**
Heft 9	K. Glökler:	Die Molasse-Schichtstufen der mittleren Alb. 1963. 71 S. Mit 5 Abb., 5 Karten im Text u. 1 Karte als Beilage **vergriffen**
Heft 10	E. Blumenthal:	Die altgriechische Siedlungskolonisation im Mittelmeerraum unter besonderer Berücksichtigung der Südküste Kleinasiens. 1963. 182 S. Mit 48 Karten u. Abb. **vergriffen**
Heft 11	J. Härle:	Das Obstbaugebiet am Bodensee, eine agrargeographische Untersuchung. 1964. 117 S. Mit 21 Karten, 3 Abb. im Text u. 1 Karte als Beilage **vergriffen**
Heft 12	G. Abele:	Die Fernpaßtalung und ihre morphologischen Probleme. 1964. 123 S. Mit 7 Abb., 4 Bildern, 2 Tab. im Text u. 1 Karte als Beilage **DM 8,–**
Heft 13	J. Dahlke:	Das Bergbaurevier am Taff (Südwales). 1964. 215 S. Mit 32 Abb., 10 Tab. im Text u. 1 Kartenbeilage **DM 11,–**
Heft 14	A. Köhler:	Die Kulturlandschaft im Bereich der Platten und Terrassen an der Riß. 1964. 153 S. Mit 32 Abb. u. 4 Tab. **vergriffen**
Heft 15	J. Hohnholz:	Der englische Park als landschaftliche Erscheinung. 1964. 91 S. Mit 13 Karten u. 11 Abb. **vergriffen**

Heft 31	A. Maass:	Entwicklung und Perspektiven der wirtschaftlichen Erschließung des tropischen Waldlandes von Peru, unter besonderer Berücksichtigung der verkehrsgeographischen Problematik. 1969. VI u. 262 S. Mit 20 Fig. u. Karten, 35 Tab. u. 28 Fotos **vergriffen**
Heft 32	E. Weinreuter:	Stadtdörfer in Südwest-Deutschland. Ein Beitrag zur geographischen Siedlungstypisierung. 1969. VIII u. 143 S. Mit 31 Karten u. Abb., 32 Fotos, 14 Tab. im Text u. 1 Karte als Beilage **vergriffen**
Heft 33	R. Sturm:	Die Großstädte der Tropen. – Ein geographischer Vergleich –. 1969. 236 S. Mit 25 Abb. u. 10 Tab. **vergriffen**
Heft 34 (Sbd. 3)	H. Blume und K.-H. Schröder (Hrsg.):	Beiträge zur Geographie der Tropen und Subtropen. (Herbert Wilhelmy-Festschrift). 1970. 343 S. Mit 24 Karten, 13 Fig., 48 Fotos u. 32 Tab. **DM 27,–**
Heft 35	H.-D. Haas:	Junge Industrieansiedlung im nordöstlichen Baden-Württemberg. 1970. 316 S. Mit 24 Karten, 10 Diagr., 62 Tab. u. 12 Fotos **vergriffen**
Heft 36 (Sbd. 4)	R. Jätzold:	Die wirtschaftsgeographische Struktur von Südtanzania. 1970. 341 S., Mit 56 Karten u. Diagr., 46 Tab. u. 26 Bildern. Summary **DM 35,–**
Heft 37	E. Dürr:	Kalkalpine Sturzhalden und Sturzschuttbildung in den westlichen Dolomiten. 1970. 120 S. Mit 7 Fig. im Text, 3 Karten u. 4 Tab. im Anhang **vergriffen**
Heft 38	H.-K. Barth:	Probleme der Schichtstufenlandschaft West-Afrikas am Beispiel der Bandiagara-, Gambaga- und Mampong-Stufenländer. 1970. 215 S. Mit 6 Karten, 57 Fig. u. 40 Bildern **DM 15,–**
Heft 39	R. Schwarz:	Die Schichtstufenlandschaft der Causses. 1970. 106 S. Mit 2 Karten, 23 Abb. im Text u. 2 Karten als Beilagen **vergriffen**
Heft 40	N. Güldali:	Karstmorphologische Studien im Gebiet des Poljesystems von Kestel (Westlicher Taurus, Türkei). 1970. 104 S. Mit 14 Abb., 3 Karten, 11 Fotos u. 7 Tab. **vergriffen**
Heft 41	J. B. Schultis:	Bevölkerungsprobleme in Tropisch-Afrika. 1970. 138 S. Mit 13 Karten, 7 Schaubildern u. 8 Tab. **vergriffen**
Heft 42	L. Rother:	Die Städte der Çukurova: Adana – Mersin – Tarsus. 1971. 312 S. Mit 51 Karten u. Abb., 34 Tab. **DM 21,–**
Heft 43	A. Roemer:	The St. Lawrence Seaway, its Ports and its Hinterland. 1971. 235 S. With 19 maps and figures, 15 fotos and 64 tables **DM 21,–**
Heft 44 (Sbd. 5)	E. Ehlers:	Südkaspisches Tiefland (Nordiran) und Kaspisches Meer. Beiträge zu ihrer Entwicklungsgeschichte im Jung- und Postpleistozän. 1971. 184 S. Mit 54 Karten u. Abb., 29 Fotos. Summary **DM 24,–**
Heft 45 (Sbd. 6)	H. Blume und H.-K. Barth:	Die pleistozäne Reliefentwicklung im Schichtstufenland der Driftless Area von Wisconsin (USA). 1971. 61 S. Mit 20 Karten, 4 Abb., 3 Tab. u. 6 Fotos. Summary **DM 18,–**

Heft 46 *(Sbd. 7)*	H. Blume (Hrsg.):	Geomorphologische Untersuchungen im Württembergischen Keuperbergland. Mit Beiträgen von H.-K. Barth, R. Schwarz und R. Zeese. 1971. 97 S. Mit 25 Karten u. Abb. u. 15 Fotos **DM 20,–**
Heft 47	H.-D. Haas:	Wirtschaftsgeographische Faktoren im Gebiet der Stadt Esslingen und deren näherem Umland in ihrer Bedeutung für die Stadtplanung. 1972. 106 S. Mit 15 Karten, 3 Diagr. u. 5 Tab. **vergriffen**
Heft 48	K. Schliebe:	Die jüngere Entwicklung der Kulturlandschaft des Campidano (Sardinien). 1972. 198 S. Mit 40 Karten u. Abb., 10 Tab. im Text u. 3 Kartenbeilagen **DM 18,–**
Heft 49	R. Zeese:	Die Talentwicklung von Kocher und Jagst im Keuperbergland. 1972. 121 S. Mit 20 Karten u. Abb., 1 Tab. u. 4 Fotos **vergriffen**
Heft 50	K. Hüser:	Geomorphologische Untersuchungen im westlichen Hintertaunus. 1972. 184 S. Mit 1 Karte, 14 Profilen, 7 Abb., 31 Diagr., 2 Tab. im Text u. 5 Karten, 4 Tafeln u. 1 Tab. als Beilagen **DM 27,–**
Heft 51	S. Kullen:	Wandlungen der Bevölkerungs- und Wirtschaftsstruktur in den Wölzer Alpen. 1972. 87 S. Mit 12 Karten u. Abb. 7 Fotos u. 17 Tab. **DM 15,–**
Heft 52	E. Bischoff:	Anbau und Weiterverarbeitung von Zuckerrohr in der Wirtschaftslandschaft der Indischen Union, dargestellt anhand regionaler Beispiele. 1973. 166 S. Mit 50 Karten, 22 Abb., 4 Anlagen u. 22 Tab. **DM 24,–**
Heft 53	H.-K. Barth und H. Blume:	Zur Morphodynamik und Morphogenese von Schichtkamm- und Schichtstufenreliefs in den Trockengebieten der Vereinigten Staaten. 1973. 102 S. Mit 20 Karten u. Abb., 28 Fotos. Summary **DM 21,–**
Heft 54	K.-H. Schröder: (Hrsg.):	Geographische Hausforschung im südwestlichen Mitteleuropa. Mit Beiträgen von H. Baum, U. Itzin, L. Kluge, J. Koch, R. Roth, K.-H. Schröder und H.P. Verse. 1974. 110 S. Mit 20 Abb. u. 3 Fotos **DM 19,50**
Heft 55	H. Grees (Hrsg.):	Untersuchungen zu Umweltfragen im mittleren Neckarraum. Mit Beiträgen von H.-D. Haas, C. Hannss und H. Leser. 1974. 101 S. Mit 14 Abb. u. Karten, 18 Tab. u. 3 Fotos **vergriffen**
Heft 56	C. Hanss:	Val d'Isère. Entwicklung und Probleme eines Wintersportplatzes in den französischen Nordalpen. 1974. 173 S. Mit 51 Karten u. Abb., 28 Tab. Résumé **DM 42,–**
Heft 57	A. Hüttermann:	Untersuchungen zur Industriegeographie Neuseelands. 1974. 243 S. Mit 33 Karten, 28 Diagrammen und 51 Tab. Summary **DM 36,–**
Heft 58 *(Sbd. 8)*	H. Grees:	Ländliche Unterschichten und ländliche Siedlung in Ostschwaben. 1975. 320 S. Mit 58 Karten, 32 Tab. und 14 Abb. Summary **vergriffen**

Heft 59	J. Koch:	Rentnerstädte in Kalifornien. Eine bevölkerungs- und sozialgeographische Untersuchung. 1975. 154 S. Mit 51 Karten u. Abb., 15 Tab. und 4 Fotos. Summary **DM 30,–**
Heft 60 (Sbd. 9)	G. Schweizer:	Untersuchungen zur Physiogeographie von Ostanatolien und Nordwestiran. Geomorphologische, klima- und hydrogeographische Studien im Vansee- und Rezaiyehsee-Gebiet. 1975. 145 S. Mit 21 Karten, 6 Abb., 18 Tab. und 12 Fotos. Summary. Résumé **DM 39,–**
Heft 61 (Sbd. 10)	W. Brücher:	Probleme der Industrialisierung in Kolumbien unter besonderer Berücksichtigung von Bogotá und Medellín. 1975. 175 S. Mit 26 Tab. und 42 Abb. Resumen **DM 42,–**
Heft 62	H. Reichel:	Die Natursteinverwitterung an Bauwerken als mikroklimatisches und edaphisches Problem in Mitteleuropa. 1975. 85 S. Mit 4 Diagrammen, 5 Tab. und 36 Abb. Summary. Résumé **DM 30,–**
Heft 63	H.-R. Schömmel:	Straßendörfer im Neckarland. Ein Beitrag zur geographischen Erforschung der mittelalterlichen regelmäßigen Siedlungsformen in Südwestdeutschland. 1975. 118 S. Mit 19 Karten, 2 Abb., 11 Tab. und 6 Fotos. Summary **DM 30,–**
Heft 64	G. Olbert:	Talentwicklung und Schichtstufenmorphogenese am Südrand des Odenwaldes. 1975. 121 S. Mit 40 Abb., 4 Karten und 4 Tab. Summary **vergriffen**
Heft 65	H. M. Blessing:	Karstmorphologische Studien in den Berner Alpen. 1976. 77 S. Mit 3 Karten, 8 Abb. und 15 Fotos. Summary. Résumé **DM 30,–**
Heft 66	K. Frantzok:	Die multiple Regressionsanalyse, dargestellt am Beispiel einer Untersuchung über die Verteilung der ländlichen Bevölkerung in der Gangesebene. 1976. 137 S. Mit 17 Tab., 4 Abb. und 19 Karten. Summary. Résumé **DM 36,–**
Heft 67	H. Stadelmaier:	Das Industriegebiet von West Yorkshire. 1976. 155 S. Mit 38 Karten, 8 Diagr. u. 25 Tab. Summary **DM 39,–**
Heft 68 (Sbd. 11)	H.-D. Haas	Die Industrialisierungsbestrebungen auf den Westindischen Inseln unter besonderer Berücksichtigung von Jamaika und Trinidad. 1976. XII, 171 S. Mit 31 Tab., 63 Abb. u. 7 Fotos. Summary **vergriffen**
Heft 69	A. Borsdorf:	Valdivia und Osorno. Strukturelle Disparitäten und Entwicklungsprobleme in chilenischen Mittelstädten. Ein geographischer Beitrag zu Urbanisierungserscheinungen in Lateinamerika. 1976. 155 S. Mit 28 Fig. u. 48 Tab. Summary. Resumen **DM 39,–**
Heft 70	U. Rostock:	West-Malaysia – ein Einwicklungsland im Übergang. Probleme, Tendenzen, Möglichkeiten. 1977. 199 S. Mit 22 Abb. und 28 Tab. Summary **DM 36,–**
Heft 71 (Sbd. 12)	H.-K. Barth:	Der Geokomplex Sahel. Untersuchungen zur Landschaftsökologie im Sahel Malis als Grundlage agrar- und weidewirtschaftlicher Entwicklungsplanung. 1977. 234 S. Mit 68 Abb. u. 26 Tab. Summary **DM 42,–**

Heft 72	K.-H. Schröder:	Geographie an der Universität Tübingen 1512-1977. 1977. 100 S. **DM 30,–**
Heft 73	B. Kazmaier:	Das Ermstal zwischen Urach und Metzingen. Untersuchungen zur Kulturlandschaftsentwicklung in der Neuzeit. 1978. 316 S. Mit 28 Karten, 3 Abb. und 83 Tab. Summary **DM 48,–**
Heft 74	H.-R. Lang:	Das Wochenend-Dauercamping in der Region Nordschwarzwald. Geographische Untersuchung einer jungen Freizeitwohnsitzform. 1978. 162 S. Mit 7 Karten, 40 Tab. und 15 Fotos. Summary **DM 36,–**
Heft 75	G. Schanz:	Die Entwicklung der Zwergstädte des Schwarzwaldes seit der Mitte des 19. Jahrhunderts. 1979. 174 S. Mit 2 Abb., 10 Karten und 26 Tab. **DM 36,–**
Heft 76	W. Ubbens:	Industrialisierung und Raumentwicklung in der nordspanischen Provinz Alava. 1979. 194 S. Mit 16 Karten, 20 Abb. und 34 Tab. **DM 40,–**
Heft 77	R. Roth:	Die Stufenrandzone der Schwäbischen Alb zwischen Erms und Fils. Morphogenese in Abhängigkeit von lithologischen und hydrologischen Verhältnissen. 1979. 147 S. Mit 29 Abb. **DM 32,–**
Heft 78	H. Gebhardt:	Die Stadtregion Ulm/Neu-Ulm als Industriestandort. Eine industriegeographische Untersuchung auf betrieblicher Basis. 1979. 305 S. Mit 31 Abb., 4 Fig., 47 Tab. und 2 Karten. Summary **DM 48,–**
Heft 79 (Sbd. 14)	R. Schwarz:	Landschaftstypen in Baden-Württemberg. Eine Untersuchung mit Hilfe multivariater quantitativer Methodik. 1980. 167 S. Mit 31 Karten, 11 Abb. u. 36 Tab. Summary **DM 35,–**
Heft 80 (Sbd. 13)	H.-K. Barth und H. Wilhelmy (Hrsg.):	Trockengebiete. Natur und Mensch im ariden Lebensraum. (Festschrift für H. Blume) 1980. 405 S. Mit 89 Abb., 51 Tab., 38 Fotos **DM 68,–**
Heft 81	P. Steinert:	Góry Stołowe – Heuscheuergebirge. Zur Morphogenese und Morphodynamik des polnischen Tafelgebirges. 1981. 180 S., 23 Abb., 9 Karten. Summary, Streszszenie **DM 24,–**
Heft 82	H. Upmeier:	Der Agrarwirtschaftsraum der Poebene. Eignung, Agrarstruktur und regionale Differenzierung. 1981. 280 S. Mit 26 Abb., 13 Tab., 2 Übersichten und 8 Karten. Summary, Riassunto **DM 27,–**
Heft 83	C.C. Liebmann:	Rohstofforientierte Raumerschließungsplanung in den östlichen Landesteilen der Sowjetunion (1925-1940). 1981. 466 S. Mit 16 Karten, 24 Tab. Summary **DM 54,–**
Heft 84	P. Kirsch:	Arbeiterwohnsiedlungen im Königreich Württemberg in der Zeit vom 19. Jahrhundert bis zum Ende des Ersten Weltkrieges. 1982. 343 S. Mit 39 Kt., 8 Abb., 15 Tab., 9 Fotos. Summary **DM 40,–**
Heft 85	A. Borsdorf u. H. Eck:	Der Weinbau in Unterjesingen. Aufschwung, Niedergang und Wiederbelebung der Rebkultur an der Peripherie des württembergischen Hauptanbaugebietes. 1982. 96 S. Mit 14 Abb., 17 Tab. Summary **DM 15,–**

Heft 86	U. Itzin:	Das ländliche Anwesen in Lothringen. 1983. 183 S. Mit 21 Karten, 36 Abb., 1 Tab. **DM 35,–**
Heft 87	A. Jebens:	Wirtschafts- und sozialgeographische Untersuchungen über das Heimgewerbe in Nordafghanistan unter besonderer Berücksichtigung der Mittelstadt Sar-e-Pul. Ein geographischer Beitrag zur Stadt-Umland-Forschung und zur Wirtschaftsform des Heimgewerbes. 1983. 426 S. Mit 19 Karten, 29 Abb., 81 Tab. Summary u. persische Zusammenfassung **DM 59,–**
Heft 88	G. Remmele:	Massenbewegungen an der Hauptschichtstufe der Benbulben Range. Untersuchungen zur Morphodynamik und Morphogenese eines Schichtstufenreliefs in Nordwestirland. 1984. 233 S. Mit 9 Karten, 22 Abb., 3 Tab. u. 30 Fotos. Summary **DM 44,–**
Heft 89	C. Hannss:	Neue Wege der Fremdenverkehrsentwicklung in den französischen Nordalpen. Die Antiretortenstation Bonneval-sur-Arc im Vergleich mit Bessans (Hoch-Maurienne). 1984. 96 S. Mit 21 Abb. u. 9 Tab. Summary. Resumé **DM 16,–**
Heft 90 *(Sbd. 15)*	S. Kullen (Hrsg.):	Aspekte landeskundlicher Forschung. Beiträge zur Sozialen und Regionalen Geographie unter besonderer Berücksichtigung Südwestdeutschlands. (Festschrift für Hermann Grees) 1985. 483 S. Mit 42 Karten (teils farbig), 38 Abb., 18 Tab., Lit. **DM 59,–**
Heft 91	J.-W. Schindler:	Typisierung der Gemeinden des ländlichen Raumes Baden-Württembergs nach der Wanderungsbewegung der deutschen Bevölkerung. 1985. 274 S. Mit 14 Karten, 24 Abb., 95 Tab. Summary **DM 40,–**
Heft 92	H. Eck:	Image und Bewertung des Schwarzwaldes als Erholungsraum – nach dem Vorstellungsbild der Sommergäste. 1985. 274 S. Mit 31 Abb. und 66 Tab. Summary **DM 40,–**
Heft 93 *(TBGL 1)*	G. Kohlhepp (Hrsg.):	Brasilien. Beiträge zur regionalen Struktur- und Entwicklungsforschung. 1987. 318 S. Mit 78 Abb., 41 Tab. **vergriffen**
Heft 94 *(TBGL 2)*	R. Lücker:	Agrarräumliche Entwicklungsprozesse im Alto-Uruguai-Gebiet (Südbrasilien). Analyse eines randtropischen Neusiedlungsgebietes unter Berücksichtigung von Diffusionsprozessen im Rahmen modernisierender Entwicklung. 1986. 278 S. Mit 20 Karten, 17 Abb., 160 Tab., 17 Fotos. Summary. Resumo **DM 54,–**
Heft 95 *(Sbd. 16)* *(TBGL 3)*	G. Kohlhepp und A. Schrader (Hrsg.):	Homem e Natureza na Amazônia. Hombre y Naturaleza en la Amazonía. Simpósio internacional e interdisciplinar. Simposio internacional e interdisciplinario. Blaubeuren 1986. 1987. 507 S. Mit 51 Abb., 25 Tab. **vergriffen**
Heft 96 *(Sbd. 17)* *(TBGL 4)*	G. Kohlhepp und A. Schrader (Hrsg.):	Ökologische Probleme in Lateinamerika. Wissenschaftliche Tagung Tübingen 1986. 1987. 317 S. Mit Karten, 74 Abb., 13 Tab., 14 Photos **vergriffen**
Heft 97 *(TBGL 5)*	M. Coy:	Regionalentwicklung und regionale Entwicklungsplanung an der Peripherie in Amazonien. Probleme und Interessenkonflikte bei der Erschließung einer jungen Pionierfront am Beispiel des brasilianischen Bundesstaates Rondônia. 1988. 549 S. Mit 31 Karten, 22 Abb., 79 Tab. Summary. Resumo **vergriffen**

Heft 98	K.-H. Pfeffer (Hrsg.):	Geoökologische Studien im Umland der Stadt Kerpen/Rheinland. 1989. 300 S. Mit 30 Karten, 65 Abb., 10 Tab. **vergriffen**
Heft 99	Ch. Ellger:	Informationssektor und räumliche Entwicklung – dargestellt am Beispiel Baden-Württembergs. 1988. 203 S. Mit 25 Karten, 7 Schaubildern, 21 Tab., Summary **DM 29,–**
Heft 100	K.-H. Pfeffer: (Hrsg.)	Studien zur Geoökolgie und zur Umwelt. 1988. 336 S. Mit 11 Karten, 55 Abb., 22 Tab., 4 Farbkarten, 1 Faltkarte **vergriffen**
Heft 101	M. Landmann:	Reliefgenerationen und Formengenese im Gebiet des Lluidas Vale-Poljes/Jamaika. 1989. 212 S. Mit 8 Karten, 41 Abb., 14 Tab., 1 Farbkarte. Summary **DM 63,–**
Heft 102 (Sbd. 18)	H. Grees u. G. Kohlhepp (Hrsg.):	Ostmittel- und Osteuropa. Beiträge zur Landeskunde. (Festschrift für Adolf Karger, Teil 1). 1989. 466 S. Mit 52 Karten, 48 Abb., 39 Tab., 25 Fotos **DM 83,–**
Heft 103 (Sbd. 19)	H. Grees u. G. Kohlhepp (Hrsg.):	Erkenntnisobjekt Geosphäre. Beiträge zur geowissenschaftlichen Regionalforschung, ihrer Methodik und Didaktik. (Festschrift für Adolf Karger, Teil 2). 1989. 224 S. 7 Karten, 36 Abb., 16 Tab. **DM 59,–**
Heft 104 (TBGL 6)	G. W. Achilles:	Strukturwandel und Bewertung sozial hochrangiger Wohnviertel in Rio de Janeiro. Die Entwicklung einer brasilianischen Metropole unter besonderer Berücksichtigung der Stadtteile Ipanema und Leblon. 1989. 367 S. Mit 29 Karten. 17 Abb., 84 Tab., 10 Farbkarten als Dias **DM 57,–**
Heft 105	K.-H. Pfeffer (Hrsg.):	Süddeutsche Karstökosysteme. Beiträge zu Grundlagen und praxisorientierten Fragestellungen. 1990. 382 S. Mit 28 Karten, 114 Abb., 10 Tab., 3 Fotos. Lit. Summaries **DM 60,–**
Heft 106 (TBGL 7)	J. Gutberlet:	Industrieproduktion und Umweltzerstörung im Wirtschaftsraum Cubatao/São Paulo (Brasilien). 1991. 338 S. 5 Karten, 41 Abb., 54 Tab. Summary. Resumo **DM 45,–**
Heft 107 (TBGL 8)	G. Kohlhepp (Hrsg.):	Lateinamerika. Umwelt und Gesellschaft zwischen Krise und Hoffnung. 1991. 238 S. Mit 18 Abb., 6 Tab. Resumo. Resumen **DM 38,–**
Heft 108 (TBGL 9)	M. Coy, R. Lücker:	Der brasilianische Mittelwesten. Wirtschafts- und sozialgeographischer Wandel eines peripheren Agrarraumes. 1993. 305 S. Mit 59 Karten, 14 Abb., 14 Tab. **DM 39,–**
Heft 109	M. Chardon, M. Sweeting K.-H. Pfeffer (Hrsg.):	Proceedings of the Karst-Symposium-Blaubeuren. 2nd International Conference on Geomorphology, 1989, 1992. 130 S., 47 Abb., 14 Tab. **DM 29,–**
Heft 110	A. Megerle	Probleme der Durchsetzung von Vorgaben der Landes- und Regionalplanung bei der kommunalen Bauleitplanung am Bodensee. Ein Beitrag zur Implementations- und Evaluierungsdiskussion in der Raumplanung. 1992. 282 S. Mit 4 Karten, 18 Abb., 6 Tab. **DM 39,–**

Heft 111 *(TBGL 10)*	M.J. Lopes de Souza:	Armut, sozialräumliche Segregation und sozialer Konflikt in der Metropolitanregion von Rio de Janeiro. Ein Beitrag zur Analyse der »Stadtfrage« in Brasilien. 1993. 445 S. Mit 16 Karten, 6 Abb. u. 36 Tabellen **DM 45,–**
Heft 112 *(TBGL 11)*	K. Henkel:	Agrarstrukturwandel und Migration im östlichen Amazonien (Pará, Brasilien). 1994. 474 S. Mit 12 Karten, 8 Abb. u. 91 Tabellen **DM 45,–**
Heft 113	H. Grees: (Hrsg.):	Wege geographischer Hausforschung. Gesammelte Beiträge von Karl Heinz Schröder zu seinem 80. Geburtstag am 17. Juni 1994. Hrsg. v. H. Grees. 1994. 137 S. **DM 33,–**
Heft 114 *(TBGL 12)*	G. Kohlhepp (Hrsg.):	Mensch-Umwelt-Beziehungen in der Pantanal-Region von Mato Grosso / Brasilien. Beiträge zur angewandten geographischen Umweltforschung. 1995. 389 S. Mit 23 Abb., 15 Karten und 13 Tabellen **DM 39,–**
Heft 115 *(TBGL 13)*	F. Birk:	Kommunikation, Distanz und Organisation. Dörfliche Organisation indianischer Kleinbauern im westlichen Hochland Guatemalas. 1995. 376 S. Mit 5 Karten, 20 Abb. und 15 Tabellen **DM 39,–**
Heft 116	H. Förster u. K.-H. Pfeffer (Hrsg.):	Interaktion von Ökologie und Umwelt mit Ökonomie und Raumplanung. 1996. 328 S. Mit 94 Abb. und 28 Tabellen **DM 30,–**
Heft 117 *(TBGL 14)*	M. Czerny und G. Kohlhepp (Hrsg.):	Reestructuración económica y consecuencias regionales en América Latina. 1996. 194 S. Mit 18 Abb. und 20 Tabellen **DM 27,–**
Heft 119 *(TBGL 15)*	G. Kohlhepp u. M. Coy (Hrsg.):	Mensch-Umwelt-Beziehungen und nachhaltige Entwicklung in der Dritten Welt. 1998. 465 S. Mit 99 Abb. und 30 Tabellen **DM 38,–**
Heft 120 *(TGBL 16)*	C.L. Löwen:	Der Zusammenhang von Stadtentwicklung und zentralörtlicher Verflechtung der brasilianischen Stadt Ponta Grossa/Paraná. Eine Untersuchung zur Rolle von Mittelstädten in der Nähe einer Metropolitanregion. 1998. 328 S. Mit 39 Karten, 7 Abb. und 18 Tabellen **DM 35,–**
Heft 121	R.K. Beck:	Schwermetalle in Waldböden des Schönbuchs. Bestandsaufnahme – ökologische Verhältnisse – Umweltrelevanz. 1998. 150 S. und 24 S. Anhang sowie 72 Abb. und 34 Tabellen **DM 27,–**
Heft 122 *(TBGL 17)*	G. Mayer:	Interner Kolonialismus und Ethnozid in der Sierra Tarahumara (Chihuahua, Mexiko). Bedingungen und Folgen der wirtschaftsräumlichen Inkorporation und Modernisierung eines indigenen Siedlungsraumes. 1999. 329 S., 39 Abb., 52 Tabellen **DM 35,–**
Heft 125	W. Schenk (Hrsg.):	Aufbau und Auswertung „Langer Reihen" zur Erforschung von historischen Waldzuständen und Waldentwicklungen. Ergebnisse eines Symposiums in Blaubeuren vom 26.–28.2.1998. 1999. 296 S. Mit 63 Abb. und 21 Tabellen **DM 35,–**